창의적 코딩을 위한

C Programming Language

C프로그래밍

고진광 · 곽호영 · 박경욱
양현호 · 정진용 지음

홍릉과학출판사

머리말

컴퓨터에 사용되는 프로그래밍 언어 중에서 UNIX 운영체제의 기본 언어인 C 언어를 창의적 코딩을 할 수 있게 구성하였다. 앞으로 데이터 테크날러지(DT) 시대에 접어들면서 소프트웨어 개발에 많은 C언어 예제를 통하여 익힘으로써 창의적, 계산적 사고(Computational Thinking)능력을 키우는데 역점을 두었다. 현재 기업과 대학 및 연구소에서는 C 언어를 임베디드 시스템 프로그램으로 가장 많이 사용하고 있다. JAVA, CGI, PHP, JSP 등의 객체지향적인 웹 프로그램이 개발됨에 따라 기업과 대학들은 웹 브라우저로 데이터베이스의 내용을 온라인상에서 검색하거나 변경, 삽입, 삭제가 가능하도록 프로그램을 처리하고 있다. 이러한 웹 프로그램의 가장 기본적인 문법구조의 기초가 되는 언어가 C언어이다. 웹 프로그램이나 응용 프로그램(임베디드)을 개발하기 위해 점차 C 언어의 이용 범위가 확대되고 날이 갈수록 중요성이 강조되고 있다.

C 언어는 문법적으로 간결하면서도, 타 시스템에 프로그램의 이식성이 용이하여 융통성이 있을 뿐만 아니라, 실행 속도가 빠른 고급 언어의 특징을 가지면서도 시스템의 효율을 최적화하기 위한 저급 언어의 기능을 함께 가짐으로써, 시스템 제어 언어로도 많이 사용되고 있다. 최근에는 UNIX 시스템에서 뿐만 아니라 PC용 운영체제(Windows 7, 8, 10, Windows '98, Window XP, Window NT, Linux)에서도 사용되는 Visual Studio, Turbo C++, Boland C++, Pro-C 등이 개발되어 각광을 받고 있다.

이 책은 다년간의 강의와 실무 경험을 바탕으로, C 언어를 처음 대하는 독자에게 문법을 쉽게 이해할 수 있도록 예제 프로그램을 통하여 설명하였으며, 주로 Visual C++ 환경에서 C 언어를 습득할 수 있도록 하였고, UNIX 운영체제에서 사용하는 C 언어에 관해서도 이해할 수 있도록 프로그램 작성 방법 및 그 개념을 비교 분석하여 설명하였다.

프로그램을 처음 작성하는 독자들이 주의할 점은 프로그램 언어의 구문 구조와 논리 구조에 유의하여 공부해야 한다는 것이다. 공부하는 도중에 흥미를 잃고 포기하지 않도록 360개의 예제 프로그램을 아주 쉽게 작성하였으니 독자들은 반드시 예제 프로그램을 실행해 보고 이해하면서 한 장씩 정복하기 바란다.

이 책은 총 15장(0장~14장)과 부록으로 구성되어 있는데, Visual Studio 환경에 관하여 잘 이해되지 않는 독자들은 0장을 먼저 읽어보기 바란다. 일반적으로 대부분의 C 언어 책은 구조체, 파일 입출력에 관한 비중이 상당히 적지만, 이 책은 응용 프로그램에서 아주 중요하고 큰 비중을 차지하는 구조체와 공용체, 파일 입출력에 관하여 11장과 13장에서 광범위하게 다루었으니 독자들은 반드시 예제 프로그램을 작성하여 실행해 보기 바라고, 실제 응용 프로그램을 작성할 필요가 있을 때 많은 참고가 있기 바란다.

이 한 권의 작은 정성이 독자 여러분의 C 언어 프로그래밍 입문에 좋은 길잡이가 될 수 있기를 기대한다. 끝으로 이 책을 알차고 쉽게 작성하려고 노력하였지만, 미처 생각하지 못한 오류가 있으면 계속 수정 보완할 것을 약속드리며, 본서를 출간하는데 도움을 주신 홍릉과학출판사 사장님과 임직원들에게 감사드리며, 그 밖에 애써 주신 모든 여러분께 깊은 감사를 드립니다.

2016년 03월

저자 씀

목차

제 12 장 선행처리기

제 13 장 파일 입출력

제 14 장 기타 함수들

부록

제 0 장

Visual 스튜디오 설치 및 사용법

창의적 사고를 위한
C 프로그래밍

1. Visual 스튜디오 설치 방법
2. Visual 스튜디오 사용방법
3. 단위 프로그램 작성 및 컴파일, 실행방법
4. Project 프로그램 작성 및 컴파일, 실행방법

개인용 컴퓨터에서 C프로그램을 컴파일하고 실행하는 방법을 알아보자. Visual Studio Express 2015를 설치하고 간단한 프로그램을 실행하는 사용법을 이 장에서는 설명한다. 이 장을 학습하려면 기본적으로 개인용 컴퓨터의 기초적인 사용법을 알고 있어야 하며, Windows에 대한 사용법을 알고 있어야 한다.

Visual Studio Express 2015는 C를 비롯한 C++와 MFC(MicroSoft Foundation Class) 프로그램 등을 컴파일하고 실행하는 개발 도구중 하나이다. 이 책에서는 Visual Studio Express 2015 Desktop을 우리가 작성한 C프로그램을 컴파일하는 도구로 사용한다. 그러기 위해서는 개인용 컴퓨터에 Visual Studio Express 2015 Desktop을 설치해야 한다.

0.1 Visual Studio Express 2015 Desktop 설치 방법

Visual Studio는 마이크로소프트 홈페이지(https://www.visualstudio.com/ko-kr/downloads/)에서 학생 인증을 통과하면 무료로 다운로드를 받을 수 있다.

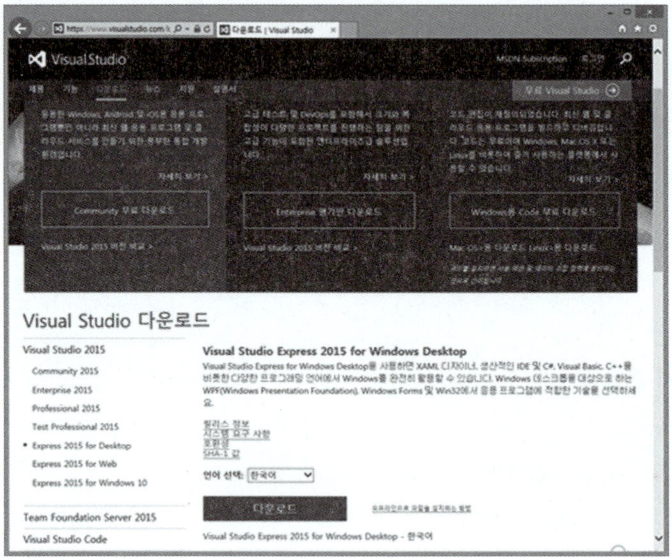

여러 가지 Version 중에서 Desktop(wdexpress_full.exe)을 다운로드하여 사용하기로 한다. 다운로드가 완료되면 wdexpress_full_KOR.exe 파일을 실행한다.

1. Visual Studio Express 2015 Desktop 설치 위치를 선택한 후 [설치] 버튼을 클릭한다.

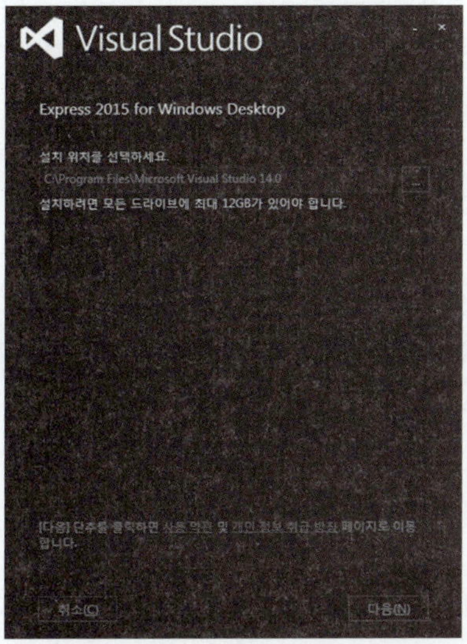

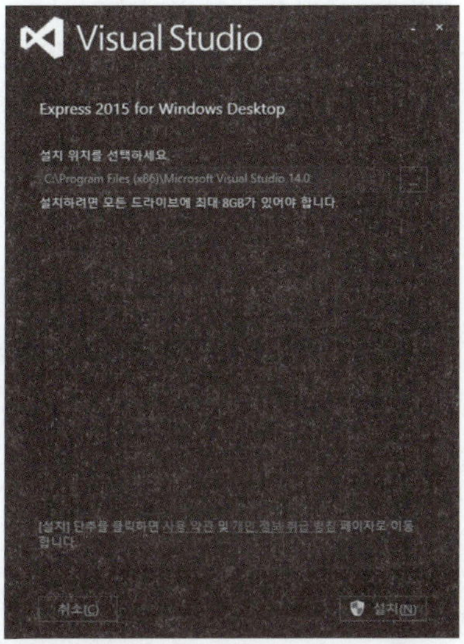

2. 설치가 완료되면 [지금 다시 시작] 버튼을 클릭한다.

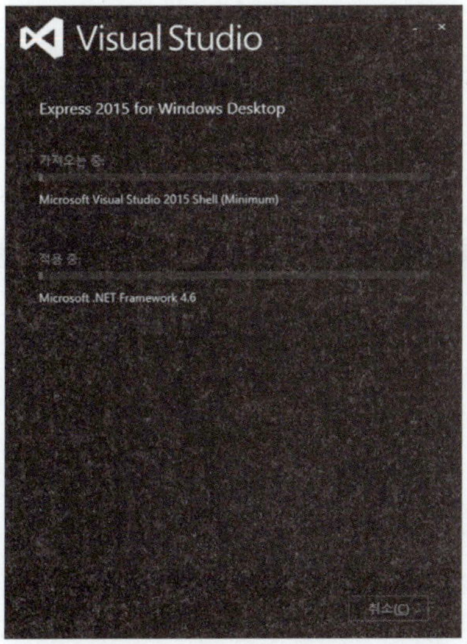

0.2
Visual Studio Express 2015 Desktop 사용방법

Visual Studio를 사용하여 C프로그램을 작성하려면 프로젝트를 먼저 만들고 사용해야 한다. 하나의 프로젝트에 한 개의 프로그램만 있을 수도 있고, 여러 개의 프로그램이 존재할 수도 있다. 새 프로젝트를 작성하기 위해 새 프로젝트를 선택한다.

1. 다음은 Visual Studio Express 2015 Desktop의 초기화면이다.

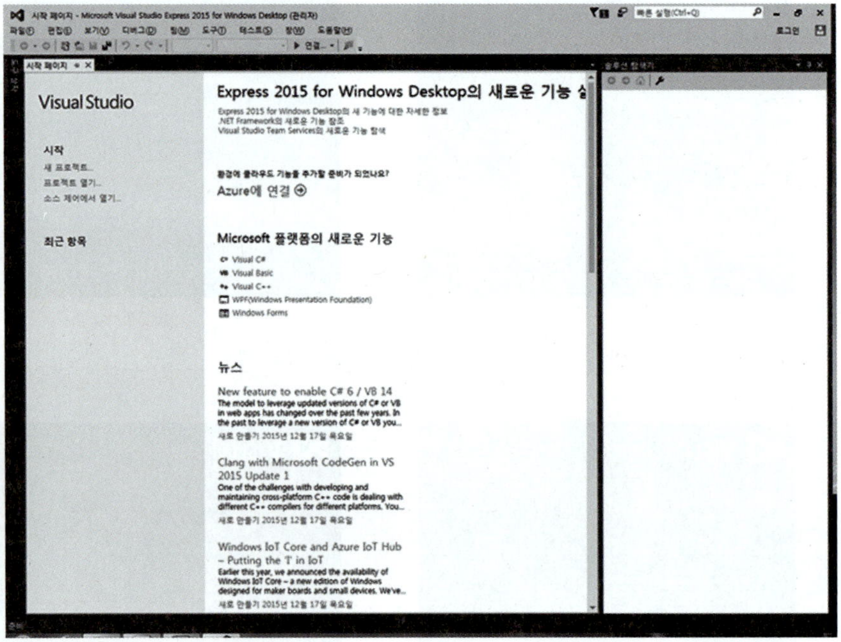

5. 다음의 화면은 "Sample" 프로젝트의 솔루션탐색기 창이 출력된다.

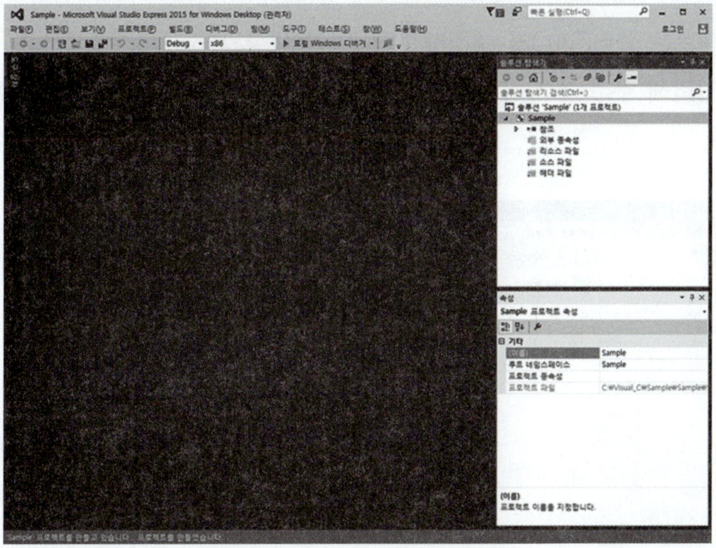

6. 솔루션탐색기의 [소스파일]에서 우측 마우스 버튼을 클릭하여 [추가] → [새 항목]을 선택한다.

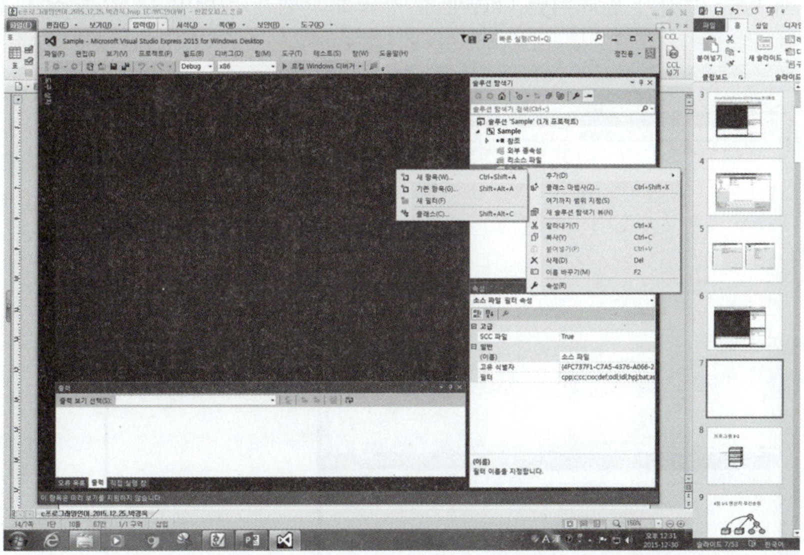

7. C++ 파일(.cpp)을 선택하고 파일이름(first.c)을 입력한 후, 찾아보기에서 "C:₩Visual_C₩Sample₩ Sample₩" 폴더에 장(Chapter) 별로 프로그램을 관리하기 위하여 새로운 폴더("p0")를 생성해준다. 이미 생성된 "Sample₩Sample₩" 폴더에 "p0"를 입력해 주고 추가버튼을 선택하면 프로젝트에 C 프로그램 파일을 추가할 수 있다.

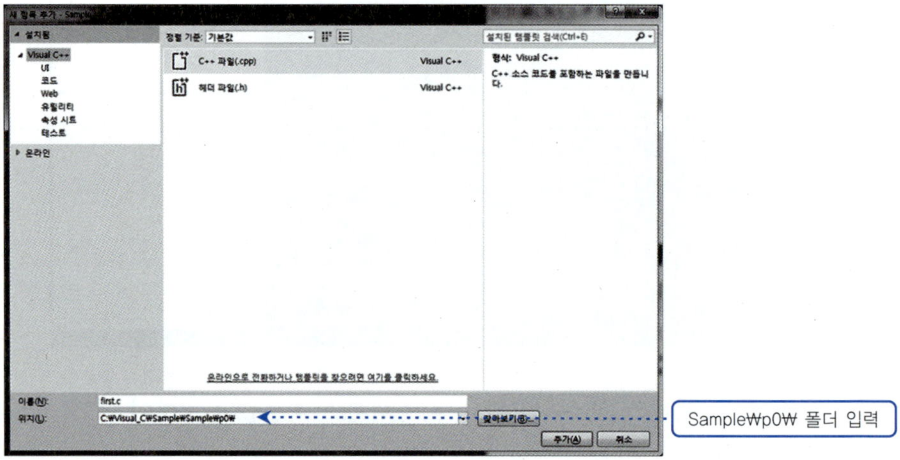

8. 새 항목 추가가 완료되면 다음과 같이 프로그램을 입력할 수 있는 창이 출력된다.

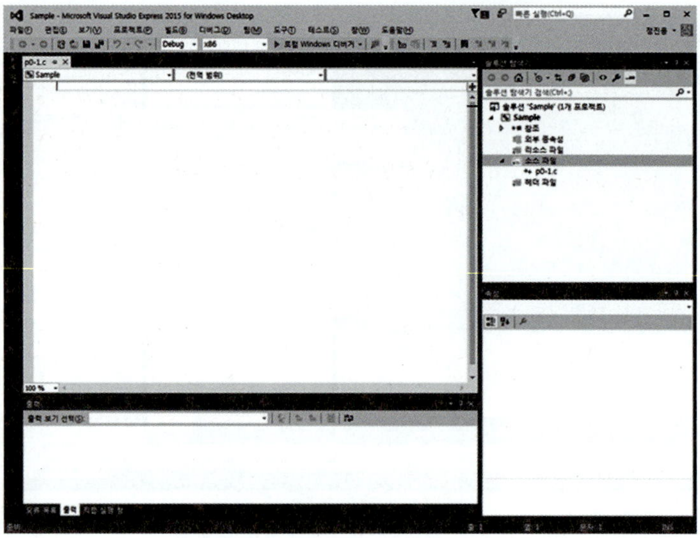

9. 프로그램 입력 창에 프로그램을 입력한다.

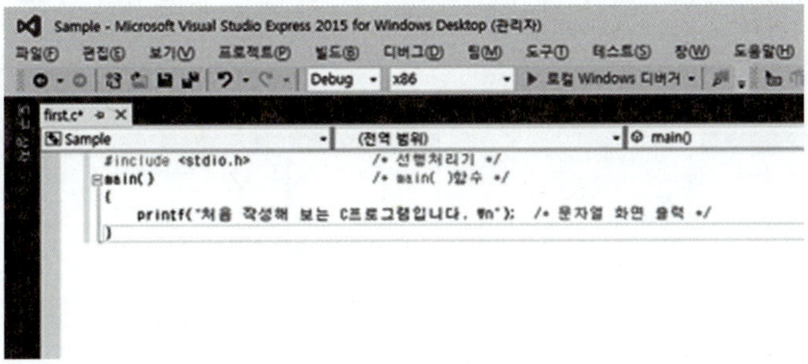

0.3 단위 프로그램 작성 및 컴파일, 실행방법

본서에서 작성해야 할 프로그램은 단위 프로그램이므로 한 개의 프로그램에 한 개의 Workspace만이 필요하므로 다음과 같은 방법으로 처리된다.

1. 컴파일을 하기 위해 [빌드] → [솔루션 빌드]를 선택한다.

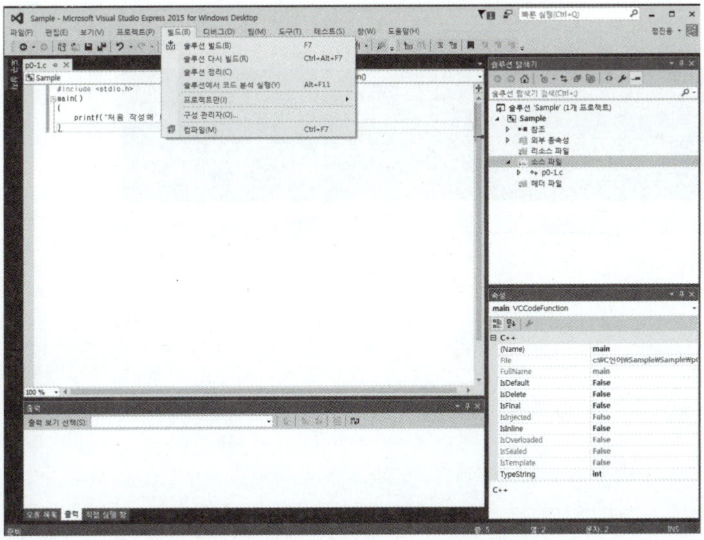

2. 실행을 하기 위해 [디버그] → [디버깅하지 않고 시작]을 선택하면 도스 창이 팝업되어 실행 결과가 나타난다. 단축키인 Ctrl+F5를 클릭하여 실행할 수도 있다.

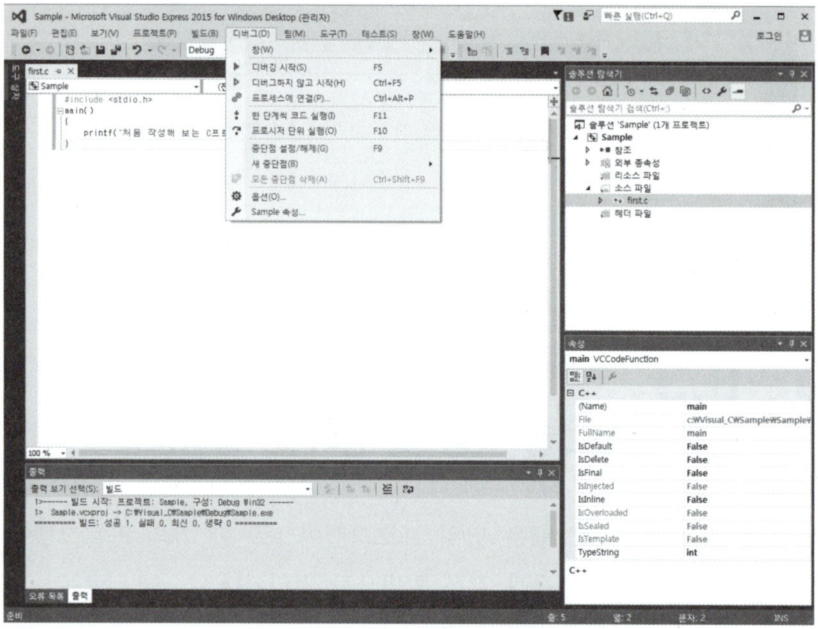

3. P0-1.c 프로그램의 실행 결과는 다음과 같다.

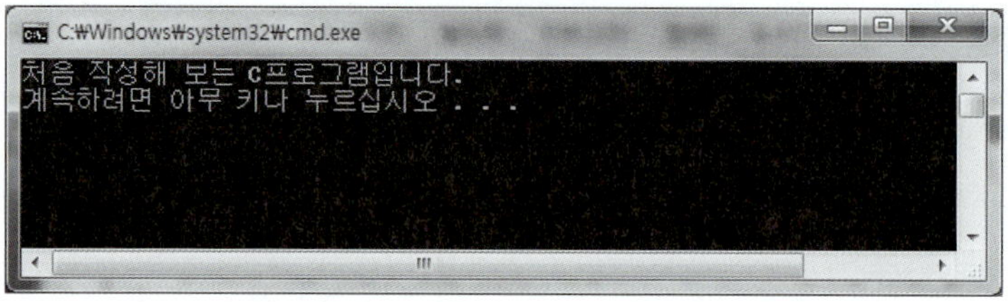

0.4
Project 프로그램 작성 및 컴파일, 실행방법

본서에서는 단위 프로그램을 사용하지만 사용자의 이해를 돕기 위해 Project를 운영하는 방법에 대하여 예제를 통하여 알아보자. 0.2에서 이미 공부한 바와 같이 "C:₩Visual_C₩Test" Project를 만들어 보자.

1. Visual Studio Express 2015 Desktop의 초기화면에서 새로운 프로젝트("Test")를 만들기 위해 [새프로젝트]를 선택 "Test"를 입력한 후, 확인 버튼을 선택한다.

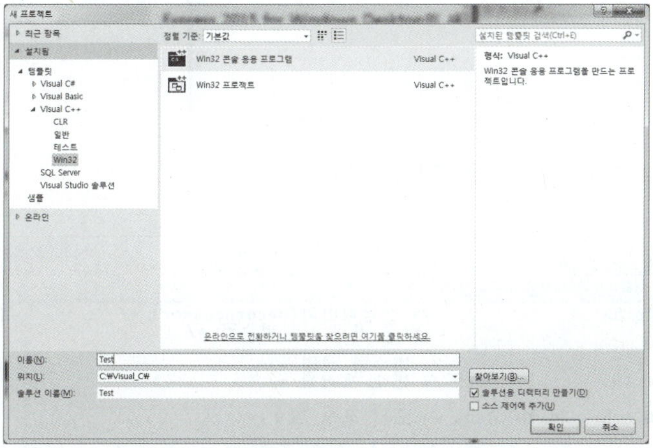

2. 생성된 Test 프로젝트 폴더에는 2개의 폴더("Test" 폴더와 ".vs" 숨김폴더)와 2개의 파일이 생성된다.

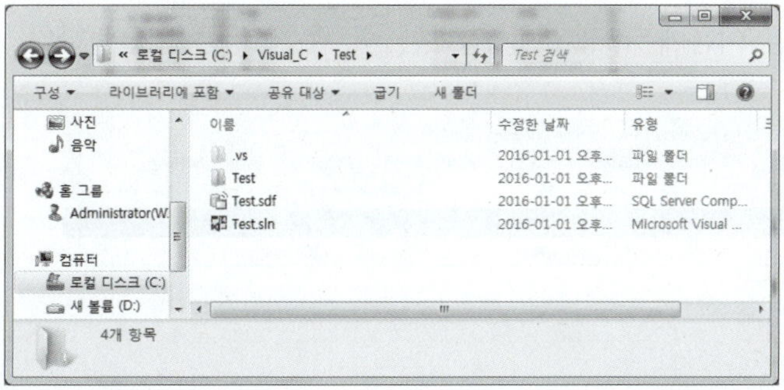

윈도우즈 탐색기에서 Test 프로젝트를 다시 열고 싶다면 Test.sln 파일을 더블클릭하면 된다. 파일을 생성후, Debug를 실행하면 Debug 폴더가 생성되는데 Debug 폴더는 컴파일 과정에서 생성된 폴더로 임시파일과 실행파일이 저장되는 폴더이다.

3. 솔루션탐색기의 [소스파일]에서 우측 마우스버튼을 클릭하여 [추가] → [새 항목]을 선택한다. 파일 이름에 "project.c"를 입력한 후, 추가 버튼을 클릭한다.

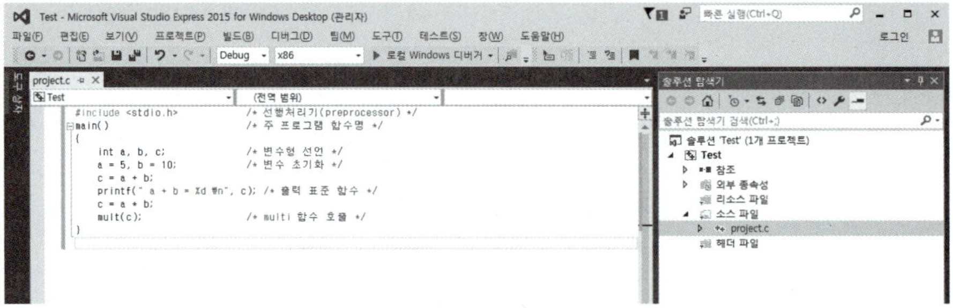

4. 다음과 같이 프로그램 porject.c를 입력해준다.

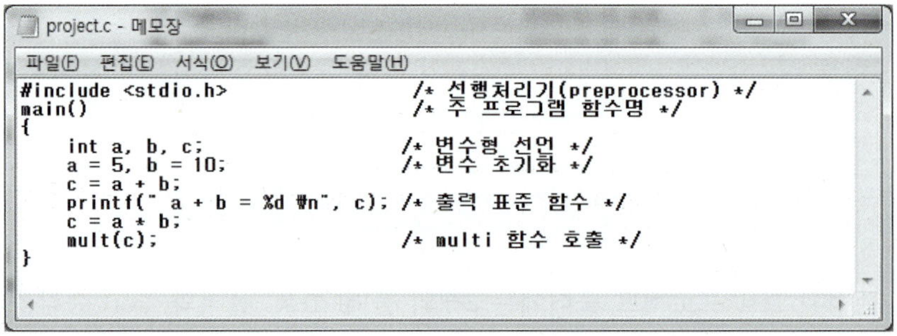

5. 솔루션탐색기의 [소스파일]에서 우측 마우스버튼을 클릭하여 [추가] → [새 항목]을 선택한다. 파일 이름에 "mult.c"를 입력한 후, 추가 버튼을 클릭한다.

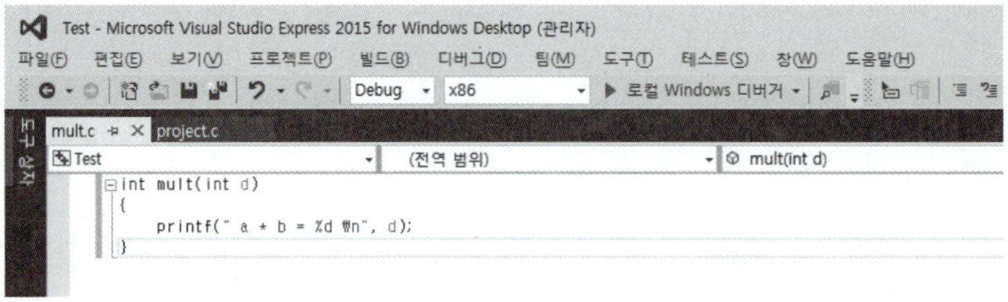

6. 다음과 같이 프로그램 mult.c를 입력해준다.

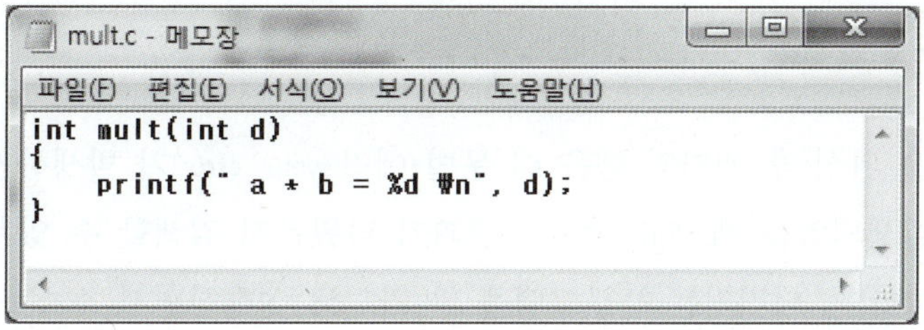

7. 프로젝트가 완성되면 컴파일을 하기 위해 [빌드] → [솔루션 빌드]를 선택한다. 에러가 없으면, 실행을 하기 위해 [디버그] → [디버깅하지 않고 시작]을 선택하면 도스 창이 팝업되어 실행 결과가 나타난다.

위의 실행 결과는 "Test" Project 안에 "project.c"와 "multc" 2개의 프로그램이 포함되어 있고, "project.c"에서 mult(c) 함수로 호출하면, "mult.c" 프로그램의 mult(int d) 함수 정의부가 실행된다.

0.5 디버깅

C언어 프로그램 작성을 완성 후 컴파일 했을 때 문법 에러(syntax error)가 발생하거나 논리 에러(semantic error)가 발생되었을 때, 왜? 잘못된 결과가 나왔는지 검색할 수 있는 유용한 도구가 디버거(debugger)이다. 디버거는 프로그램을 한 라인씩 실행하면서 소스 코드가 어떻게 동작하는지를 알아 볼 수 있다. 예제를 통하여 각 문장이 어떤 순서로 실행되는지 한 라인씩 실행시키는 방법을 알아보자.

일단 "test" project의 "project.c" 소스코드를 입력하고 메뉴 항목에서 "디버거 → 한 단계씩 코드 실행(F11)"을 선택하면 다음과 같은 화면을 볼 수 있다.

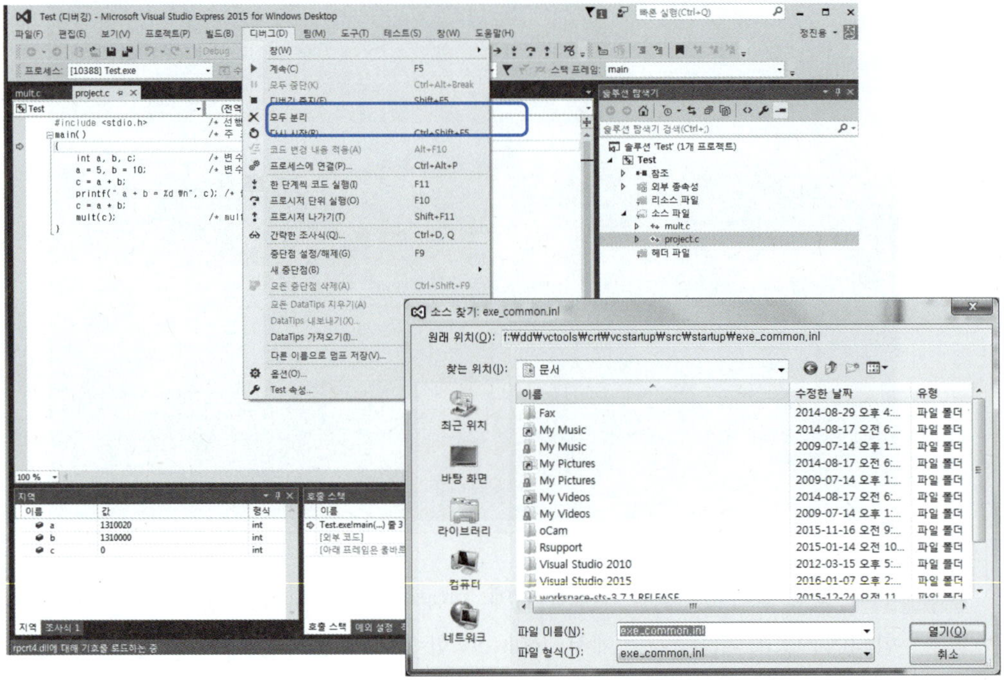

편집 창의 화살표는 현재 실행하고 있는 라인을 표시한다. F 10키를 누르거나 **디버거→ 한 단계씩 코드 실행(F11)**을 선택하면 한 문장씩 실행된다. 만약 변수의 값을 알고 싶다면 디버그 메뉴에서 **간략한 조사식**을 선택한 후 조사식 창에서 변수를 추가하면 된다. 디버깅은 라인 단위로 실행하다가 main( ) 함수가 끝나면 종료된다.

디버깅할 때 “exe_common.ini” 파일의 검색창을 찾는다면 다음의 경로를 선택하면 된다.

```
C:\Program Files\Microsoft Visual Studio 14.0\VC\crt\src\vcruntime
```

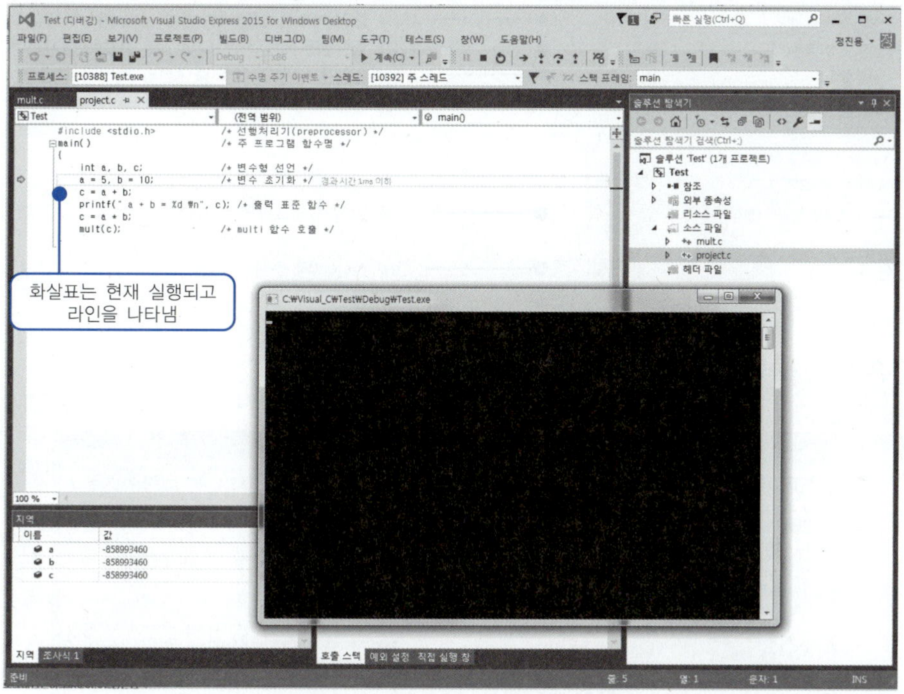

디버거에서 제공되는 기능을 살펴보자.

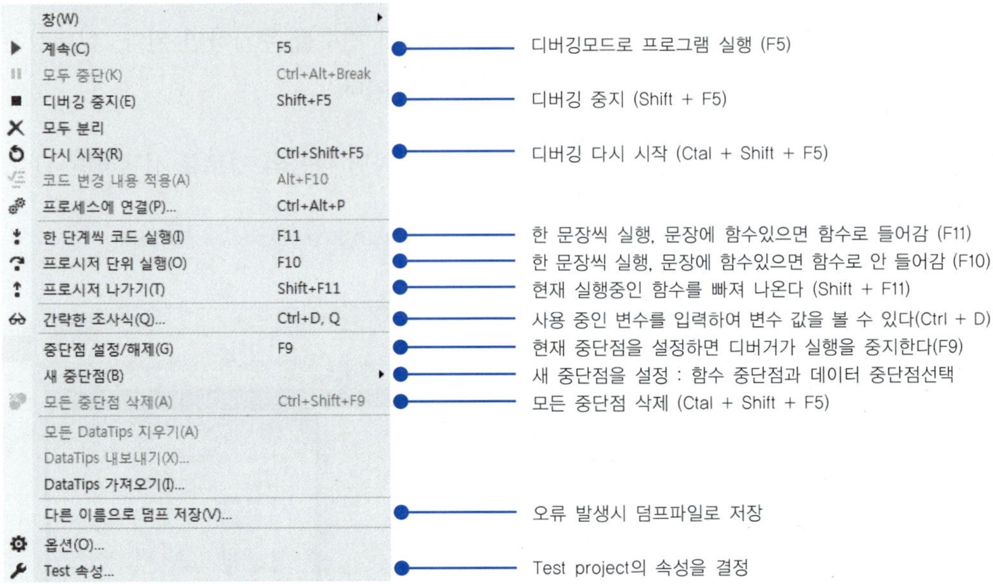

다음은 Test project의 속성을 나타낸 것이다.

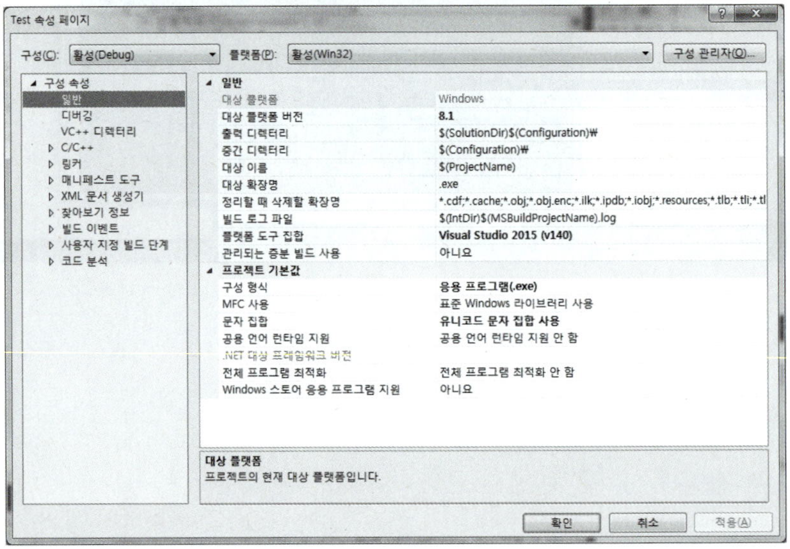

다음은 project.c 파일의 변수 값을 디버깅 시 출력된다.

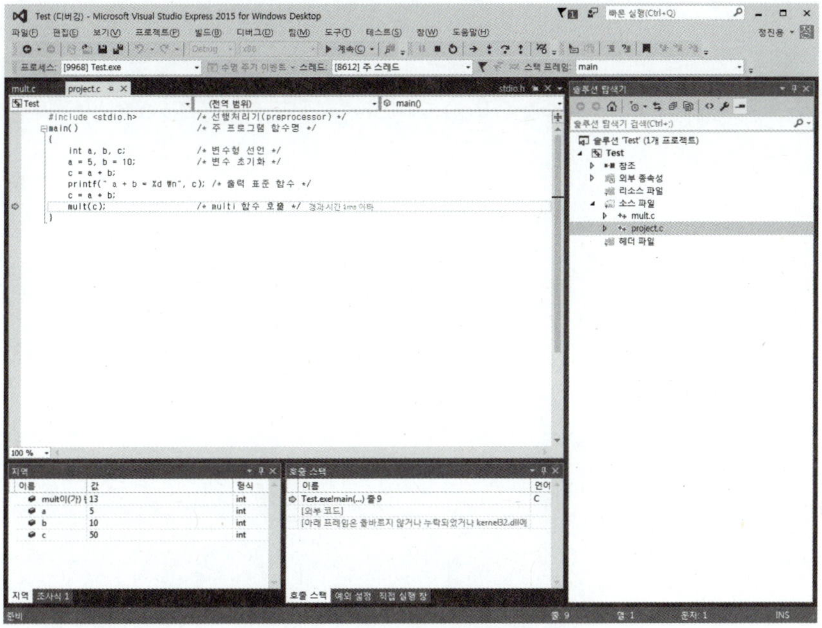

제 1 장

C 언어를 배우기 전에

창의적 사고를 위한
C 프로그래밍

1. 저급 언어(low level language)
2. 해석 언어(interpretive language)
3. 고급 언어(high level language)
4. 객체지향언어(object oriented language)
5. 미리 알아보는 C언어 함수

컴퓨터에 사용되는 언어(language)는 컴퓨터 사용자가 컴퓨터에게 작업을 지시하기 위한 수단이다. 사용자와 컴퓨터 사이에 의사소통이 필요하므로, 이러한 의사소통 수단으로 언어가 사용되며 이를 programming language라 한다.

이러한 컴퓨터 언어에는 저급 언어(low level language)와 고급 언어(high level language), 해석 언어(interpretive language), 객체지향언어(object oriented language) 등이 있다.

1.1 저급 언어 (low level language)

1.1.1 기계어 (machine language)

컴퓨터는 고유의 명령 형식을 가지고 있으며, 그 명령에 따라 컴퓨터가 동작하도록 설계되어 있다. 이와 같은 컴퓨터 고유의 명령 형식을 기계어라 하며 '1'과 '0'의 숫자로 표시되어 인간이 사용하기 힘들고, 이해하기 어려운 언어이다. 그리고 모든 프로그램 언어는 반드시 기계어로 변환되지 않으면 컴퓨터는 그 프로그램을 실행하지 못한다. 이러한 기계어는 컴퓨터가 이해할 수 있는 유일한 언어이기 때문이다.

1.1.2 어셈블리 언어 (Assembly language)

인간이 사용하고 있는 문자를 사용하여 기계어로 표현할 수 있도록 약정해 놓은 언어이다.

어셈블리 언어의 명령은 기본적으로 기계어와 1 : 1 대응하고, 복수의 명령은 하나의 명령으로 집약해서 표현할 수 있는 매크로(macro) 명령이나 상수의 정의, 기억 영역의 확보, 프로그램의 시작과 종료를 표현할 수 있는 어셈블리 지시문(pseudo instruction) 등으로 구성된다.

1.2 해석 언어(interpretive language)

원시 언어(source language)로 된 프로그램이 목적 언어(object language)로 번역되지 않고 해석기(interpreter)에 의해 직접 수행되도록 설계된 언어이다. 이 언어는 융통성은 많지만 실행 속도가 늦으며 BASIC, APL, LISP 등의 언어가 속한다.

어셈블러와 컴파일러는 원시 프로그램(source program)을 기계어로 번역하는 처리만 하고 실행에는 관여하지 않는다. 그러나 해석기(interpreter)는 기계어로 번역과 그 실행을 모두 갖고 있다.

번역 결과를 기계어로 남기는 것이 아니라, 한 줄씩 즉시 응답하는 대화식 방법을 사용하므로 목적 프로그램을 생성하지 않아 기억 장소를 절약할 수 있지만, 실행 속도가 늦다는 점이 어셈블러나 컴파일러와는 다른 단점이다.

1.3 고급 언어(high level language)

고급 언어는 일상 언어 즉, 인간 중심적인 언어의 표현으로 만들어지는 프로그래밍 언어로 기종에 관계없이 사용할 수 있으며, 사용자 중심으로 프로그램을 작성하도록 만들어진 언어이다. 컴퓨터는 기계어밖에 이해하지 못하므로, 고급 언어로 작성된 프로그램은 컴파일러(compiler)라는 번역 프로그램을 통하여 기계어로 번역하여 컴퓨터로 하여금 처리할 수 있도록 해준다.

1.3.1 언어의 발전 과정

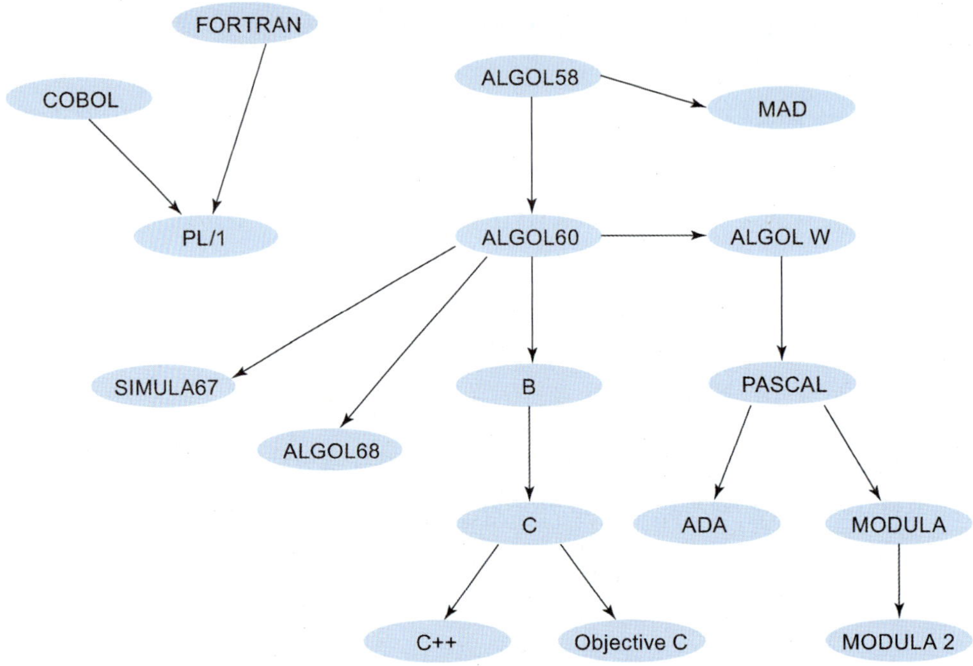

그림 1-1 언어의 발전 과정

1.3.2 원시 프로그램과 목적 프로그램

고급 언어로 작성된 원시 프로그램(source program)을 컴퓨터에서 실행하기 위해서는 컴파일러(compiler)라는 번역기를 이용하여 기계어로 번역해야 하는데, 이 때 프로그램에서 잘못된 명령문을 사용한 경우 컴파일러는 구문 오류(syntax error)를 찾아내어 오류 메시지를 표시하고, 원시 프로그램에서 구문 오류가 완전히 제거된 경우에는 목적 프로그램(object program)을 생성하여 디스크에 저장한다. 생성된 목적 프로그램은 기계어 코드이며 컴퓨터가 직접 수행할 수 있는 명령어로 구성되어 있으며, 하나의 코드 형태는 링커(linker)에게 보내는 정보로 이루어져 있다.

링커는 컴파일러가 목적 파일에 남겨 놓은 메시지에 따라 실행 파일(run file)을 만드는 것이다. 생성된 목적 파일은 로더(loader)에 의해서 기억장치에 적재하여 프로그램을 실행한다.

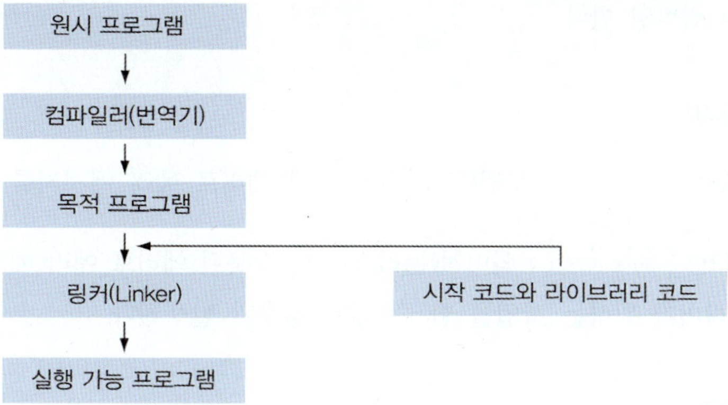

그림 1-2 원시 프로그램의 컴파일 및 실행 과정

(1) 컴파일러(compiler)

고급 언어로 작성되어 있는 프로그램을 기계어 프로그램으로 번역하는 시스템 프로그램이다. 전체 프로그램을 한 번에 목적 프로그램으로 생성하므로 기억 장소를 많이 필요로 하며, 실행 속도는 빠르다.

(2) 링커(linker)

주프로그램과 부프로그램을 연결해 주는 컴퓨터 시스템 프로그램으로 따로 작성되거나, 컴파일되었거나, 어셈블된 루틴을 모아 실행 가능한 하나의 단위 프로그램으로 연결해 준다.

(3) 적재기(loader)

재배치 가능 코드로 구성되어 있으며, 메모리의 특정 번지에 프로그램을 적재하는 일종의 간단한 번역 프로그램이다. 종류로는 절대적 적재기, 재배치 적재기, 링킹 적재기 등이 있다.

1.3.3 에러의 종류

에러는 프로그램에서 약속된 규칙을 위반한 것을 말하며, 원시 프로그램을 다시 고쳐서 (debugging) 다시 컴파일 한다.

(1) 종류에 따라

❶ **문법 에러**(syntax error) : 문법(구문)이 잘못된 에러로 에러 메시지를 출력한다.

❷ **의미 에러**(semantic error) : 의미적(논리적)으로 잘못된 에러로 에러 메시지가 없지만, 프로그래머가 원하는 작업을 할 수 없는 경우가 발생된다.

(2) 경중에 따라

❶ **경고성 에러**(warnning error) : 일반적인 에러로 컴파일을 중단하지 않는다. 그러나 경고성 에러라고 해도 해당 프로그램이 잘못 짜여진 결과라고 볼 수 있다. 이러한 경고성 에러가 다음에 아주 심각한 문제로 야기될 수 있으므로 경고성 에러일지라도 철저히 에러를 수정해야 한다.

❷ **치명적 에러**(fatal error) : 중요한 곳에서 발생한 에러이므로 컴파일이 되지 않고 컴파일을 중단한다. 그러므로 반드시 원시 프로그램을 수정 후 컴파일을 다시 수행한다.

1.4 객체지향언어 (object oriented language)

C++와 java, PHP 같은 객체지향언어의 기본 개념은 데이터와 그 데이터 상에서 연산하는 함수들을 결합하여 단일 단위체로 만든다. 이 같은 데이터와 그 함수의 단일 단위체를 객체(object)라 한다.

특정 객체의 데이터를 멤버 데이터(number data)라 하고, 그 함수들을 멤버 함수(number function)라 한다. 멤버 함수만이 그 객체의 데이터에 대한 유일한 액세스 수단이 된다. 즉, 특정 객체에 있는 데이터 항목을 액세스하려면 그 객체에 속하는 멤버 함수를 호출한다. 이 멤버 함수가 데이터 항목을 읽고 그 값을 되돌려 준다. 사용자가 직접 데이터를 액세스할 수 없으므로 데이터는 은닉되어 실수로 인한 데이터 손상을 막을 수 있다. 이와 같이 데이터와 그 데이터를 액세스하는 함수들이 단일 단위체로 결합된 것을 캡슐화(encapsulation)라 한다. 캡슐화의 데이터 은닉이 객체지향언어의 기본 개념이다.

객체지향언어인 C++ 프로그래밍 언어가 C 프로그래밍 언어와 가장 큰 차이점은 객체를 표현하기 위한 클래스를 제공하면서 함수를 멤버로 정의할 수 있다는 점이고, 먼저 객체를 정의하고 다시 객체를 모듈성, 상속성, 다형성 등 몇 가지 특성을 이용해서 다시 다른 객체를 정의할 수 있다는 점이 추가되어 개발된 프로그래밍 언어이다.

1.5 미리 알아보는 C언어 함수

C언어 프로그램을 원활하게 이해하기 위하여 몇 가지 기본적인 함수에 대하여 먼저 학습해 보자. 함수는 특정한 작업을 수행하도록 독립적으로 설계된 단위 프로그램이다.

1.5.1 선행처리기

선행처리기(Preprocessor)는 C 컴파일러가 프로그램을 컴파일하기 전에 먼저 동작하게 되는데, "#" 표시 다음에 선행처리기 작동 명령이 나오고 한 칸의 공백을 띄워 준 후 지시 대상이 나온다. 그리고 선행처리기 명령문 끝에는 세미콜론(;)이 없다(7장, 12장 참고).

- **#include 선행처리 지시문** : 원시 프로그램에서 #include 지시문을 만나게 되면, 지시문에서 지시한 파일은 선행처리기에 의해서 현재의 파일로 포함시킨 다음 파일의 일부가 되어 컴파일하게 되며, 포함된 파일 내용은 현재 파일에 직접 입력한 것과 같은 역할을 하며 프로그램의 일부가 된다.

만약, 어떤 함수가 포함된 프로그램을 컴파일하여 에러가 생기는 경우는 함수가 정의되어 있지 않거나, 헤더파일을 기재하지 않아서 컴파일러가 그 함수를 인식하지 못하는 경우이다.

1.5.2 기본적인 표준 함수

- **main( ) 함수** : 다른 언어와는 달리, C언어는 기본적으로 main( ) 함수를 포함하여 한 개 이상의 함수로 구성되어 있다.

- **printf( ) 함수** : 출력 대상 자료를 형식에 맞게 출력시키는 표준 출력 함수로 다른 출력 함수보다 편리하고, 유연한 특성을 가지고 있으며, 이중 인용 부호(“ ”)로 둘러싸인 문자열과 그 뒤에 콤마로 분리되어 나열되는 인수로 구성되어 있다. printf( ) 함수에서 출력 형식은 문자열과 탈출 문자열(“₩”로 시작하는 문자), 형식지정 변환문자와 이 변환문자에 전달되는 인수는 각각 1 : 1 대응되고, 출력되는 대상은 상수, 변수, 함수의 반환값 또는 수식이 된다(5장 데이터 입출력함수 참고).

- **scanf( ) 함수** : 입력되는 데이터를 지정한 형식으로 주기억장소의 해당 변수에 값을 저장하는 표준 입력 함수이다. 따라서 printf( ) 함수와 아주 유사한 점이 많다. 이 함수는 표준 입력 파일 stdin(키보드 입력)으로부터 입력을 받으며, printf( )의 매개변수 리스트와 마찬가지로 사용되는 입력 형식 지정 제어 문자열과 인수 리스트를 갖는다.

1.5.3 응용예제 프로그램

1장에 예제 프로그램을 작성하기 위하여 0장 2절에서 만들어 준 “sample” 프로젝트에 “p1” 폴더를 생성해 보자.

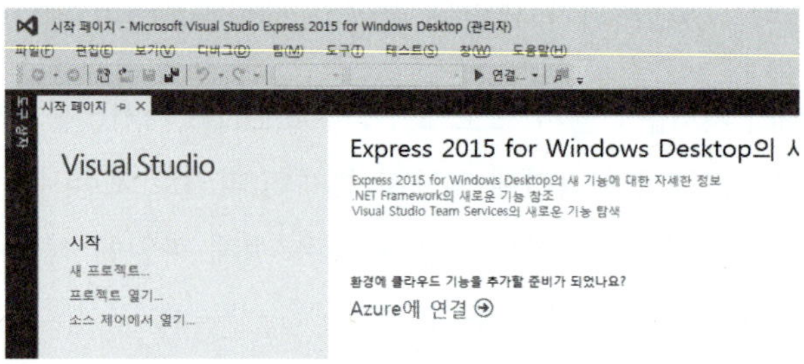

시작페이지에서 [프로젝트 열기]를 선택한 후, 다음과 화면에서 "sample"을 선택한다.

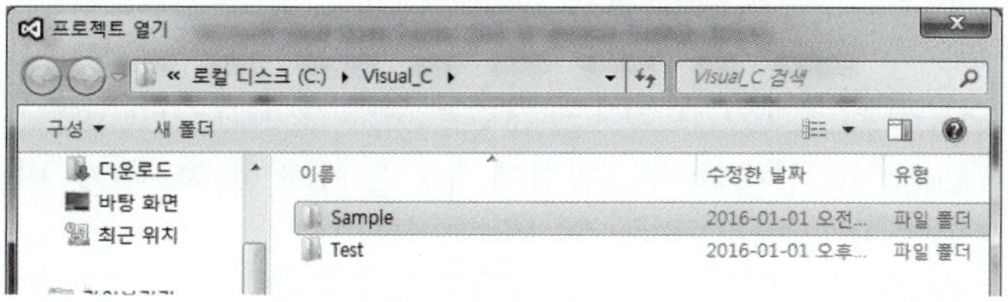

다음과 같이 화면이 출력되면 "Sample.sln"을 선택한 후, 열기버튼을 클릭한다.

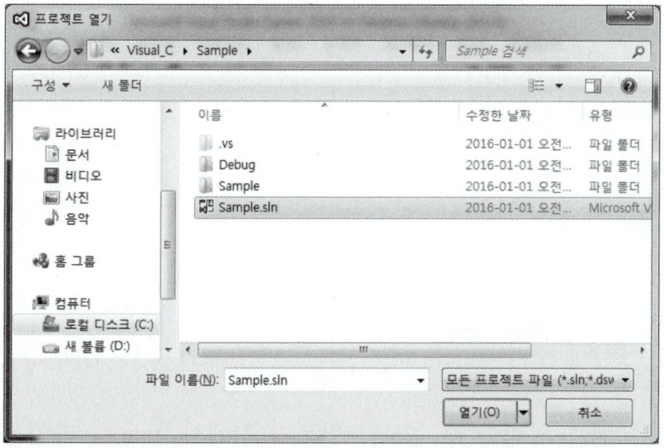

기존에 만들어진 "first.c" 파일이 오픈되어 화면이 출력된다.

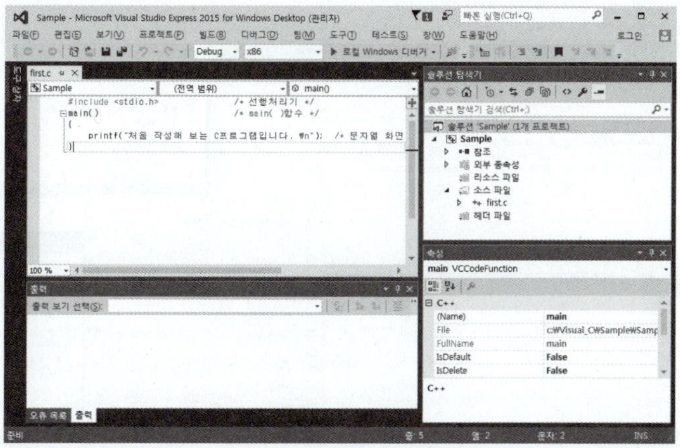

다음은 가장 기본적인 표준 함수로 키보드로 학번과 성명을 입력하고 화면에 출력해보는 예제를 다음과 같이 "C:₩Visual_C₩Sample₩Sample₩p1₩student.c" 프로그램을 만들어보자.

솔루션탐색기의 [소스파일]에서 우측 마우스버튼을 클릭하여 [추가] → [새 항목]을 선택한다. 파일 이름에 "student.c"를 입력한 후, 위치에 "p1"을 입력한 후 추가 버튼을 클릭한다.

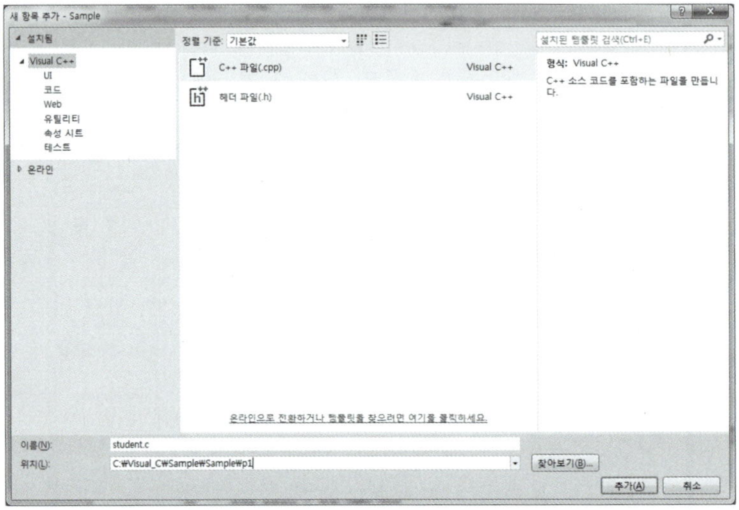

다음과 같이 프로그램을 입력한 후, 솔루션탐색기 창에서 "first.c" 파일을 선택하여 우측 마우스버튼을 클릭하여 제거를 선택한다.

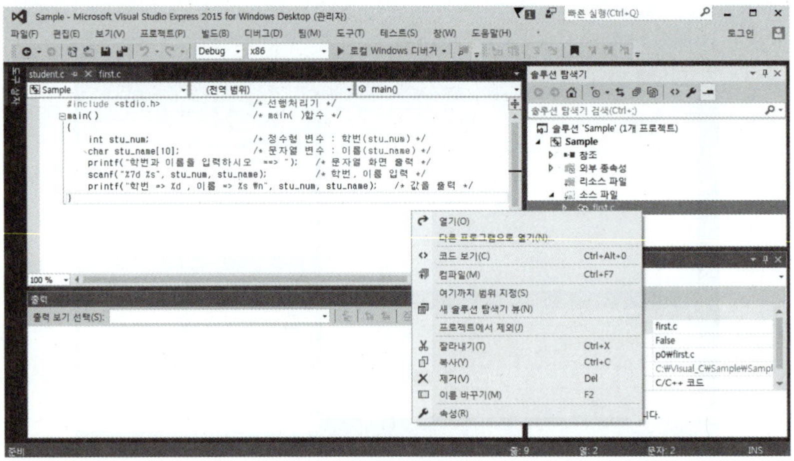

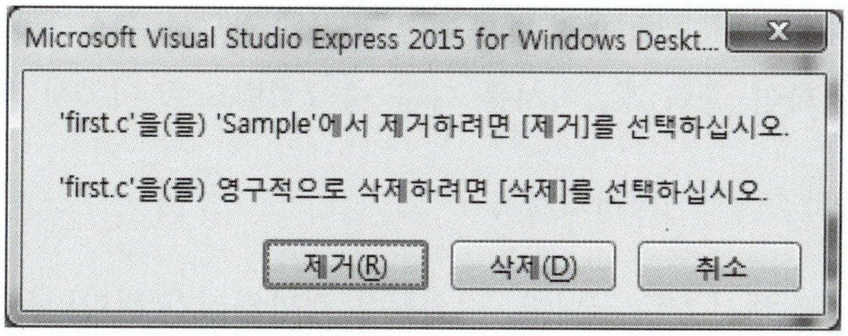

[제거]는 "Sample" 프로젝트에서 제거되고, 삭제는 Source 프로그램("first.c") 까지 모두 삭제된다. [제거] 버튼을 클릭한다.

프로젝트가 완성되면 컴파일을 하기 위해 [빌드] → [솔루션 빌드]를 선택한다. 에러가 없으면, 실행을 하기 위해 [디버그] → [디버깅하지 않고 시작]을 선택하면 도스 창이 팝업되어 실행 결과가 나타난다.

↘ [student.c] 표준 입출력함수 프로그램

```
#include <stdio.h>                                  /* 선행처리기 */
main()                                              /* main( )함수 */
{
    int stu_num;                                    /* 정수형 변수 : 학번(stu_num) */
    char stu_name[10];                              /* 문자열 변수 : 이름(stu_name) */
    printf("학번과 이름을 입력하시오  ==> ") /* 문자열 화면 출력 */
    scanf("%d %s", &stu_num, stu_name);     /* 학번, 이름 입력 */
    printf("학번 => %d , 이름 => %s \n", stu_num, stu_name);   /* 값을 출력 */
}
```

→ 실행 결과

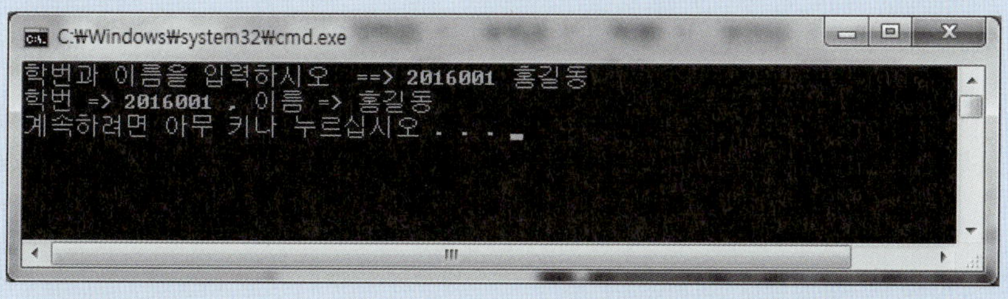

- **printf( ) 함수의 줄바꿈(newline) 기호(\n)** : 출력 대상 자료를 형식(Formatting)에 맞게 출력시키고 "₩n"은 화면 출력 후, 커서를 다음 줄 1컬럼으로 이동시킨다.

- **주석문(/* */)** : /* 선행처리기 */

위의 주석은 /*로 시작해서 */로 끝난다. 주석문은 컴파일러가 컴파일을 하지 않고 무시하기 때문에 프로그램의 동작에는 영향을 미치지 않는다. 주석이 필요한 이유는 프로그램 작성자가 프로그램을 읽는 사람에게 도움을 주기 위한 것으로 프로그램의 구조와 동작을 설명해 주는 역할을 한다. 위의 프로그램에서 /* main( )함수 */의 주석문은 실행이 무시한다.

연습문제

1. 저급 언어와 고급 언어의 차이점을 설명하시오.

2. 프로그램의 진행과정을 나열하시오.

3. 컴파일러와 인터프리터의 차이점을 설명하시오.

4. 객체지향 언어의 종류와 클래스, 객체, 메소드, 생성자, 캡슐화, 정보은닉, 함수오버로딩, 상속, 다형성, 모듈성 등의 용어를 설명하시오.

제 2 장

C 프로그래밍 개요

2.1 C언어 개요

현재 프로그래머가 사용하고 있는 대부분의 컴퓨터 언어는 특성에 따라서 매우 다양하게 여러 분야에서 이용하고 있다. 예를 들면 COBOL은 사무 처리 프로그램을 작성하는데 주로 사용되며, FORTRAN은 과학 계산 프로그램을 작성하는데 사용되고, Assembly 언어는 시스템 프로그램을 작성하는데 사용된다. 이는 각 언어의 특성에 기인한 것으로, 이 언어들은 해당 분야에서 명령 기능을 최대한 발휘할 수 있도록 설계되어 있기 때문이다.

C언어는 다목적 프로그래밍 언어로 어느 분야에서도 이용할 수 있으며, 또한 명령 기능을 충분히 발휘한다. C언어의 외형은 파스칼이나 PL/I 등과 같이 고급 언어(high level language) 형태를 가지고 있으나, 기능 면에서는 저급 언어(low level language)의 특성도 가지고 있다. 이와 같이 C언어는 양면성을 동시에 가지고 있어, 고급 언어의 기능뿐만 아니라, 저급 언어의 기능도 동시에 제공해 주는 것이 특징이다. 저급 언어로서 C언어의 예를 들면 UNIX 운영 체제(operating system)를 대표할 수 있다. 일반적으로 소프트웨어 중에서 가장 하드웨어에 의존하는 소프트웨어를 운영 체제라고 할 수 있다. 이러한 UNIX 운영 체제는 90% 이상이 C언어로 작성되어 있다.

C언어는 미국의 벨 연구소(Bell Telephone Laboratories)에서 근무하던 Ken Thompson이 어셈블리 언어와 B 언어를 이용하여 UNIX 운영 체제의 초기버전을 개발할 때, 그의 동료였던 Dennis Ritche가 자료형이 없는 시스템 프로그래밍 언어인 B언어의 한계를 극복하기 위해 UNIX 운영 체제의 시스템 프로그래밍용 언어로 1972년 C언어를 개발하였다.

최초로 C언어를 소개한 것은 1978년에 "Prentice-Hall"에서 "The C programming Language"라는 책을 통해서 Brian Kernighan과 Dennis Ritche가 발표하였다. 현재 중·대형 컴퓨터부터 미니컴퓨터, 마이크로컴퓨터, PC에 이르기까지 광범위하게 사용되는 컴퓨터 시스템의 범용 운영 체제인 UNIX 시스템은 대부분의 시스템 프로그램과 달리 운영 체제의 핵인 커널(Kernel)의 일부를 제외한 모든 유틸리티 및 기타 응용 프로그램들을 C언어로 작성하였다. 이 UNIX 시스템 프로그램은 공개되어 컴퓨터를 연구하는 많은 대학과 연구소, 기업체 등에서 널리 C언어를 사용하게 되었다.

PC의 대중화에 힘입어 UNIX 시스템을 사용하는 컴퓨터가 아니라도 LINUX, Windows '98, Window XP, Window NT 등 다양한 운영체제에서도 이용할 수 있는 Visual C++, Turbo C++, Boland C++, Pro-C 등 많은 C 컴파일러가 탄생하게 되어 널리 보급되고 있다.

1972년에 개발된 제3세대 언어인 C언어를 아직도 사용하고 있는 이유는 모든 프로그래밍 언어(Java프로그래밍, PHP, CGI)의 문법구조가 유사하고, 임베디드시스템 등에 사용되고 있기 때문이다.

2.2 C언어의 특징

C언어는 매우 폭넓게 사용되고, 프로그래머가 가장 애용하는 언어로서 그 자리를 확실히 자리잡고 있는 이유는 다른 언어에 비해서 형식에 구애받지 않고, 호환성 및 고수준, 저수준의 양면성과 프로그램을 모듈화하기가 쉽고, 융통성이 있어 이용하기 편리한 점이 있기 때문이다. 그러면 C언어가 다른 언어에 비해 다른 특징을 살펴보면 다음과 같다.

2.2.1 연산자의 다양성

C언어의 가장 대표적인 특징은 다른 컴퓨터 언어에 비해 많은 연산자를 사용할 수 있다는 것이다. 연산자를 이용하여 C언어는 다른 언어에서는 여러 행에 걸쳐 기술해야 할 명령문을 간단히 한 두 명령문으로 기술할 수 있다. 이는 C언어 설계자의 취향이기도 하지만, 소프트웨어 공학(software engineering)적인 면에서 프로그램을 간결하게 작성할 수 있으므로, 결국 프로그래머의 생산성을 높여 줄 수 있다. 대부분 프로그램 작성 시 지정한 변수를 필요시에만 상주시키므로, 컴퓨터의 기억 공간을 낭비하지 않고, 효율적으로 사용하므로 실행 속도가 빠르다.

2.2.2 간결한 구조

C언어는 고급 언어와 저급 언어의 양면성을 동시에 갖추고 있는 중급 언어라고 볼 수 있는데, 문법 구조와 제어 구조가 아주 간단한 프로그래밍 언어로 하향식(top-down) 설계와 구조화 프로그래밍(structured programming) 기법을 이용하여 프로그램을 작성할 수 있어서 프로그램 구조와 흐름의 모듈화가 가능하므로 이해하기가 쉽다.

C언어에서 프로그램 흐름을 제어할 때에는 if, switch-case 등의 선택문과 for, while, do-while 등 반복문을 사용하거나 break, continue, return 등의 분기문을 사용할 수 있다. 이러한 제어문 등을 사용하여 고급 언어 또는 저급 언어로서의 기능을 발휘한다.

2.2.3 높은 이식성

C언어는 서로 다른 기종의 컴퓨터에서도 약간의 수정이나 또는 전혀 수정을 하지 않고도 다른 시스템에 이식하기가 용이하고, 프로그램을 구현하여 수행할 수 있다. C언어로 작성된 프로그램은 시스템 유틸리티(system utility)와 선행처리기(preprocessor)를 이용하여 프로그램 내의 기계 특성에 의존하는 부분을 다른 부분으로부터 분리시킬 수 있어, 비교적 용이하게 변환하여 수행해 나갈 수 있다.

2.2.4 함수에 의한 구성

C언어에서 특정 기능을 수행할 수 있는 단위는 모두 함수로 분류된다. 즉, C언어에서의 함수는 일반 언어의 명령(command)에 해당하는 것이라 할 수 있다. 그러나 일반 언어에서의 명령보다 간결하고 폭이 넓다. C언어 프로그램은 함수를 단위로 하여 작성하는 프로그램으로 모든 프로그램은 최소한 한 개 이상의 함수〈(main( )〉를 포함하고 있다. 함수는 단위 프로그램으로 작성할 수 있으므로 논리적으로 구조화시켜 함수와 함수를 결합시켜 전체 프로그램을 논리적으로 프로그래밍할 수 있다.

2.2.5 메모리 관리의 효율성

C언어에서는 몇 가지 경우를 제외하고는 메모리를 항상 동적(dynamic)으로 관리한다. 즉, 메모리를 필요시에만 할당하므로 메모리 관리를 효율적으로 할 수 있다. 또한 사용자에게 친숙한 고급 언어의 특성을 가지면서도 하드웨어에 가까운 비교적 저급 언어의 기능을 가진 bit나 byte의 주소 계산이나 포인터의 기능을 가지는 양면성을 지닌 언어이다.

C언어는 포인터(pointer) 개념을 채택하여 메모리를 능동적으로 관리하는데, 이 포인터가 C 언어의 가장 대표적인 특징 중의 하나이다. C언어는 포인터를 사용하므로 메모리를 보다 효율적으로 관리하며, 동시에 복합 데이터의 처리 효율도 높일 수 있다. 따라서 효율적으로 컴퓨터 기억 공간을 관리하므로 C언어로 작성된 프로그램은 다른 언어로 작성된 프로그램에 비해 처리 속도가 빠르고, 기억 장소를 적게 사용할 수 있다는 장점을 가지고 있다.

2.2.6 free format 형식

다른 제3세대 프로그래밍 언어(COBOL, FORTRAN)에서는 대부분 코딩 형식에 있어서 제약 조건이 있지만, C언어에서는 어떠한 제약 조건도 구애받지 않고, 프로그래머가 마음대로 작성할 수 있는 free format 형식이며, C언어에서는 대부분 소문자를 기본으로 하고, 일반적으로 대문자는 치환문이나 매크로명령(상수, 함수) 등에 사용한다.

2.2.7 강력한 융통성

C언어는 간단한 프로그램뿐만 아니라, 운영 체제와 같은 대용량 프로그램을 작성할 수 있기 때문에, 강력한 융통성을 가지고 있다. 실제로 UNIX 운영 체제나 LOTUS, dBASE와 같은 유틸리티 등이 C언어를 사용하여 구현되고, 컴퓨터 하드웨어를 제어하는 시스템 프로그램에서 가장 인기 있는 언어로 자리잡고 있다.

위의 몇 가지 특징은 C언어 사용자에게 편리함을 제공하지만, 사용자가 프로그램을 작성할 때, 변수의 선언을 잘못하거나 초기화 작업을 하지 않아 논리적인 에러가 발생될 수 있으므로, 프로그램을 읽기 쉽고 이해하기 쉽게 프로그래밍하는 습관을 갖는 것이 바람직하다.

2.3 C언어의 구성 요소

프로그램이란 명령어(instruction) 및 관련 데이터(data)의 집합이다. C언어도 다른 언어와 마찬가지로 명령어를 사용하여 프로그램을 작성하여 실행하는데, 각 명령문은 영문의 알파벳과 기호를 써서 C언어의 규칙에 맞도록 작성해야 한다. C언어 규칙에 맞는지의 여부는 컴파일러가 체크해 주며, 에러가 없는 프로그램만 정상적으로 실행시킬 수 있다. 이 절에서는 C언어의 문법을 구성하는 요소들을 각각 살펴보기로 하겠다.

2.3.1 사용 문자

C언어에서 사용 가능한 문자와 숫자는 [표 2-1]과 같다.

표 2-1 C언어에서 사용 가능한 문자와 숫자

영문 소문자 및 대문자	a, b, …, z, A, B, …, Z
숫자	0, 1, 2, 3, 4, 5, 6, 7, 8, 9
특수 문자	+, =, -, _, (,), *, &, %, $, #, !, | 〈, 〉, ., ,, ;, :, ", ', /, ?, {, }, ₩, [,], ^
기타	blank, newline, tab

[표 2-1]의 문자는 문법상으로 의미가 있는 최소 토큰(token)으로 구성된다. 예를 들면, 식별자(identifier), 키워드(keyword), 상수(constant), 문자열(string), 연산자(operator) 등으로 구성되며, 세미콜론(;)처럼 특별한 용도로 사용되기도 한다. 모든 선언문과 문장은 그 문장의 끝이라는 의미로 세미콜론을 붙이도록 되어 있으며, 다만 중괄호({ })로 묶여진 복합문의 경우에 중괄호 뒤에는 붙이지 않는다.

2.3.2 코딩 규칙과 주석

C언어 프로그램의 코딩 규칙은 자유 형식(free format)이지만, 한 명령문이 끝날 때마다 세미콜론(;)을 붙이게 되어 있다. 또한 각각의 명령문이 세미콜론을 표시하면 여러 개의 명령문

도 동시에 한 라인에 사용할 수 있다. 예를 들면

```
x = x+1;     y = y*x;     printf( " %d %d ", x, y);
```

위의 예는 한 개의 라인에 세 개의 명령을 코딩한 것이며, 다음과 같이 작성할 수 있다.

```
x = x+1;
y = y*x;
printf( "%d %d ", x, y);
```

모든 프로그램 언어는 프로그램의 이해를 돕기 위해 주석을 첨가할 수 있다. 주석은

```
/*  주석(설명 부분) 내용  */
```

의 형식으로 명령문의 앞뒤 또는 여러 라인에 주석을 사용할 수 있지만, 중첩해서 주석문을 사용할 수는 없다.

↘ [comment.c] 주석문 예제 프로그램

```
#include <stdio.h>
main( )
{
   int x = 1, y = 10;
   printf("my name is Jung.\n");          /* 이름 출력 Message */
   x = x + 1;  y = y + 1;                 /* x, y 값   누적 */
   printf("x = %d , y = %d \n", x, y);    /* 값을 출력 */
}
```

→ 실행 결과

```
my name is Jung.
x = 2 , y = 11
계속하려면 아무 키나 누르십시요...
```

3.3.3 예약어(keyword)와 식별어(identifier)

예약어는 C언어에서 특별히 의미가 부여되어 있기 때문에 프로그래머가 임의로 사용할 수 없으며, 예약어는 [표 2-2]와 같다.

표 2-2 예약어의 종류와 의미

예 약 어	의 미	예 약 어	의 미
auto	값을 자동으로 지정	int	정수형 지정
break	실행문 탈출 명령	long	long형 지정
case	조건문 처리 명령	register	레지스터 변수 지정
char	문자형 지정	return	함수 복귀
continue	반복 처리	sizeof	자료형 길이
default	이외의 값을 지정	short	short형 지정
do	실행문 처리 명령	static	변수 선언
double	배수형 지정	struct	구조체 선언
else	조건문 실행	switch	조건 분기 명령
entry	미정의 예약어	typedef	새로운 자료형 선언
extern	외부 변수 지정	union	공용체 선언
float	실수형 지정	unsigned	부호 없는 정수 선언
for	반복실행문 처리명령	while	조건 반복문 실행
goto	이동 명령	enum	열거형 선언
if	조건문 처리 명령	void	함수형 선언

예약어는 소문자로 작성해야 한다. 예를 들어 if를 대문자 IF로 쓰면 C 컴파일러는 IF를 변수 이름으로 취급한다.

식별어는 원시 프로그램에서 쓰이는 예약어 이외의 변수, 함수명, 배열명, 구조체명, 공용체명 등 프로그램의 객체(Entity)에 주어지는 이름을 말하며, 식별어의 작성 규칙은 다음과 같다.

① 첫 번째 문자는 영문자, 밑줄(_)로 시작하고 두 번째 문자 이상인 경우, 두 문자 이후의 문자는 영문자, 숫자, 밑줄 어느 것이 와도 상관없다.
② 대문자와 소문자는 구별된다. 예를 들면 Jung과 jung은 서로 다르다.
③ 예약어는 식별어(변수명, 함수명, 매크로명)로 사용할 수 없다.

④ 식별어의 길이는 제한이 없지만, 표준 C에서는 32문자까지 식별한다.

사용 가능한 식별어와 불가능한 식별어의 예는 [표 2-3]에 표시하였다.

표 2-3 식별어의 분류

사용 가능	사용 불가능
Seoul_olympic	room#24 → 특수 문자 사용
seoul_olympic	2008Beijing → 처음 숫자로 시작
_cbook	for → 예약어
univ_2007	univ-2007 → 하이픈 사용
hakbun	hak bun → 중간에 공백 포함 (hak으로 인식)

2.4 C언어의 기본 구조

처음 C언어를 접하면 다른 언어에 비해 난해하고 어렵다고 하지만, 그것은 C언어가 간결하면서도 사용 범위가 넓기 때문이다. C언어의 기본 구조와 구문을 정확히 이해하고, 함수의 사용법을 이해하면 C언어가 아주 간결하고 쉬운 언어라는 것을 알 수 있다. C언어는 기본적으로 함수(function)로 구성되어 있고, 함수 내부에 다른 함수를 중첩하여 선언할 수 있다.

함수는 제9장에서 자세하게 설명하겠지만, 함수란 어떤 특정 작업을 수행하도록 만들어진 독립적인 프로그램을 말하며, 하나의 프로그램은 한 개의 main( ) 함수와 몇 개의 사용자 정의 함수, 표준 함수의 조합으로 구성된다.

프로그램은 머리 부분(head)과 몸체 부분(body)으로 크게 나눌 수 있는데, 머리 부분에는 선행 처리기문과 함수의 이름을 정의하는 부분으로 되어 있고, 몸체 부분에는 선언문과 실행문으로 구성된다.

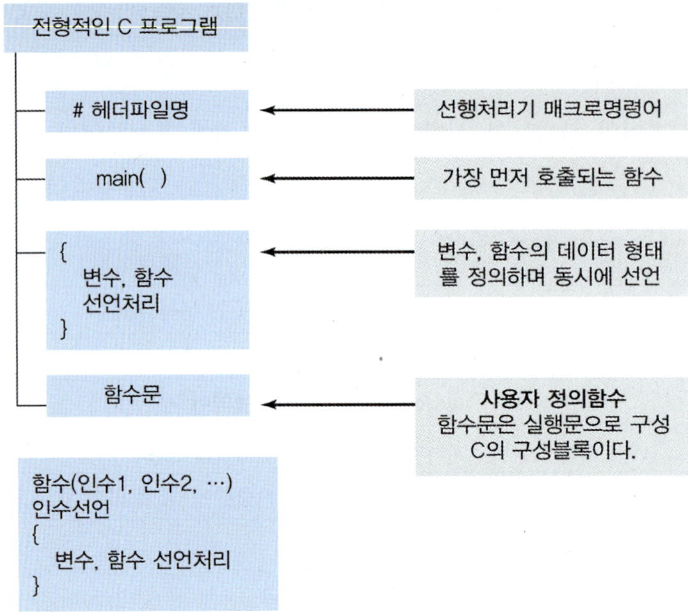

[그림 2-1] C 프로그램의 일반적인 구조

C언어의 구조를 이해하기 위해 간단한 예제 프로그램을 살펴보자.

다양한 내용의 프로그램은 앞으로 단계적으로 설명해 나가기로 하고, 우선 다음에 제시한 [basic.c]의 기본적인 내용을 알아보자.

↘[[basic.c] C언어의 기본 구조에 따른 예제 프로그램

```
#include <stdio.h>                   /* 선행처리기(preprocessor) */
main( )                              /* 주 프로그램 함수명 */
{
    int a, b, c;                     /* 변수형 선언 */
    a = 5, b = 10;                   /* 변수 초기화 */
    c = a + b;
    printf(" a + b = %d \n", c);     /* 표준 출력 함수 */
    c = a * b;
    mult(c);                         /* mult 함수 호출 */
```

```
}
int mult(int d)                              /* 함수 정의 */
{
    printf(" a * b = %d \n", d);
}
```

→ 실행 결과

```
a + b = 15
a * b = 50
계속하려면 아무 키나 누르십시요...
```

❶ **주석문 =〉 /* 선행 처리기 */**

프로그램 작성시 프로그램을 이해하기 쉽게 설명하는 문장이 필요할 때가 있다. 이를 주석문(comments) 또는 설명문이라고 하는데, C 컴파일러는 /* */ 내에 있는 문자열을 프로그램의 일부로 간주하지 않고, 컴파일하지 않는 비실행문이다.

❷ **#include 〈stdio.h〉**

#include 뒤에 지정하는 파일(여기서는 stdio.h 헤더파일)을 Library에서 찾아서 그 파일의 내용을 현재 기술된 위치에 포함시키라는 명령을 컴파일러에게 알려주는 명령으로 이를 선행처리기(preprocessor)라 부른다. 선행처리기는 C 프로그램 작성시 반드시 기술해야 되는 부분이 아니고, 프로그래머가 필요할 때만 기술하면 된다. 선행처리기를 사용하면 프로그램이 다른 언어에 비해 간단하게 작성된다. stdio.h는 표준 입출력 헤더파일(standard input-output header file)로 프로그램의 표준입출력함수의 집합을 의미한다.

❸ **main( )**

C 프로그램은 한 개 이상의 함수로 이루어지며, 모든 프로그램은 이 main( )이라는 함수를 항상 포함하여야 실행이 가능하다. main( )은 주프로그램의 함수명을 나타내고, C 프로그램의 실행은 main( ) 함수에서 시작되고 main( ) 함수에서 종료하고, 한 프로그램에 반드시 한 개만 존재해야 한다. main 뒤의 괄호( )는 함수의 매개변수(parameter)를 지정하고 작업을 실행할 때 정보를 전달하며, 일반적으로는 매개

변수를 생략하여 사용한다. 만약 main( ) 함수의 ( )를 생략하면 에러가 발생한다.

❹ { }

함수의 유효범위를 나타내는 기호로서 '{'는 함수 본체의 시작을 나타내고, '}'는 함수의 끝을 나타내며, 처리할 함수에 해당하는 명령들을 순서대로 기술할 수 있다.

❺ int a, b, c;

main( ) 함수에서 사용되는 변수는 a, b, c이고, 정수형으로 선언하며, 정수형 변수는 범용 컴퓨터, 마이크로 컴퓨터, PC 등에서 1워드(word)가 32bit인 것은 기억 장소를 4byte 확보하고, 16bit인 것은 기억 장소를 2byte 확보하라는 의미가 포함되어 있다.

❻ a = 5, b = 10;

정수형 변수 a의 기억 장소에 값 5를 배정하고, b의 기억 장소에 값 10을 배정하여 초기화시키는 명령이다.

❼ c = a + b;

기억 장소 a의 값 5와 기억 장소 b의 값 10을 합하여, 그 값 15를 기억 장소 c에 배정하는 명령으로 ' = '는 할당(배당) 연산자이다.

❽ printf( )

C언어의 표준 출력 라이브러리 함수의 하나이다. ( )내에 작성한 문자열은 형식 지정 제어 문자열로 제어 문자열 값을 출력하고, 인용 부호(" ")를 사용하며, 화면에 정의한 문자열 값의 내용을 표시한다.

❾ ;

문장의 끝에는 " ; "를 표시하여 한 명령이 끝났음을 나타낸다.

❿ mult(c);

mult( ) 부 함수(sub function)를 호출하고, 호출시 정수형 변수 c는 실인수이며, a값과 b값이 곱해져서 나온 값 50이 가인수 d로 전달된다. 함수의 머리 부분에는 그 끝에 " ; "를 붙이지 않는다.

1. C언어의 특징을 기술하시오.

2. C언어로 프로그램을 작성할 때 반드시 필요한 함수는?

3. C언어의 코딩 형식은?

4. C언어의 프로그램에서 특정 라인에 주석문을 기재하려면 어떻게 기재하는가?

5. C언어에서 예약어의 사용 규칙은?

6. C언어에서 식별어의 사용 규칙을 기술하시오.

제 3 장

데이터 형과 선언

창의적 사고를 위한
C 프로그래밍

1. 데이터 형의 선언 및 정의
2. 변수와 상수
3. 데이터 형의 종류

3.1 데이터 형의 선언 및 정의

프로그램에서 데이터를 처리하기 위해서는 데이터가 일단 기억 장소에 저장되어야 한다. 이러한 데이터(정수, 실수, 문자, 문자열 등)를 적절하게 기억 장소에 저장하도록 C언어에서는 자료형을 제공하고 있다. 만약, 적절하지 못한 자료형을 선언하여 잘못 사용한다면, 실행 결과는 예측하기 어렵다. 그러므로 프로그래머는 사용하는 데이터에 따라 그에 맞는 자료형으로 변수를 선언해서 데이터를 할당해야 한다.

3.1.1 형 지정자(type specifier)와 변경자(modifier)

C언어에서는 [표 3-1]과 같이 다섯 가지의 기본적인 데이터 형(basic data type)을 선언해 주는 키워드(char, int, float, double, void)를 가지고 있다. 이런 다섯 가지의 키워드를 형 지정자라 한다.

표 3-1 C의 데이터 형 지정자와 의미

형 지정자	데이터 형 지정자의 의미
char	문자형 변수를 선언하는 형 지정자
int	정수형 변수를 선언하는 형 지정자
float	부동형 변수를 선언하는 형 지정자
double	배정도 부동형 변수를 선언하는 형 지정자
void	형을 지정하지 않는 변수를 선언하는 형 지정자

또한 기본 자료형을 보다 정밀하게 표현하기 위해서 데이터 크기를 확장하거나 데이터의 값이 양수인지 음수인지를 나타내는 부호를 사용하기 위해 기본 자료형을 선언한다. 선언하는 기본 자료형은 키워드 앞에 선행해서 사용하는 변경자(modifier)를 [표 3-2]와 같이 제공한다.

표 3-2 C언어의 변경자와 의미

변경자	변경자의 의미
signed	부호 있는 변수를 지정할 때 사용
unsigned	부호 없는 변수를 지정할 때 사용(양수)
long	기억 장소의 크기를 기본형의 2배로 할당
short	UNIX 사용시 기억 장소 크기를 기본형의 1/2로 할당

3.1.2 비트(bit), 바이트(byte), 워드(word)

컴퓨터의 기억 단위(memory unit)는 비트, 바이트, 워드가 있다. 컴퓨터의 기억 장소에 데이터를 표현하는 최소 단위는 비트(binary digit)로 1 또는 0 중에 어느 하나를 나타낸다. 컴퓨터 내부의 모든 전자 회로는 전기적으로 5V의 전위를 가지면 논리적으로 1을, 0V의 전위를 가지면 논리적인 0으로 간주한다. 이는 전원 스위치의 ON/OFF로 이해할 수 있다.

정보를 표현하기 위해 하나의 비트만으로는 다양한 데이터를 표현할 수 없으므로, 일정한 양의 비트를 한 단위로 묶어서 데이터로 표현해야 하는데, 8개의 비트를 모아서 한 단위로 하는 바이트(byte)를 기본 단위로 하고, 비트 패턴은 2^8 = 256가지로 0부터 255까지의 수치를 나타내거나, 256가지의 문자집합을 표현할 수 있다.

워드는 비트나 바이트와는 달리 컴퓨터 시스템마다 각기 달라지는데, IBM-PC 호환기종, 범용 컴퓨터, Server급에서는 1워드가 2byte이거나 4byte이다. 워드라는 용어의 의미는 "컴퓨터가 한꺼번에 처리할 수 있는 데이터의 처리 단위"이다. 그러므로 컴퓨터의 데이터 처리 능력에 따라서 워드의 크기도 달라지는데 워드의 크기를 가장 손쉽게 아는 방법은 해당 컴퓨터가 몇 비트 CPU를 사용하고 있는가를 알아보면 된다.

그러므로 int라는 형 지정자는 1워드가 2byte(2^{16} : -32768~32767), 4byte(2^{32} : -2147483648~2147483647)로 CPU에 따라서 정수를 나타내는 범위가 달라진다. 다음 [표 3-3]은 범용 컴퓨터에서의 여러 가지 기억 단위를 나타낸 것이다.

표 3-3 여러 가지 기억 단위(memory unit)

비트수	바이트수	단 위 명
1	1/8	비트(bit)
4	1/2	니블(nibble)
8	1	바이트(byte)
16	2	하프워드(half word)
32	4	풀워드(full word)
64	8	더블 워드(double word)

3.2 변수와 상수

C언어에서 변수를 사용할 때에는 반드시 변수의 데이터 형태를 미리 선언해야 한다. 예를 들어 int a; 문장에서 a는 정수형 변수가 된다. 이와 같이 프로그램 실행 중에 값이 바뀔 수 있는 것을 변수, 값이 바뀔 수 없는 것을 상수라고 한다. [그림 3-1]은 변수와 상수의 관계를 나타내는 그림으로 변수는 값을 보존해 두는 상자(기억 장소)로 비유할 수 있는데, 그 상자를 구별하기 위하여 붙이는 이름이 변수명이다.

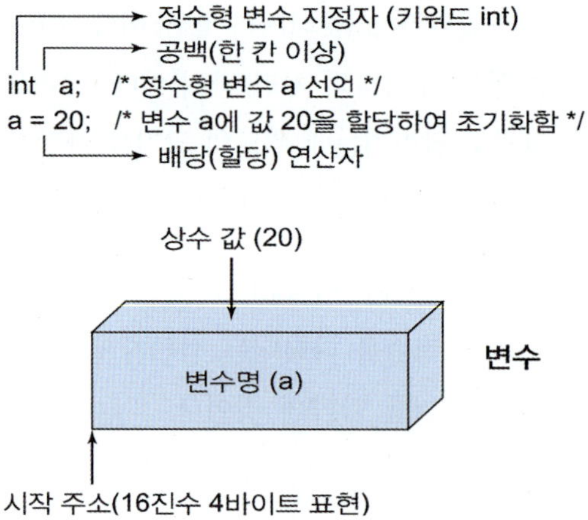

그림 3-1 변수명과 상수와의 관계

여기에서 a가 변수이며, 20은 정수형 상수값이다. 초기화를 한다는 것은 변수를 선언하고, 해당 변수의 주기억장소에 데이터를 저장하는 것을 의미한다. 할당 연산자(=)의 기능은 오른쪽 피연산자의 값을 왼쪽 피연산자(a)에 할당하는 것이다. 피연산자란 보통 연산자가 영향을 미치는 변수이다. 따라서 할당 연산자는 두 개의 피연산자를 필요로 하므로 2항 연산자(binary operator)라고 한다. C언어에서는 단항 연산자, 이항 연산자, 삼항 연산자 등이 있다.

C언어에서 한 문장은 한 개 이상의 표현식과 세미콜론(" ; ")으로 구성된다. 다음은 상수값 20을 변수 a에 할당하라는 하나의 문장이다.

```
a = 20;
```

한 문장에서 세미콜론은 컴파일러에게 "한 문장이 끝났으니 이 문장을 가지고 오브젝트 코드로 바꾸는 작업을 시작하라"는 것을 알려 주는 것이다.

3.2.1 정의(definition)와 선언(declaration)의 구별

정의와 선언의 대상은 변수와 함수 등이 있다. 정의의 의미는 "만든다"이고, 선언의 의미는 "알린다"이다.

정의는 변수나 함수의 특성을 언제나 완전하게 지정해 주어야 하며, 배열의 크기나 매개변수(parameter) 리스트는 정의에 꼭 명시되어야 하고, 변수나 함수를 저장할 기억장소를 메모리에 할당한다. 그러므로 정의는 메모리 사용량을 항상 증가시키고, 프로그램 전체를 통해 단 한 번만 이루어진다.

정의는 언제나 선언을 겸하고, 자동 변수의 경우는 정의와 선언이 구별되지 않으나, 외부 변수와 함수의 경우는 명확하게 구분된다. 외부 변수와 자동 변수는 6장에서 자세하게 다루겠다.

선언은 변수나 함수의 특성 중에 필요한 것만 골라서 지정할 수 있고, 필요 없는 정보는 생략할 수 있다. 따라서 배열의 크기나 매개변수 리스트는 생략 가능하다. 선언은 변수나 함수의 특성을 컴파일러에게 알려주기만 하므로 메모리 사용량과는 전혀 무관하다. 선언은 단지 알려주기만 하는 것이므로 여러 번 중복되어도 상관이 없으며, 결코 정의를 겸할 수 는 없다.

3.2.2 변수명의 지정 규칙

프로그램에서 사용되는 변수명을 지정할 때는 반드시 다음과 같은 규칙을 지켜야 한다.

- 변수명으로 사용 가능한 문자는 A~Z, a~z, _밑줄(under score)이다.
- 변수명의 첫자는 반드시 알파벳 문자이거나 _(밑줄)로 시작해야 한다.
- 변수명의 첫자를 숫자로 시작하면 안 된다.
- 변수명의 길이는 제한이 없으나, 표준 C에서는 최대 32 문자까지만 유효하다.
- 변수명 지정시 알파벳의 대문자와 소문자는 다르게 취급한다.
- 변수명 지정시 예약어와 내장 명령은 사용할 수 없다.

[square.c]는 변수명을 사용하여 20의 3제곱 값을 출력하는 프로그램이다.

↘ [square.c] 20의 제곱 값을 출력하는 프로그램

```
#include <stdio.h>
    main( )
    {
      int a;                              /* 변수 a 선언 */
      a = 20;                             /* 변수 a에 초기값 20 할당 */
      printf("20의 3제곱 값은 %d 이다. \n", a * a * a);
    }
```

→ 실행 결과

```
20의 3제곱 값은 8080 이다.
계속하려면 아무 키나 누르십시요...
```

컴파일러는 "int a;"라는 문장을 메모리로 읽어 들인다. 다음 int라는 형 지정자는 컴파일러에게 a라는 변수에게 얼마만큼의 메모리를 기억장소로 쓸 것인지를 알려준다. 운영체제는 int형을 사용하기 위해 2byte 내지 4byte의 메모리를 요구하고, C언어는 변수를 자동적으로

초기화하지 않기 때문에 변수가 정의된 직후에는 불필요 값을 가지고 있으므로 반드시 초기화 작업을 시켜 주어야 한다.

3.2.3 lvalue와 rvalue란 무엇인가?

변수의 lvalue(왼쪽값)는 그 "변수값이 저장되는 메모리의 번지값"이고, 변수의 rvalue(오른쪽값)는 그 "메모리 번지(lvalue)에 저장되어 있는 데이터 값"을 의미한다. 그러므로 컴파일러는 변수의 lvalue(번지)는 절대로 잊어버려서는 안 되며, 심벌 테이블에 변수의 lvalue를 기록하므로, lvalue만을 이용해서 컴파일러는 그 변수가 메모리에 저장되어 있는 위치를 찾는다. 이와는 다르게 rvalue는 그 변수가 가지고 있는 실제 값이다.

↘ [value.c] lvalue와 rvalue값을 구하는 프로그램

```
#include <stdio.h>
main()
{
 int i;
 printf("변수 값을 초기화 이전 : lvalue is %p  rvalue is %d\n", &i, i);
 i = 30;
 printf("변수 값을 초기화 이후 : lvalue is %p  rvalue is %d\n", &i, i);
}
```

→ 실행 결과

```
변수 값을 초기화 이전 : lvalue is 0065FDF4  rvalue is -858993460
변수 값을 초기화 이후 : lvalue is 0065FDF4  rvalue is 30
계속하려면 아무 키나 누르십시요...
```

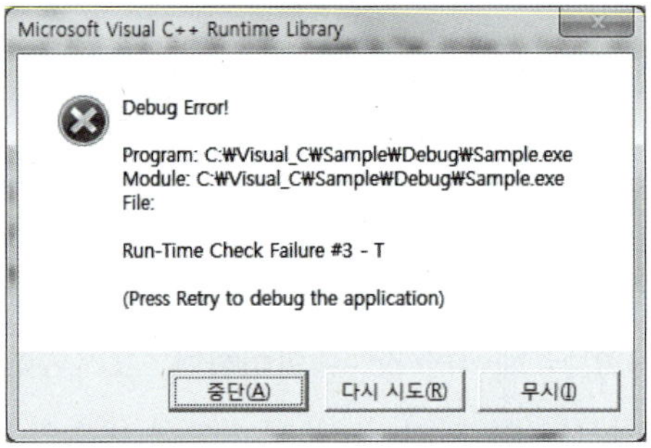

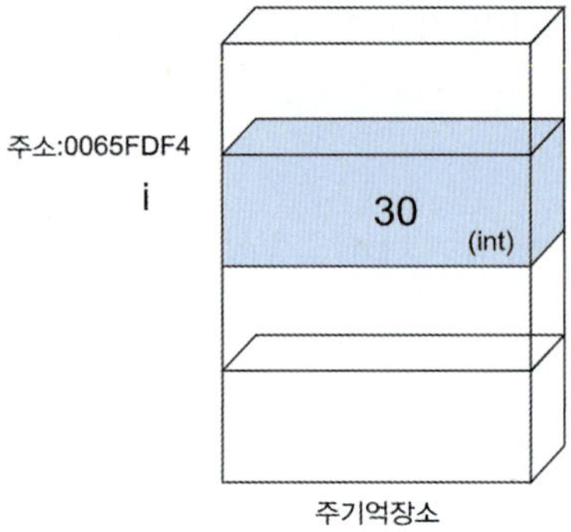

[value.c]의 디버그시 변수 i가 초기화 되지 않아 에러가 발생되지만 무시를 선택한 후 실행한다. printf( )문에서 %p는 제5장 printf( ) 형식 지정 변환 문자에서 배우겠지만, %p는 메모리 번지값인 lvalue를 출력시키고, %d는 int형을 부호가 있는 십진수로 변환시킨 후 출력시킨다. &i는 i의 주소 값을 나타내며, 초기화하기 이전의 i의 rvalue는 쓸데없는 값(garbage value) -858993460이 저장되어 있고, 초기화 이후의 i의 rvalue값은 정상적으로 저장되어 있는 30이 출력된다. 그리고 "₩n"은 개행문자로 출력시 줄 바꿈을 해준다.

3.2.4 상수(constant)

C언어에서 기본형만 해도 5개나 되므로 상수 또한 그 값에 따라 어느 데이터 형으로 취급해야 하는지를 주의할 필요가 있다. 상수는 수치적 형태로 표현하고 프로그램 실행 중에 그 값이 변하지 않는 수를 말하며, 그 종류는 다음과 같다.

① 정수 상수(interger constant)
② 실수 상수(real constant)
③ 문자 상수(character constant)
④ 문자열 상수(string constant)

(1) 정수 상수

정수 상수는 예를 들면 10과 같이 소수점을 포함하지 않는 숫자로 8진 표현, 10진 표현, 16진 표현이 가능하다. 처음에 0x 또는 0X로 시작되는 정수는 16진수를 나타내며, 0으로 시작되는 정수는 8진수를 나타낸다. 예를 들어 10진수 20을 8진수로 표현하면 024이고 16

진수로 표현하면 0x14로 표시한다. 그리고 long형을 표현하려면 정수의 끝에 L 또는 l을 붙인다. 예를 들면 5L은 long형 정수 5를 표현한 것이다. 참고할 점은 10진수나 8진수, 16진수 등은 값에 대한 표기일 뿐, 메모리에 저장할 때는 저장되는 형태는 2진수로 비트 구조는 전부 동일하다.

진수	접두사	예시
10진수		16
16진수	0x	0x10
8진수	0	020

(2) 실수 상수

실수 상수는 부동소수점 표기 또는 고정소수점 표기 모두 사용 가능하다. 예를 들어 0.123과 같이 소수점을 포함하는 숫자로 표현된다. 또한 컴퓨터에서 실수형 데이터는 지수형 표기도 가능하다. 이때 부동 소수점 표기법은 가수부와 지수부를 분리하기 위해 'e' 또는 'E'를 사용한다. 예를 들면 1.23e-01과 같이 표현되며 이는 1.23×10^{-1}을 의미한다.

❶ 고정 소수점 표기

```
123.045
8984.
.123
3.141592
.0000234
```

❷ 부동 소수점 표기

```
1.23045e2
.8984E+4
123.e-3
3.141592e0
2.34E-5
```

(3) 문자 상수

문자 상수는 단일 인용 부호(' ')로 나타내며, 문자 상수란 그 시스템이 사용하고 있는 문자 세트에 포함되는 문자나 문자 번호이고, 문자 데이터의 값은 그 문자의 ASCII 코드가 된다.

```
char str = 'A';      ────────→ ①
char str = 65;       ────────→ ②
```

위의 예 ①은 변수 str에 A이라는 문자를 저장하는 의미이며, 문자 상수 A의 ASCII 코드 값은 65라는 값을 갖는다. ②는 ASCII 문자 세트의 'A'를 나타내기 위해 숫자 65를 사용하였고, 문장이 실행된 후에 변수 str은 65라는 값을 가지게 된다. 위의 예 ① ②는 동일한 내용이나 ①의 경우가 내용을 이해하기 쉬울 것이다.

↘ [char.c] 문자 한 개를 입력받아 화면에 출력하는 프로그램

```
#include <stdio.h>
main( )
{
    char str;
    printf("한 문자를 입력하시오 : ");
    str = getchar( );
    printf("기억장소 str에 저장된 문자는 ==> %c \n", str);
}
```

→ 실행 결과

```
한 문자를 입력하시오 : a
기억장소 str에 저장된 문자는 ==> a
계속하려면 아무 키나 누르십시요...
```

[char.c]의 getchar( ) 함수는 키보드로부터 한 문자를 입력받아 기억장소에 저장하는 표준 라이브러리 함수이고, 반드시 한 문자를 입력한 후 ↵(enter key)를 입력해야 다음을 실행한다. 그리고, %c는 문자 한 자를 출력하는 출력형식변환 지정자이다.

(4) 문자열 상수

문자열 상수는 텍스트(text), 단어(word), 문장(sentence), 이름(name) 등을 구성하는 하나 이상의 문자 집합을 말하고, 이중 인용 부호(" ")로 둘러싸인 한 개 이상의 문자 배열로, 문자열 상수 끝에는 C 컴파일러가 문자열의 끝을 표시하는 ₩0(null character) 문자를 첨가시켜 다음과 같이 메모리에 저장한다.

char str[ ] = "computer";

c	o	m	p	u	t	e	r	₩0

↳ 문자열의 끝을 표시

위의 문자 배열 str[ ]은 배열명이 str이고, 배열의 크기는 가변적이나 "computer"로 초기화하여 주었기 때문에 배열 크기는 9개로 1바이트 크기의 문자형 배열 원소가 str[0]~str[8]까지의 기억 장소에 순서적으로 할당된다.

다음의 예 ① ② ③은 동일한 내용이다.

```
① char str[ ] = "computer";
② char str[9] = "computer";
③ char str[9];
   str[0] = 'c';
   str[1] = 'o';
   str[2] = 'm';
   str[3] = 'p';
   str[4] = 'u';
   str[5] = 't';
   str[6] = 'e';
   str[7] = 'r';
   str[8] = '\0';
```

①의 경우는 배열 str의 크기를 생략한 후 "computer"로 초기화하여 컴파일시 자동으로 배열의 크기가 결정되고, ②의 경우 배열 str의 크기를 미리 결정하여 초기화 해주었고, ③의 경우는 배열 str에 한 문자씩 초기화한 경우이다. 위와 같이 ① ② ③은 모두 동일하게 배

열 str의 기억장소에 문자열 "computer"가 저장된다. 문자열 배열에 관해서는 8장 4절 문자열 배열에서 다시 자세하게 다루겠다.

3.3 데이터 형의 종류

C언어에서 데이터를 표현하려면 [표 3-4]와 같은 데이터 형을 사용한다.

표 3-4 기본 데이터 형의 크기와 범위

구 분	데이터 형	허 용 범 위	부호	bit 크기 (byte)
문자형	char	-128 ~ 127 (-2^{7} ~ $2^{7}-1$)	유	8(1byte)
	unsigned char	0 ~ 255	무	8(1byte)
정수형	int	-2,147,483,648 ~ 2,147,483,647	유	32(4byte)
	unsigned int	0 ~ 4,294,967,295	무	32(4byte)
	short	-32768 ~32767 (-2^{15} ~ $2^{15}-1$)	유	16(2byte)
	unsigned short	0 ~ 65535 (0 ~ $2^{16}-1$)	무	16(2byte)
	long	-2,147,483,648 ~ 2,147,483,647	유	32(4byte)
	unsigned long	0 ~ 4,294,967,295	무	32(4byte)
부동형 (실수)	float	$\pm 3.4*10^{-38}$ ~ $\pm 3.4*10^{38}$	유	32(4byte)
	double	$\pm 1.7*10^{-308}$ ~ $\pm 1.7*10^{308}$	유	64(8byte)
	long double	$\pm 3.4*10^{-4932}$ ~ $\pm 1.1*10^{4932}$	유	80(10byte)
나열형	enum	-2,147,483,648 ~ 2,147,483,647	유	32(4byte)

Visual Studio 컴파일러는 데이터 허용범위 내에서만 오류가 발생하지 않고, 허용범위를 벗어나면 오버플로(overflow)가 되어 에러 값을 발생한다.

3.3.1 문자형

문자형은 문자 한 개를 저장하는 크기를 가지며 모든 문자 자료를 8비트(1바이트)로 표시한다. 컴퓨터 내부에서 문자형의 ASCII 코드 값은 정수 형태로 사용되며, ASCII 문자를 전부 표현하기 위해서는 7비트만으로 충분하므로 8비트 중 여덟 번째 비트를 사용하지 않고, 0부터 127까지 정의된 문자를 포함하는 ASCII 문자 세트(부록 참조)를 사용한다. 부호 비트가 있는지 없는지에 따라 문자형은 char와 unsigned char로 구분하여 사용한다.

↘ [constant.c] 문자, 문자열 상수 예제 프로그램

```
#include <stdio.h>
main( )
{
    char  m, n, str[9] = "computer";
    m = 'A';
    n = 65;
    printf("m 값 출력 : %c \n", m);
    printf("n 값 출력 : %c \n", n);
    printf("ASCII 코드 65 값 출력 : %c \n", 65);
    printf("ASCII 코드 65+1 값 출력 : %c \n", 65+1);
    printf("m+1 값 출력 : %c \n", m+1);
    printf("n+1 값 출력 : %c \n", n+1);
    printf("str 값 출력 : %s \n", str);
}
```

→ 실행 결과

```
m 값 출력 : A
n 값 출력 : A
ASCII 코드 65 값 출력 : A
ASCII 코드 65+1 값 출력 ; B
m+1 값 출력 : B
n+1 값 출력 : B
str 값 출력 : computer
계속하려면 아무 키나 누르십시오...
```

[constant.c]의 예제는 m, n 기억장소에 저장된 값을 출력하고, ASCII코드 값 65와 65+1 값을 출력해 보았다. 그리고 기억장소 m, n에 각각 m+1, n+1을 출력한 결과는 ASCII 코드 값을 합한 결과 값과 같이 출력되고, str의 문자열 "computer"가 출력된다.

문자 상수('A')와 문자열 상수("A")를 기억 장소에 저장할 때에는 다음과 같이 표현할 수 있다.

문자 'A'	A	
문자열 "A"	A	₩0

문자 상수('A')는 1바이트를 이용하여 기억 장소에 저장하고, 문자열 상수 ("A")는 2바이트를 이용하여 기억 장소에 저장된다. 즉, 문자열 상수는 문자 'A'의 1바이트 외에 '₩0'문자 (null character)가 하나 더 추가되어, 문자열의 끝을 나타낸다.

3.3.2 정수형

정수형은 부호에 따라 int, unsigned int, short, unsigned short, long, unsigned long이 있다. C 컴파일러는 상수를 지정할 때 양수인 경우에는 "+" 기호를 붙이지 않는다. "+" 기호를 붙이는 경우에는 에러가 발생된다.

```
int i = +5;        ──────▶ 에러
```

(1) short형과 unsigned int형 변수 선언

기본 자료형인 int형 데이터의 기억장소를 확장하기 위하여 기억장소 크기를 기본 int형과 다르게 할당하여 사용할 수 있다. short는 정수값을 나타내는 부호 있는 작은 단위의 정수에 사용된다.

short는 보통 2바이트 길이를 갖는다. short를 선언하는 가장 큰 이유는 int나 long형을 선언하여 아주 작은 정수값을 사용한다면, 기억 장소의 낭비를 가져오므로 short를 선언하여 2byte 기억 장소만으로 사용하고자 하는 의도이다.

예를 들어 어떤 변수의 기억장소 값을 32,767보다 작은 정수 값만을 사용하고자 할 때는 기억장소를 4byte 차지하는 int형이나 long형으로 사용하면 기억장소를 많이 차지하므로 비효율적이다. 그리고 short형으로 사용할 때 32,767보다 큰 값을 사용하게 되면 Visual C++에서는 오버플로 오류가 발생한다.

Visual Studio 에서는 int형이나 long형의 데이터 허용범위가 같기 때문에 -2,147,483,648에서 2,147,483,647의 범위 내의 정수를 사용하여야 오류가 발생되지 않는다. 예를 들어 2,147,483,647보다 더 큰 정수 값을 사용하고자 할 때는 unsigned int, unsigned long으로 변수 선언하여 사용하여야 오버플로우(overflow)가 발생하지 않고 오류없이 컴파일이 된다.

(2) 정수형 선언 규칙

C 프로그램은 작성시 미리 사용해야 할 변수의 형을 선언해야 하며, 정수형 선언에 대한 예는 다음과 같다.

```
int i;
short j;
long k;
```

프로그램 작성시 여러 개의 변수를 같은 형으로 선언하여 사용하려면 다음과 같이 콤마(,)를 이용하여 변수명칭을 구분하여 사용한다. 열거된 변수명의 마지막에는 세미콜론(;)으로 끝맺어야 한다.

```
int i, j, k;
short hakbun, jumsu, total_1;
long bonbong, sangye, chongyak;
```

(3) signed와 unsigned 변경자의 사용

변경자 signed는 부호 있는 수치 데이터를 표현할 때 사용하며, 기억 장소에 표현될 때 그 수가 양수인지 음수인지를 나타내는 부호 비트를 갖는 상태로 선언된다. 일반적으로 signed int형은 signed가 생략된 int로 선언하여 사용하고, 음수 값이 없는 unsigned int형은 unsigned를 생략하지 않고 사용한다. 예를 들면 1word가 32비트인 컴퓨터 기종에서 int는

-2,147,483,648에서 2,147,483,647의 범위 내의 정수를 사용할 수 있고, unsigned int는 0에서 4,294,967,295의 양의 정수를 사용할 수 있으므로 2,147,483,648과 같은 수치 데이터를 사용하기 위해서는 int형으로 선언하여 사용하면 overflow가 발생하여 예기치 못한 결과를 초래하므로 데이터 허용범위 내의 값만을 사용하여야 한다.

```
unsigned int  money1, money2, money3;
unsigned short int  aa_1, bb_1, cc_1;
unsigned long int  ga, na, da;
```

1워드가 32비트인 컴퓨터를 사용할 때, int 선언시 발생되는 에러를 방지하기 위해 형 선언을 달리하여 정확한 데이터를 얻기 위해 [integer.c]의 예제를 소개한다.

↘ [integer.c] 여러 가지 정수형 선언에 따른 출력 프로그램

```
#include <stdio.h>
main( )
{
 short int h = 32767, i = 32768;
 int j = 2147483647;
 unsigned int k = 2147483647;
 long m = 2147483647;
 unsigned long n = 2147483647;
 printf("h = %d, i = %d, i+1 = %d, i+2 = %d \n", h, i, i+1, i+2); → ①
 printf("j = %d,  j+1 = %d,  j+2 = %d \n", j, j+1, j+2);         → ②
 printf("k = %u,  k+1 = %u,  k+2 = %u \n", k, k+1, k+2);         → ③
 printf("m = %ld,  m+1 = %ld,  m+2 = %ld \n", m, m+1, m+2);      → ④
 printf("n = %lu,  n+1 = %lu,  n+2 = %lu \n", n, n+1, n+2);      → ⑤
 printf("%e  %E \n", 12.2345, 38974.5678);                      → ⑥
 printf("%e  %E \n", 0.002345, 0.0000389745678);                → ⑦
 }
```

→ 실행 결과

```
h = 32767, i = -32768,  i+1 = -32767,  i+2 = -32766
j = 2147483647,  j+1 = -2147483648,  j+2 = -2147483647
k = 2147483647,  k+1 = 2147483648,  k+2 = 2147483649
m = 2147483647,  m+1 = -2147483648,  m+2 = -2147483647
n = 2147483647,  n+1 = 2147483648,  n+2 = 2147483649
1.223450e+01  3.897457E+04
2.345000e-03  3.897457E-05
계속하려면 아무 키나 누르십시요...
```

[integer.c]에서 ①의 경우에는 h는 short int 범위 값이므로 32767이 정상적으로 출력되고, i는 32768값이므로 short int 범위를 벗어나 overflow값인 -32768을 출력한다. 일반적으로 32767값 보다 더 작은 데이터 값만을 사용하고자 할 때 short형으로 선언하여 사용하면 기억장소의 낭비를 줄일 수 있으며, ②의 경우 printf( )문의 j값을 출력할 때는 -2,147,483,648에서 2,147,483,647의 범위 내의 정수를 사용하므로 정상적으로 출력되나 j+1, j+2값은 overflow가 발생되어 예기치 못한 결과 값이 출력된다. 그러므로 ③의 경우 k와 같이 unsigned int를 선언하여 사용하면 printf( )문처럼 정확한 결과 값을 출력할 수 있다. long형으로 선언한 m 값은 int형과 똑같은 데이터 허용범위를 가지기 때문에 ④의 경우 printf( )문처럼 m+1, m+2도 overflow가 발생되고, ⑤의 경우 unsigned long으로 선언된 n 값처럼 사용하면 정확한 결과 값을 출력할 수 있으며, printf( )문에서는 %lu를 사용한다. unsigned형으로 선언한 변수를 사용하는 경우 %u를 사용하며, long형으로 선언한 경우에는 long형 10진수 값을 표현하기 위해 %ld을 사용하고, ⑥⑦의 경우는 지수형으로 표현하기 위하여 %E를 사용하였다.

3.3.3 실수형

소수점이 있는 수치 자료로 float, double, long double의 종류가 있으며 아주 큰 수 또는 작은 수를 표현하여 사용할 수 있고, 과학 계산용 프로그램이나 변수에 3.141592와 같은 부동형 상수를 배정하여 사용할 때 유용하다. 만약 정수형으로 선언된 변수에 3.141592로 배정하면 소수점 이하의 소수 부분은 무시되고, 소수점 이상의 정수만 변수에 배정되어 정확한 데이터 값을 처리할 수 없게 된다.

(1) 정규화

부동형 상수는 가수와 지수 형태로 표현하며, 지수는 전체 수의 대략적인 크기를 나타내고 지수 크기를 변경하여 다음과 같이 여러 가지 형태로 표현할 수 있다.

$$3.141592 = 3141592 * 10^{-6} = 3141592e-6$$
$$314159.2 * 10^{-5} \quad 314159.2e-5$$
$$31415.92 * 10^{-4} \quad 31415.92e-4$$
$$0.3141592 * 10^{1} \quad 0.3141592e1 \Rightarrow (\text{정규화})$$

↑ 일반수식 표현 ↑ 컴퓨터표현

위의 예에서 실수를 나타내는 가장 일반적인 표준형은 0.3141592e1과 같은 형식이며, 이와 같이 표현하는 것을 정규화(normalization)하였다고 한다. 정규화는 소수점 다음 위치에 유효 숫자가 나타나는 형태로 변환시키는 것을 말한다.

(2) 부동형 변수의 선언

다음의 예는 몇 가지 부동형 변수 선언과 그 변수 값을 초기화시키는 경우를 나타내고 있다.

```
float          aa, aa_1;
double         average, hap_ave;
long double    total_average, tot_pgpj;
aa = 3.456;
aa_1 = 0.3456e1;
average = 100.12345678;
hap_ave = 0.10012345678e3;
total_average = 0.1234567890123456;
tot_pgpj = 0.12345678901234567890l;
```

부동형 변수가 차지하는 기억장소 크기는 float가 4바이트, double(또는 long float)은 8바이트, long double은 10바이트이다. 그러나 C 컴파일러에 따라 long double형 지정자가 제공되지 않는 경우도 있다.

[float.c]에서 printf( )문의 변환 문자 %f는 부동형 값을 표현하기 위해 사용하였고, aa, bb, cc은 동일한 값을 출력한다. float로 선언시 그 길이가 4바이트가 되므로 가수 부분이 6자리가 되어 dd값이 소수점아래 6자리까지 표현된다.

부동형의 float 지수 표시 가능 범위는 e^{-38}부터 e^{+38}까지 이고, double은 e^{-308}부터 e^{+308}까지 이고, long double은 e^{-4932}부터 e^{+4932}까지 이다.

↘ [float.c] 실수형 선언에 따른 출력 프로그램

```
#include <stdio.h>
main( )
{
    float aa, bb, cc, dd;
    aa = 3.141592845;
    bb = 0.3141592e1;
    cc = 31415.92e-4;
    dd = 1.123;
    printf("aa = %f \n",aa);
    printf("bb = %f \n",bb);
    printf("cc = %f \n",cc);
    printf("dd = %f \n",dd);
}
```

→ 실행 결과

```
aa = 3.141593
bb = 3.141592
cc = 3.141592
dd = 1.123000
계속하려면 아무 키나 누르십시요...
```

3.3.4 열거형(enumeration)

열거형은 상수형을 검사하는데 주로 사용되며, 사용자 정의 자료형으로 자료를 나열하는 형식은 예약어 enum을 사용한다. 이와 같이 열거형 데이터를 사용하는 근본적인 이유는 상수를 사용하는 대신에 기호 상수를 사용하여 프로그램의 의미를 정확하게 파악하기 위해서이다.

(1) 열거형 변수 선언

열거형 데이터의 일반적인 형식은 다음과 같다.

```
enum enum_name  {econst1, econst2, econst3, ...... ,econstN};
```

- enum → 데이터 형 지정자(예약어)
- enum_name → 태그명(목록이름)
- {econst1, ... ,econstN} → 목록 list(하나 이상의 member를 선언)

enum_name은 상수를 대표하는 이름이고, econst는 enum 데이터 형을 구성하는 상수들이다. 목록 리스트의 상수 값을 초기화하지 않으면, 0부터 순서대로 정수 값을 할당한다.

↘ [enum.c] 열거형 변수 선언에 따른 출력 프로그램

```
#include <stdio.h>
main( )
{
 enum season {spring, summer, full, winter};
 enum name1 {jin_yong = 20, jin_gwang, monalija = 40, tom};
 printf("spring=%d, summer=%d, full=%d\n", spring, summer, full);
 printf("jin_yong = %d, jin_gwang = %d\n", jin_yong, jin_gwang);
 printf("monalija = %d, tom = %d\n", monalija, tom);
}
```

→ 실행 결과

```
spring=0, summer=1, full=2
```

```
jin_yong = 20, jin_gwang = 21
monalija = 40, tom = 41
계속하려면 아무 키나 누르십시오...
```

[enum.c]는 season의 목록 리스트를 초기화하지 않는 경우이므로 0부터 1씩 증가하고, name1의 목록 리스트를 초기화한 경우에는 초기화 값부터 1씩 증가한다. 그러므로 jin_yong은 20으로, jin_gwang은 21으로 초기화되었고, monalija는 40으로, tom은 41로 초기화되었다.

(2) 열거형 변수 정의

다음의 문장은 단순히 city이라는 enum형 변수를 선언한 경우이다.

```
enum city {seoul = 1, pusan = 10, daegu = 20, incheon = 12, kwangju = 21};
```

city 열거형 변수를 정의하려면 다음과 같이 사용해야 한다.

```
enum city sudo;
```

이 문장은 city형 변수를 sudo로 정의한 것이다. enum 변수에 값을 할당하는 방법은 다음과 같다.

```
sudo = seoul;
```

열거형 변수를 선언할 때에 포함된 상수만이 enum 변수에 할당될 수 있으며, 한 문장에서 변수를 정의할 때는 열거형 변수명을 생략하여도 된다.

```
enum {seoul = 1, pusan = 10, daegu = 20, incheon = 12, kwangju = 21} sudo;
```

enum 상수는 프로그램이 실행될 때 메모리에 저장되고, 상수들은 주소 값을 가지고 있으며 디버그를 사용하여 살펴볼 수 있으나, 다음과 같이 임의적으로 상수 값을 바꿀 수는 없다.

```
seoul = 100;
```

위 문장을 컴파일 하면 에러가 유발되므로, 열거형 변수를 정의할 때 사용한 기호 상수는 임의로 바꿀 수가 없다.

[season.c]는 열거형 변수 정의에 따른 출력 프로그램이다.

↘ [season.c] 열거형 변수 정의에 따른 출력 프로그램

```
#include <stdio.h>
main( )
{
  int i = 50;
  enum season {spring = 10, summer = 20, full = 30, winter = 40};
  enum season geajul1, geajul2, geajul3, geajul4;
  printf("spring = %d,  summer = %d \n", spring, summer);
  geajul2 = summer;
  geajul3 = full;
  geajul4 = winter;
  printf("full = %d,  winter = %d \n", geajul3, geajul4);
  printf("i + summer = %d \n", i+geajul2);
}
```

→ 실행 결과

```
pring = 10,  summer = 20
full = 30,  winter = 40
i + summer = 70
계속하려면 아무 키나 누르십시요...
```

연 습 문 제

1. C언어에서 변수와 상수의 차이점은?

2. C언어에서 사용하는 변수명의 작성 방법은?

3. int, unsigned int, short, unsigned short, long, unsigned long의 각각 차이점은?

4. 다음은 어떤 형의 상수인가 표시하시오.

   ① 1.234　　② 7890L　　③ 0x18

   ④ 1234　　⑤ 0.12E7　　⑥ 048

5. 다음 변수 A에 할당되는 값의 차이점을 설명하시오.

   ① A = M　　② A = ‘M’　　③ A = “M”

6. 다음의 상수를 부동소수점 상수로 변환하시오.

```
55,500,000
```

7. 다음의 변수 값을 출력하는 프로그램을 작성하시오.

```
A = 10                          /* int */
B = 543.21                      /* float */
C = 12.345E+12                  /* double */
D = 'K'                         /* char */
```

8. 열거형 변수의 사용 형식과 사용하는 이유는?

제 4 장

연 산 자

창의적 사고를 위한
C 프로그래밍

1. 연산자의 우선순위
2. 연산자의 종류

4.1 연산자의 우선순위

연산자(operator)란 수학에서 사용되는 +, -, *, ÷ 등의 연산기호와 같이 프로그램 내에서 연산을 행하는 기호를 의미한다. C언어에서는 다양한 연산자가 있으며 특히, 다른 프로그래밍 언어에 사용되는 연산자와는 달리 기계 코드(machine code)의 연산 명령어와 1 : 1 대응하도록 만들어져 있어서 연산 처리의 실행 속도가 빠르다. 일반적으로 하나의 수식에 여러 개의 연산자가 사용될 경우, 이는 연산자의 우선순위에 따라 연산이 실행된다. 따라서 우선순위가 높은 것을 먼저 처리하고, 우선순위가 같을 경우에는 C언어에서 지정한 결합(associative) 규칙에 따라 실행된다. 연산자(operator)와 피연산자(operand)의 예는 다음과 같이

```
a + b
```

에서 “a”와 “b”는 피연산자이고, “+”는 연산자이다.

4.1.1 연산자의 우선순위(priority of operator)

다음은 어떤 값을 계산할 때 하나의 수식에 여러 개의 수식이 사용되는 경우이다.

```
int  i = 20, j;
  j = i + 30 * 2;      ───────→ ①
  j = 30 * 2 + i;      ───────→ ②
```

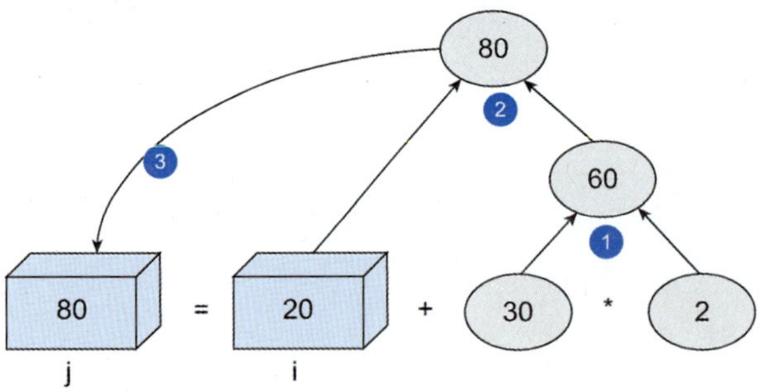

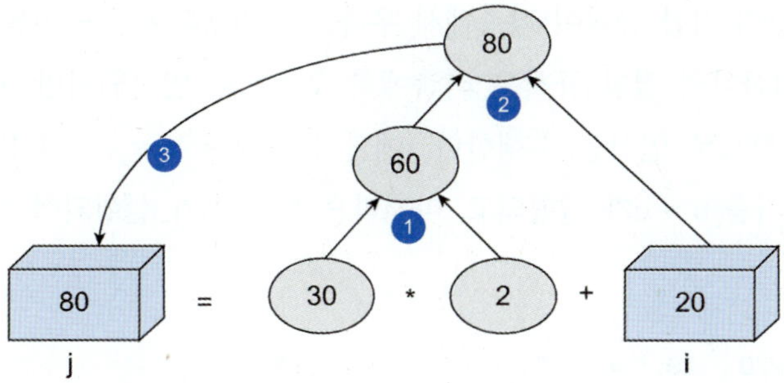

①②의 결과는 j라는 정수형 변수에 80을 대입하게 된다. 우선순위는, 어느 연산자를 가장 먼저 실행할 것인지를 결정한다. C언어에서는 곱셈, 나눗셈, 나머지 연산자가 덧셈, 뺄셈 연산자보다 우선순위가 높다. 연산자의 우선순위가 서로 다른 것들로 구성된 산술식에서는 연산 우선순위가 가장 높은 것부터 먼저 실행된다. 어떤 연산자는 다른 식의 값이 결정될 때까지 피연산자를 기다려야 한다. 위의 예 ①은 "30 * 2"를 수행이 끝날 때까지 "+" 연산자는 기다렸다가 "i + 60"을 수행한다.

4.1.2 괄호

연산자의 정해진 우선순위를 꼭 바꾸어야 할 경우 괄호를 사용한다. 어떤 식을 다른 식보다 먼저 처리하려면 괄호를 사용한다. **예** ①에서 j에 100값을 할당해야 할 때는

```
j = (i + 30) * 2;
```

와 같이 표현하며, 괄호는 2를 곱하기 전에 먼저 괄호 안의 내용을 계산한다. 이런 경우 곱셈 연산자는 연산을 하기 전에 첫 번째 피연산자 (i + 30)이 결정될 때까지 기다려야 한다. 즉, 괄호는 산술 연산의 원래 순서를 바꿀 수 있다.

4.1.3 결합 규칙(Association)

하나의 수식에 여러 개의 연산자가 사용될 때, 동일한 우선순위의 연산자로 연결된 경우 식을 평가해 가는 순서를 나타내는 것이다. 다음의 예를 보자.

```
5 + 10 + 15
```

앞의 식은 "+" 연산의 결합 규칙이 좌측에서 우측으로 진행되어 5 + 10을 우선적으로 연산한다. 일반적인 연산자의 결합 규칙은 좌측에서 우측으로 연산되지만 "=" 등의 연산자는 우측에서 좌측 방향으로 연산을 수행한다. 예를 들어 a = b = c = 1;은 우선적으로 c = 1이 실행되고, 그 다음 b = c가 실행되고, 마지막으로 a = b가 실행되어 결국 a = 1이 된다. 다음의 예를 보자.

```
i = 30 + 20 - 10 * 40 / 5;
```

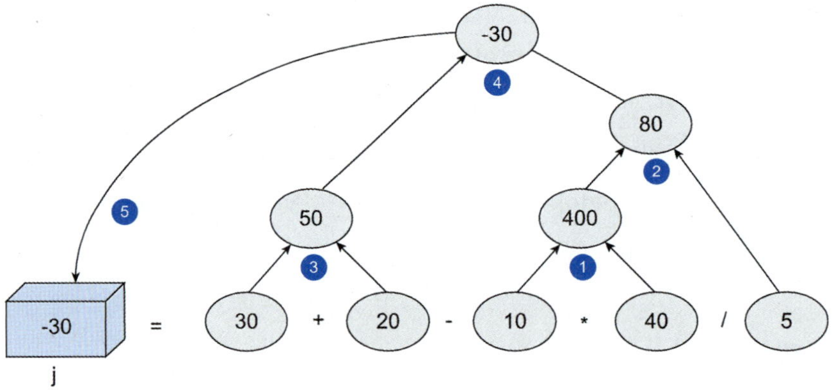

이 식에서 사용된 연산자는 "+, -, *, /" 모두가 사용되었다. 그러면 앞의 식은 어떤 순서로 연산이 되는가를 살펴보자. 먼저, 연산자 우선순위에 의해 첫 번째 연산은 곱셈 연산인 10 * 40 = 400이 되고, 두 번째 연산은 400/5가 되어 80이 된다. 이제 다시 정리하면 다음과 같이 될 것이다.

```
i = 30 + 20 - 80
```

이 과정에서 이제 덧셈과 뺄셈만이 남았다. 이제부터는 결합 규칙에 의해서, 30과 20을 덧셈하면 50이 되고, 최종적으로 80을 빼면 결과는 -30이 된다. 만약, 위의 식을 다음과 같이 괄호로 묶으면 연산 우선순위가 바뀌어 그 결과도 달라질 것이다.

```
i = 30 + ( 20 - 10 ) * 40 / 5;
```

앞의 식에서 가장 먼저 실행되는 연산 우선순위는 괄호이므로 괄호 내의 (20 - 10)부터 실행된다. 따라서 20 - 10 = 10이 되고, 이어서 곱셈 연산인 10 * 40 = 400이 되며, 이를 나눗셈 연산을 실행하여 400/5 = 80이 된 후, 마지막으로 덧셈 연산인 30 + 80 = 110의 결과를 얻는다. 앞에 열거한 과정에서 연산자 우선순위와 일반적인 결합규칙은 다음과 같음을 알 수 있다.

- 괄호( ) 내의 식이 가장 먼저 실행된다.
- 4칙 연산자는 *, /, % 다음에 +, − 연산자 순으로 실행한다.
- 좌측에서 우측의 순서로 실행한다(좌 결합 규칙).
- "=" 연산자는 우측에서 좌측으로 실행된다(우 결합 규칙).

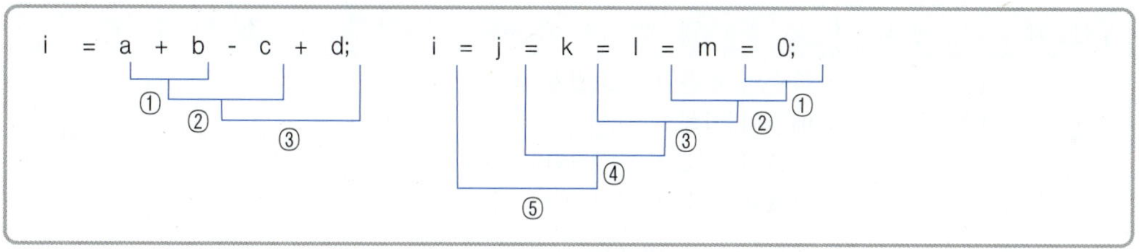

[표 4-1]은 C에서 사용되는 연산자의 우선순위와 결합 규칙을 정리한 표이다. [표 4-1]에서 나타낸 우선순위 1번인 "( ) [ ] -> ."에서 ( )의 의미는 함수의 호출 또는 소괄호 ( )를 나타내고, [ ]은 배열의 인덱스를 나타내며, " -> "와 " . "은 구조체 포인트로서, " -> "는 간접 멤버에 접근하는 구조체 요소이고, " . "은 직접적으로 멤버에 접근하는 **구조체 · 구조체 요소**를 나타낸다. 배열과 구조체에 대해서는 8장과 11장에서 다시 설명하기로 하겠다.

↘ [priority.c] 우선순위와 결합 규칙을 이용한 출력 프로그램

```
#include <stdio.h>
main( )
{
    int a, b, c, d, i, j, k;
    i = 30 + 20 - 10 * 40 / 5;
    j = 30 + (20 - 10) * 40 / 5;
    a = b = c = d = 2;
```

```
        k = a + b + c + d;
        k = a + b + c + d;
        printf("i = %d, j = %d, k = %d \n", i,  j, k);
    }
```

→ 실행 결과

```
i = -30, j = 110, k = 8
계속하려면 아무 키나 누르십시요...
```

표 4-1 연산자 우선순위와 결합규칙

우선순위	연 산 자	연 산 자 종 류	결 합 규 칙
1	( ) [ ] -> .	함수의 호출이나 소괄호 ( ) 배열의 인덱스 구조체 요소로 간접 멤버 접근 구조체 요소로 직접 멤버 접근	좌측에서 우측으로 결합
2	- + ++ -- ! ~ * & sizeof (type)	단항(unary) -와 단항 + 1 증가와 1 감소 논리 NOT과 1의 보수 간접 지정 값과 주소 값 기억 장소의 크기 캐스트	우측에서 좌측으로 결합
3	* / %	곱셈, 나눗셈, 나머지(잉여)	좌측에서 우측으로 결합
4	+ -	덧셈, 뺄셈	좌측에서 우측으로 결합
5	<< >>	좌측 shift연산자, 우측 shift연산자	좌측에서 우측으로 결합
6	< <= > >=	작다, 적거나 같다 크다, 크거나 같다	좌측에서 우측으로 결합
7	== !=	같다, 같지 않다	좌측에서 우측으로 결합
8	&	비트 AND	좌측에서 우측으로 결합
9	^	비트 XOR	좌측에서 우측으로 결합
10	|	비트 OR	좌측에서 우측으로 결합
11	&&	논리 AND	좌측에서 우측으로 결합
12	||	논리 OR	좌측에서 우측으로 결합

표 4-1 연산자 우선순위와 결합규칙(계속)

우선순위	연 산 자	연 산 자 종 류	결 합 규 칙
13	? :	조건 (삼항)	우측에서 좌측으로 결합
14	= += -= *= /= %= &= |= ^= 〈〈= 〉〉=	대입 덧셈과 대입의 혼합 뺄셈과 대입의 혼합 곱셈과 대입의 혼합 나눗셈과 대입의 혼합 나머지와 대입의 혼합 비트 AND와 대입의 혼합 비트 OR과 대입의 혼합 비트 XOR과 대입의 혼합 좌측 shift와 대입의 혼합 우측 shift와 대입의 혼합	우측에서 좌측으로 결합
15	,	순서 연산자	좌측에서 우측으로 결합

4.2 연산자의 종류

4.2.1 대입 연산자(Assignment Operators)

이미 앞에서 대입 연산자를 사용해 보았지만, "=" 대입 연산자는 수학의 개념과는 다르다. 수학에서 "=" 기호의 개념은 "=" 좌우의 데이터 값이 같다는 의미이고, C 프로그램에서 "=" (대입 연산자)의 개념은 우측의 데이터 값(피연산자)을 좌측의 변수에 대입(할당)하라는 의미를 갖는다.

```
변수 = 수식;  /* (우측 피연산자 : 상수, 기호 상수, 변수, 함수, 수식 중 선택) */
```

대입 연산자는 이항 연산자(binary operators)이고, 두 개의 피연산자가 필요하다.

```
int  i;
i = 10;
```

위의 예는 정수형 변수 i를 초기화시켜주는 과정이다. 대입 연산자의 좌변에 있는 변수 i에 우변에 있는 정수형 상수 10이 저장된다. 이때 대입 연산자의 좌변은 반드시 변수이어야 하고, 우변에는 상수, 기호 상수(#define으로 정의된 매크로 상수), 변수, 함수 그리고 앞에서 기술한 수식이 있어야 한다. 변수는 대입 연산자를 중심으로 좌우측 모두 나타낼 수 있는데 (변수 = 변수;) 좌변에 있는 변수 명은 기억 장소의 주소인 lvalue이고, 대입 연산자 우변에 있는 변수 명은 기억 장소에 저장된 값인 rvalue를 의미한다.

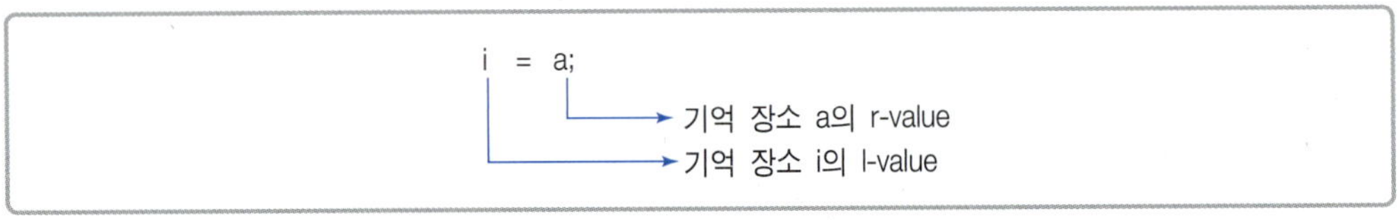

4.2.2 산술 연산자(Arithmetic Operators)

일반적으로 C언어에서 사용되는 연산자는 일반 수학이나 탁상용 계산기에서 사용하는 연산자와 매우 유사하며 그 중에서 산술 연산자가 가장 많이 사용된다. 이는 두 개의 연산 대상 데이터(피연산자)를 산술적으로 계산 처리한다. 두 개의 연산항(데이터)을 갖는 연산자를 이항연산자(binary operator)라 한다. 이 중에서 사칙 연산자(+, -, *, /)는 임의의 산술형 데이터나 수식을 피연산자로 취하며, 연산 결과는 언제나 정수형 또는 double형이고, 나머지 연산자 "%"는 float, double을 제외한 임의의 산술형 데이터나 수식을 피연산자로 취하

표 4-2 산술 연산자의 기능

산술 연산자	연 산 자 의 기 능
+	두 피연산자를 가산한다.
-	두 피연산자를 감산한다.
*	두 피연산자를 승산한다.
/	두 피연산자를 제산한다.
%	두 피연산자를 제산하여 나머지를 얻는다.
+	단항 +, 피연산자에 + 부호를 붙인다.
-	단항 -, 피연산자에 - 부호를 붙인다.

고, 연산 결과는 언제나 정수형이다. 그리고, 부호 연산자인 "+, -"는 피연산자로 임의의 산술형 데이터나 수식을 취한다.

(1) 덧셈 연산자(+)

덧셈 연산자 '+'는 좌우 양쪽 두 개의 데이터값(피연산자 값)을 더한다. 예를 들어 i = a + b라 표시하면 a의 r-value값과 b의 r-value값을 더하여 그 값을 i의 l-value값에 대입하라는 의미이다.

(2) 뺄셈 연산자(−)

뺄셈 연산자 '-'는 좌측의 데이터 값에서 우측의 데이터 값을 뺀다. 예를 들어, i = a - b 라 표시하면 a의 r-value값에서 b의 r-value값을 감산한 후 그 결과를 i의 l-value값에 대입하라는 의미이다.

(3) 곱셈 연산자(*)

곱셈 연산자 '*'는 좌측의 데이터 값과 우측의 데이터 값을 곱한다. 예를 들어, i = a * b 라 표시하면 a의 r-value값과 b의 r-value값을 곱한 후 그 결과를 i의 l-value에 대입하라는 의미이다.

(4) 나눗셈 연산자(/)

나눗셈 연산자 '/'는 좌측의 값을 우측의 값으로 나눈다. 예를 들어 i = a / b라 표시하면 a의 r-value값을 b의 r-value값으로 나눈 후 그 결과를 i의 l-value에 대입하라는 의미이다. 나눗셈 연산자를 사용하는 경우 주의할 점은 어떤 값을 나눌 때 사용되는 두 개의 피연산자가 부동형 수(실수)인 경우와 하나는 정수이고 하나는 부동형 수인 경우는 그 결과 값은 항상 double형이다. 나눗셈 연산자는 몫과 나머지 값이 산출되는데, 이때 만약, 그 결과 값을 정수형 변수에 저장한다면, 소수점 이하의 값은 저장되지 않고 잘려지게 되므로, 소수 부분까지가 모두 필요한 연산이라면 반드시 부동형 변수에 저장하여야 한다.

피연산자1	피연산자2	결과 자료형	예시
정수	정수	정수	5/2 → 2
정수	실수	실수	5/2.0 → 2.5
실수	정수	실수	5.0/2 → 2.5
실수	실수	실수	5.0/2.0 → 2.5

(5) 제곱 연산자

C언어에서는 FORTRAN과 같은 언어에서 볼 수 있는 제곱 연산자가 별도로 존재하지 않으며, 일반적으로 다음 형식과 같이 사용한다. 다음은 임의의 수 a의 제곱과 세제곱의 사용 형식을 표현하였다.

```
형 식 :  a * a          ←────────  a의 제곱
         a * a * a      ←────────  a의 세제곱
```

예를 들어, 2^2와 2^3을 C언어에서 나타내려면 2 * 2와 2 * 2 * 2로 하면 된다.

↘ [devide.c] 나눗셈 연산자를 이용한 출력 프로그램

```
#include <stdio.h>
main( )
{
 int a = 10, b = 4;
 float i = 10.0, j = 4.0;
 printf("a / b = %d \n", a / b);
 printf("a / j = %d \n", a / j);          ──────→ ① 오류 값
 printf("a / j = %f \n", a / j);          ──────→ ② 정상 값
 printf("i / b = %f \n", i / b);
 printf("i / j = %f \n", i / j);
}
```

→ 실행 결과

```
a / b = 2
a / j = 0
a / j = 2.500000
i / b = 2.500000
i / j = 2.500000
계속하려면 아무 키나 누르십시요...
```

[devide.c]의 ①의 경우 정수/실수 값은 결과 값이 실수(2.5)로 나오지만 printf( )문에서 %d로 출력하기 때문에 0으로 잘못 출력된다. 그러므로 ②와 같이 %f로 출력해야 오류없이 출력된다.

(6) 잉여 연산자(%)

잉여 연산자(또는 나머지 연산자) '%'는 좌측 데이터 값을 우측 데이터 값으로 나눈 후 그 나머지 값을 왼쪽에 대입하라는 의미이다. 이때, '%'는 연산되는 데이터 형이 float나 double형에서는 적용될 수 없다.

즉, '%'는 연산자 좌측에 있는 정수를 '%' 연산자 우측에 있는 정수로 나누었을 때만 나머지 계산이 된다. 만약, '%' 연산자를 부동 소수점수 숫자(float, double)에 적용하면 컴파일 에러가 발생한다. '%' 연산자는 프로그램의 전체 흐름을 제어하는데 아주 유용하게 사용되는 연산자이다. 예를 들어 1에서 100까지의 3의 배수를 구하여 출력하는 프로그램을 작성한다면, 3의 배수는 어떤 수를 3으로 나누어 나머지가 0인 수이므로 [remainder.c]과 같다.

[remainder.c]의 printf( ) 함수 안에서 '%' 기호를 출력하기 위해서는 "%%"로 표기해야 한다.

↘[remainder.c] 산술 연산자를 이용한 출력 프로그램

```
#include <stdio.h>
main( )
{
 int i, j, k;
 i = 20, j = 10, k = 3;
 printf(" 20 + 10 = %d \n", i + j);    /* 덧셈 연산자의 예 */
 printf(" 20 - 10 = %d \n", i - j);    /* 뺄셈 연산자의 예 */
 printf(" 20 * 10 = %d \n", i * j);    /* 곱셈 연산자의 예 */
 printf(" 20 / 10 = %d \n", i / j);    /* 나눗셈 연산자의 예 */
 printf(" 20 * 20 = %d \n", i * i);    /* 제곱 연산자의 예 */
 printf(" 20 %% 3 = %d \n", i % k);    /* 잉여 연산자의 예 */
 printf(" 3 %% 10 = %d \n", k % j);    /* 잉여 연산자의 예 */
}
```

→ 실행 결과

```
20 + 10 = 30
20 - 10 = 10
20 * 10 = 200
20 / 10 = 2
20 * 20 = 400
20 % 3 = 2
3 % 10 = 3
계속하려면 아무 키나 누르십시요...
```

(7) 단항 부호 연산자(+, −)

단항 연산자(unary operator)란 임의의 산술형 데이터나 수식 값만을 산술적으로 연산하는 연산자이며, 피연산자를 하나만 취하는 단항 연산자로 '+'와 ' - '연산자가 있으나, C언어에서는 '+' 단항 연산자는 사용하지 않는다. 예를 들어, 양수인 20을 C언어에서 나타낼 때는 '+' 기호를 붙이지 않고, 단순히 20만 표현하면 된다. 따라서, ' - ' 단항 연산자에 대해서만 언급하기로 한다.

'-' 단항 연산자의 기능은 어떤 피연산자의 부호를 표시하거나 피연산자의 부호를 변경할 때 사용한다. 다음은 '-' 단항 연산자에 대한 예이다.

```
a = -20;
b = -(a);    /* b = -(-20)과 같은 의미 */
```

변수 a에는 -20이 저장되어 있고, 변수 b에는 20이 저장되어 있다. 즉, '-' 부호 연산자를 이용하여 양수는 음수로, 음수는 양수로 변경할 수 있다.

4.2.3 관계 연산자

연산에는 두 개의 피연산자가 필요한 이항 연산자로 좌결합 규칙이 적용되고, 표준 산술 연산을 실행하여 얻은 결과 값에 대하여 어떤 값이 같은가 또는 큰가, 작은가의 대소 관계를 비교하여 참값(정수 1) 또는 거짓(정수 0)을 얻는 연산자를 관계 연산자(Relational Operator)라 한다.

표 4-3 관계 연산자와 등가 연산자 의미

연산자	연산자의 의미	
<	작다	관계 연산자
<=	작거나 같다	
>	크다	
>=	크거나 같다	
==	같다	등가 연산자
!=	같지 않다	

C언어에서 사용되는 관계 연산자는 [표 4-3]과 같이 같다(==)와 같지 않다(!=)는 관계 연산자가 아니라 등가 연산자라고 하며, 우선순위는 다른 4개의 관계 연산자보다 한 단계 낮다. 그러나 이 두 가지 연산자는 관계 연산자와 비슷하게 자주 사용되고 있다. 관계연산자에서 양쪽의 피연산자의 대소 관계를 비교하는 연산을 한 후 이때 연산 결과를 논리적으로 참(TRUE) 또는 거짓(FALSE)으로 나타낸다. 이때, 참이면 1을, 거짓이면 0을 수식의 값으로 되돌린다. 관계 연산자는 대소 관계를 비교하는데 사용하기보다는, 주로 조건문에서 대소

관계의 조건에 따라 어떤 명령문을 실행하거나 반복문의 반복 실행을 중단하는데 사용되고 있다. 관계 연산자의 일반적인 형식은 다음과 같다.

```
표현식1(피연산자) 관계 연산자 표현식2(피연산자)
```

양쪽의 피연산자는 변수 명으로 사용하는 경우가 많이 있고, 상수나 함수명도 피연산자로 사용할 수 있다. 다음은 관계 연산자를 사용한 예이다.

```
A <  B      ←————————  변수 A는 변수 B보다 작다
A >  B      ←————————  변수 A는 변수 B보다 크다
A <= B      ←————————  변수 A는 변수 B보다 작거나 같다
A >= B      ←————————  변수 A는 변수 B보다 크거나 같다
A == B      ←————————  변수 A와 변수 B는 같다
A != B      ←————————  변수 A와 변수 B는 같지 않다
A < func( ) ←————————  변수 A는 함수 func( ) 값보다 작다
A >= 30     ←————————  변수 A는 상수 30보다 크거나 같다
```

주의 대입 연산자 "="와 등가 연산자 "=="의 의미는 근본적으로 다르다. 대입 연산자 "="는 "=" 기호 우측의 값을 좌측에 대입(할당)하라는 의미이며, 등가 연산자 "=="는 "=="기호 우측과 좌측의 값이 같다는 의미이므로, 두 연산자의 사용시 유의하여야 한다.

[relational.c]에서 관계 연산자를 실행한 결과는 참(true) 또는 거짓(false)의 값을 얻을 수 있는 예제 프로그램이다. 즉, i와 j값을 비교하여, 그 결과 값 1을 k에 대입하여 조건문(if ~else)의 조건이 참이면 k는 참값을 출력하고, 거짓이면 k는 거짓을 출력한다.

↘ [relational.c] 관계 연산자를 이용한 출력 프로그램

```
#include <stdio.h>
main( )
{
    int i, j, k;
    i = 10,   j = 20;
```

```
        printf(" i > j ==> %d \n", i > j);
        printf(" i < j ==> %d \n", i < j);
        k = i < j;                      /* k에 1을 대입 */
        if ( k == 1 )                   /* 조건문 IF와 등가 연산자 이용 */
            printf(" k는 참값(true) \n");
        else
            printf(" k는 거짓(false) \n");
}
```

→ 실행 결과

```
i > j ==> 0
i < j ==> 1
k는 참값(true)
계속하려면 아무 키나 누르십시요...
```

4.2.4 논리 연산자

논리 연산자는 한 개의 피연산자만을 필요로 하는 "!"와 두 개의 피연산자가 필요한 "&&"와 "||"가 있고, 좌결합 규칙이 적용된다. 논리적 연산에 사용되는 연산자들은 [표 4-4]와 같다.

표 4-4 논리 연산자

연 산 자	연산자의 기능과 의미
&&	논리곱 (AND), 두 개의 피연산자가 모두 참일 때만 참
||	논리합 (OR), 두 개의 피연산자중 하나 이상이 참이면 참
!	논리부정 (NOT), 참을 거짓으로 거짓은 참으로 바꾼다

(1) 논리 AND 연산자

논리 연산자 "&&"는 논리곱(AND)을 위한 연산자로 "&&" 연산자 좌측과 우측의 값이 모두 참일 때 결과가 참이 된다. 이때, 결과가 참이란 의미는 1을 수식의 결과 값으로 되돌린다는 뜻이다. 예를 들어, A && B의 의미는 A와 B가 모두 참일 때 결과가 참이 된다. A &&

B의 논리 AND의 진리표는 [표 4-5]와 같다.

표 4-5 논리 AND 진리표(True table)

A (표현식 1)	B (표현식 2)	A && B (논리 결과)
거짓 (0)	거짓 (0)	거짓 (0)
거짓 (0)	참 (1)	거짓 (0)
참 (1)	거짓 (0)	거짓 (0)
참 (1)	참 (1)	참 (1)

다음은 논리곱의 간단한 예이다.

```
if ((sex_gubun == 1) && (age >= 20))
    printf ("성년인 남성 \n");
else
    printf ("미성년인 남성이거나 여성 \n");
```

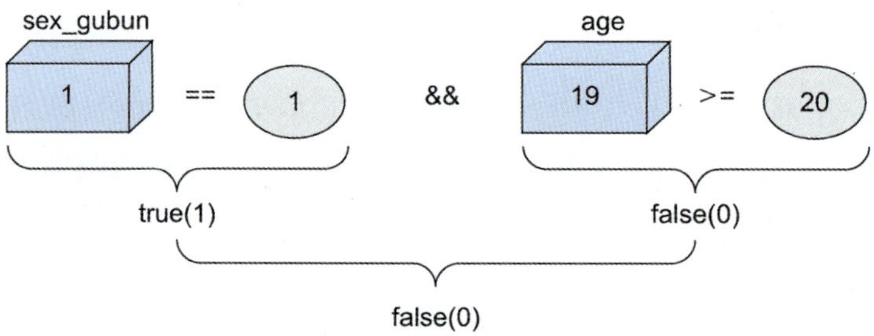

위의 의미는 sex_gubun(성별 구분)이 1(남성)이고 age(나이)가 20(성년) 이상일 때만 성년인 남성을 출력하고, 그 이외에는 미성년인 남성이거나 여성을 출력하게 된다.

(2) 논리 OR 연산자

논리 연산자 '||'는 논리합(OR)을 위한 연산자로 '||' 연산자 좌측과 우측의 값이 모두 거짓일 때만 결과가 거짓이 된다. 즉, 두 개의 피연산자중 하나의 값만 참이면, 결과 값은 참이 된다. 이때, 결과가 거짓이란 의미는 0을 수식의 결과 값으로 되돌린다는 뜻이다. 예를 들어, A || B의 의미는 A와 B가 모두 거짓일 때 결과가 거짓이 된다. A || B의 논리

OR의 진리표는 [표 4-6]과 같다.

표 4-6 논리 OR 진리표(True table)

<table>
<tr><th>A (표현식 1)</th><th>B (표현식 2)</th><th>A || B (논리 결과)</th></tr>
<tr><td>거짓 (0)</td><td>거짓 (0)</td><td>거짓 (0)</td></tr>
<tr><td>거짓 (0)</td><td>참 (1)</td><td>참 (1)</td></tr>
<tr><td>참 (1)</td><td>거짓 (0)</td><td>참 (1)</td></tr>
<tr><td>참 (1)</td><td>참 (1)</td><td>참 (1)</td></tr>
</table>

다음은 논리합의 간단한 예이다.

```
if ((jumsu >= 0) || ( jumsu <= 100))
printf("input data successful \n");
```

위의 예는 jumsu가 0 이상이거나 또는 100 이하이면 “input data successful”을 출력한다. 이때는 두 조건 (jumsu 〉= 0과 jumsu 〈= 100) 중 어느 하나만 만족하더라도 참이 되어 “input data successful”를 출력하게 된다.

(3) 논리 NOT 연산자

논리 연산자 “!”는 논리 부정(NOT) 연산자로서 참(TRUE)인 값은 거짓(0)으로, 거짓(FALSE)인 값은 참(1)으로 바꾸어 준다. 예를 들어, B = !A의 의미는 A가 참이면 결과는 거짓이 되고, A가 거짓이면 결과는 참이 된다.

!A의 논리 NOT 진리표는 [표 4-7]과 같다.

표 4-7 논리 NOT 진리표(True table)

A (표현식 1)	!A (논리 결과)
거짓 (0)	참 (1)
참 (1)	거짓 (0)

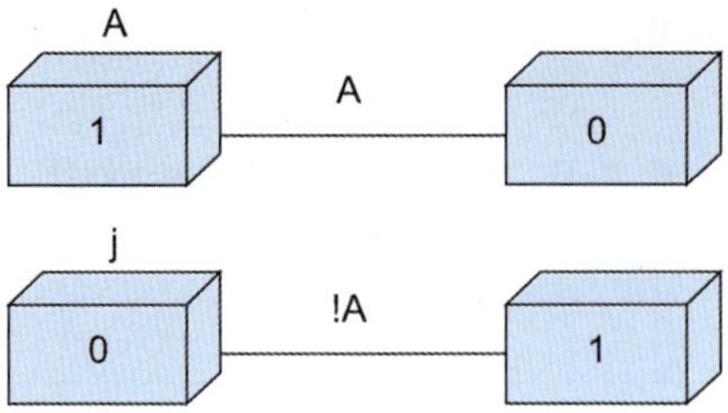

다음은 논리 부정의 간단한 예이다.

```
if ( !(hakj_jaehak_state == 1) )
    printf("이 학생은 재학생이 아님 \n");
    else
        printf("이 학생은 재학생임 \n");
```

앞의 예에서 !( )의 의미는 hakj_jaehak_state의 값이 1이 아닌 것을 참으로 한다. 따라서 학생의 재학 상태가 1이 아닌 경우는 "이 학생은 재학생이 아님"을 출력하게 된다.

[logic.c] 논리 연산자를 이용한 출력 프로그램

```
#include <stdio.h>
main( )
{
     int a, b, i, j, result;
     a = 5, b = 7;
     i = 10, j = 20;
     result = ((a < b) && (i < j));    /* 논리 AND 연산자 사용 */
     printf(" result 1 = %d\n", result);
     result = ((a < b) && (i > j));
     printf(" result 2 = %d\n", result);
     result = ((a < b) || (i > j));     /* 논리 OR 연산자 사용 */
     printf(" result 3 = %d\n", result);
     result = ((a < b) && ( !(i > j))); /* 논리 AND, NOT 연산자 사용 */
     printf(" result 4 = %d\n", result);
}
```

→ 실행 결과

```
result 1 = 1
result 2 = 0
result 3 = 1
result 4 = 1
계속하려면 아무 키나 누르십시요...
```

4.2.5 증감 연산자

C언어에서 사용되는 증가 및 감소 연산자는 아주 간단하면서 함축적으로 사용할 수 있다. 증가(++), 감소(--) 연산자는 한 개의 데이터를 산술 연산하는 단항 연산자(unary operator)로 C언어에서만 볼 수 있는 독특한 연산자이다. 이러한 연산자를 사용하므로 C 프로그램 형태가 보다 간결해지고, 효율적인 기계어 코드를 만들게 되므로 프로그램 실행 속도를 향상시킨다. 또한, 하드웨어 전문 분야에서 보다 편리하게 사용할 수 있다.

(1) 증가 연산자 (++)

증가 연산자(increment operator) "++"는 피연산자인 변수의 값을 하나 증가시키는 기능을 가지며 좌결합 규칙이 적용된다. "++"연산자는 다음과 같이 두 가지 형태로 사용한다.

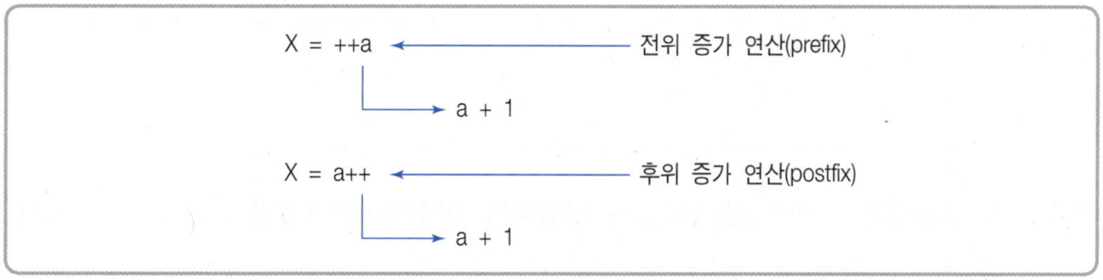

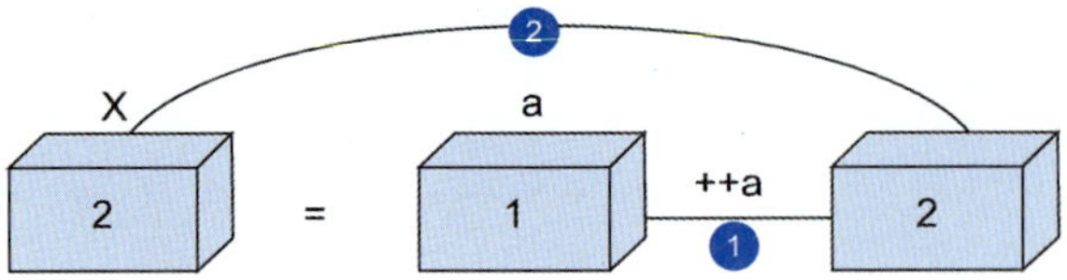

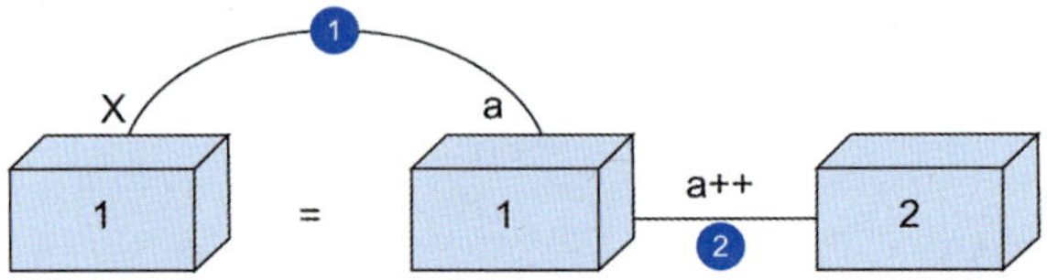

위의 예에서 첫 번째 형태는 증가시킬 변수 앞에 "++"연산자를 붙이는 형태로 전위 증가 연산이라 한다. 두 번째 형태는 "++"연산자를 증가시킬 변수 뒤에 붙이는데 이를 후위 증가 연산이라 한다. 예를 들어, a의 값이 1이라고 할 때, 두 가지 형태 ++a와 a++의 연산 결과는 모두 2가 된다.

그러나 다음의 예를 보면 두 개의 연산이 차이가 있음을 알 수 있다(여기서 a는 1이라 가정하자).

```
X = a++;
```

이 수식을 연산하면 X는 1이 되고 a는 2가 된다.

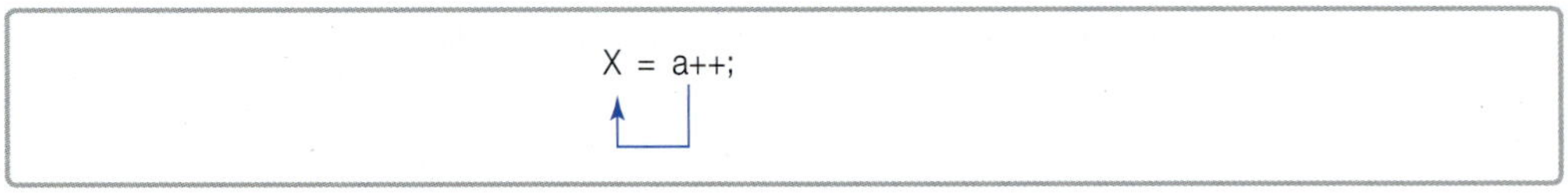

후위 증가 연산에서는 먼저 a값 1이 X에 대입되고, 이후에 a가 1증가되어, a는 2가 된다.

```
X = ++a;
```

이 수식을 연산하면 X는 2가 되고, a 역시 2가 된다.

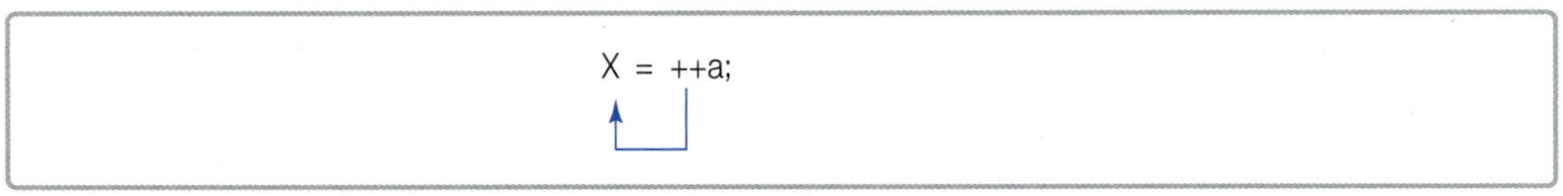

전위 증가 연산에서는 a값이 먼저 1증가되어 a가 2로 증가된 후에 X에 대입하므로, X도 2가 된다.

↘ [increment.c] 증가 연산자를 이용한 출력 프로그램

```
#include <stdio.h>
main( )
    {
        int i, j, k, m;
        i = 10, j = 10;
        k = i++;                        /* 후위 증가 연산 */
        m = ++j;                        /* 전위 증가 연산 */
        printf(" i = %d , k = %d \n", i, k);
        printf(" j = %d , m = %d \n", j, m);
}
```

→ 실행 결과

```
i = 11 , k = 10
j = 11 , m = 11
계속하려면 아무 키나 누르십시요...
```

(2) 감소 연산자 (—)

감소 연산자(decrement operator) "--"는 피연산자인 변수 값을 1 감소시키는 기능을 가지며, "--" 연산자 역시 전위 감소 연산(prefix)과 후위 감소 연산(postfix) 두 가지 형태가 있다.

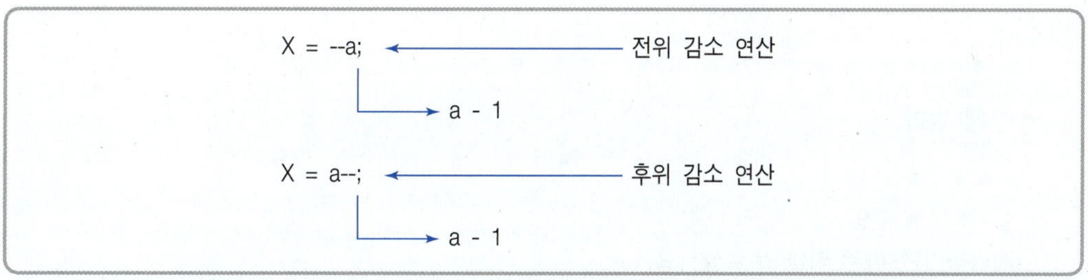

첫 번째 전위감소연산의 예는 a의 값에서 먼저 1을 뺀 후 X에 대입한다. 두 번째 후위감소 연산의 예는 a의 값을 먼저 X에 대입한 후 a의 값에서 1을 뺀다. 다음의 [decrement.c]은 "--"연산자를 이용하여 변수 a에 대한 선위 감소 연산과 후위 감소 연산의 과정과 결과를 표시하였다.

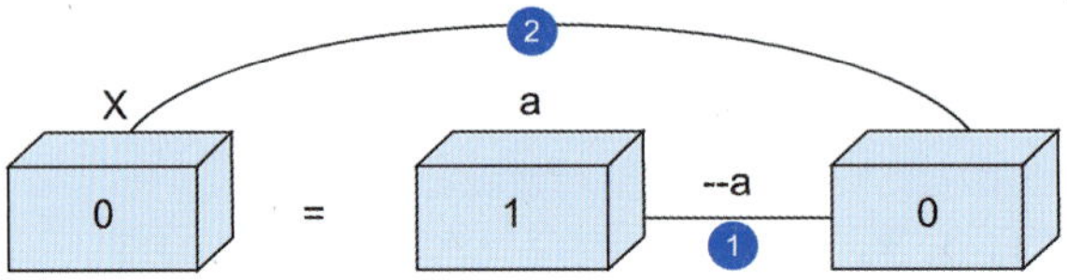

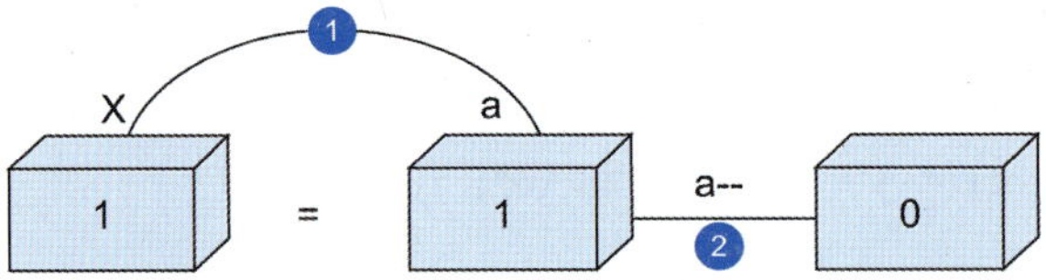

↘ [decrement.c] 감소 연산자를 이용한 출력 프로그램

```
#include <stdio.h>
main( )
{
    int i, j, k, m;
    i = 10, j = 10;
    k = i--;                    /* 후위 감소 연산 */
    m = --j;                    /* 선위 감소 연산 */
    printf(" i = %d , k = %d \n", i, k);
    printf(" j = %d , m = %d \n", j, m);
}
```

→ 실행 결과

```
i = 9 , k = 10
j = 9 , m = 9
계속하려면 아무 키나 누르십시요...
```

증감 연산자 (++, --)는 변수에만 사용이 가능하다. 따라서 상수나 수식에는 증감 연산자를 사용할 수 없다. 예를 들어, X = ++(a + b)라 지정하면, a + b는 변수가 아닌 수식이기 때문에 컴파일 에러를 유발하게 된다. 다음의 예는 "++" 또는 "--"연산자를 잘못 사용한 경우이다.

```
X = (A - B)++;  ──────→ 수식에 증가 연산자를 지정하였다.
X = ++3;     ─┐
X = 3--;     ─┴──→ 상수에 증감 연산자를 지정하였다.
```

수식 중에서 한 번 이상 나타나는 변수는 일반적으로 인간이 생각하는 순서대로 컴파일러 실행이 이루어지지 않기 때문에 증감 연산자를 사용해서는 안 된다.

↘ [overlap.c] 증감 연산자를 중복하여 사용한 출력 프로그램

```
#include <stdio.h>
main( )
{
 int a=1, b=2, c=3, x;
 int i, j, m, n;
 i = j = m = n = 10;
 x = ++a - --b + --c;  ←── ①
 printf("x = %d  \n", x);
 printf("i = %d , i++ = %d , ++i = %d\n", i, i++, ++i); ←── ②
 printf("j = %d , j+1 = %d , j+2 = %d\n", j, j+1, j+2); ←── ③
 printf("m = %d , m-- = %d , --m = %d\n", m, m--, --m); ←── ④
 printf("n = %d , n-1 = %d , n-2 = %d\n", n, n-1, n-2); ←── ⑤
}
```

→ 실행 결과

```
x = 3
i = 11 , i++ = 11 , ++i = 11
j = 10 , j+1 = 11 , j+2 = 12
```

```
m = 9 , m-- = 9 , --m = 9
n = 10 , n-1 = 9 , n-2 = 8
계속하려면 아무 키나 누르십시요...
```

[overlap.c]의 ① x = ++a - --b + --c;는 전위 증감 연산자와 4칙 연산자를 사용한 경우로 연산자 우선순위에 따라 증감 연산자를 먼저 실행하여 a의 변수에는 2가 b의 변수에는 1이 c의 변수에는 2가 저장되어 x = 2 - 1 + 2를 처리하므로 x에 3이 할당된다.

② ④는 증감 연산자의 중복 사용으로 프로그래머가 원하는 결과 값을 출력할 수 없는 경우이다. 이러한 경우에는 ③ ⑤와 같이 표현하는 것이 효과적이다.

4.2.6 비트 연산자와 시프트 연산자

컴퓨터 내부에서는 인간이 일상적으로 표현하는 대부분의 문자나 수를 2진수 체계로 (0또는 1로) 바꾸어서 연산을 한다. 저급 언어인 어셈블리어(aseembly)에서만 볼 수 있던 비트(bit) 조작은 C언어에서 하드웨어와 관련된 각종 실행을 가능하게 한다. 또한, 비트 연산자 사용 시 변수를 2진수로 처리할 수 있고, 연산되는 데이터 수는 반드시 정수형이어야 한다. [표 4-8]은 C언어에서 사용되는 비트 조정을 위한 비트 연산자와 시프트 연산자이다.

표 4-8 비트 연산자

연 산 자	연산자의 의미와 기 능
&	비트 AND, 논리곱
|	비트 OR, 논리합
^	비트 XOR, 배타적 논리합
~	1의 보수, 각 비트의 1을 0으로, 0을 1로 반전
<<	Left shift, 주어진 정수의 크기만큼 비트를 좌로 이동
>>	Right shift, 주어진 정수의 크기만큼 비트를 우로 이동

(1) 비트 논리 연산자

비트 논리 연산자는 한 개의 단항 연산자와 세 개의 이항 연산자가 있는데, 각 연산자는

"4.2.4 논리 연산자"에서 설명한 것과 같은 진리 값을 갖으며, 논리 연산자와 차이점은 논리 연산자는 바이트나 단어가 갖는 값을 대상으로 하지만, 비트 논리 연산자는 기억 장소의 2진 값인 각 비트를 그 대상으로 한다. [표 4-9]는 비트 논리 연산자의 진리표의 값을 나타낸 것이다.

표 4-9 비트 논리 연산자의 진리표

A	B	A & B	A | B	A ^ B	~A
0	0	0	0	0	1
0	1	0	1	1	1
1	0	0	1	1	0
1	1	1	1	0	0

❶ 비트 AND 연산자

'&' 연산자는 이항 연산자이며, 대응하여 연산되는 두 비트의 피연산자가 필요하고, 논리곱(AND) 연산을 하는 연산자로 특정 비트를 마스크(MASK)할 때 주로 사용한다. 마스크는 비트 패턴으로 구성된 flag 비트들 중 특정 비트 영역만 선택하여 원래의 비트 패턴으로 보호하고, 나머지 영역은 0으로 비트 값을 설정하는 동작을 말한다. 연산 방법은 [표 4-9]와 같이 대응되는 두 비트가 모두 1일 경우만 결과가 1이 되고, 그렇지 않으면 결과는 모두 0이 된다.

간단한 예를 들어보자. a값과 b값이 둘 다 15라 가정할 때 "a & b"를 실행하는 과정을 살펴보자.

	0	0	0	0	1	1	1	1	: a값 15를 2진수로 표현
	0	0	0	0	1	1	1	1	: b값 15를 2진수로 표현
비트곱	0	0	0	0	1	1	1	1	: a & b 결과 15를 2진수로 표현

다른 예로 a값이 -1이고, b값이 1인 경우 "a & b"를 실행하는 과정을 살펴보자. a값 -1과 b값 1을 2진수로 나타내면 다음과 같다.

```
1111  1111(2)   : -1을 2진수로 표현
0000  0001(2)   : 1을 2진수로 표현
```

	1	1	1	1	1	1	1	1	: a값 -1을 2진수로 표현
	0	0	0	0	0	0	0	1	: b값 1을 2진수로 표현
비트곱	0	0	0	0	0	0	0	1	: a & b 결과 1을 2진수로 표현

최상위 비트를 0으로 만들기 위해서는 [표 4-9]의 진리표에서 볼 수 있듯이, 대응되는 비트가 0이면 어떤 수이든지 가능하다. 따라서 대응되는 비트가 0이 되는 수 중 1을 지정하였다.

↘ [bitand.c] 비트 AND 연산자를 사용한 출력 프로그램

```
#include <stdio.h>
main( )
    {
    int i, j, k = -1, n = 1;
    i = 15, j = 15;
    printf(" i = %d , j = %d , i & j = %d\n", i, j, i & j);
    printf(" k = %d , n = %d , k & n = %d\n", k, n, k & n);
}
```

→ 실행 결과

```
i = 15 , j = 15 , i & j = 15
k = -1 , n = 1 , k & n = 1
계속하려면 아무 키나 누르십시요...
```

❷ 비트 OR 연산자

'|' 연산자는 이항 연산자이며, 대응하여 연산되는 두 비트의 피연산자가 필요하고, 논리합(OR) 연산을 하는 연산자로 특정 비트의 설정에 주로 사용되며, flag 비트의 비트 패턴 중 지정 비트 패턴 값을 1로 설정하고, 나머지 비트 영역은 원래의 비트 패턴을 그대로 갖도록 하는 연산이다. 즉, 어떤 임의 값의 비트를 1로 바꿀 때에 사용되는데, 입출력 포트, 모뎀, 프린터 등의 주변기기를 다루는 프로그램을 짜는데 주로 사용한다. 연산 방법은 [표 4-9]와 같이 대응되는 두 비트가 모두 0일 때만 결과가 0이 되고, 그렇지 않으면 결과는 모두 1이 된다.

간단한 예를 들어보자. a값이 10이고 b값이 5일 때, "a | b"의 실행 과정을 살펴보자.

	0	0	0	0	1	0	1	0	: a값 10을 2진수로 표현
	0	0	0	0	0	1	0	1	: b값 5를 2진수로 표현
비트합	0	0	0	0	1	1	1	1	: a	b 결과 15를 2진수로 표현

[bitor.c]의 예는 비트합의 과정을 실행한 결과를 나타내고 있다.

↘[bitor.c] 비트 OR 연산자를 사용한 출력 프로그램

```
#include <stdio.h>
main( )
    {
    int i = 10, j = 5, k = 15;
    printf(" i = %d , j = %d , i | j = %d\n", i, j, i | j);
    printf(" k = %d , i = %d , k | i = %d\n", k, i, k | i);
}
```

→ 실행 결과

```
i = 10 , j = 5 , i | j = 15
k = 15 , i = 10 , k | i = 15
계속하려면 아무 키나 누르십시요...
```

❸ Exclusive OR 연산자

'^' 연산자는 이항 연산자로 대응되는 두 비트를 배타적 논리합(XOR) 연산을 하며, 주로 특정 비트를 반전(역) 시키는데 사용한다. 연산 방법은 [표 4-9]와 같이 대응되는 두 비트가 같은 경우일 때는 결과가 0이 되고, 두 비트가 서로 다른 경우에는 결과가 1이 된다. XOR 연산자는 그래픽 프로그래밍에서 주로 사용되고 있으며, XOR 연산을 실행하면 한꺼번에 on, off를 시킬 수 있으므로 그래픽에서 물체의 애니메이션 효과를 낼 때 XOR 연산자를 이용한다. 간단한 예로, a값이 10이고 b값이 15일 때 "a ^ b"의 실행 과정을 살펴보자.

	0	0	0	0	1	0	1	0	: a값 10을 2진수로 표현
	0	0	0	0	1	1	1	1	: b값 15를 2진수로 표현
배타적 논리합	0	0	0	0	0	1	0	1	: a ^ b 결과 5를 2진수로 표현

"a ^ b"를 실행한 결과는 5가 된다. 결과를 보면 a값의 하위 4비트 1010을 반전하여 0101로 만드는 것을 알 수 있다. 이처럼 '^' 연산자는 특정한 비트를 반전시키는데 많이 사용된다. [xor.c]는 '^' 연산자의 실행 과정을 나타내는 예이다.

↘ [xor.c] 비트 XOR 연산자를 사용한 출력 프로그램

```
#include <stdio.h>
main( )
    {
```

```
        int i = 10, j = 15;
        printf(" i = %d , j = %d , i ^ j = %d\n",  i,  j,  i ^ j);
    }
```

→ 실행 결과

```
i = 10 , j = 15 , i ^ j = 5
계속하려면 아무 키나 누르십시오...
```

④ 보수(complement) NOT 연산자

보수(~) 연산자는 단항 연산자이며, 피연산자의 비트를 반전(toggle)시키는데 필요하고, 연산 방법은 [표 4-9]와 같이 비트가 0이면 1로, 1이면 0으로 바꾼다. [complement.c]는 NOT 연산자를 사용한 프로그램의 예이다.

↘ [complement.c] 보수 연산자를 사용한 출력 프로그램

```
    #include <stdio.h>
    main( )
        {
        int a = 10;
        printf(" a = %d ,~a = %d\n", a, ~a);
    }
```

→ 실행 결과

```
a = 10 , ~a = -11
계속하려면 아무 키나 누르십시오...
```

8비트가 나타낼 수 있는 최대 값은 255인데, 10의 보수를 취하면 다음과 같이 245(255-10)가 된다.

```
0000 1010      /* 10의 2진수에 의한 표현 */
1111 0101      /* 10의 보수에 의한 표현 : 10진수 245(-11) */
```

(2) 비트 이동(shift) 연산자

시프트 연산자도 피연산자가 정수 데이터인 이항 연산자이다. 시프트 연산자는 비트 위치를 왼쪽(〈〈) 또는 오른쪽(〉〉)으로 이동시키고, 연산자를 중심으로 좌측 피연산자는 비트를 이동할 정수형 데이터이고, 우측 피연산자는 비트를 이동할 거리를 나타내는 정수형 데이터이다.

```
a << b   /* a에 저장된 데이터의 비트를 b만큼 좌측으로 이동시킨다 */
a >> b   /* a에 저장된 데이터의 비트를 b만큼 우측으로 이동시킨다 */
```

❶ 좌측 시프트(〈〈) 연산자

"〈〈" 연산자는 "〈〈" 좌측의 각 비트를 우측 수만큼 모두 좌측으로 이동시킨다. 예를 들어 a값이 20이라고 가정하자. 이때, 다음의 문장을 실행하면

```
a << 2;
```

위의 문장에서 a값(20)에 대한 2진수 표현은 (0001 0100)의 각 비트를 2비트만큼 전부 좌측으로 이동시키며, 이때 이동 후 남는 우측 빈 공백은 0으로 채우게 되고, 좌측의 2비트는 버려진다.

```
a << 2  연산전 :  a값 20을 2진수로 표현하면
```

0	0	0	1	0	1	0	0

연산 이동 후 맨 앞의 두 비트는 버려지고, 우측의 빈 공백은 0으로 채워진다.

```
a << 2  연산후 : a값은 80이 된다.
```

0	1	0	1	0	0	0	0

이와 같이 좌측 시프트 연산자를 사용하여 각 비트를 좌로 1회 이동할 때는 a값의 2배에 해당되는 값이 결과 값으로 된다. 위의 예는 좌로 2회 이동하였으므로 20의 4배인 80이 결과 값이 된다.

❷ 우측 시프트(〉〉) 연산자

"〉〉" 연산자는 "〉〉" 좌측의 각 비트를 우측 수만큼 모두 우측으로 이동시킨다. 만약 a값이 부호 없는 수(양수)이면 이동 후 공백으로 되며 좌측 비트에는 0으로 채워지고, a값이 부호 있는 수(음수)인 경우에는 이동 후 공백으로 되는 좌측 비트에는 1로 채워진다. 예를 들어 a값이 20이라고 가정하자. 이때, 다음의 문장을 실행하면

```
a >> 1;
```

위의 문장에서 a값(20)에 대한 2진수 표현은 (0001 0100)의 각 비트를 1비트만큼 전부 우측으로 이동시키며, 이때 이동 후 남는 좌측 맨 앞의 빈 공백은 0으로 채우게 되고, 우측의 1비트는 버려진다.

a >> 1 연산전 : a값 20을 2진수로 표현하면

0	0	0	1	0	1	0	0

연산 이동 후 맨 우측 한 비트는 버려지고, 좌측의 맨 앞 빈 공백은 0으로 채워진다.

a >> 1 연산후 : a값은 10이 된다.

0	0	0	0	1	0	1	0

이와 같이 우측 시프트 연산자를 사용하여 각 비트를 우로 1회 이동할 때는 a값이 짝수인 경우는 1/2배에 해당되는 값이 결과 값으로 된다. 그러나 a값이 홀수인 경우에는 (a-1)/2의 값이 결과 값이 된다. 위의 예는 a가 20이므로 20/2가 되어 결과 값은 10이 된다.

b >> 2 연산전 : b값 21을 2진수로 표현하면

0	0	0	1	0	1	0	1

연산 이동 후 맨 우측 두 비트는 버려지고, 좌측의 맨 앞 빈 공백은 0으로 채워진다.

```
b >> 2  연산후 :  b값은 5가 된다.
```

0	0	0	0	0	1	0	1

b의 값이 21이면 홀수이므로 우측 쉬프트 한 번하면 (21-1)/2 결과 값 10이 되고, 10을 다시 우측 쉬프트하면 10이 짝수이므로 10/2 결과 값인 5가 된다.

다음은 부호 있는 수에 대한 예를 들면, c값이 -7(부호 비트는 1)이라 하고 c 〉〉 2를 실행하는 과정을 살펴보자.

```
c >> 2  연산전 : c값 -7을 2진수로 표현하면
```

1	1	1	1	1	0	0	1

연산 이동 후 맨 우측 두 비트는 버려지고, 좌측의 맨 앞 빈 공백은 1로 채워진다.

```
c >> 2  연산후 : a값은 -2가 된다.
```

1	1	1	1	1	1	1	0

위의 예는 우측으로 2번 이동하므로 처음 이동에는 c가 -7이면 홀수이므로 (-7-1)/2가 되어 결과 값이 -4가 되고, 두 번째 이동에서는 c가 -4이면 짝수이므로 -4/2가 되어 -2가 결과 값이 된다.

↘ [shift.c] 비트 shift 연산자를 이용한 출력 프로그램

```
#include <stdio.h>
main( )
  {
    int a = 20, b = 21, c = -7;
    printf(" a = %d \n", a << 2);
    printf(" b = %d \n", b >> 1);
    printf(" c = %d \n", c >> 2);
  }
```

→ 실행 결과

```
a = 80
b = 10
c = -2
계속하려면 아무 키나 누르십시오...
```

4.2.7 복합(축약) 대입 연산자

복합 대입 연산자(compound assignment operator)란 임의의 변수와 다른 변수를 연산하고, 연산된 결과를 지정한 변수에 할당하여 대입하는 것으로, 일반적인 식을 함축시켜 놓은 축약 연산자라고 할 수 있으며, C언어에서만 볼 수 있는 특수한 연산자이다. 일반적으로 사용되는 수식의 예를 들면, a와 b의 값을 더하여 a에 대입하려면 다음과 같이 표현한다.

```
a = a + b;
```

는 다음과 같이 복합 대입 연산자를 이용하여 작성할 수 있다.

```
a += b;
```

이 문장은 변수 a와 b의 값을 더하고, 그 결과를 변수 a에 다시 할당하라는 의미이다. 복합 대입 연산자는 할당 연산자(=)를 변형시킨 것이다.

이러한 형태로 사용되는 연산자를 복합 대입 연산자라 하고, [표 4-10]은 복합 대입 연산자의 종류와 기능을 나타내고 있다.

표 4-10 복합 대입연산자

연산자	일반 연산자 사용 예	복합대입 연산자 예	기능과 의미
+=	a = a + b	a += b	연산자 좌측과 우측을 더하여 그 결과를 좌측에 대입
-=	a = a - b	a -= b	연산자 좌측에서 우측을 뺀 다음 그 결과를 좌측에 대입
*=	a = a * b	a *= b	연산자 좌측과 우측을 곱하여 그 결과를 좌측에 대입
/=	a = a / b	a /= b	연산자 좌측을 우측으로 나누어 그 결과를 좌측에 대입
%=	a = a % b	a %= b	연산자 좌측을 우측으로 나눈 나머지를 좌측에 대입
〈〈=	a = a 〈〈 3	a 〈〈= 3	연산자 좌측값의 각 비트를 3회 만큼 좌측으로 이동
〉〉=	a = a 〉〉 3	a 〉〉= 3	연산자 좌측값의 각 비트를 3회 만큼 우측으로 이동
&=	a = a & b	a &= b	연산자 좌측과 우측을 논리곱하여 그 결과를 좌측에 대입
|=	a = a | b	a |= b	연산자 좌측과 우측을 논리합하여 그 결과를 좌측에 대입
^=	a = a ^ b	a ^= b	연산자 좌측과 우측을 배타적 논리합하여 그 결과를 좌측에 대입

다음은 복합 대입 연산자의 예를 들면, 일상적으로 사용되는 수식 a = a - b의 의미는 변수 a값에서 b값을 뺀 후 그 결과를 a에 대입하는 의미를 갖고 있다. 이를 복합 대입 연산자 "-="를 사용하여 a -= b로 지정할 수 있다.

C언어에서 이러한 복합 대입 연산자를 사용하여 프로그램이 보다 간결해질 수 있으며, 컴파일 시간을 줄일 수 있는 장점이 있다. 다음은 복합 대입 연사자의 부적절한 사용의 예이다.

```
a  +  =  b;     /* '+'와 '=' 사이에 공백이 존재한다 */
a =- b;         /*  '='와 '-'의 순서가 바뀌었다 a -= b가 올바른 경우 */
```

↘ [compound.c] 복합 대입 연산자를 이용한 출력 프로그램

```
#include <stdio.h>
main( )
{
```

```
    int  a = 9, b = 10, c = 11, d = 12, e = 13;
    int  f = 14, g = 15, h = 16, i = 17, j = 18;
    printf(" a += 1 => %d ,  b -= 2 => %d \n", a += 1, b -= 2);
    printf(" c *= 3 => %d ,  d /= 4 => %d \n", c *= 3, d /= 4);
    printf(" e %%= 5 => %d ,  f <<= 2 => %d \n", e %= 3, f <<= 2);
    printf(" g >>= 1 => %d ,  h &= 4 => %d \n", g >>= 1, h &= 4);
    printf(" i |= 10 => %d ,  j ^= 5 => %d \n", i |= 10, j ^= 5);
}
```

→ 실행 결과

```
a += 1 => 10 ,  b -= 2 => 8
c *= 3 => 33 ,  d /= 4 => 3
e %= 5 => 1 ,  f <<= 2 => 56
g >>= 1 => 7 ,  h &= 4 => 0
i |= 10 => 27 ,  j ^= 5 => 23
계속하려면 아무 키나 누르십시요...
```

[compound.c]는 복합 대입 연산자를 사용한 예이다.

4.2.8 조건 연산자(삼항 연산자)

C언어에서는 다양한 연산자를 제공하지만 가장 특수한 연산자가 바로 조건 연산자이다. " ? : " 연산자를 조건 연산자라 하며, 이는 세 가지 피연산자(항)가 필요하므로 삼항 연산자라고도 한다. 다음의 형식은 조건 연산자를 나타내고 있다.

형식	수식 1 ? 수식 2 : 수식 3

조건 연산자의 세 가지 피연산자는 산술형 데이터나 수식이 사용될 수 있고, 먼저 수식 1(조건식)을 평가하여 참이면 수식 2가 실행된다. 만약, 수식 1(조건식)을 평가하여 거짓이면, 수식 3이 실행된다. 예를 들면 변수 a, b 중에서 더 큰 값을 구하여 변수 max_value에 대입하는 수식을 조건 연산자를 사용하면 다음과 같다.

```
max_value = a > b ? a : b;
```

위의 조건 연산자는 먼저 a 〉 b를 평가하여 그 값이 참이면 a를 max_value에 대입(max_value = a)하고, 그 값이 거짓이면 b를 max_value에 대입(max_value = b)한다. 조건 연산자를 if-else문으로 표현하면 다음과 같다.

```
if ( a > b )
max_value = a;
else
max_value = b;
```

조건 연산자를 사용한 문장이 if-else문을 사용한 것보다 훨씬 간결하다는 것을 알 수 있다. 위의 수식에 조건을 아래의 예와 같이 괄호로 감싸주면 프로그램이 더 명확해진다.

```
max_value = (a > b) ? a : b;
```

다음의 [그림 4-1]은 이러한 조건 연산자의 흐름을 나타내는 Flow Chart이다.

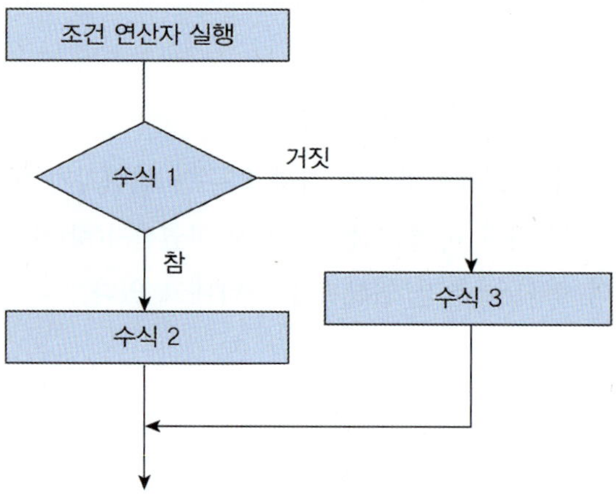

그림 4-1 조건 연산자 실행과정

[condition.c]는 조건 연산자를 사용한 예제 프로그램이다.

↘ [condition.c] 조건 연산자를 이용한 예제 프로그램 1

```
#include <stdio.h>
main( )
{
    int  a = 7, b = 5, max_value;
    max_value = (a > b) ? a : b ;
    printf("최대값 => %d \n", max_value);
}
```

→ 실행 결과

```
최대값 => 7
계속하려면 아무 키나 누르십시요...
```

[condition.c]는 조건식 (a 〉 b)이 참이면 max_value에 a 값을 저장하고, 거짓이면 max_value에 b 값을 저장하여 두 수중 최대 값을 출력한다.

[min.c]은 키보드에서 입력된 데이터 값을 조건 연산자를 이용하여 비교하여 min값(최소값)을 출력하는 프로그램이다.

↘ [min.c] 조건 연산자를 이용한 예제 프로그램 2

```
#include <stdio.h>
main( )
{
    int  a, b, min;
    printf("a b 데이터 입력 => ");
    scanf(" %d %d", &a, &b);  /* a b 데이터 입력후 ↵키 입력 */
    min = (a < b) ? a : b;
    printf("a b 데이터 값 중 최소값 => %d \n", min);
}
```

→ 실행 결과

```
a b 데이터 입력 => 12 23↵
a b 데이터 값 중 최소값 => 12
계속하려면 아무 키나 누르십시오...
```

[min.c]에서 표준 입력 함수 scanf( )는 키보드로 데이터를 입력하는 함수이고, 키보드에서 입력하는 정수 값을 변수 a와 b의 주기억장소에 저장하라는 의미이다. 그리고 a, b 데이터를 입력한 후 데이터 끝을 나타내는 Enter_key(↵)를 입력해야 한다. scanf( ) 함수에 대한 자세한 내용은 5장에서 배우도록 하겠다.

↘ [complex.c] 조건 연산자를 이용한 출력 프로그램 3

```
#include <stdio.h>
main( )
{
int  a = 7, b = 5;
(a > b) ? (a--, printf("a = %d \n",a)) : (b++, printf("b = %d\n",b)) ;
}
```

→ 실행 결과

```
a = 6
계속하려면 아무 키나 누르십시오...
```

[complex.c]은 조건 연산자에 복문을 사용한 예제 프로그램이다. 복문을 사용할 때에는 콤마 연산자(,)로 문장을 구분하고, 전체 문장에 괄호를 해준다. [complex.c]을 if-else 문으로 표현하면 다음과 같다.

```
if (a > b) {
   a--;
   printf("a = %d \n", a);
   }
```

```
    else {
        b++;
        printf("b = %d \n", b);
    }
```

위와 같이 여러 문장으로 표현되는 문장을 간단하게 표현할 수 있기 때문에, C 프로그램 경진 대회에서는 조건 연산자를 사용하여 처리하는 경우가 많이 있다.

다음과 같이 여러 문장으로 표현되는 조건문을 조건(삼항) 연산자를 이용하여 간단하게 프로그램해 보자.

```
if (a > b)
        x = 10;
    else if (a < b)
        x = 20;
    else
        x = 30;
printf("x = %d \n", x);
```

↘ [max.c] 조건 연산자를 이용한 출력 프로그램 4

```
#include <stdio.h>
main( )
{
    int  a = 10, b = 20, x;
    x = (a > b) ? 10 : ((a < b) ? 20 : 30) ;
    printf("x = %d \n", x);
}
```

→ 실행 결과

```
x = 20
계속하려면 아무 키나 누르십시오...
```

[max.c]은 조건 연산자 안에 조건 연산자를 사용한 예제 프로그램이다. 만약 (a 〉 b)가 참이면 x에 10이 할당되고, (a 〈 b)가 참이면 x에 20이 할당되며, (a == b)이면 x에 30이 할당된다.

4.2.9 콤마 연산자(순서 연산자)

콤마 연산자(comma operator)는 순서적으로 처리하기 때문에 순서 연산자(sequence operator)라고 하며, 지금까지 예제 프로그램에서 자주 사용하였다. 예를 들면 printf( ) 함수의 인수는 콤마(,)로 분리하여 사용하였다.

```
printf("a = %d  b = %d  a * b = %d \n", a, b, a*b);
```

또 다른 예를 보면 선언문에서 변수를 구분하기 위해 사용한 경우도 있다.

```
int   a, b, c;
float  x, y, z;
char  average[5], hakbun[8], jumsu[4];
```

이와 같이 콤마(,)로 분리된 식의 실행은 좌측에서 우측으로 좌결합되어 식 전체 값은 결국 가장 우측의 값이 되며, C언어의 연산자 우선순위 중 가장 낮은 우선순위이다. 다음의 형식은 콤마 연산자 사용 형식을 나타내고 있다.

형식	수식 1, 수식 2, 수식 3 ....

간단한 예를 들어보자. 만약 "a = 3"이라 가정할 때, 콤마 연산자를 이용한 다음의 수식의 결과를 보자.

```
a = ( b = a + 1, c = b * 4, (d = c % 5) * 6);
```

먼저, 첫 번째 식 b = a + 1의 결과는 4이고, 두 번째 식 c = b * 4에서 b는 4이므로 c = 16이다. 세 번째 식 d = c % 5에서 c가 16이므로, 16/5의 나머지 값은 1이 되므로 d = 1이 되고, 마지막으로 변수 a에 저장되는 최종 결과 값은 수식 (d = c % 5) * 6을 계산한 값 "a = 6"이 된다. [comma.c]는 앞에서 설명한 콤마 연산자를 이용한 식의 실행 과정과 최종 결과 값을 나타내는 프로그램이다.

↘ [comma.c] 콤마 연산자를 이용한 출력 프로그램

```
#include <stdio.h>
main( )
{
    int a = 3, b, c, d;
    a = ( b = a + 1, c = b * 4, (d = c % 5) * 6);
    printf("b = %d, c = %d, d = %d, a = %d \n", b, c, d, a);
}
```

→ 실행 결과

```
b = 4, c = 16, d = 1, a = 6
계속하려면 아무 키나 누르십시요...
```

변수에 초기치를 지정할 경우 또는, 함수로 실인수 지정이나 콤마 연산자를 사용할 경우는 양쪽을 괄호로 묶어야 한다. 예를 들어 앞의 예에서 지정한 변수 a의 초기 값 3을 다음과 같이 콤마 연산자를 이용하여 실행할 수 있다.

```
a = ( b = ( a = 3, a + 1), c = b * 4, (d = c % 5) * 6);
                      └──→ a의 초기 값이 3으로 지정되므로  3 + 1이 되어
                           최종적으로 b = 4가 된다.
```

4.2.10 캐스트(CAST) 연산자

캐스트 연산자(cast operator)는 사용중인 데이터의 형(Type)을 일시적으로 변환할 수 있다. cast연산자는 변환하고자 하는 데이터 형의 이름을 괄호 내에 넣으면 된다. 피연산자는 정수, 변수, 함수 등을 사용할 수 있고, 데이터 형에는 char, int, float, 포인터형, 배열형 등을 쓸 수 있다. cast 연산자를 형변환 연산자라고도 한다. 형식은 다음과 같다.

```
(char)  →  문자형으로 변환
(int)   →  정수형으로 변환
(float) →  실수형으로 변환
(void)  →  void형으로 변환
```

[cast.c]은 cast 연산자를 이용한 실행과정과 최종결과 값을 나타내는 프로그램이다.

↘ [cast.c] cast 연산자를 이용한 출력 프로그램

```c
#include <stdio.h>
main( )
{
    int a = 25, b = 20, c;
    float d = 12.34, e = 20.45, f;
    c = (int)d + (int)e;
     f = (float)a / (float)b;
     printf("c의 cast 연산 후 결과 값 : %d \n", c);
     printf("f의 cast 연산 후 결과 값 : %f \n", f);
}
```

→ 실행 결과

```
c의 cast 연산 후 결과 값 : 32
f의 cast 연산 후 결과 값 : 1.250000
계속하려면 아무 키나 누르십시오...
```

4.2.11 SIZEOF 연산자

sizeof 연산자(sizeof operator)는 변수, 수식 또는 데이터 형의 메모리를 차지하는 영역의 크기를 바이트 단위로 나타낸다. 형식은 다음과 같다.

```
sizeof (식);
sizeof (TYPE);
```

```
sizeof(char)   ◄──── 문자형의 크기 (1byte)
sizeof(int)    ◄──── 정수형의 크기 (4byte)
sizeof(float)  ◄──── 실수형의 크기 (4byte)
sizeof(double) ◄──── double형의 크기 (8byte)
```

[sizeof.c]는 sizeof 연산자를 이용한 실행 과정과 최종 결과 값을 나타내는 프로그램이다.

↘ [sizeof.c] sizeof 연산자를 이용한 출력 프로그램

```c
#include <stdio.h>
main( )
{
    char a;
    int b, k;
    float c;
    double d;
    k = sizeof(c)+sizeof(d);
    printf("char는 %d byte, int는 %d byte \n", sizeof(a), sizeof(b));
    printf("float는 %d byte, double은 %d byte \n", sizeof(c),sizeof(d));
    printf("k는 %d byte \n", k);
}
```

→ 실행 결과

```
char는 1 byte, int는 4 byte
float는 4 byte, double은 8 byte
k는 12 byte
계속하려면 아무 키나 누르십시요...
```

[sizeof.c]의 k값은 float형(4byte) c와 double형(8byte) d를 합산한 결과이므로 12byte가 출력된다.

연 습 문 제

1. x = ++a와 y = a++의 차이점을 설명하시오.

2. 다음 수식의 연산 실행 결과를 기재하시오.

① 10 + 20 / 5 * 2 + 30 =
② (int)12.3 + 6 =
③ (float)10 + 13.5 =
④ ((int)15.5 + (int)5.9) / 5 =
⑤ 5 - 12 / 4 % 2 =
⑥ x = (a = 3, a + 1), c = x / 3, y = c % 2

3. 다음의 수식을 조건 연산자로 바꾸어 기재하시오.

①
```
if ( a 〉 b )
     x = a;
else
     x = b;
```

②
```
if ( a == b )
     x = 10;
else if ( a 〈 b )
     x = 20;
else
     x = 30;
```

4. 다음의 수식을 복합 대입 연산자로 변환하시오.

① x = x + 3
② y = y * (x + 2)
③ x = x / (y + 1)
④ y = y - (x + 2)
⑤ x = x % 5

5. a = 3, b = 5일 때 다음 각 수식의 실행 결과를 기재하시오.

① a 〈〈 3
② a 〉〉 3
③ a & b
④ a || b
⑤ a ^ b
⑥ ~a & b

제 5 장

데이터의 입출력 함수

C언어에서는 COBOL, FORTRAN, PASCAL 등의 언어와 다르게 각종 입력 장치를 통하여 데이터를 입력하거나, 출력 장치를 통하여 데이터를 출력하기 위한 입·출력문이 존재하지 않는 대신에, 여러 가지 입·출력 함수가 제공되고 있다. 이때, 프로그래머가 자신의 프로그램을 컴퓨터에 입력시키기 위하여 테이프나 디스크에 저장하여 프로그램을 입력할 수 있다.

입력된 프로그램은 컴퓨터 내부에 불러들여 실행하거나 실행된 결과를 출력하는 방법 역시 테이프나 디스크, 프린터 등 여러 가지 주변장치를 이용하여 출력할 수 있다. 그러나 일반적 방법은 키보드에서 데이터를 입력하고 프로그램 실행 결과를 단말장치(Monitor, CRT) 화면에 출력하는 방법일 것이다.

키보드로 입력하는 것을 표준 입력이라고 하고, 단말장치 화면에 출력하는 것을 표준 출력이라고 한다.

5.1 데이터의 출력

5.1.1 printf( ) 함수

printf( ) 함수는 출력 대상 자료를 형식(Formatting)에 맞게 출력시키는 표준 출력 함수로 다른 출력 함수보다 편리하고, 유연한 특성을 가지고 있다. printf( ) 함수는 일반적으로 크게 두 가지로 나누며, 그 하나는 이중 인용 부호(" ")로 둘러싸인 문자열과 그 뒤에 콤마로 분리되어 나열되는 인수로 구성되어 있다. 출력 대상인 자료의 수, 즉 printf( )의 인수는 수에 제한이 없고, 출력 형태를 간단히 제어할 수 있다. C언어에서 제공되는 표준 출력 함수의 두 가지 형식을 간단하게 표현하면 다음과 같다.

형식
```
printf("문자열");
```

위의 형식 1의 printf( ) 함수의 경우, 이중 인용 부호로 둘러싸인 문자열을 화면에 출력하는 간단한 출력문으로 예를 들면 다음과 같다.

```
printf("My name is 정진용");
printf("C 프로그램은 제3세대 언어로 고급언어이다.");
```

형식

```
printf( "문자열과 형식", 인수1, 인수2, ...인수n);
```

→ 출력 대상 데이터

→ 문자열과 형식 지정 변환 문자

위의 형식 2의 경우의 예를 들면 다음과 같다.

```
printf("a = %d , b = %d , a * b = %d \n", a, b, a*b);
printf("My weight is %d kg \n", 60);
```

위의 printf( ) 함수에서 출력 형식은 문자열과 탈출 문자열("₩"로 시작하는 문자), 형식지정 변환문자와 이 변환문자에 전달되는 인수는 각각 1 : 1 대응되고, 출력되는 대상은 상수, 변수, 함수의 반환값 또는 수식이 된다. printf( ) 함수 사용시 범하기 쉬운 두 가지 실수가 있는데, 하나는 변환문자와 변환문자가 쌍이 되는 변수의 수가 맞지 않는 경우이고, 또 다른 경우는 출력될 변수와 변환문자의 형이 서로 맞지 않는 경우이다. 이러한 경우에 C 컴파일러는 에러를 발견하지 못하고, 예기치 못한 결과 값을 출력하게 된다.

↘ [printf.c] printf( ) 함수의 에러 및 정정 출력 프로그램

```
#include <stdio.h>
main( )
{
    int    a = 3, b = 5;
     char  str[5] = "name";
     printf("a = %d, b = %d \n", a);     /* 인수가 1개이므로 error */
     printf("str = %d \n", str);         /* 변환 문자가 %d이므로 error */
     printf("a = %d, b = %d \n", a, b);  /* 정정 내용 : 인수 2개 사용 */
     printf("str = %s \n", str);         /* 정정 내용 : %d를 %s로 */
}
```

→ 실행 결과

```
a = 3, b = 2367460
str = 1245040
a = 3, b = 5
str = name
계속하려면 아무 키나 누르십시요...
```

[printf.c]의 예제에서 첫 번째 printf() 함수에서는 형식지정 변환문자가 2개 있는데 인수가 한 개만 있어서 b값 5를 출력하지 못하고 엉뚱한 값을 출력하였고, 두 번째는 형식지정 변환문자가 "%d"로 잘못 표기되어 문자열 값인 "name"을 출력하지 못하고 상수 값을 출력하였다. 세 번째와 네 번째는 에러를 수정한 프로그램이다.

5.1.2 ESCAPE 문자

printf( ) 함수에서 이중 인용 부호(" ") 내에서 역슬래시(₩)를 만나게 되면 C 컴파일러는 printf( ) 함수에서 특별한 작업을 할 준비를 한다. 역슬래시 다음에 'n'이 나오면 이 두 개의 문자를 함께 묶어서 개행 이스케이프 시퀀스(new line escape sequence)라는 특별한 내용이 지시되는데, 개행 문자는 다음에 오는 내용에는 무관하게 무조건 다음 줄의 처음으로 출력 제어를 옮긴다. 만약 개행 문자를 사용하지 않는다면 출력은 두 줄로 나타나지 않고, 두 문장이 이어져 한 문장으로 표현된다.

C 컴파일러는 '₩n'을 한 문자로 생각하게 되는데 역슬래시는 컴파일러에게 어떤 작업의 준비를 시키는 것에 불과하고 그 뒤에 나오는 'n'이 줄 바꿈이라는 것을 인지한다. 이스케이프 시퀀스는 [표 5-1]과 같이 사용할 수 있다.

ASCII 코드표를 보면 어떤 문자는 화면이나 프린터에 출력되지 않는 것을 알 수 있는데, escape 문자는 화면 또는 프린터를 제어하는 특수한 목적으로 사용된다. 그리고, ASCII 코드 중에서 0x20 미만의 코드는 출력이 불가능한 문자이고, 이러한 코드를 문자로 표현하는 데는 escape 문자를 사용한다.

표 5-1 ESCAPE 문자

ESCAPE 문자	ASCII(16진수)	문자	기 능 및 제 어 용 도
₩0	0x00	NULL	널(null)
₩a	0x07	BEL	'삑'하는 벨소리를 낸다 (벨 제어)
₩b	0x08	BS	제어 위치를 좌측으로 한 칸이동 (back space)
₩f	0x0c	FF	용지를 다음 장으로 한장 넘김 (form feed)
₩n	0x0a	LF	제어 위치를 다음 줄 처음으로 이동 (new line)
₩r	0x0d	CR	제어를 현재 줄의 처음으로 이동 (carriage return)
₩t	0x09	HT	제어를 지정된 탭거리 만큼 수평 이동 (tab)
₩v	0x0b	VT	제어를 지정된 수직 탭만큼 수직 이동 (tab)
₩₩	0x5c	₩	₩' 역슬래쉬를 출력 (₩문자 출력)
₩'	0x2c	'	단일 인용 부호는 ₩없이 사용 가능 ('문자 출력)
₩"	0x22	"	이중 인용 부호는 반드시 ₩와 함께 사용("문자 출력)
₩?	0x3f	?	? 기호를 ₩없이 사용 가능 (? 문자 출력)

예를 들어 '₩f'는 프린터 출력에서 용지를 다음 장으로 한 장 넘길 때 사용하거나, 화면 출력시 한 화면을 넘길 때 사용되는 문자열 값이고 escape 문자를 char형 변수에 대입하여 사용하는 방법이 세 가지가 있다.

① 코드 값을 변수에 대입
② escape 문자를 직접 변수에 대입
③ 문자를 8진수나 16진수 형식을 사용하여 escape 문자에 대한 ASCII 코드 값을 직접 변수에 대입

↘ [escape.c] Escape Sequence를 char형 변수에 대입한 예제 프로그램

```
#include <stdio.h>
main( )
{
    char  new_line1 = '\n', new_line2 = '\x0a';
```

```
        char  tab1 = '\t', tab2 = '\x09';
        printf("라인1 %c  라인1-1 %c", new_line1, new_line2);
        printf("라인2 %c tab키1 %c tab키2 %c", tab1, tab2, new_line2);
        printf("나의 급여는 당신 급여의 1\/2(50%%) 입니다.\n");
        printf("라인3 \"I\'m Loving You\" %c", new_line1);
    }
```

→ 실행 결과

```
라인1
라인1-1
라인2    tab키1          tab키2
나의 급여는 당신 급여의 1/2(50%) 입니다.
라인3 "I'm Loving You"
계속하려면 아무 키나 누르십시요...
```

[escape.c]에서 escape 문자를 문자형 변수에 대입한 방법은 다음과 같다.

```
char  new_line1 = '\n';
```

문자형 16진수의 상수를 직접 변수에 대입한 방법은 다음과 같다.

```
char  new_line2 = '\x0a';
```

[escape.c]는 위의 방법으로 사용한 것을 %c 형식 지정 변환 문자로 직접 출력하거나 escape 문자를 이용하여 그대로 출력할 수 있도록 하였고, escape 문자(₩) 다음에 ₩', ₩", ₩₩를 사용하여 표현하였으며 "%"를 출력하기 위하여 %%를 사용하여 출력한 예제 프로그램이다.

5.1.3 형식 지정 변환 문자

printf( ) 함수의 이중 인용 부호 내에서 적절한 출력 형식으로 결과를 출력하기 위해서는 출력 개시 문자("%")와 출력 형식 지정 문자를 합쳐서 형식 지정 변환 문자를 사용할 수 있다.

출력 서식에는 폭의 크기를 지정하거나, 부호를 붙이거나, 왼쪽 끝부터 출력을 시작한다든지 여러 가지 서식을 사용하여 원하는 출력 형식을 만들 수 있다. 출력 서식 지정 방법은 다음과 같다.

```
%[플래그] [필드폭] [정밀도] [입력크기 변경자] type
```

플래그는 좌우 출력 규정, 부호 사용 여부, 수치의 앞·뒤에 0 또는 공백 삽입 지정, 8진수 또는 16진수의 출력 등을 나타내며, 다섯 개의 플래그를 혼용하여 사용할 수 있다.

표 5-2 플래그의 종류와 의미

플래그	의 미	예 제
-	-를 지정하면 왼쪽부터, 생략하면 우측부터 출력	%-20s, %-6.2f
+	부호를 출력할 때 사용, 양수는 +, 음수는 - 출력	%+-10d, %+6.3f,
공백	양수는 부호 자리에 공백, 음수는 - 부호를 출력	%-10d, %6.2f
0	지정한 필드 폭이 수치보다 클 때 빈 공간을 0으로	%020d, %06.2f
#	수치를 8진수(0), 16진수(0X)로 출력할 때 사용	%#o, %+#12.3e

필드 폭(field width)은 출력될 수치나 문자의 자릿수를 10진 정수로 지정하고, 출력될 수치나 문자가 해당 필드의 폭보다 더 크면 필드 폭은 무시되고, 역으로 필드 폭이 더 크다면 나머지 자릿수는 공백으로 채워진다.

정밀도 지정은 필드 폭과 구분하기 위하여 소수점(.)을 갖고 있으며, 소수점 다음에는 양의 정수나 문자(*)가 올 수 있다. 일반적으로 부동형 출력 형식 지정자(%f, %E, %e)에서 필드 폭과 함께 정밀도를 사용할 경우 소수점 이하 자리를 지정해 주고, 해당 자리 이후에는 반올림해 준다. 정밀도 지정자 "*"를 사용할 경우에는, 필드 폭을 인수로 지정하는 것처럼 정밀도를 전달 인수를 사용하여 지정한다.

```
printf("%*.*d \n", 10, 8, 12345);
```

위의 printf( ) 함수는 전체 자릿수 10자리 중 8자리만 수치 값 12345를 표현하라는 문장이다. 실행 결과는 다음과 같이 표현한다.

		0	0	0	1	2	3	4	5

입력 크기 변경자는 플래그를 사용할 때처럼 혼용하여 사용할 수 없고, 세 개(h, l, L) 중 하나만 선택하여 사용할 수 있다. 입력 크기 변경자는 short, long, double, long double형 값을 출력할 때 사용하고, (l, L)은 정수형과 부동형 모두 사용 가능하지만 (h)는 정수만 사용이 가능하다.

그리고 입력 크기 지정자 (h)는 형식 변환 지정 문자(d, i, o, u, x, X)와 함께 사용하여 short int로 해석하고, (l)은 형식 변환 지정 문자(d, i, o, u, x, X)와 함께 사용할 때는 long int로, (f, e, E, g, G)와 함께 사용할 때는 double로 해석하고, (L)은 형식 변환 지정 문자(f, e, E, g, G)와 함께 사용하여 long double로 해석한다.

표준 출력 함수인 printf( ) 함수와 표준 입력 함수인 scanf( ) 함수의 각 인수는 콤마로 분리되어 변수 또는 수식으로 값이 구해진 후 형식에 맞추어 출력된다. 형식은 이중 인용부호 내에서 %로 시작하는 형식 지정 변환 문자를 사용하며 출력 대상은 상수, 변수 또는 수식이 된다. 형식 지정 변환 문자의 일반적인 형식은 다음과 같다. [ ]안의 내용은 생략 가능하다.

형식

```
% [-] [0] [w] 변환문자
   - %  : 형식 지정 변환 문자의 시작
   - [-] : 폭의 왼쪽 끝에 맞추어 출력
   - [w] : 폭의 크기를 지정하여 출력
   - [0] : 폭의 크기를 지정한 후 공백이 있으면 0으로 채워서 출력
```

출력 형식 지정 변환 문자는 [표 5-3]과 같다.

표 5-3 출력 형식 지정 변환 지정자

변 환 문 자	의미 및 바이트수와 형
%d	인수의 내용을 부호 있는 10진수로 출력 (4byte int)
%c	인수의 내용을 단일 문자로 출력 (1byte char)
%u	인수의 내용을 부호 없는 10진수로 출력 (4byte unsigned)
%f	인수의 내용을 실수 형태로 출력 (4byte float)
%s	인수의 내용을 문자열로 출력 (문자열 포인터 char)
%e 또는 %E	인수의 내용을 지수 형태로 출력 (8byte float)
%g 또는 %G	%f나 %e 중 출력 길이가 짧은 것 선택하여 출력 (8byte float)
%x 또는 %X	%x는 16진 소문자, %X는 16진 대문자 사용 (4byte unsigned)
%i	인수의 내용을 부호화 십진 정수 출력 (4byte int)
%o	인수의 내용을 부호 없는 8진수로 출력 (4byte unsigned)
%p	인수의 내용을 포인터의 주소로 출력 (4byte unsigned)
%ld	long형을 부호 있는 10진수로 변환 후 출력 (4byte int)
%%	"%" 문자를 출력

❶ %d

%d는 지정한 인수의 내용을 부호 있는 10진 정수형으로 변환한다. 예를 들어 %10d로 지정하면, 인수 값이 10자리를 확보하여 오른쪽을 기준으로 값을 출력한다. 다음과 같은 경우는 폭의 크기를 무시하고, 원래의 크기대로 출력한다.

```
int a = 12345;
printf("%3d \n", a);
```

위의 예는 출력 폭의 크기를 3으로 지정하였는데, 이때 a 값의 크기는 5자리 수이므로 프로그래머가 지정한 출력 폭의 크기 3을 무시하고, 시스템은 인수 값에 폭의 크기만큼 자릿수를 확보한다.

↘ [decimal.c] 형식 지정 변환 문자 "%d"를 사용한 프로그램

```
#include <stdio.h>
main( )
{
    int a = 12345;
    printf("%d \n", a);    /* 인수값의 길이 만큼 출력 폭이 자동 지정 */
    printf("%+d \n", a);   /* + 부호를 표시 */
    printf("%7d \n", a);   /* 총 7자리로 오른쪽 채움 */
    printf("%-7d", a);     /* 총 7자리로 왼쪽 채움 */
    printf("%07d \n", a);  /* 총 7자리로 오른쪽 채움, 공백은 0으로 채움 */
    printf("%3d \n", a);   /* 출력 폭을 무시, 인수값의 길이만큼 출력 */
    printf("%10.8d \n", a); /* 총 10자리 중 오른쪽 8자리만 출력 */
    printf("%*.*d \n", 10, 8, a); /* 위와 동일 */
}
```

→ 실행 결과

```
12345
+12345
  12345
12345  0012345
12345
   00012345
   00012345
계속하려면 아무 키나 누르십시요...
```

❷ %u

%u는 부호 없는 정수형으로 선언된 인수를 부호 없는 10진수로 출력하는 변환 문자이다. 데이터 형 int는 첫 비트가 부호 비트이지만, unsigned int는 부호 비트가 없으므로 int에 비해 양수 표현 범위가 크다. [unsign.c]는 %u를 사용하여 인수 값을 부호 없는 10진수로 출력하는 예이다. 두 번째 printf( )문은 형식변환 지정문자가 %u인데 정수 값 -100을 출력하므로 형식이 맞지 않아 오류 값을 출력하고, 네 번째 printf( )문의 %-8u는 총 8자리 중 왼쪽부터 32770을 채워 넣고 나머지 3자리는 공

백으로 나타낸 후 b(-100) 값을 출력한다.

↘ [unsign.c] 형식 지정 변환 문자 "%u"를 사용한 프로그램

```
#include <stdio.h>
main( )
{
    unsigned a = 32770;
    int b = -100;
    printf("%u \n", a);  /* 인수값의 길이만큼 출력 폭이 자동 지정 */
    printf("%u \n", b);  /* 부호 없는 변환 문자에 음수값 출력 error */
    printf("%8u \n", a); /* 총 8자리로 오른쪽 채움 */
    printf("%-8u%d \n", a, b);   /* 총 8자리로 왼쪽 채움 */
    printf("%08u \n", a); /* 총 8자리로 오른쪽 채움, 공백은 0으로 채움 */
}
```

→ 실행 결과

```
32770
4294967196
   32770
32770   -100
00032770
계속하려면 아무 키나 누르십시요...
```

❸ %c

%c는 문자형으로 선언된 인수를 한 개의 문자로 출력하는 변환 문자이다. [character.c]는 %c를 이용한 문자를 출력하는 예이다.

↘ [character.c] 형식 지정 변환 문자 "%c"를 사용한 프로그램

```
#include <stdio.h>
main( )
{
```

```
        char a = 'F', b = 'U', c = 'N';
        printf("%c%c%c \n", a, b, c);       /* 한 문자로 출력 */
        printf("%c \n %c \n %c \n", a, b, c);
        printf("%3c%3c%3c \n", a, b, c);    /* 3자리에 한 문자 오른쪽 채움 */
        printf("%-3c%-3c%-3c \n", a, b, c); /* 3자리에 한 문자 왼쪽 채움*/
    }
```

→ 실행 결과

```
FUN
F
 U
 N
  F  U  N
F  U  N
계속하려면 아무 키나 누르십시오...
```

❹ %f

%f는 실수형(float, double) 인수 값을 실수형 형태로 출력하는 변환 문자이다. 다음은 %f를 사용한 출력 결과이다.

```
float a = 18.1234;
printf("%f \n",a);
```

1	8	.	1	2	3	4	0	0

위의 예는 인수 값의 출력 자릿수를 지정하지 않고, %f만 사용하였으므로 소수점 오른쪽 자릿수는 6자리까지 출력되고, 만약 출력 자리가 6자리 이하인 경우에는 빈 공간이 0으로 채워진다. 다음은 소수점 오른쪽 자릿수가 6자리 이상인 경우이다.

```
float b = 18.123456789;
printf("%f \n",b);
```

1	8	.	1	2	3	4	5	7

실수형 변수 b가 가지고 있는 값 중 소수점 이하의 표현 가능 범위의 자릿수는 6자리인데,

b의 값이 총 9자리이므로, 7번째 값 "7"이 반올림되어 6번째 자리 값이 7로 출력된다. [float.c]은 실수형의 출력을 나타내는 프로그램이다.

↘ [float.c] 형식 지정 변환 문자 "%f"를 사용한 프로그램 1

```
#include <stdio.h>
main( )
{
    float a = 18.1234, b = 18.123456789;
    printf("%f \n", a);       /* 출력자릿수 없어 소수 이하 6자리 출력 */
    printf("%f \n", b);       /* 출력자릿수 없어 소수 이하 6자리 출력 */
    printf("%10.4f \n", a);   /* 전체 10자리 중 소수 이하 4자리 출력 */
    printf("%-10.4f JUNG \n", a); /* 왼쪽 채움 */
    printf("%010.4f \n", a);  /* 빈 공간 0으로 채움 */
}
```

→ 실행 결과

```
18.123400
18.123457
   18.1234
18.1234    JUNG
00018.1234
계속하려면 아무 키나 누르십시요...
```

[double.c]은 실수형이 double로 지정된 경우의 예를 나타낸 것이다.

↘ [double.c] 형식 지정 변환 문자 "%f"를 사용한 프로그램 2

```
#include <stdio.h>
main( )
{
    double a = 18.1234, b = 18.123456789;
    printf("%f \n", a);      /* 소수 이하 빈 공간은 0으로 채움 */
```

```c
    printf("%f \n", b);        /* 소수 이하 7번째 자리에서 반올림 */
    printf("%15.10f \n", a);  /* 15자리 중 소수 이하 10자리 출력 */
    printf("%15.10f \n", b);  /* 소수 이하 10자리까지 빈칸을 0으로 */
    printf("%-15.10f", a);    /* 왼쪽 채움 */
    printf("%-15.10f \n", b);
}
```

→ 실행 결과

```
18.123400
18.123457
    18.1234000000
    18.1234567890
18.1234000000  18.1234567890
계속하려면 아무 키나 누르십시요...
```

❺ %e

%e는 지정한 인수를 지수 형태로 출력하는 변환 문자이다. %e 변환 문자는 실수형으로 선언한 인수 값을 정확히 표현하여 출력할 수 있다. %f에서는 인수의 값이 소수이하 자리가 7자리를 넘을 때는 7번째 자리 부분의 수는 반올림되어 출력하기 때문에 정확한 인수 값이 될 수 없다. 이때 %e를 사용하면 지수 형태로 출력하므로, 원하는 값(아주 큰 값이나 아주 작은 값)을 얻을 수 있다. 만약, 자릿수를 지정하지 않으면 전체 자리를 13자리 지정한 다음 출력한다. 다음은 %e를 사용한 출력 결과이다.

```c
float a = 12.34;
printf("%e \n", a);
```

1	.	2	3	4	0	0	0	e	+	0	0	1

→ 소수점 아래 6자리 출력

위의 예는 실수형 상수 값 12.34를 %e로 지정한 경우이다. 수학적 표기 방법의 결과는 1.234000×10^1과 같다. 이를 컴퓨터에서 표시하는 방법은 수(Exponent) 10^1을 5자리로 고정시켜 e+001로 나타낸다. 또한 %e만 선언시 소수점 왼쪽에는 1자리를 출력하고, 오른쪽에는 소수점 아래 6자리로 출력한다. 그러므로 출력하는 자릿수가 너무 크면, 소수점 이하의 자릿수를 지정해야 한다. [exponent.c]은 선언된 변수가 float와 double인 경우를 출력하는 예이다.

↘ [exponent.c] 형식 지정 변환 문자 "%e"를 사용한 프로그램

```
#include <stdio.h>
main( )
{
    float  a = 12.34, b = 12.34567, c = 0.001234 ;
    double d = 12.3456789;
    printf("%e \n", a);      /* 자릿수 지정 안하면 전체 13자리 지정 */
    printf("%e \n", b);      /* 소수점 이하 6자리 출력 */
    printf("%e \n", c);      /* 소수점 이하 6자리 출력, 빈 공간은 0을 채움 */
    printf("%12.4e \n", a);  /* 전체 12자리 중 소수점 이하 4자리 출력 */
    printf("%e \n", d);      /* 소수점 이하 7번째 자리에서 반올림 */
    printf("%20.10e \n", d); /* 전체 20자리 중 소수점 이하 10자리 출력 */
    printf("%-20.10e \n", d);/* 왼쪽 채움 */
    printf("%15.4e JIN \n", a); /* 전체 15자리 중 소수점 이하 4자리, 오른쪽 채움 */
     printf("%-15.4e JIN \n", a);  /* 왼쪽 채움 */
 }
```

→ 실행 결과

```
1.234000e+001
1.234567e+001
1.234000e-003
 1.2340e+001
1.234568e+001
   1.2345678900e+001
1.2345678900e+001
    1.2340e+001 JIN
1.2340e+001     JIN
계속하려면 아무 키나 누르십시요...
```

```
float a = 12.34;
printf("%E \n", a);
```

1	.	2	3	4	0	0	0	E	+	0	0	1

다음의 예는 출력 자릿수를 미리 지정한 경우이다.

```
float k = 12.34;
printf("%15.4e\n", a);
```

				1	.	2	3	4	0	e	+	0	0	1

```
printf("%-15.4e\n", a);
```

1	.	2	3	4	0	e	+	0	0	1				

출력 자릿수를 15자리를 확보한 후, 소수점 이하 부분은 소수점 아래 4자리로 출력하며, - 부호를 붙여서 선언하면 출력 데이터가 왼쪽으로 채워짐을 알 수 있다.

⑥ %g

%g는 %f나 %e중에서 출력 문자수가 작은 쪽으로 출력되는 변환 문자이다. 이때 출력되는 데이터에서 유효하지 않는 0은 출력되지 않는다. %g는 필드폭과 정밀도를 지정하지 않을 때 %f형으로 출력하게 되면 소수점을 제외하고 총 6자리까지 출력하게 되고 6자리가 안 되는 경우는 유효자리만 출력된다. %e로 출력하면 소수점을 포함하여 전체 12자리까지 출력된다. 필드폭과 정밀도를 지정할 때 정밀도의 자릿수 만큼 출력해 준다. 다음은 %f, %e와 비교하여 출력한 예이다.

↘ [float_double.c] 형식 지정 변환 문자 "%g"를 사용한 프로그램

```
#include <stdio.h>
main( )
{
    float a = 12.3456;
    double b = 123456789.12345;
    printf("%f \n", a);
    printf("%e \n", a);
    printf("%g \n", a);       /* 유효하지 않은 0은 무시, 실수형으로 표현 */
    printf("%12.5f \n", a);
```

```
        printf("%12.5g \n", a);   /* 실수형으로 표현, 소수점을 제외한 5자리 */
        printf("%16.5f \n", b);   /* 실수형으로 표현, 소수점을 제외한 5자리 */
        printf("%12.5g \n", b);   /* 지수형으로 표현, 소수점을 제외한 5자리 */
        printf("%g \n",b);        /* 지수형으로 표현, 전체 12자리로 표현 */
    }
```

→ 실행 결과

```
12.345600
1.234560e+001
12.3456
    12.34560
      12.346
 123456789.12345
 1.2346e+008
1.23457e+008
계속하려면 아무 키나 누르십시오...
```

❼ %s

%s는 문자형 인수를 문자열로 변환하여 출력하는 변환 문자이다. %s만을 선언하면 인수의 값만큼 자릿수를 자동적으로 설정하여 출력해 준다. %문자와 s 사이에 자릿수를 지정하면 자릿수를 확보하여 문자열이 오른쪽부터 왼쪽으로 채워지고, 자릿수가 남으면 공백이 된다. 지정한 자릿수가 문자열의 수보다 적으면 프로그래머가 정한 자릿수는 무시하고, 문자열만큼 자릿수를 확보하여 출력하므로 문자열이 잘리는 경우는 없다. [string.c]의 경우는 문자열로 출력하는 예를 나타낸 것이다.

↘ [string.c] 형식 지정 변환 문자 "%s"를 사용한 프로그램

```
#include <stdio.h>
main( )
{
    char str[ ] = "computer";  /*str[ ] 크기는 초기 값에 따라 결정 */
```

```
        printf("%s \n", str);            /* 인수값(문자열)의 자릿수로 지정 */
        printf("%5s \n", str);           /* 출력할 문자열이 5자리이상 : 무시 */
        printf("%10s \n", str);          /* 남은 공간은 공백으로 */
        printf("%-10s \n", str);         /* 문자열을 왼쪽부터 채움 */
        printf("%10.3s \n", str);        /* 10자리중 문자열 3자만 우측에 출력 */
        printf("%*.*s \n", 10,3,str);    /* 10자리중 문자열 3자만 우측에 출력 */
        printf("%-10.3s", str);          /* 10자리중 문자열 3자만 좌측에 출력 */
        printf("%.3s \n", str);          /* 문자열 3자(com)만 출력 */
    }
```

→ 실행 결과

```
computer
computer
  computer
computer
        com
        com
com       com
계속하려면 아무 키나 누르십시요...
```

⑧ %x

%x는 정수형 인수를 16진수로 바꾸어 출력하는 변환 문자이다. 변환 문자 %x를 영문 대문자 %X로 사용하면 16진수로 출력할 때 사용되는 알파벳 a~z를 대문자 A~Z로 출력한다. %와 x사이에 자릿수를 지정하지 않으면, 해당 출력 자릿수만큼 확보하여 출력하고, 자릿수 지정시 남는 자릿수는 공백으로 출력된다. [hexadecimal.c]은 변환 문자 %x를 사용하여 정수형 인수 값을 16진수로 출력하는 예이다.

↘ [hexadecimal.c] 형식 지정 변환 문자 "%x"를 사용한 프로그램

```
#include <stdio.h>
main( )
{
```

```
    int a = 1000;
    printf("%x \n", a);        /* 16진수로 변환 후 출력 */
    printf("%X \n", a);        /* 대문자로 출력 */
    printf("%5x \n", a);       /* 빈 공간은 공백으로 출력, 우측 채움 */
    printf("%-5x \n", a);      /* 빈 공간은 공백으로 출력, 좌측 채움 */
    printf("%05x \n", a);      /* 빈 공간은 0으로 출력, 우측 채움 */
}
```

→ 실행 결과

```
3e8
3E8
  3e8
3e8
003e8
계속하려면 아무 키나 누르십시요...
```

⑨ %o

%o는 정수형 인수를 8진수로 바꾸어 출력하는 변환 문자이다. 자릿수 지정 방법과 출력 방법은 %x와 동일하다. [octal.c]는 변환 문자 %o를 사용하여 정수형 인수 값을 8진수로 출력하는 예이다.

↘ [octal.c] 형식 지정 변환 문자 "%o"를 사용한 프로그램

```
#include <stdio.h>
main( )
{
  int a = 1000;
  printf("%o \n", a);
  printf("%5o \n", a);
  printf("%-5o \n", a);
  printf("%05o \n", a);
}
```

→ 실행 결과

```
1750
   1750
1750
01750
계속하려면 아무 키나 누르십시오...
```

⑩ %%

%%는 % 자신을 출력하기 위한 변환 문자이다. printf( ) 함수에서 %문자를 출력할 때는 반드시 %%로 표시하여야 한다. 만약, %문자가 한 개인의 경우에는 변환 문자 %로 간주하기 때문이다. [percent.c]은 변환 문자를 포함해서 출력하는 예이다.

↘ [percent.c] 형식 지정 변환 문자 "%%"를 사용한 프로그램

```
#include <stdio.h>
main( )
{
    int a = 10, b = 20;
    printf("a + b 의 값을 %%d로   출력하면  %d\n", a + b);
    printf("a + b 의 값을 %%5d로  출력하면  %5d\n", a + b);
    printf("a + b 의 값을 %%-5d로 출력하면  %-5d\n", a + b);
    printf("a + b 의 값을 %%05d로 출력하면  %05d\n", a + b);
}
```

→ 실행 결과

```
a + b 의 값을 %d로   출력하면  30
a + b 의 값을 %5d로  출력하면  30
a + b 의 값을 %-5d로 출력하면  30
a + b 의 값을 %05d로 출력하면  00030
계속하려면 아무 키나 누르십시오...
```

5.1.4 printf( )의 반환 값

printf( ) 함수도 고유의 반환 값(return value)을 가지고 있다. 반환 값은 이중 인용 부호(" ") 내의 문자, 공백, 특수 문자의 전체 문자열 개수를 반환한다. 단 (₩n)는 1문자로 인식한다.

[connection.c]는 마지막 printf( ) 함수의 이중 인용 부호(" ") 내에 (₩)는 문자열 작성 중에 한 줄 이상 입력이 필요할 때나 다음 줄에 연결하여 계속 사용할 때에 기입하고, 다음 줄의 문자는 1열(column)부터 기입하여야 한다. 만약, 공백을 띄우고 사용하면 출력시 띈 공백 만큼 여백을 두고 출력한다.

(₩)를 사용하지 않고 이중 인용 부호(" ") 내에서 줄 바꿈이 있으면 컴파일러 오류가 발생한다.

↘ [connection.c] printf( ) 함수의 반환값 출력 프로그램

```
#include <stdio.h>
main( )
{
  int  a, b;
  char str[26] = "My name is Jung_Jin_Yong";
  a = printf("My name is Ko_Jin_Kwang\n");
  b = printf("20 + 30 = %d \n", 20 + 30);
  printf("a = %d, b = %d \n", a, b);
  printf("%s   %s   %s   \
%s   %s    \n", str, str, str, str, str);
}
```

→ 실행 결과

```
My name is Ko_Jin_Kwang
20 + 30 = 50
a = 24, b = 14
My name is Jung_Jin_Yong   My name is Jung_Jin_Yong   My name is Jung_Jin_Yong
My name is Jung_Jin_Yong   My name is Jung_Jin_Yong
```

[error.c]는 printf( )함수를 잘못 사용한 경우의 예제 프로그램이다.

↘ [error.c] printf( ) 함수를 잘못 사용한 경우 출력 프로그램

```
#include <stdio.h>
main( )
{
    printf(" four season ==> spring,  summer, fall, winter \n" );
    printf(" four season ==> spring,  summer,\          → ①
      fall, winter \n" );
    printf(" four season ==> spring,  summer,           → ②
      fall, winter \n" );
}
```

첫 번째 printf( ) 함수의 문자열 사용과 ①번의 printf( ) 함수의 문자열의 사용은 정상이나 ②번의 printf( ) 함수는 이중 인용 부호 내부에 (₩)없이 줄 바꿈을 하였으므로 컴파일러 에러가 발생한다.

5.2 데이터의 입력

5.2.1 scanf( ) 함수

scanf( ) 함수는 입력되는 데이터를 지정한 형식으로 주기억장소의 해당 변수에 값을 저장하는 표준 입력 함수이다. 따라서 printf( ) 함수와 아주 유사한 점이 많고, 사용하는 방법도 몇 가지를 제외하고는 거의 같다. 이 함수는 표준 입력 파일 stdin(키보드 입력)으로부터 입력을 받으며, printf( )의 매개 변수 리스트와 마찬가지로 사용되는 입력 형식 지정 제어 문자열과 인수 리스트를 갖는다.

scanf( ) 함수를 사용하여 변수에 데이터를 입력할 때 데이터는 텍스트(text) 문자이다. 즉, 키보드에 표시된 영문자, 숫자, 문자, 특수문자 등을 입력받는데, 여기에서 숫자 문자는 데이터 자체가 정수, 또는 실수가 아닌 ASCII 코드의 문자이다. 입력된 문자는 Enter Key를 입력하면 입력 버퍼에 저장되고, scanf( ) 함수에서 사용한 입력 형식 지정자의 형식에 따라 정수, 실수, 문자, 문자열로 변환되어 각 변수에 저장한다. C언어에서 제공되는 표준 입력 함수의 두 가지 형식을 간단하게 표현하면 다음과 같다.

형식1

```
scanf("문자열");                /* 사용하지 않는 것이 좋다 */
```

형식2

```
scanf( "형식", 인수1, 인수2, .....);
```

- 인수1, 인수2, ... → 입력 대상 데이터
- "형식" → 문자열과 형식 지정 변환 문자

형식 1의 경우는 입력 지정자와 인수가 없고, 문자열만 사용하는 경우로 예를 들면 다음과 같다.

```
printf("input data ==> ");
scanf("C program is High Level Language");
```

위 프로그램의 일부를 수행하면 "input data ==>"를 먼저 출력하고, scanf( ) 함수에 의해서 입력을 요구하게 된다. 만약 다음과 같이 데이터를 입력했다면

```
input data ==> 123 456↵
```

입력 버퍼에 저장된 내용은 다음과 같다.

입력 버퍼	123 456

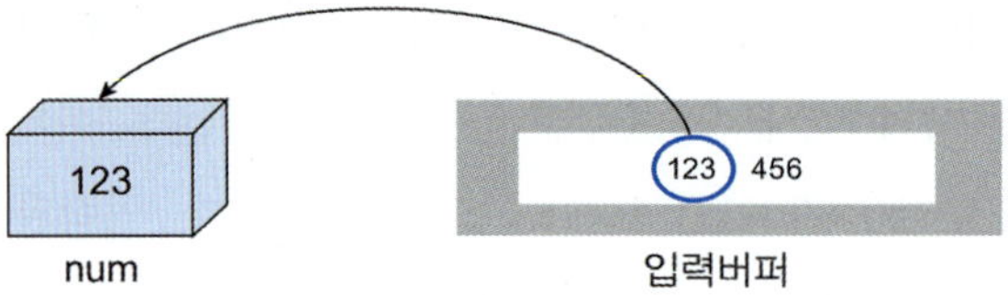

입력 버퍼에 데이터가 정상적으로 저장되었지만 scanf( ) 함수에서 입력 형식 지정자와 그에 대응하는 인수가 없으므로, 입력 버퍼에만 남아 있게 되어 의미가 없는 데이터이므로 사용하지 않는 것이 바람직하다. 형식 2를 다음과 같이 표현한다.

```
scanf("형식 지정 제어 문자열", 인수1, 인수2,... ,인수n);
```

이 경우 형식 지정 제어 문자열은 입력 데이터의 형식을 지정하기 위하여 사용한다. 또한, scanf( )내의 인수는 printf( )와 마찬가지로 프로그래머가 지정한다. scanf( )의 인수는 반드시 형식에서 지정된 자료형의 포인터이어야 한다. 다음의 간단한 예를 보자.

```
scanf("%d", &num);
```

위의 scanf( ) 함수는 키보드에서 10진수의 정수형 데이터를 입력받아(%d 변환) 그 결과를 변수 num에 저장한다. num은 정수 변수이어야 하며, 변수 앞의 &(Ampersand) 기호는 주소(Address)를 나타내는 것으로 scanf( ) 함수에서 사용되는 변환 문자 중 문자열 변환을 위한 %s와 배열을 제외한 나머지 변환 문자에는 &를 변수 앞에 붙여야 한다. 다음은 입력 형식 지정자와 문자열(ADD)이 같이 사용되고 있는 예이다.

```
int  a, b;
printf("input data ==> ");
scanf("%dADD%d", &a, &b);
printf("a => %d, b => %d \n", a, b);
```

위의 경우는 입력 서식에 나타난 문자열(ADD)을 모두 입력해야만 정상적인 입력을 실행한다. 즉, 키보드로 입력은 다음과 같이 해야 한다.

```
input data ==> 10ADD20↵
```

앞과 같이 입력하면 입력 버퍼에는 10ADD20 이 저장되어 있으나, scanf( ) 함수 내의 %d 지정자에 의해 a의 기억장소에는 정수 10이 저장되고, b의 기억장소에는 정수 20이 저장된다.

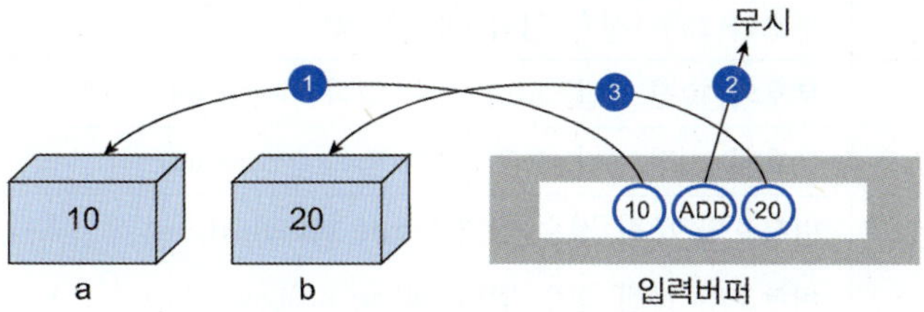

입력 서식의 문자열(ADD)은 입력 버퍼로부터 읽어들인 후 무시한다. 그러나 데이터 입력 시 문자열(ADD)을 생략하면 오류가 발생되므로 문자열과 데이터를 함께 입력해야 한다. 이 경우의 예제 프로그램은 다음과 같다.

↘ [mixed.c] scanf( ) 함수의 문자열과 형식변환지정자 혼용하여 사용한 프로그램

```
#include <stdio.h>
main()
{
    int  a, b;
    printf("input data ==> ");
    scanf("%dADD%d", &a, &b);
    printf("a => %d, b => %d \n", a, b);
}
```

→ 실행 결과

```
input data ==> 10ADD20
a => 10, b => 20
계속하려면 아무 키나 누르십시요...
```

[표 5-4]는 scanf( ) 함수의 입력 형식 지정자를 표시하였다.

표 5-4 입력 형식 변환 지정자

입력 형식 지정자	입력형식과 인수의 바이트수와 형(type)
정수형 입력 지정자	
%d	부호와 10진 정수 입력 (4byte int)
%D	부호와 10진 정수 입력 (4byte int)
%i	부호와 10진, 8진, 16진 정수 입력 (4byte int)
%I	부호와 10진, 8진, 16진 정수 입력 (4byte int)
%u	비부호와 10진 정수 입력 (4byte unsigned int)
%U	비부호와 10진 정수 입력 (4byte unsigned int)
%x	비부호와 16진 정수 입력 (4byte unsigned int)
%X	비부호와 16진 정수 입력 (4byte unsigned int)
%o	비부호와 8진 정수 입력 (4byte unsigned int)
%O	비부호와 8진 정수 입력 (4byte unsigned int)
부동형 입력 지정자	
%f	부호와 실수 입력 (4byte float)
%e 또는 %E	실수 e 표기법 입력, 또는 실수 E 표기법 입력 (4byte float)
%g 또는 %G	%f, %e 또는 %E 중에서 선택 (4byte float)
문자형 입력 지정자	
%c	단일 문자 입력 (1byte char)
%s	문자열 입력, 문자열 끝에 '₩0'를 추가 (배열크기포인터 char)
%p	포인터 주소 입력 16진수 (4byte unsigned int)

scanf( ) 함수의 입력 서식 지정 방식은 다음과 같다.

% [*] [필드폭] [입력 크기 변경자] type

- [*]는 입력 지정 금지 문자로 입력 버퍼에 저장된 데이터의 입력을 금지하여 입력 자체를 취소한다. 따라서 버퍼에 저장된 데이터는 일단 읽혀져서 버리게 되고, 버퍼의 입력 위치는 다음 데이터로 이동한다.
- [필드폭]은 입력 버퍼로부터 읽혀질 수 있는 데이터의 자릿수를 지정한다.
- [입력 크기 변경자]는 입력 지정 문자와 같이 사용되어 short, long, double, long double형의 데이터를 읽을 수 있도록 한다. 그 종류로는 "h, l, L" 등으로 표현한다.

- type은 입력 형식 지정 문자로 [표 5-4]에서 설명한 각 변수의 형을 지정할 때 사용되는 문자로 "%"와 함께 반드시 기술해야 한다.

[scanf.c]는 scanf( ) 함수를 이용 데이터를 입력한 결과를 확인하는 프로그램이다.

↘ [scanf.c] scanf( ) 함수의 입력한 결과값 출력 프로그램 1

```
#include <stdio.h>
main( )
{
    int a, b, c;
    int i, j, k;
    printf(" a b c 데이터 입력 ==> ");
    scanf(" %d %d %d", &a, &b, &c);
    printf(" a = %d  b = %d  c = %d \n", a, b ,c);
    printf(" a + b + c = %d \n", a+b+c);
    printf(" i j k 데이터 입력 ==> ");
    scanf(" %d %*d %d", &i, &j, &k);  /* 입력지정금지문자 사용 */
    printf(" i = %d  j = %d  k = %d \n", i, j ,k);
}
```

→ 실행 결과

```
a b c 데이터 입력 ==> 10 20 30
a = 10  b = 20  c = 30
a + b + c = 60
i j k 데이터 입력 ==> 100 200 300
i = 100  j = 300  k = -858993460
계속하려면 아무 키나 누르십시요...
```

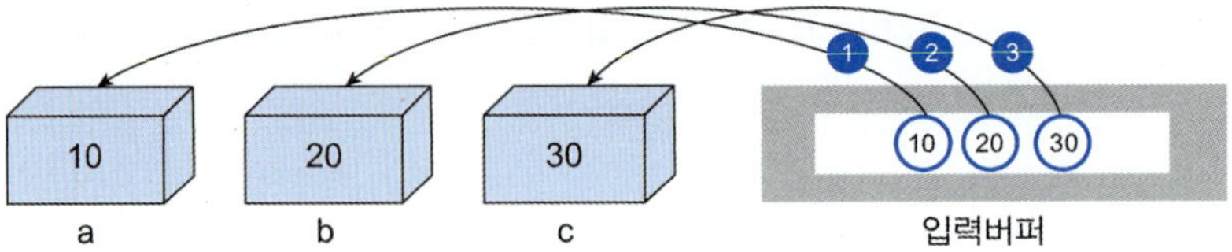

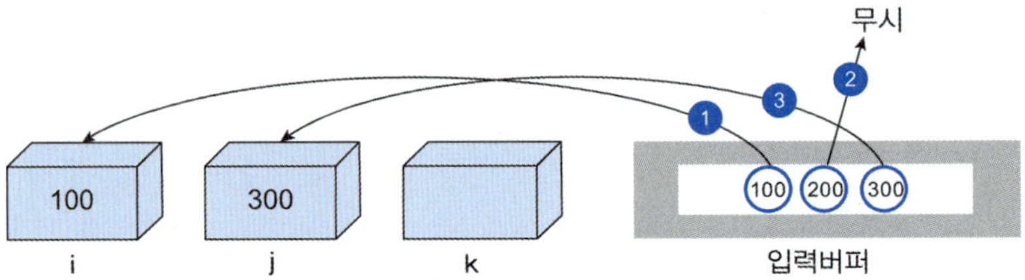

[scanf.c]에서 scanf("%d %d %d", &a, &b, &c); 는 변수에 10진수를 입력한 순서대로 a, b, c에 저장한다. &표시는 번지를 나타내므로, &a는 변수 a에 해당하는 메모리 번지가 된다. 이때 숫자와 숫자의 구분은 공백으로 한다.

scanf("%d %*d %d", &i, &j, &k); 는 데이터 100을 기억 장소 i에 저장하고, 두 번째는 입력 지정 금지 문자(%*d)를 사용하고 있으므로 데이터 300을 기억 장소 j에 저장하고, 기억 장소 k에는 쓰레기 값(예상치 못한 값)을 저장하게 된다.

scanf( ) 함수에 데이터를 입력할 때에는 연속되는 데이터의 구분을 space bar(공백)나 enter key(↵), 또는 tab key를 데이터의 중간에 입력하면 된다. 만약 필드 폭을 지정해 주면 공백 또는 탭이나 엔터키를 입력하지 않아도 시스템은 지정한 길이만큼 각각의 데이터를 인지하게 된다.

↘ [width.c] scanf( ) 함수의 필드 폭 지정시 결과값 출력 프로그램 2

```
#include <stdio.h>
main( )
{
  int  a, b, c;
  printf("데이터 입력 ==> ");
  scanf("%3d %3d %3d", &a, &b, &c);
```

```
    printf("a = %d,  b = %d,  c = %d \n", a, b, c);
  }
```

→ 실행 결과

```
데이터 입력 ==> 123456789
a = 123,  b = 456,  c = 789
계속하려면 아무 키나 누르십시요...
```

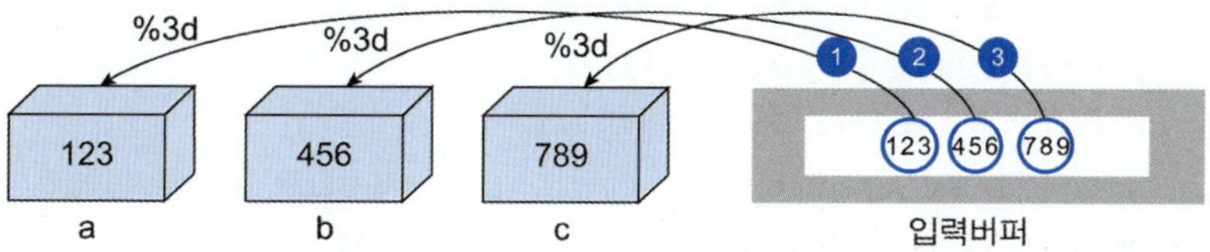

문자열을 입력하려면 배열을 사용해야 한다. 배열에 대해서는 8장에서 설명하겠지만, 일반적으로 다음과 같이 선언한다.

```
char  str[20];
```

문자열 배열 str을 선언하면, str에 20문자의 영역이 확보되고, scanf( )에서 문자열을 사용하여 데이터를 입력할 때는 "&"를 붙이지 않고 아래의 예제처럼 배열명("str")만 기술한다.

```
scanf("%s", str);
printf("%s \n", str);
```

scanf( ) 함수 명령에 의해 "operating_system"을 키보드로 입력하고, 실행하면 결과는 배열 str에 operating_system이 저장된다. printf( ) 함수를 실행하면 배열 str의 내용이 CRT 화면에 출력된다.

↘ [operating.c] scanf( ) 함수의 문자와 문자열 입력 프로그램

```
#include <stdio.h>
main( )
{
    char  a, b, c;
    char str[20], o_s[20];
    printf("문자 a, b, c 값 입력 ==> ");
    scanf("%c %c %c", &a, &b, &c);      /* 키보드로 문자 입력 */
    printf("a = %c  b = %c  c = %c \n", a, b, c);
    printf("%c%c%c \n", a, b, c);
    printf("문자열 str, o_s 값 입력 ==> ");
    scanf("%s %s", str, o_s);             /* 키보드로 문자열 입력 */
    printf("\n str = %s,  o_s = %s \n", str,o_s);
}
```

→ 실행 결과

```
문자 a, b, c 값 입력 ==> D O S
a = D  b = O  c = S
DOS
문자열 str, o_s 값 입력 ==> operating_system software_program
str = operating_system,  o_s = software_program
계속하려면 아무 키나 누르십시오...
```

5.2.2 단일 문자 입출력 함수

printf( ) 또는 scanf( ) 함수는 프로그래머가 형식을 지정할 수 있는 입출력 표준 함수이지만, getchar( ) 또는 putchar( ) 함수는 한 개의 문자를 단위로 입출력하는 함수이다.

대부분의 C 컴파일러는 getchar( ) 또는 putchar( ) 함수를 〈stdio.h〉라는 파일에 미리 정의하고 있으므로 프로그램의 실행을 위해서는 이 파일을 프로그램의 제일 선두에 포함시켜야 한다. 이때의 〈stdio.h〉는 standard input/output header의 약어로 표준 입출력에 관한 모든 정보를 가지고 있는 파일을 말하며, 프로그램의 헤드 부분에 지정하면 헤더 파일 전

체 내용이 프로그램 내에 삽입된다.

(1) 버퍼화, 비버퍼화 입·출력 함수

버퍼(buffer)란, 컴퓨터 기억 장소의 일부를 입·출력 전용 기억 장치로 할당하여 입·출력에 사용하는 임시기억장소이다. 컴퓨터의 외부 장치(키보드, 디스크, 드라이브 등)로부터 입력되는 데이터를 버퍼에 일정한 양만큼 모아 두었다가 컴퓨터 내부의 주기억장소에 전달하거나, 컴퓨터 내부의 주기억장소에서 외부 장치로 데이터를 전송할 때, 먼저 데이터를 버퍼에 출력한 다음 이를 외부 장치로 출력하게 되는데, 이와 같은 버퍼를 이용하여 속도가 느린 입·출력 장치간의 데이터 전송을 효율적으로 할 수 있도록 하는 것을 버퍼화 입출력이라 한다.

비버퍼화 입·출력 함수는 데이터를 입·출력할 때 버퍼를 사용하지 않고, 외부 장치로부터 입력된 데이터를 직접 컴퓨터 내부의 주기억장소로 입력하거나, 컴퓨터 내부의 주기억장소에서 출력되는 데이터를 직접 외부 장치로 출력하는 입·출력 형태를 말한다. 비버퍼화 입·출력 함수는 〈conio.h〉에 있으며, 이러한 함수는 ANSI C 표준안에서는 선언하지 않는 함수이므로 IBM-PC 호환 기종의 컴파일러에서는 사용할 수 있지만, UNIX에서는 사용할 수 없는 함수이다.

본서에서는 getch( ), getche( ), putch( ) 함수를 설명하고 그 외의 비버퍼화 함수는 자주 사용하지 않으므로 생략한다.

표 5-5 버퍼화 비버퍼화 입·출력 함수

버퍼화 입·출력 함수				비버퍼화 입·출력 함수			
입력 함수		출력 함수		입력 함수		출력 함수	
문자 입력 함수	getchar()	문자 출력 함수	putchar()	문자 입력 함수	getch() getche()	문자 출력 함수	putch()
문자열 입력 함수	gets()	문자열 출력 함수	puts()	문자열 입력 함수	cgets()	문자열 출력 함수	cputs()
서식화 입력 함수	scanf()	서식화 출력 함수	printf()	서식화 입력 함수	csanf()	서식화 출력 함수	cprintf()

(2) getchar( ) 함수

키보드로부터 한 문자를 입력받아 기억 장소로 입력하는 함수이고, 함수 호출과 문자 입력이 1 : 1로 직접 대응한다. getchar( ) 함수를 호출하면 버퍼에 데이터가 있는지 검사하고, 버퍼에 한 문자라도 남아 있으면 해당 문자를 기억 장소에 저장하고, 해당 문자를 버퍼에서 삭제한다. 만약, 버퍼에 데이터가 없다면 키보드로부터 1byte 데이터를 입력 받아 버퍼에 저장하는데, Enter 키에 해당하는 '₩n' 문자는 버퍼에 저장되지 않으며, 버퍼로부터 한 문자만 읽고, 삭제한 후 나머지 문자는 그대로 버퍼에 남겨 두어 다음 번 입력 요구가 있을 때, 나머지 데이터를 버퍼로부터 읽어 들인다. getchar( ) 함수의 형식은 다음과 같다.

```
변수 = getchar( )
```

변수 → 변수의 데이터 형은 정수형이거나 문자형이어야 함

↘ [grtchar.c] getchar( ) 함수의 입력한 결과값 출력 프로그램

```
#include <stdio.h>
main( )
{
    char ch;
    while (( ch = getchar( ) ) != EOF)
            putchar(ch);
    printf("while문 벗어남 \n");
}
```

→ 실행 결과

```
jung jin yong
jung jin yong
ko jin kwang
ko jin kwang
^z↵
while문 벗어남
계속하려면 아무 키나 누르십시요...
```

[grtchar.c]은 문자 변수 ch에 표준 입력(키보드)으로 한 문자를 입력받아 기억시키는 예이다. while문은 ( )안의 조건을 검사하여 조건이 참(true)이면 루프내의 문장을 반복하여 실행하고 거짓이면 while문을 빠져나간다. 한 개의 문자를 키보드로 입력 받아 주기억장소 ch에 저장한 후, 그 문자가 EOF(End of File)가 아니면 계속하여 반복 실행한다. 실행 결과의 마지막에 (Ctrl+z)를 누르면 -1값을 반환하여 C 컴파일러는 데이터의 끝을 인식하고, while문을 벗어난다. 따라서 변수 ch는 반드시 int형이나 char형을 선언해야 하며, UNIX에서는 (Ctrl+D)를 입력하여 -1값을 반환해 준다. while문에 대해서는 7장 제어 구조에서 설명하기로 하겠다. getchar( ) 함수는 버퍼 크기가 규정된 입력으로서 차례대로 입력 버퍼에 보관된 후 차례대로 출력 버퍼에 출력된다. 즉 하나의 문자를 입력하면, 그 문자가 변수 ch에 저장되고 putchar( ) 함수로 출력한다.

(3) putchar( ) 함수

printf( ) 함수와 scanf( ) 함수는 형식이 있는 범용 입출력 함수이나 화면에 1문자 단위로 출력할 때에는 putchar( ) 함수를 사용한다.

```
putchar(인수); ——→ 화면에 1문자를 출력
```

인수의 데이터 형이 정수형이나 문자형이어야 하며, 인수가 수치인 경우에는 ASCII 코드가 수치인 대상 ASCII 문자를 출력한다. 하나의 문자를 표준 출력 장치(모니터)에 출력해 주는 putchar( ) 함수는 getchar( ) 함수에 대응하는 함수로서 실인수로 ASCII 코드 값의 정수 또는 문자 상수, ASCII 코드 값 범위 내의 수식을 사용하면 그에 해당하는 문자를 화면에 출력하게 된다.

[putchar.c]는 putchar( ) 함수를 사용한 예제프로그램이다.

putchar('₩n')은 줄을 바꾸어 1 column에 커서를 이동해 주고, putchar('₩a')는 소문자 "a"를 화면 출력하며, putchar('₩t')는 탭의 크기 만큼 커서를 이동하고, putchar('₩a+15')는 "a"의 ASCII키 코드 값보다 15 큰 ASCII키 코드 값을 갖는 "q"를 출력하며, putchar(65)는 ASCII키 코드 값이 65인 "A"를 출력한다.

↘ [putchar.c] putchar( ) 함수의 결과값 출력 프로그램

```
#include <stdio.h> /* putchar( ) getchar( )함수 정의된 헤더파일 */
main( )
{
    char ch;
    printf("character 값 입력 ==> ");
    ch = getchar( );   /* 1개의 문자 입력 */
    putchar(ch);       /* 입력된 문자 화면에 출력 */
    putchar('\n');     /* 줄 바꿈 */
    putchar('a');      /* 문자 a를 출력 */
    putchar('\t');     /* tab 간격만큼 띄워 줌 */
    putchar('a'+ 15);  /* a ACSII 코드 값보다 15더 큰 문자(p) 출력 */
    putchar('\n');
    putchar(0x71);     /* 해당 16진수의 문자 값(q)을 출력 */
    putchar('\n');
    putchar(65);       /* ASCII 코드 65값 A를 출력 */
    putchar('\n');
}
```

→ 실행 결과

```
character 값 입력 ==> T
T
a       p
q
A
계속하려면 아무 키나 누르십시요...
```

5.2.3 한 행 입출력 함수

C언어에서 순수하게 문자열만을 입·출력하는 함수로는 입력 함수인 gets( ) 함수와 출력 함수인 puts( ) 함수가 제공되고 있다. 이 두 함수는 〈stdio.h〉 헤더 파일에 선언되어 있다.

(1) gets( ) 함수

gets( ) 함수는 키보드로 문자열을 입력받아 기억장소에 저장할 때 사용한다. gets( ) 함수의 반환형은 gets( ) 함수에 의해 읽어 들인 배열의 주소를 나타내는 char형 포인터이고, 인수로는 char형 포인터이다. 포인터에 대해서는 10장에서 자세하게 배우겠지만, 포인터는 하나의 변수로 다른 변수와는 달리 데이터 값을 갖지 않고, 데이터 값을 가지고 있는 주소(address)를 가리킨다. 포인터 변수는 변수 앞에 '*'를 붙인다. gets( ) 함수의 형식은 다음과 같다.

형식

```
char *gets(char *)
```

gets( ) 함수는 문자열 전용 입력 함수이므로 프로그래머와 컴퓨터간에 메시지를 주고받는 대화식 프로그램에서 효율적으로 유용하게 사용할 수 있는 함수이다. gets( ) 함수는 문자열 포인터 자체에 문자열을 저장하는 것이 아니라 포인터가 가리키는 대상체(char형 배열명, char형 배열을 가리키는 포인터 변수)에 문자열을 저장하기 때문에 gets( )의 인수로는 반드시 포인터 상수인 배열명이나 배열을 가리키는 포인터 변수를 사용해야 한다.

```
gets(str);
```

gets( )는 표준 입력 함수로 문자열을 입력받아 그 인수로 명시된 문자열 변수 str에 저장한다. scanf( ) 함수에서는 enter key(⏎)를 치면 입력의 끝에 개행(newline '₩n')을 삽입하지만, gets( ) 함수에서는 개행문자 대신 null(₩0)이 부가되므로 str의 크기가 예상되는 입력 최대 문자수 + 1을 확보해야 한다. 입력한 문자열은 enter key(⏎)를 칠 때까지의 문자들을 말한다. 따라서 gets( ) 함수의 전달 인수로 포인터를 사용하기 때문에 키보드로 입력한 문자열의 길이가 문자열 배열의 크기를 초과한 경우를 알지 못하므로 문자열 배열의 크기보다 더 큰 문자열을 입력하게 되면 배열의 기억 장소에 저장된 데이터는 파괴될 수 있다.

예

```
char str[128];
gets(str);
```

결과

```
Hello Mr Monkey↵                /* 키보드로 입력 */
문자 배열 str ──────▶ 총 128 바이트의 크기
```

H	e	l	l	o		M	r		M	o	n	k	e	y	₩0

[gets.c]의 ptr = gets(str); 문장은 gets( ) 함수를 사용하여 입력한 문자열이 기억장소 str에 저장되고, 저장된 문자열 값이 포인터 변수 ptr에 할당하여 준다. 결과적으로 str과 ptr의 출력 값은 동일하다.

↘ [gets.c] gets( ) 함수의 결과값 출력 프로그램

```
#include <stdio.h>  /* gets( ) 함수 정의된 헤더 파일 */
main( )
{
    char str[30];
    char *ptr;
    printf("출력할 내용을 입력하시오=> ");
    ptr = gets(str);
    printf("%s  %s \n", str, ptr);
}
```

→ 실행 결과

```
출력할 내용을 입력하시오=> C Program은 고급언어이다.
C Program은 고급언어이다.  C Program은 고급언어이다.
계속하려면 아무 키나 누르십시요...
```

(2) puts( ) 함수

문자열 포인터를 함수의 인수로 사용하여 포인터가 가리키는 문자열을 출력하는 함수이다. gets( ) 함수와 같이 〈stdio.h〉 헤더 파일에 선언되어 있으며, 형식은 다음과 같다.

형식

```
int *puts(const char *)
```

puts( ) 함수의 인수는 상수 포인터를 사용하는데, 상수 포인터는 출력될 문자열의 시작 주소를 의미한다. 반환 값은 정상적으로 문자열을 출력하면 0이 아닌 정수를 출력하고 만약, 오류가 발생하면 EOF(-1)를 반환한다.

puts( ) 함수는 출력 버퍼에 저장된 문자열을 화면에 출력하는데, 출력의 종료는 문자열의 끝을 표시하는 null 문자('₩0')를 만날 때까지 인수로 사용되는 포인터가 가리키는 곳에 저장된 모든 문자를 연속적으로 출력한다.

```
puts(str);
```

표준 출력 장치로 str로 표시되는 문자열의 마지막 값인 null 문자('₩0')를 만나면 개행문자('₩n')로 변환시켜 출력하는데, '₩n'은 단지 Line Feed만을 출력하지 않고 Carriage return과 Line Feed의 조합인 '₩r' '₩n'으로 출력하여 문자열을 출력시킨 후 자동으로 줄 바꿈을 한다.

↘ [puts.c] puts( ) 함수의 결과값 출력 프로그램

```
#include <stdio.h>  /* puts( ) 함수가 정의되어 있는 헤더 파일 */
main( )
{
    char str1[ ] = "puts Example program";
    char *str2 = "Good";
    char *str3 = "C program is High Level Language";
    printf("str1 주소 : %p, str2 주소 : %p, str2 값 : %s \n", str1, str2, str2);
    puts(str1);      /* 줄 바꿈에 유의 */
    puts(str2);
    puts(str3+10);   /* 포인터 변수 str3+10이므로 11번째 문자부터 출력 */
    puts(&str1[5]);  /* str1[5]는 배열의 6번째 문자부터 출력 */     }
```

→ 실행 결과

```
str1 주소 : 0012FF68, str2 주소 : 00420070, str2 값 : Good
puts Example program
```

```
Good
is High Level Language
Example program
계속하려면 아무 키나 누르십시요...
```

5.2.4 비버퍼화 줄 단위 입·출력 함수

(1) cgets( ) 함수

형식

```
cgets(str);
```

gets( )와 기능은 비슷하나, 입력 문자의 최대 길이를 제한할 수 있다. cgets( )를 사용할 때는 배열 내에 최대 입력 크기를 넣는 기능이 있어, 예상되는 입력 데이터 크기 값은 입력 최대 문자수 + 3의 크기로 선언해야 한다.

```
char str[16]; /* cgets에서 13byte로 입력 */
str[0] = 13;  /* 최대 길이 + 1 즉, 13 + 1 */
cgets(str);   /* 입력이 13을 넘으면 더 이상 입력되지 않고 삑 소리남 */
```

→ 실행 결과

```
Goodmorning ↵  /* 키보드 입력 */
```

예

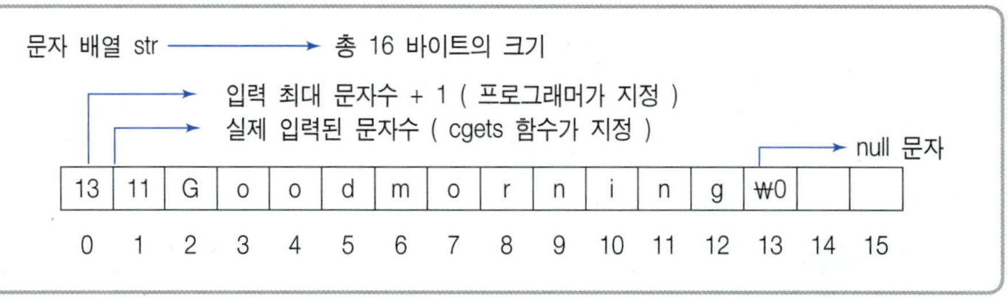

이것을 화면에 다시 출력하려면 puts(str);이 아니라, puts(str+2); 혹은 puts(&str[2]);와 같이 사용해야 한다.

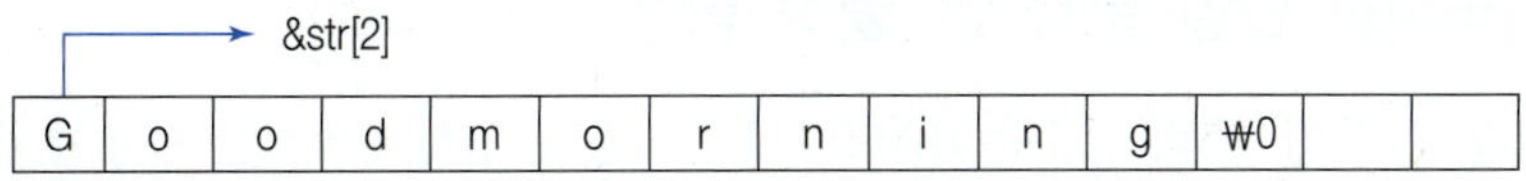

(2) cputs 함수

형식 `cputs(str);`

문자열을 속성과 함께 직접 화면에 출력하며, 자동으로 출력 후 커서의 줄 바꿈을 하지 않는다.

↘ [cputs.c] cputs( ) 함수의 결과값 출력 프로그램

```
#include<stdio.h>
#include<conio.h>  /* cputs( ) 함수가 정의되어 있는 헤더 파일 */
main( )
{
    char str[16];
    char str1[ ]="안녕 하세요.";
    char *str2 = "Good ";
    str[0] = 13;
    cgets(str);
    printf("%s \n", str+2);
            /* 최대 입력 문자수, 실제 입력 문자수 2자리 띄고 출력 */
cputs(str1);      /* 줄 바꿈이 안됨 유의 */
cputs(str2);
}
```

→ 실행 결과

```
Goodmoring
Goodmoring
안녕 하세요.Good 계속하려면 아무 키나 누르십시요...
```

5.2.5 비버퍼화 단일 문자 입·출력 함수

비버퍼화 단일 문자 입·출력 함수는 IBM-PC 호환기종 운영체제에서만 사용할 수 있는 함수이다(UNIX 운영체제에는 존재하지 않는 함수이다).

(1) getch( ) 함수

키보드로 입력한 문자를 화면에 출력하지 않고 읽어 들이는 함수이다. getch( ) 함수를 사용해서 문자를 입력할 경우 입력된 문자가 화면에 표시되지 않기 때문에 password를 입력하는데 사용하기도 한다. getch( ) 함수는 헤더 파일 〈conio.h〉에 정의되어 있고, Enter key와 관계없이 바로 읽기 시작한다. getch( ) 함수의 Enter key는 ('₩r')로 표현되고 반환 값은 읽어 들인 문자 그 자체이고 실인수가 없다.

(2) getche( ) 함수

키보드나 콘솔에서 입력한 문자를 화면에 출력하고 읽어 들이는 함수이다. getche( ) 함수는 헤더 파일 〈conio.h〉에 정의되어 있고, Enter key와 관계없이 바로 읽기 시작한다. getche( ) 함수의 Enter key는 ('₩r')로 표현되고, 반환 값은 읽어 들인 문자 그 자체이고 실인수가 없다.

(3) putch( ) 함수

putch( ) 함수는 putchar( ) 함수와 유사하게 단일 문자를 화면에 출력 해주는 함수이다. 차이점은, putchar( )은 매크로이며, 실인수로 사용된 정수 값에 대한 ASCII 문자를 화면에 출력하고, putch( )는 〈conio.h〉 헤더 파일에 정의되어 있으며, 실인수로 사용되는 모든 ASCII 문자를 출력한다. putch( ) 함수는 putchar( ) 함수와 마찬가지로 '₩n' 문자를 출력하면 '₩r'과 '₩n'의 쌍으로 번역하여 출력하므로 커서는 다음 줄 가장 좌측에 나타난다.

↘ [putch.c] 비버퍼화 단일 문자 입·출력 함수의 결과값 출력 프로그램

```
#include<stdio.h>
#include<conio.h> /* getch(), getche(), putch() 함수 정의 헤더파일 */
main( )
{
    char ch;
    printf("한 문자 입력 1==> ");
    ch = getch( );                /* 입력한 문자 화면에 안보임 */
    putchar('\n');                /* 줄 바꿈 후 좌측 맨 앞으로 이동 */
    printf("ch 문자 값 출력 => %c \n", ch);
    printf("한 문자 입력 2==> ");
    ch = getche( );               /* 입력한 문자 화면에 출력 */
    putch('\n');                  /* 줄 바꿈 후 좌측 맨 앞으로 이동 */
    putch(ch);
    putch('\n');
}
```

→ 실행 결과

```
한 문자 입력 1==>               /* a를 입력 => 화면에 안보임 */
ch 문자 값 출력 => a
한 문자 입력 2==> b
b
계속하려면 아무 키나 누르십시요...
```

5.3 데이터의 입출력 함수 응용 프로그램 예제

다음 예제는 세수를 입력받아 최대값과 최소값을 출력하는 예제 프로그램이다. 단, 조건연산자를 사용하여 프로그램을 작성하며, 다음과 같은 두 예제의 결과는 동일하다.

↘ [max_min1.c] 최대 최소 결과값 출력 프로그램

```
#include <stdio.h>
main()
{
    int su1, su2, su3, max, min;
    printf("세 수 입력(Ex : xx xx xx ) : ");
    scanf("%d %d %d", &su1, &su2, &su3);
    max = (su1 > su2) ? su1 : su2;
    max = (max > su3) ? max : su3;
    min = (su1 < su2) ? su1 : su2;
    min = (min < su3) ? min : su3;
    printf(" 최대값 max => %d\n", max);
    printf(" 최소값 min => %d\n", min);
}
```

↘ [max_min2.c] 최대 최소 결과값 출력 프로그램

```
#include <stdio.h>
main( )
{
    int  su1, su2, su3, max, min;
    printf("세 수 입력(Ex : xx xx xx ) : ");
    scanf(" %d %d %d", &su1, &su2, &su3);
    max = (su1 >= su2) ? ((su1 >= su3) ? su1 : su3) : ((su2 >= su3) ? su2 : su3)
;
    min = (su1 <= su2) ? ((su1 <= su3) ? su1 : su3) : ((su2 <= su3) ? su2 : su3)
```

```
;
    printf("최대값 max => %d \n", max);
    printf("최소값 min => %d \n", min);
}
```

→ 실행 결과

```
세 수 입력(Ex : xx xx xx ) : 75 95 65
    최대값 max => 95
    최소값 min => 65
계속하려면 아무 키나 누르십시오...
```

연 습 문 제

1. 버퍼화 입출력 함수와 비버퍼화 입출력 함수의 차이점을 설명하시오.

2. 형식 지정 변환문자에서 %f, %e의 차이점을 설명하시오.

3. 출력 형식 지정 변환문자에서 %g는 %f나 %e의 형식으로 출력한다. 어떤 경우에 %f나 %e의 형식으로 출력하는지 그 차이점을 설명하시오.

4. 다음의 결과를 출력하는 프로그램을 작성하시오.

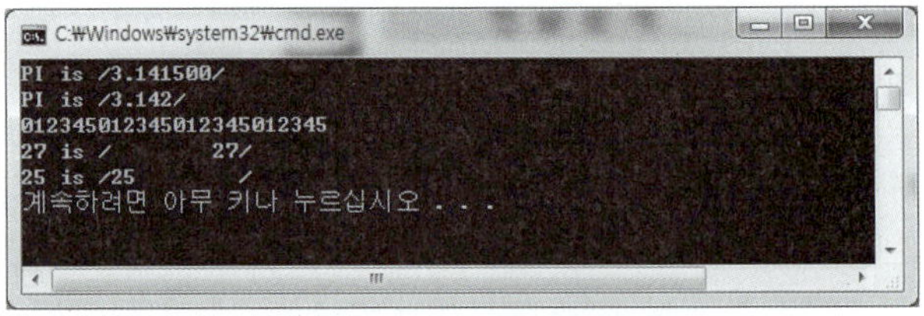

5. 다음의 결과를 출력하는 프로그램을 작성하시오.

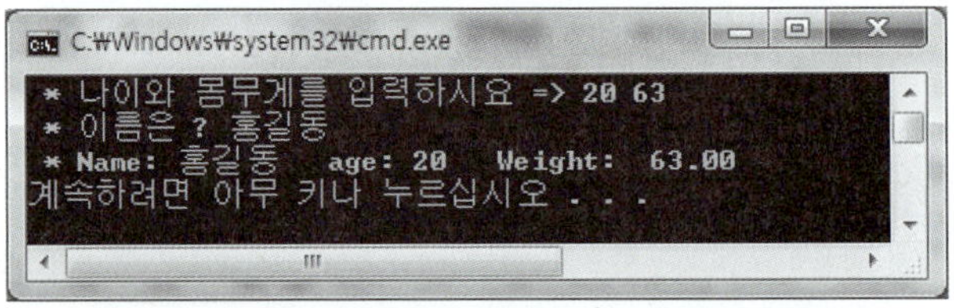

6. 다음의 결과를 출력하는 프로그램을 작성하시오.

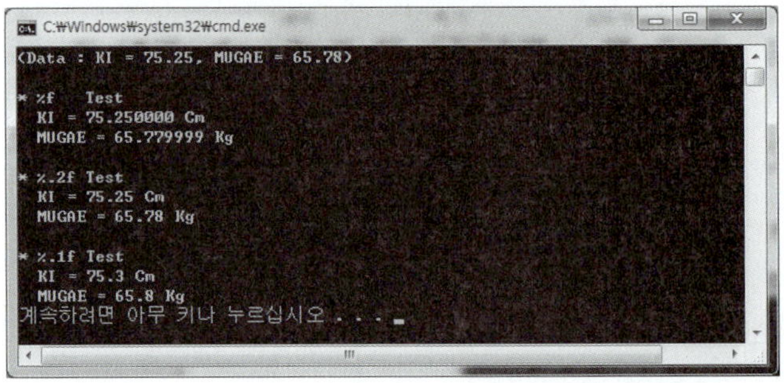

7. 키보드로 입력한 소문자를 대문자로 변환하여 출력하는 프로그램을 작성하시오.

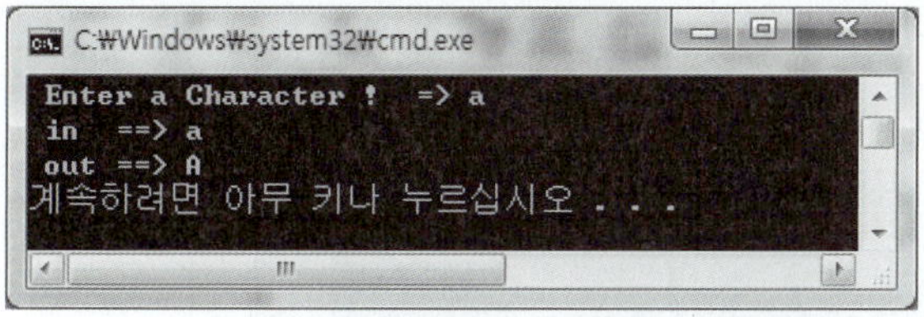

8. ASCII 값의 숫자를 입력받아 문자로 변환하여 출력하는 프로그램을 작성하시오.

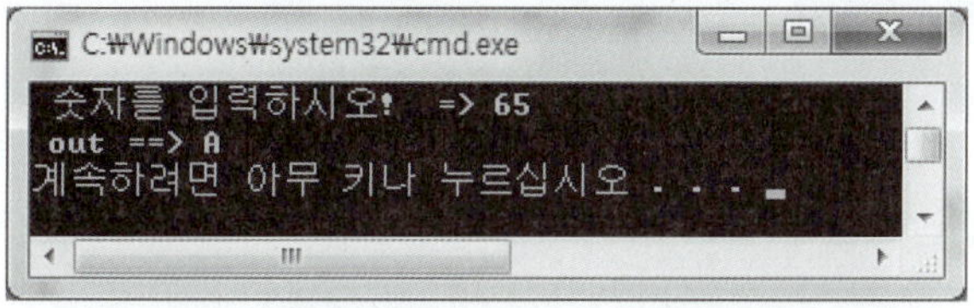

9. getchar( ) 함수로 한 문자를 입력하여 출력하는 프로그램을 작성하시오.

10. 이름, 성별, 나이, 취미를 scanf( ) 함수를 이용하여 입력받고 화면에 출력하는 프로그램을 작성하시오.

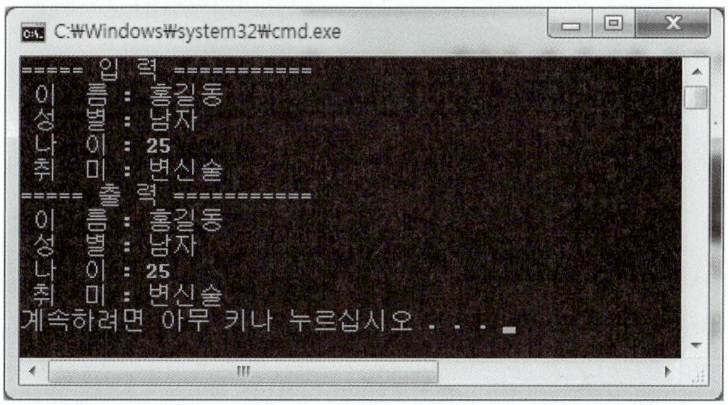

11. 정수 A가 35이다. 좌와 우로 2비트 이동한 후 다음의 결과를 데이터 비트를 그려 확인하고 프로그램을 작성하시오.

```
C:\Windows\system32\cmd.exe
35를 좌로 1비트 이동한 값 : 70
35를 좌로 2비트 이동한 값 : 140
35를 우로 1비트 이동한 값 : 17
35를 우로 2비트 이동한 값 : 8
계속하려면 아무 키나 누르십시오 . . .
```

12. 정수 A = 5, B = 12이다. 비트 연산자 AND, OR, XOR를 수행하고, 데이터 비트를 그려서 확인하고 프로그램을 작성하시오.

```
C:\Windows\system32\cmd.exe
5와 12를 비트 AND : 4
5와 12를 비트 OR  : 13
5와 12를 비트 XOR : 9
계속하려면 아무 키나 누르십시오 . . .
```

제 6 장

기억 클래스

1. 스코프(scope)란 무엇인가?
2. 자동 변수(Auto variable)
3. 정적 변수(Static variable)
4. 외부 변수(Extern variable)
5. 레지스터 변수(Register variable)
6. 응용프로그램 예제

C언어에서 중요한 특징 중 하나인 사용 가능한 범위(scope)의 정의와 특징을 알아보고, 기억 클래스의 정의와 네 가지 형태의 변수를 정의했을 때, 기억 장소가 확보되어 데이터를 어떻게 저장하고, 읽어 오는지에 대하여 알아보겠다.

6.1 스코프(scope)란 무엇인가

스코프란, 프로그램의 여러 위치에서 액세스할 수 있는 범위를 나타낸다. 스코프는 두 가지 종류가 있는데, 로컬 스코프(local scope)와 글로벌 스코프(global scope)가 있고, 변수의 정의에 의해서 기억 장소에 할당된 변수가 프로그램에서 사용될 수 있는 범위를 말한다.

6.1.1 로컬(local) 스코프

로컬 스코프를 가지는 변수를 지역 변수라고 하는데, 해당되는 블록(block)이나 함수(function) 내에서 사용 가능하므로 범위가 한정되어 있다. 예를 들면, 블록 내에 정의된 지역 변수는 자신을 정의한 블록 내에서만 사용할 수 있고, 블록을 벗어나면 사용할 수 없다. 또한, 함수 안에서 정의된 지역 변수는 정의된 함수 안에서만 변수를 사용할 수 있다. 이는 같은 이름의 변수를 여러 개의 함수에서 충돌 없이 사용할 수 있음을 뜻한다. 즉, 지역 변수가 정의된 함수를 빠져 나온 후에는 그 변수의 값을 이용할 수 없다.

↘ [local.c] 로컬 스코프의 범위 예제 프로그램 1

```
#include <stdio.h>
main( )
{
    auto int  i = 10;
    printf("main 함수의 i값 = %d, 주소 = %p \n", i, &i);
    i += 5;
```

```
    func( );                    /* 함수 호출 */
    printf("main 함수의 i값 = %d, 주소 = %p \n", i, &i);
}

func( )
{
    int  i = 20;
    i += 5;
    printf("func 함수의 i값 = %d, 주소 = %p \n", i, &i);
}
```

→ 실행 결과

```
main 함수의 i값 = 10, 주소 = 0012FF7C
func 함수의 i값 = 25, 주소 = 0012FF24
main 함수의 i값 = 15, 주소 = 0012FF7C
계속하려면 아무 키나 누르십시요...
```

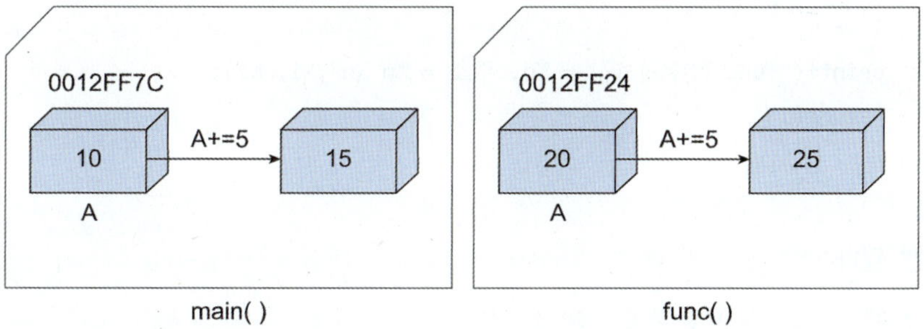

[local.c]은 main( ) 함수 내에서 사용된 변수 i가 지역 변수이므로 해당 함수 내의 범위에서만 그 값을 유지하고, 함수를 빠져나오면 기억장소가 달라지므로, func( ) 함수의 i는 실행 결과에서 보는 바와 같이 다른 기억장소이다. 따라서 변수가 함수를 빠져 나온 후에는 그 변수의 값을 이용할 수 없다고 말할 수 있다. 다시 말하면 그 변수는 소멸되고, 프로그램의 다른 부분에서는 그 값을 이용할 수 없다. 즉, main( ) 함수에서 정의한 변수 i와 func( ) 함수에서 정의한 변수 i는 실행 결과에서 보는 바와 같이, 서로 다른 lvalue를 갖는다는 사실로 이 변수는 서로 다른 변수인 것을 알 수 있다. 형식 지정 변환 문자 %p는 포인터의

주소를 출력해 준다. [scope.c]는 main() 함수에서 선언한 인수 i로 func(i) 함수를 호출하여 func()에 선언한 i에 값을 전달하였으나 서로 다른 기억장소를 나타내므로, i는 각각 다른 변수임을 확인할 수 있다.

↘ [scope.c] 로컬 스코프의 범위 예제 프로그램 2

```
#include <stdio.h>
main( )
{
  int  i = 10;
  printf("main 함수의 i값 = %d, 주소 = %p \n", i, &i);
  i += 5;
  func(i);
  printf("main 함수의 i값 = %d, 주소 = %p \n", i, &i);
}

int func(int i)
{
  i += 5;
  printf("func 함수의 i값 = %d, 주소 = %p \n", i, &i);
  return(i);
}
```

→ 실행 결과

```
main 함수의 i값 = 10, 주소 = 0012FF7C
func 함수의 i값 = 20, 주소 = 0012FF2C
main 함수의 i값 = 15, 주소 = 0012FF7C
계속하려면 아무 키나 누르십시오...
```

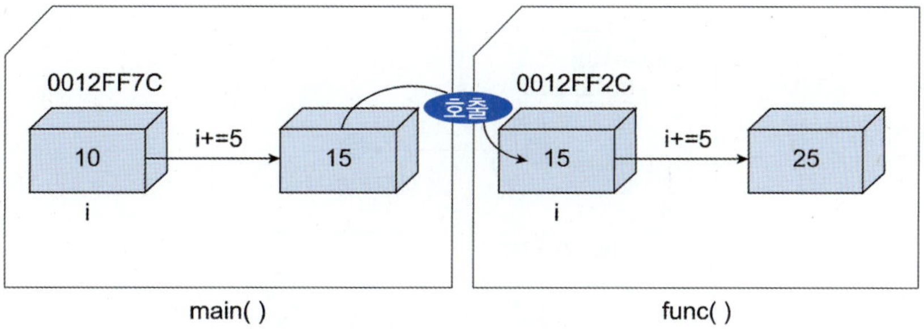

[different.c]은 로컬 스코프의 블록 내에서 변수 i를 각각 두 번 선언 후 사용하여 서로 다른 기억장소를 사용하고 있는 것을 알 수 있다.

↘[different.c] 로컬 스코프의 범위 예제 프로그램 3

```
#include <stdio.h>
main( )
{
    int  i = 10;
    printf("i = %d,  기억장소1 = %p \n", i, &i);
    if (i == 10) {
      int i = 20;
      printf("i = %d,  기억장소2 = %p \n", i, &i);
}
    i += 5;
    printf("i = %d,  기억장소1 = %p \n", i, &i);
}
```

→ 실행 결과

```
i = 10,  기억장소1 = 0012FF7C
i = 20,  기억장소2 = 0012FF78
i = 15,  기억장소1 = 0012FF7C
계속하려면 아무 키나 누르십시요...
```

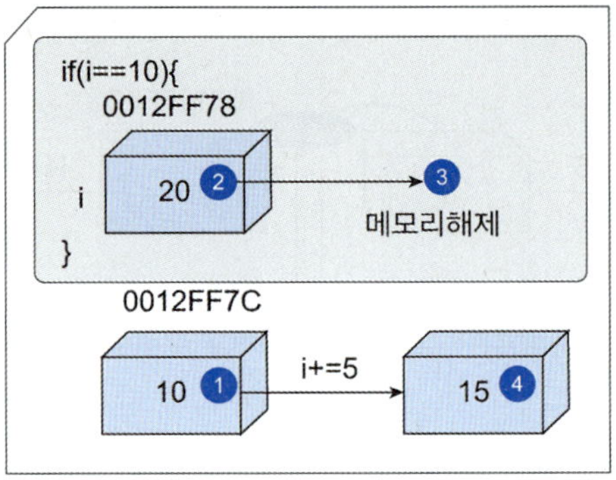

6.1.2 글로벌(global) 스코프

글로벌 스코프를 가지는 변수를 전역 변수라고 하는데, 전역 변수는 프로그램 전체에 영향을 주는 범위를 가지게 된다. 그러므로 전역 변수는 lvalue가 전부 같다. 글로벌 스코프의 장·단점에 대하여 알아보면 장점은 func( ) 함수에 i를 인수로 전달해 줄 필요가 없으므로 함수를 호출하는 것이 간단하다.

단점은 어떤 함수라도 글로벌 스코프를 가지는 변수를 다룰 수 있다는 것이다. 이 경우 한 함수에서 변수의 값이 바뀌면 다른 함수에서 이 값이 저절로 바뀌게 된다. 따라서 어떤 함수에서 값이 바뀌었는지 알 수 없기 때문에 디버깅할 때 힘들다. 그러므로 프로그래머는 전역 변수의 사용을 자제해야 한다. 만약, 사용하는 함수의 20% 이상이 특정한 데이터를 액세스한다면, 그 데이터는 글로벌 스코프를 갖는 전역 변수로 사용하는 것이 좋다. 이러한 전역 변수는 의미 있는 이름을 사용하고, 함수의 헤더 부분에 정의해야 좋다. 즉, main( ) 함수 앞의 헤더 부분에 선언해 준다. [global.c]는 글로벌 스코프의 예제 프로그램이다.

↘ [global.c] 글로벌 스코프의 범위 예제 프로그램

```
#include <stdio.h>
int i = 10;     /* int앞에 extern이 생략됨 */
main( )
{
   printf("i = %d,  기억장소1 = %p \n", i, &i);
```

```
        i += 5;
        func( );
        printf("i = %d,  기억장소2 = %p \n", i, &i);
    }
    func( )
    {
        printf("i = %d,  기억장소3 = %p \n", i, &i);
        i += 5;
    }
```

→ 실행 결과

```
i = 10,  기억장소1 = 00422A30
i = 15,  기억장소3 = 00422A30
i = 20,  기억장소2 = 00422A30
계속하려면 아무 키나 누르십시요...
```

[global.c]에서 변수 i를 전역 변수로 선언해 주면 글로벌 스코프가 되며, 프로그램 전체에 영향을 미친다. 사용자정의 함수인 func( )를 호출할 때, 전달 인수가 없어도 전역변수 i값을 가지고 func( ) 함수를 호출하기 때문에 표현이 간단하고, 기억 장소의 주소도 실행 결과에서 보는 바와 같이 변함이 없다.

6.1.3 변수의 사용 범위(Scope rule)에 따른 종류들

컴퓨터 시스템에서 변수의 사용 범위는 변수의 정의에 의해 기억 장소에 할당된 변수가 프로그램에서 사용될 수 있는 범위를 말하고, 변수의 생존 기간은 변수가 생성되었다가 사라질 때까지의 기간으로 변수 정의에 의해 기억 장소에 할당되었다가 더 이상 필요하지 않아 기억 장소 할당을 해제할 때까지의 기간을 말한다.

변수는 저장되는 기억 장소의 크기와 그 자릿수가 제한을 받기 때문에, 프로그램 실행에서 많은 변수를 다루는 연산에서는 최적의 실행을 위해서, 한 번 사용하고 더 이상 사용하지 않는 변수는 스택(Stack)이라는 임시 기억 장소에 저장하여 사용한 후 빼내어 버리고, 그

장소를 다른 변수가 다시 사용할 수 있게 한다든지 또는 실행을 매우 빠르게 하기 위해 레지스터(Register)를 변수로 사용할 수도 있다.

이러한 이유 때문에 C언어에서는 기억 장소의 종류를 [표 6-1]과 같이 네 가지로 분류하고 변수를 여기에 맞게 지정하면 이들은 프로그램의 어떤 범위 내에서 사용될 수 있는가 하는 통용 범위(Scope)가 정해진다. 이와 같은 형태로 변수를 컴퓨터 시스템 내의 특정한 기억 장소에 할당하는 것을 기억 클래스라 한다.

C언어에서는 프로그래밍시 변수의 특성을 결정하는데, 데이터 형과 기억 클래스의 개념을 사용한다.

변수의 사용 범위와 생존 기간은 프로그램에서 변수를 정의할 때, 변수의 정의 위치와 기억 클래스와 아주 밀접한 관계를 갖고 있다. 즉, 변수의 정의 위치와 기억 클래스에 따라서 변수의 사용 범위와 생존 기간이 서로 달라지게 된다.

표 6-1 기억 클래스의 종류

종 류	기억장소	생존여부	통용범위
Auto (자동 변수)	일시적인 기억 장소인 stack에 보관	소 멸	변수가 선언된 블록이나 함수 내에서만 사용
Static (정적 변수)	보통의 기억 장소	불 변	변수가 선언된 모듈 전역
Extern (외부 변수)	보통의 기억 장소	불 변	외부 프로그램 모듈에서 정의 후 모듈의 전역에서 사용
register (레지스터 변수)	CPU내의 Register	소 멸	변수가 선언된 블록이나 함수 내에서만 사용

6.2 자동 변수(Auto variable)

지금까지의 예제 프로그램 중에서 [global.c]를 제외한 모든 프로그램에서 사용했던 변수가 모두 자동 변수였으며, C언어에서 사용되는 대부분의 변수가 자동 변수 auto이다. 자동 변수란 어떤 특정한 함수의 내부에서 선언되거나 또는 함수 내의 블록(복문)에서만 선언되는 변수로 그 통용 범위가 함수 내부 또는 함수 내부의 블록(복문)안에서만 한정되는 지역 변수(local variable)를 말한다.

자동 변수의 통용 범위는 함수나 블록에 한정되므로, 다른 함수에는 영향을 미치지 않는다. 그러므로 함수 호출 등으로 인해 변수의 값이 변경되어도 다른 함수에 전혀 영향을 미치지 않으므로, 다른 함수에서 같은 이름의 변수를 사용하여도 영향을 받지 않는다. 간단한 예를 들어보자.

```
{
        auto int a;              ←———————— int a; 와 같다.
        auto int b = 123;        ←———————— int b = 123; 와 같다.
        auto char c;             ←———————— char c; 와 같다.
              :
              :
}
```

앞의 예에서 자동 변수를 선언하는 키워드(Keyword)인 auto를 사용하였다. 이는 별로 의미 있는 것이 아니며, 대부분 auto를 생략하여 사용한다. 자동 변수는 블록이나 함수({ … }) 내에서만 존재하며, 일시적인 기억 장소인 스택에 기억되어 프로그램 실행이 이 함수나 블록을 벗어나면, 변수는 스택에 존재하지 않고 소멸된다.

자동 변수는 스택에 위치하게 되어 그 변수가 선언된 함수 또는 블록의 시작에서 만들어지고, 함수 또는 블록의 끝에서 그 변수의 수명은 소멸된다. 이와 같이 자동 변수는 프로그램 실행시 처음부터 존재하는 것이 아니고 변수가 선언되어 있는 블록이나 함수의 실행에만 스택에 위치하므로 컴퓨터 시스템이 효율적으로 기억 장소를 사용할 수 있다.

자동 변수는 함수 또는 블록의 시작 지점에서 만들어지므로 프로그램 컴파일시 초기화를 할 수 없다. 여기서 스택(Stack)을 쉽게 비유해 보면 흔히 우리가 택시를 탔을 때 운전석 옆에 동전을 삽입하고, 집어내는 용수철 통에 비유할 수 있다. 이와 같이 스택은 동전을 저장하는 용수철 통과 같은 개념으로 컴퓨터 시스템의 가장 기본적인 자료 구조로 톱(Top)이라고 하는 한쪽 끝에서 모든 데이터의 삽입과 삭제를 행하는 순서 리스트 구조를 말한다. 따라서, 스택의 자료 입·출구는 하나이기 때문에 가장 나중에 삽입된 데이터를 가장 먼저 삭제할 수 있어, 후입선출(LIFO : Last-in First-Out)방법이다. [그림 6-1]은 스택에 값을 저장하고 삭제하는 과정을 나타낸 것이다. [그림 6-1]에서 자동 변수 값이 직접 생성되고 소멸되는 과정을 프로그래밍해 보면 [auto.c]와 같다.

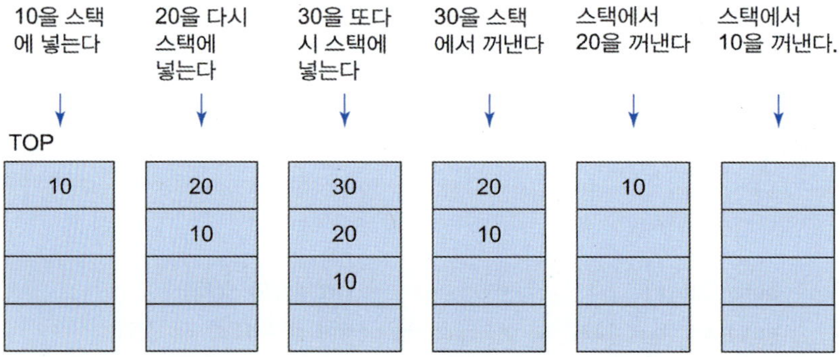

그림 6-1 스택에 값을 저장하고 삭제하는 과정

[auto.c] 자동 변수가 스택을 사용한 예제 프로그램

```
#include <stdio.h>
main( )
{
    auto int  a = 0,  b = 50;
    printf("스택1 a = %d, b = %d \n", a, b);
    {
        auto int a = 10;                /* int  a = 10;  과 동일 */
        printf("스택2 a = %d, b = %d \n", a, b);
        {
```

```
            auto int a = 20;
            printf("스택3 a = %d, b = %d \n", a, b);
            {
                auto int a = 30;
                printf("스택4 a = %d, b = %d \n", a, b);
             }
         printf("스택3 a = %d, b = %d \n", a, b);
         }
              printf("스택2 a = %d, b = %d \n", a, b);
         }
     printf("스택1 a = %d, b = %d \n", a, b);
}
```

→ 실행 결과

```
스택1 a = 0, b = 50
스택2 a = 10, b = 50
스택3 a = 20, b = 50
스택4 a = 30, b = 50
스택3 a = 20, b = 50
스택2 a = 10, b = 50
스택1 a = 0, b = 50
계속하려면 아무 키나 누르십시요...
```

앞의 예에서 볼 수 있듯이, 자동 변수 a는 선언된 그 블록의 시작에서 스택에 저장되고, 그 블록의 끝에서 변수 값이 소멸됨을 알 수 있다. 예를 들면, 세 번째 블록에 선언된 변수 a값은 (int a = 30)은 해당 블록 "{ ... }" 내에서 존재하고, 블록 바깥으로 나가면 a = 30은 메모리에서 자동적으로 소멸되어 버리고 만다.

그러나 첫 번째 블록에 선언된 변수 b의 값은 프로그램의 가장 바깥 블록에 선언되어 있어서, b를 내부 블록에서 다시 선언해 주지 않았으므로, 내부 블록에 대하여 글로벌 스코프가 되어, 변수 b의 값은 전부 50으로 출력된다.

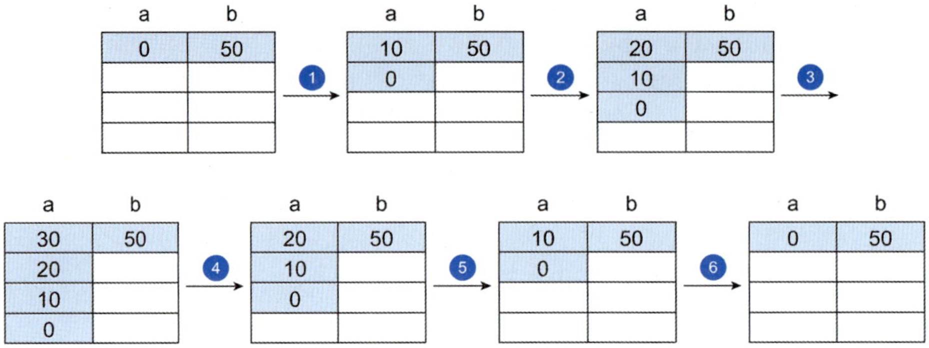

6.3 정적 변수(Static variable)

정적 기억 장소에는 내부 정적 기억 장소와 외부 정적 기억 장소가 있다. 정적 변수는 프로그램의 시작에서부터 끝날 때까지 항상 같은 기억 장소에 존재하는 변수로 기억 클래스 지정자인 static 키워드를 미리 선언해야 한다. 예를 들어 static int a;라 선언하면, 변수 a는 고정된 기억 장소에 할당되고, 프로그램 시작에서 끝날 때까지 기억 장소에 고정적으로 할당된다.

6.3.1 내부 정적 변수

static 변수가 함수 내부에 선언되면 그 변수는 선언된 함수 내에서 참조할 수 있지만, 함수를 빠져나가도 값은 계속 존재한다. 이는 함수 실행이 끝났을 때에 내부 정적 변수가 최종적으로 가지는 값과, 다시 그 함수에 들어갔을 때의 값이 같음을 뜻한다.

일반적으로 내부 정적 변수인 static은 그 실행 과정이 자동 변수와 같다. 자동 변수는 스택에 위치하여 함수 또는 블록의 시작에서 만들어지고 끝에서 소멸되므로 영원히 그 변수의 값을 프로그램 실행 중에 보존할 수가 없으나, 정적 변수 static은 프로그램 실행 중에도 변수 값이 계속하여 보존될 수 있으며, static 변수 선언 시에 그 값을 초기화시킬 수 있고,

이 값은 컴파일시 단 한 번만 초기화된다. 예를 들어, 다음과 같이 선언했다면 변수 a는 프로그램 실행 중에 단 한 번만 10으로 초기화된다.

```
static int a = 10;
```

static 정적 변수를 초기화하지 않을 경우 외부 변수처럼 정수형인 경우에는 "0"을, 부동형인 경우에는 "0.0"을, 문자형인 경우에는 "₩0"으로 초기화된다. 즉, 컴파일할 때에 기억 장소를 할당하기 때문에 초기화가 되지 않은 것은 자동적으로 각 데이터에 일치하는 "0"의 값으로 초기화해 준다.

정적 변수를 정의할 때 어떤 값으로 초기화해 준 경우에는 자동 변수처럼 함수를 시작할 때마다 매번 초기화되는 것이 아니라 컴파일시 오직 한 번만 초기화된다.

static 변수는 프로그램 실행시 그 값이 필요하지 않은 경우에도 변수를 위한 기억 장소를 항상 가지고 있으므로, 기억 장소를 효율적으로 이용하기 위해서는 꼭 static 변수를 사용할 필요가 있을 때 이외에는 사용하지 않는 것이 좋으며, 가능한 auto 변수를 사용하는 것이 좋다.

[static.c]은 자동 변수 a와 내부 정적 변수 b를 사용한 예이다. main( ) 함수 내부에 있는 정적 변수 b는 static 변수의 초기 값을 지정하지 않았으므로, 그 값을 "0"으로 초기화시켜 준다. 정적 변수 b는 sub1( ) 함수 호출시, 컴파일할 때 단 한 번만 b = 10;으로 초기화하고, 그 값을 계속 유지하기 때문에 정적 변수 b의 기억 장소에는 sub1( ) 함수를 호출할 때마다 해당 기억 장소의 값을 "1"씩 증가시킨다. 그러나 자동변수 a는 sub1( ) 함수 호출시 자동 변수 a를 계속 초기화해 주므로 함수를 호출할 때마다 a = 10;으로 임시 기억 장소인 스택에 생성하였다가 함수 호출이 끝날 때 소멸시켜 준다.

↘ [static.c] 자동 변수와 정적 변수의 초기화 예제 프로그램

```
#include <stdio.h>
main( )
{
```

```
    int  a = 0;     /* 자동변수 auto가 생략 됨 */
    static int b;   /* 정적 변수를 초기화해 주지 않으면 0으로 초기화함*/
    printf("초기값 auto  a = %d,  static b = %d \n", a, b);
    sub1( );        /* sub1( ) 함수 호출 */
    sub1( );
    sub1( );
}
sub1( )
{
    int  a = 10;
    static int b = 10;
    printf("sub1 auto a = %d,  static b = %d \n", a++, b++);
}
```

→ 실행 결과

```
초기값 auto a = 0,  static b = 0
sub1 auto a = 10,  static b = 10
sub1 auto a = 10,  static b = 11
sub1 auto a = 10,  static b = 12
계속하려면 아무 키나 누르십시요...
```

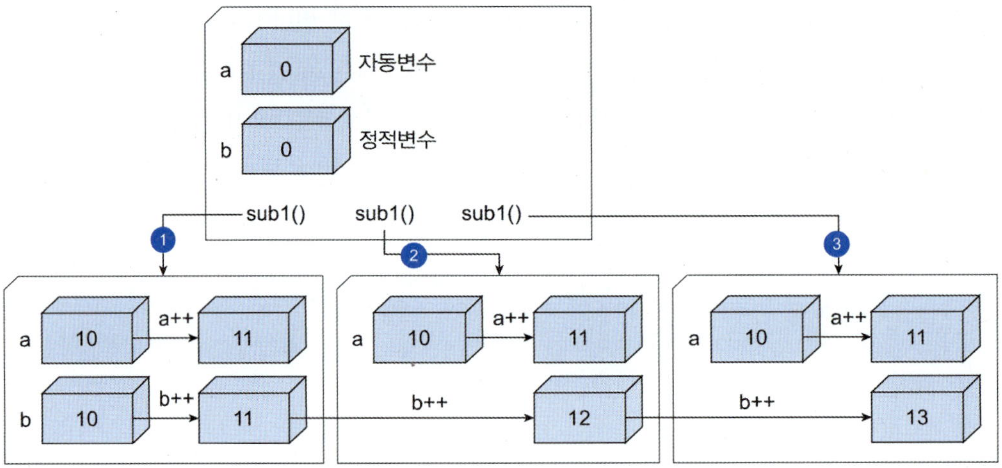

6.3.2 외부 정적 변수

외부 정적 변수는 함수의 외부에서 정의되는 외부 변수에 기억 클래스 지정자 키워드 static을 사용하여 정의된 변수로 이를 외부 정적 변수라 하고, 정의된 곳에서부터 그 변수가 정의되어 있는 파일의 끝까지가 변수의 통용 범위가 되어 프로그램 전체에 영향을 미치기 때문에 많은 데이터를 주고받을 때 필요하다. 그러나 이를 남용하면 함수의 독립성이 손상되어 버그(Bug)가 될 수도 있다. 외부 정적 변수는 하나의 파일 내에서만 사용 가능하고, 다른 파일에서는 사용할 수 없는 글로벌 변수를 제공한다.

[outside.c]은 외부 정적 변수 static a = 10;으로 컴파일시 초기화해주면, 외부 정적 변수는 현재의 위치부터 프로그램이 끝날 때까지 영향을 미치므로, sub1( ), sub2( ) 함수 호출시에 a의 기억 장소 값이 1씩 증가된다.

↘ [outside.c] 외부 정적 변수의 초기화 예제 프로그램

```
#include <stdio.h>
main( )
{
    int  a = 0;
    printf("auto a의 값 = %d,  a의 주소 => %p \n", a, &a);
    sub1( );        sub2( );          sub1( );          sub2( );
    sub1( );        sub2( );
}
static int a = 10;     /* 외부 정적 변수, 현 위치부터 파일 끝까지 영향 줌 */

sub1( )
{
    a += 1;
    printf("sub1 a = %d, static a의 주소 => %p \n", a, &a);
}
sub2( )
{
    a++;
```

```
    printf("sub2 a = %d, static a의 주소 => %p \n", a, &a);
}
```

→ 실행 결과

```
auto a의 값 = 0, auto a의 주소 => 0065FDF4
sub1 a = 11, static a의 주소 => 00422A30
sub2 a = 12, static a의 주소 => 00422A30
sub1 a = 13, static a의 주소 => 00422A30
sub2 a = 14, static a의 주소 => 00422A30
sub1 a = 15, static a의 주소 => 00422A30
sub2 a = 16, static a의 주소 => 00422A30
계속하려면 아무 키나 누르십시오...
```

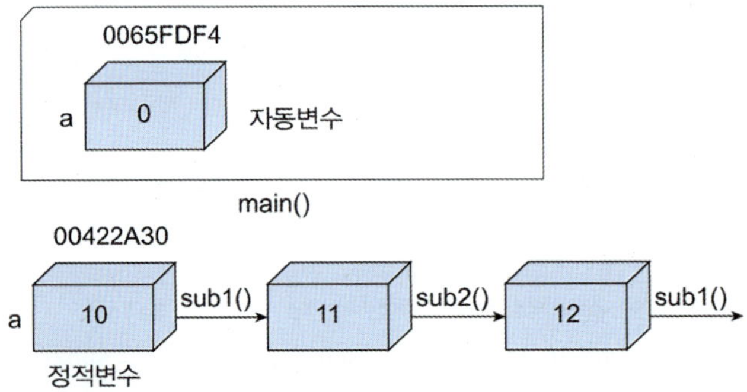

6.4 외부 변수(Extern variable)

함수 밖에서 선언되는 변수는 모두 글로벌 변수이며, 외부 변수를 글로벌 변수라고 한다. 외부 변수의 값을 초기화하지 않으면 "0"으로 초기화되지만 초기 값을 지정해 주는 것도 좋은 방법이다. C 컴파일러 초기 버전(version)에서는 외부 변수를 "0"으로 초기화시켜 주지 않는 것도 있었다.

외부 변수는 글로벌 스코프를 가지기 때문에 프로그램의 어디에서든 초기 값을 바꿀 수 있는데, 초기 값을 덮어썼을 때 어디에서 값이 변경되었는지 잘 모르는 수가 있으므로 버그의 원인이 될 수 있고, 외부 변수 초기 값 지정에는 프로그래머가 확실하게 지정해야 한다.

외부 변수는 하나의 단위 프로그램이나 모듈(Module) 등을 여러 개 단위 프로그램에서도 참조할 수 있다. 따라서 C언어에서 선언하는 모든 변수 중에서 가장 넓게 통용되는 변수이며 통용 범위가 특정한 함수 또는 단위 프로그램에 한정되지 않고, 그 값을 필요로 하는 모든 함수 또는 단위 프로그램에서 사용할 수 있다.

그리고 static 변수처럼 프로그램 실행시 항상 기억 영역을 차지하고 있으므로, 프로그램이 실행됨에 따라 그 값이 변화된 값을 가지고 있다가 그 변수를 다른 함수에서 사용할 경우 그 변화된 값을 가지고 사용된다. 또한 외부 변수와 자동 변수가 동시에 선언되었다면, 우선순위는 자동 변수를 먼저 사용한다.

외부 변수 정의는 함수 밖에서 또는 함수 안에서 선언할 수 있다. 외부 변수 정의가 함수보다 앞에 정의되면 외부 변수 지정자인 키워드 extern를 기록할 필요가 없고, 함수 내에서 int i = 10;과 같이 그 변수가 외부 변수임을 따로 선언할 필요가 있을 때는 extern int i = 10;과 같이 키워드를 반드시 기입해서 자동 변수가 아님을 확실하게 해야 한다.

↘ [extern.c] 함수 밖의 외부 변수의 초기화 예제 프로그램 1

```
#include <stdio.h>
int  a = 20;   /* 함수 밖에 외부 변수 선언 및 초기화,  extern이 생략됨 */
main( )
{
    printf("a = %d \n", a);
}
```

→ 실행 결과

```
a = 20
계속하려면 아무 키나 누르십시요...
```

[extern.c]에서는 함수밖에서 외부변수를 정의하였으므로, 키워드 extern을 입력하지 않아도 컴파일러는 외부 변수임을 정의해 준다.

↘ [internal.c] 함수 내의 외부 변수의 초기화 예제 프로그램 2

```
#include <stdio.h>
main( )
{
    extern  int a;                  /* 외부 변수 선언 */
    printf("a = %d \n", a);
}
int  a = 20;                        /* 외부 변수 초기화 */
```

→ 실행 결과

```
a = 20
계속하려면 아무 키나 누르십시요...
```

[internal.c]에서는 함수 내부에 외부 변수를 선언해 주기 위해서 키워드 extern을 입력하여 컴파일러는 외부 변수임을 알 수 있고 main( ) 함수 밖의 a = 20의 초기 값을 읽어 들인다.

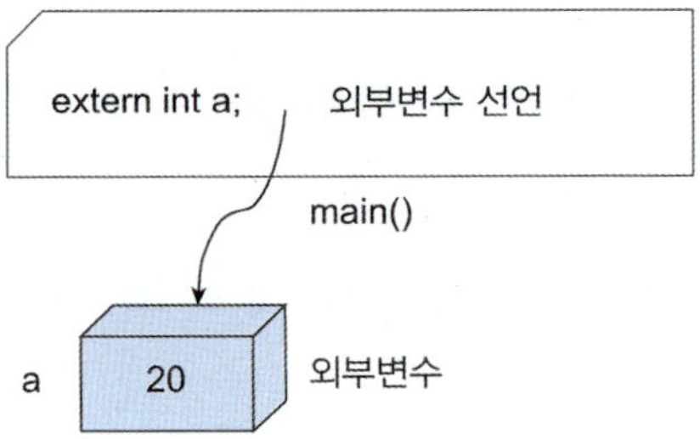

↘ [auto_extern.c] 자동 변수와 외부 변수를 혼합하여 사용한 예제 프로그램 3

```
#include <stdio.h>
int a = 20;                     /* 외부 변수 초기화 */
main( )
```

```
{
    int a = 30;                /* 자동 변수 초기화 */
    printf("a = %d \n", a);
}
```

→ 실행 결과

```
a = 30
계속하려면 아무 키나 누르십시요...
```

[auto_extern.c]에서 외부 변수 a를 20으로 초기화해 주었지만, 함수 내부에서 키워드 auto가 없는 자동 변수를 a를 30으로 초기화해 주었으므로, 자동 변수의 우선순위가 더 높아 출력된 결과 값은 30이 된다.

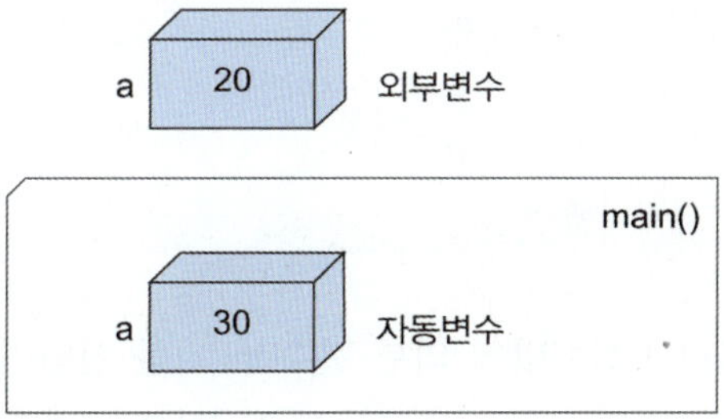

↘ [extern_outside.c] 외부 변수 예제 프로그램 4

```
#include <stdio.h>
int  a;            /* 외부 변수 선언 */
main( )
{
    printf("extern 1  a = %d \n", a);
    sub1( );
    a += 5;
    printf("extern 2  a = %d \n", a);
    sub1( );
```

```
    a += 5;
    printf("extern 3  a = %d \n", a);
    sub1( );
}
sub1( )
{
    printf("sub1 extern 4  a = %d \n", a+3);
}
int  a = 20;       /* 외부 변수 초기화 */
```

→ 실행 결과

```
extern 1  a = 20          ←—— ①
sub1 extern 4  a = 23     ←—— ②
extern 2  a = 25          ←—— ③
sub1 extern 4  a = 28     ←—— ④
extern 3  a = 30          ←—— ⑤
sub1 extern 4  a = 33     ←—— ⑥
계속하려면 아무 키나 누르십시요...
```

[extern_outside.c]에서 main( ) 함수밖에 외부 변수 int a;를 선언해 주고, sub1( ) 함수 내부에도 외부 변수를 선언해 주어, 실행 결과 ①에서는 외부 변수 초기 값인 20을 출력하고, ②에서는 sub1( ) 함수에 의해 a+3의 결과 값인 "20 + 3 = 23"이 출력되고, ③에서는 main( ) 함수 내의 a값이 20이므로 a+5의 결과 값인 "20 + 5 = 25"가 출력된다. ④에서는 a+3의 결과 값인 "25 + 3 = 28"이 출력되며, ⑤에서는 main( ) 함수의 a값이 25이므로 a+5의 결과 값인 "25 + 5 = 30"이 출력되고, ⑥에서는 a+3의 결과 값인 "30 + 3 = 33"이 출력된다. 이와 같이 main( ) 함수와 sub1( ) 함수에서 외부변수를 동시에 사용할 때는 원하는 결과 값을 출력할 수 있도록 주의깊게 프로그램을 작성해야 한다.

6.5 레지스터 변수(Register variable)

레지스터 변수는 CPU 내에 있는 레지스터에 저장하고 싶은 데이터를 정의할 때 사용한다. 프로그램 실행 중에 자주 사용되는 변수를 CPU 내에 있는 레지스터(Register) 내에 저장하여 처리 속도를 높이도록 설계된 변수이다. 그러나 실제로는 눈에 볼 수 있는 정도의 효과는 기대할 수 없다.

레지스터 변수는 글로벌 데이터로 사용할 수 없고, 한 함수나 블록 안에서만 정의되어야 하고, 번지 연산자를 사용할 수 없다. 포인터(번지) 연산자는 변수가 저장되어 있는 메모리 번지를 가져와야 하는데, 레지스터는 lvalue가 없어서 해당되는 주소가 없기 때문에 포인터 연산자를 사용할 수 없다.

레지스터 변수는 하나의 함수에서 자주 사용되는 데이터를 CPU 내의 레지스터에 저장하면, 사용될 때마다 메모리로 읽어 들일 필요가 없기 때문에 실행 효율이 향상된다. 그러나 기억 장소를 CPU 내의 레지스터에 할당하는 것 이외에는 자동 변수(auto)와 동일한 성격을 가지므로 레지스터 변수 대신에 가능한 자동 변수를 사용하는 것이 바람직하다. 또한, 시스템 내에 선언 가능한 레지스터 변수는 시스템마다 다르겠으나, 일반적으로 세 개만 레지스터 변수로 할당하고 나머지는 자동 변수로 취급하여 주기억장소인 스택에 할당한다.

```
register int a          ← int는 생략 가능
register char b;
register unsigned jumsu;
register int  i, j, k,  m, n, o ;
              ───────   ───────
                 │         └──→ 자동 변수로 할당
                 └────────────→ 레지스터 변수로 할당
```

앞의 예에서 register int a;에서 "int"는 생략 가능하며, 변수 값을 초기화하지 않으면 그 값은 임의의 결과가 출력된다.

↘ [register.c] 레지스터 변수를 사용한 예제 프로그램 1

```
#include <stdio.h>
main( )
{
    register  int a = 10;        /* 레지스터 변수 초기화 */
    register  b = 20;            /* int 생략 가능 */
    register  c;                 /* 레지스터 변수 초기화하지 않음 */
    printf("a = %d \n", a);
    printf("b = %d \n", b);
    printf("c = %d \n", c);
}
```

→ 실행 결과

```
a = 10
b = 20
c = -858993460              /* 예기치 않은 쓰레기 값 출력 */
계속하려면 아무 키나 누르십시요...
```

[register.c]의 실행 결과에서 세 번째 c값이 -858993460이 된 것은 레지스터 변수 c에 초기치를 지정하지 않았으므로, 알 수 없는 임의의 결과를 나타내고 있다. [register1.c]의 실행 결과와 같이 레지스터 a의 값이 해당되는 블록을 빠져 나가면 소멸됨을 알 수 있다.

↘ [register1.c] 레지스터 변수를 사용한 예제 프로그램 2

```
#include <stdio.h>
main( )
{
    register int a = 10;          /* 레지스터 변수 초기화 */
    {
      register a = 20;            /* int 생략 가능 */
      {
           register a = 30;
```

```
            {
                register a;            /* 레지스터 변수 초기화 않음 */
                printf("register 4 a = %d \n", a);
            }
            printf("register 3 a = %d \n", a);
        }
        printf("register 2 a = %d \n", a);
    }
    printf("register 1 a = %d \n", a);
}
```

→ 실행 결과

```
register 4 a = -858993460    /* 예기치 않은 쓰레기 값 출력 */
register 3 a = 30
register 2 a = 20
register 1 a = 10
계속하려면 아무 키나 누르십시요...
```

6.6 기억클래스 응용 프로그램 예제

'Q'가 입력될 때까지 임의의 문자를 입력하되 '0'-'9' 사이의 숫자가 입력되면 숫자 입력 횟수를 출력하시오. 단, 변수는 static 변수를 사용하고, main()에서 숫자가 입력될 때 print_msg() 함수를 호출하여 다음과 같은 화면을 출력하시오.

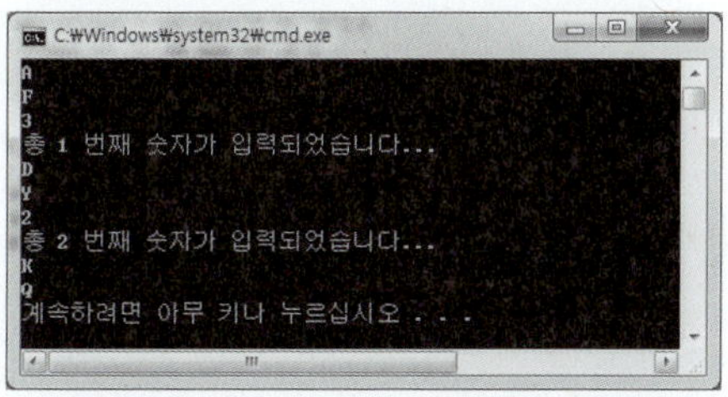

↘ [static_count.c] 기억클래스 응용 프로그램 예제

```
#include <stdio.h>
main()
{
    char mun;
    while((mun = getchar()) != ‘Q’) {     /* ‘Q’가 입력될 때 까지 반복 수행 */
    if(mun >= '0' && mun <= '9')
        print_msg();
    }
}
print_msg()
{
    static int count = 0;      /* 정적변수 초기화 */
    count++;
    printf(“총 %d 번째 숫자가 입력되었습니다...\n”, count);
}
```

연 습 문 제

1. Scope란 무엇인가?

2. 지역변수와 전역변수의 차이점을 설명하시오.

3. 기억 클래스의 종류와 장단점에 대하여 설명하시오.

4. 자동 변수, 정적 변수, 외부 변수, 레지스터 변수가 포함되는 간단한 프로그램을 작성하시오.

5. 스택(Stack), 큐(Queue), 데크(Deque)에 대해 설명하시오.

제 **7** 장

프로그램의 제어문

1. 기본적인 선행처리기(Preprocessor)
2. 선택문
3. 반복문
4. 분기문
5. 응용프로그램 예제

본 장에서는 선행처리기(Preprocessor)와 프로그램의 골격을 이루는 제어문을 소개한다. 선행처리기는 파일 포함 지시문(#include)과 매크로 치환 지시문(#define)이 가장 많이 사용된다.

제어문에는 선택문, 반복문, 분기문으로 구분할 수 있는데, 선택문은 if문, if-else문, switch-case문으로 구분되고, 반복문은 while문, do-while문, for문으로 구분되며, 분기문은 break문, continue문, goto문, return문으로 구분된다.

7.1 기본적인 선행처리기(Preprocessor)

C언어에서 선행처리기는 컴파일러의 일부는 아니지만, C언어의 표현 능력과 기능을 확장할 수 있다. 선행처리기에 대한 자세한 내용은 12장에서 설명되겠지만 "7.1.2. #include"와 "7.1.3. #define"은 선행처리기에서 자주 사용하기 때문에 본 장에서 미리 설명하기로 하겠다.

7.1.1 선행처리기의 기능

선행처리기(Preprocessor)는 C 컴파일러가 프로그램을 컴파일하기 전에 먼저 동작하게 되는데, "#" 표시 다음에 선행처리기 작동 명령이 나오고 한 칸의 공백을 띄워 준 후 지시 대상이 나온다. 그리고 선행처리기 명령문 끝에는 세미콜론(;)이 없다.

C에서는 1-PASS 방식으로 목적 파일(object file)을 만들기 때문에, 속도 면에서는 다른 컴퓨터 언어를 능가할 수 있지만, 컴파일(compile) 작업에 앞서 해결해 주어야 할 선행 처리 작업이 필요하다.

선행 처리기 지시 대상의 종류로는 "*.h", "*.lib"의 파일들이 있는데, "*.h"라는 헤더 파일은 미리 정의된 각종 매크로나 외부 파일에 대한 정의가 기재되어 프로그램 상에서 빈번히 사용하게 되는데, 필요에 따라 사용하겠다는 뜻을 밝혀야 하며, 컴파일 작업 전에 해당 헤더파일(*.h)을 불러와 실행 가능하게 만들어 준다. 뿐만 아니라 사용자가 정의한 헤더파일을 포함시킬 때도 마찬가지이다. 이렇게 컴파일하기 전에 해야 할 일이 선행 처리 작업이며, 선행처리기가 이것을 담당하고 있다.

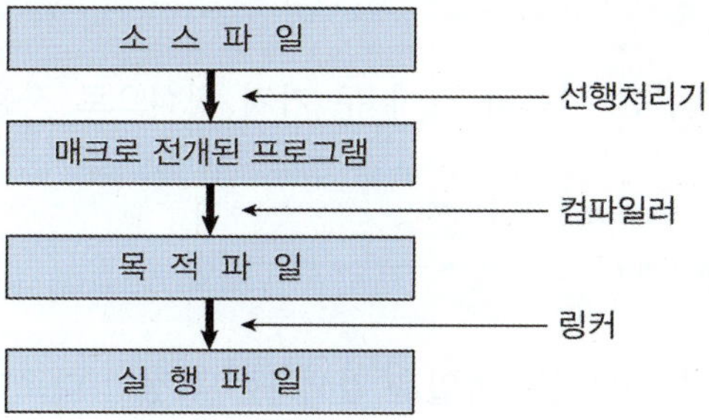

그림 7-1 C언어의 컴파일 과정

7.1.2 파일 포함 지시문(#include)

지금까지 설명했던 프로그램 중에서 #include 선행처리지시문을 사용했던 경우를 보았을 것이다. 원시 프로그램에서 #include 지시문을 만나게 되면, 지시문에서 지시한 파일은 선행처리기에 의해서 현재의 파일로 포함시킨 다음, 파일의 일부가 되어 컴파일하게 되면, 포함된 파일 내용은 현재 파일에 직접 입력한 것과 같은 프로그램의 일부가 된다.

만약, 어떤 함수가 포함된 프로그램을 컴파일 하여 에러가 생기는 경우는 함수가 정의되어 있지 않거나, 헤더파일을 기재하지 않아서 컴파일러가 그 함수를 인식하지 못하는 경우이다.

이 경우는 레퍼런스 매뉴얼을 참조하든지 커서를 해당 함수에 위치시키고 F1키를 눌러 보고, 그때 나오는 헤더파일을 프로그램 상단에 기재하면 된다.

```
main( )
{
putchar('X');    ———→ 해당 함수에 위치시킨 후 F1키를
}                         누르면 'stdio.h'가 표시된다.
      ⇩
#include <stdio.h>
main( )
```

```
{
    putchar('X');
}
```

#include 선행 처리 지시문은 다음과 같이 두 가지 형식으로 사용된다.

```
#include <file-name>          ←———— ①
#include "file-name"          ←———— ②
```

〈file-name〉과 file-name과의 차이는 파일을 검색하는 과정이 다르다. ①을 지정하면, 시스템에서 설정된 표준 디렉토리만을 찾기 때문에 프로그래머는 표준 디렉토리를 찾아가는 경로와 드라이브 명을 지정할 필요가 없다. 예를 들면 Visual C++에서는 두 개의 예를 동일하게 취급한다.

```
#include <stdio.h>              /* 시스템 경로를 지시하지 않은 경우 */
#include <c:\Program Files (x86)\Microsoft Visual Studio
10.0\VC\include\stdio.h>
                                /* 시스템 경로를 지시한 경우 */
```

두 개의 #include 지시문은 시스템 디렉토리를 지정하지 않는 경우 또는 시스템 디렉토리의 경로명을 지시한 경우 모두 똑 같다.

②를 지정하면, 현재 사용 중인 디렉토리를 검색하여 해당 파일이 존재하면 프로그램에 포함시키나, 존재하지 않으면 표준 시스템 디렉토리에서 해당 파일을 검색하여 존재하면 프로그램에 포함시킨다. 만약, 존재하지 않으면 오류 메시지를 출력한다.

그러나 필요에 따라서 포함시킬 파일이 다른 디렉토리에 존재하는 경우에는 저장된 디렉토리의 경로(path)를 지정해 주면, 지정한 디렉토리로부터 필요한 파일을 포함시킨다.

```
#include "include.file"     /* 현재의 디렉토리에서 include.file를 검색 */
#include "data.c"  /* 현재의 디렉토리에서 data.c를 검색 */
#include "c:\\jjy\\my.h"    /* c:\jjy 디렉토리에서 my.h를 검색 */
#include "a:\\haksa.h"      /* a 드라이브의 디스켓에서 haksa.h를 검색 */
```

7.1.3 매크로 치환 지시문(#define)

매크로 치환 지시문(#define)은 다양한 기능을 실행할 수 있는데, 자세한 사항은 12장을 참조하기 바라고, 앞으로 전개될 프로그램에 필요한 부분만을 우선 설명하기로 하겠다. 매크로 치환 기능을 실행하는 #define 지시문은 다음과 같은 형식으로 사용한다.

```
#define 기호상수명 문자열|상수|(상수식)      ←── 매크로 상수
#define 기호상수명(전달인수 리스트) 문자열   ←── 매크로 함수
```

#define 지시문은 두 가지 형식으로 나누어지는데, 이러한 형식을 매크로 정의라 하며, 대치 문자열 끝에는 세미콜론(;)을 사용하지 않는다.

(1) 매크로 상수

매크로 정의에서 기호 상수 명을 매크로 명이라 하고 매크로 명은 사용자가 정의하는 변수 정의 규칙과 동일하게 부여할 수 있으며, 일반적으로 매크로 명은 변수와 구별하기 위해 대문자를 사용하는 것이 관례이다.

[macro.c]은 두 개의 매크로 상수가 정의되면, 컴파일러는 소스 파일 내에서 TRUE나 FALSE를 만날 때마다 1또는 0의 값으로 치환되어 컴파일된다. 또한 매크로 상수는 하나의 값이지 변수가 아닌 것에 유의하자.

↘ [macro.c] 매크로 상수를 사용한 예제 프로그램

```
#include <stdio.h>
#define TRUE 1
#define FALSE 0
main( )
{
    printf("%d %d %d \n", FALSE, TRUE, TRUE+1);
}
```

→ 실행 결과

```
0 1 2
계속하려면 아무 키나 누르십시요...
```

매크로 상수는 다음의 경우처럼 프로그램 내에서 자주 입력하는 문자를 매크로로 정의하여 사용하면 편리하다.

```
#define string1 "Good morning\n"
```

위의 루틴을 컴파일할 경우, 컴파일러는 소스 파일 내에서 정의어 string1을 만나면 "Good morning"의 문자열로 치환한다. 또 매크로 상수의 문자열이 매우 길어 한 줄로 표기할 수 없을 때는 '₩'를 삽입하여 다음과 같이 정의한다.

```
#define string2 "This is a very long \
statement that used as an example"
```

(2) 매크로 함수

매크로 함수를 정의하려면 형식 매개 변수(전달 인수 리스트)를 통한 함수 정의를 해야 하며 프로그램 내에서 일반 함수의 사용하는 방법과 같이 사용할 수 있다. 그리고 전달 인수는 한 개 이상 필요한 만큼 기술할 수 있으나, 전달 인수를 갖는 매크로 함수와 전달 인수가 없는 매크로 함수가 한 프로그램에 같이 존재해서는 안 된다. 그럼 매크로 함수의 정의 방법과 사용법을 알아보자.

```
#define MAC(k*k)  ←—— 수식에서는 항상 (k*k)로만 전개되기 때문에
                      실제 함수로서 활용 가치가 적다.

#define MAC(k*k)
y = MAC        ←—— y=k*k;로 전개된다.
```

함수로서의 기능을 갖게 하려면, 다음과 같은 형식으로 선언한다.

```
#define MAC(k)  (k*k)
```

매크로가 전개되는 과정을 보자.

```
#define MAC(k)  (k * k)
k = MAC(y);   ←——— k = y * y; 로 전개된다.
m = MAC(x);   ←——— m = x * x; 로 전개된다.
```

[macro_fun.c]는 형식 매개 변수를 사용한 두 개의 수 중 작은 수를 반환해 주는 함수의 예이다.

↘[macro_fun.c] 매크로 함수를 사용한 예제 프로그램 1

```
#include <stdio.h>
#define MIN(x, y)  (x<y) ? x : y
main( )
{
    int a, b;
    a = 15, b = 20;
    printf("Minimum is %d \n", MIN(a, b));
}
```

→ 실행 결과

```
Minimum is 15
계속하려면 아무 키나 누르십시요...
```

[macro_fun.c]는 전달 인수 x, y를 비교하여 y가 x보다 크면 x를, 역으로 x가 크면 y를 반환해 주어, 두 수 중 작은 수를 출력하는 예제이다. 컴파일 후에 MIN(a, b)는 다음과 같이 치환된다.

```
printf("Minimum is %d \n", (a<b) ? a : b);
```

[abs.c]은 절대 값을 구하는 매크로 함수 abs(x)를 작성한 예이다.

↘ [abs.c] 매크로 함수를 사용한 예제 프로그램 2

```
#include <stdio.h>
#define abs(x) ((x>0) ? (x) : -(x))
main( )
{
    printf("char data 절대값 : %c \n", abs('R'));
    printf("int data 절대값 : %d \n", abs(-10));
    printf("float data 절대값 : %f \n", abs(-10.12345));
}
```

→ 실행 결과

```
char data 절대값 : R
int data 절대값 : 10
float data 절대값 : 10.123450
계속하려면 아무 키나 누르십시요...
```

[even.c]은 어떤 수가 들어오든지 양수로 만들어 주는 프로그램으로 부동형 수(실수) 데이터는 소수 이하 6자리까지 출력된다.

↘ [even.c] 매크로 함수를 사용한 예제 프로그램 3

```
#include <stdio.h>
#define EVEN(a)  (a) % 2 == 0 ? 1 : 0
main( )
{
    if(EVEN(10)) printf("10은 나머지가 0이므로 짝수이다.\n");
    else printf("10이 나머지가 1이면 홀수이다.\n");
}
```

→ 실행 결과

```
10은 나머지가 0이므로 짝수이다.
계속하려면 아무 키나 누르십시요...
```

[even.c]는 전달 인수 10을 나머지 연산자를 이용하여 나눈 나머지 값이 0이면 "10은 나머지가 0이므로 짝수이다."를 출력하고, 나머지 값이 1이면 "10이 나머지가 1이면 홀수이다."를 출력한다.

#define과 #include를 혼용하여 사용하면 프로그램을 효율적으로 사용할 수 있다. 물론 이들을 사용함으로써 프로그램의 작성이 어려워지고, 읽기가 난해하다면 사용하지 않는 것이 더 좋을 것이다. [const_fun.c]는 #define과 #include를 혼용하여 사용한 프로그램이다.

↘ [const_fun.c] 매크로 상수와 매크로 함수를 혼용하여 사용한 예제 프로그램

```
#include <stdio.h>
#define max(a,b)  ((a>b) ? a : b)
#define NUM1   8
#define NUM2   9
main( )
{
    int i = NUM1, j = NUM2, m;
    m = max(i, j);
    printf("MAXIMUM = %d \n", m);
}
```

→ 실행 결과

```
MAXIMUM = 9
계속하려면 아무 키나 누르십시요...
```

[const_fun.c]에서 #include와 #define문의 사용 순서는 관계가 없으나, 일반적으로 #include문을 먼저 기술하여 준다.

모든 프로그램은 아주 복잡한 제어 구조나 명령문을 사용하여 프로그램을 작성하는 것이 아니고, 프로그램의 흐름을 제어하는 몇 가지 제어 명령문을 사용하여 작성한다.

C언어뿐만 아니라 COBOL, FORTRAN, PASCAL 등의 모든 절차적 언어는 다음과 같은 3종류의 제어 구조를 사용하여 구조화 프로그램을 작성한다.

① 명령문이 나열된 순서에 의해 차례로 실행한다. (Sequence)
② 조건의 결과에 따라 어떤 명령문을 선택적으로 실행한다. (Condition Branch)
③ 어떤 조건을 만족할 때까지 명령문을 반복적으로 실행한다. (Loop)

구조화 프로그래밍(Structured Programming) 기법은 프로그램의 시작과 끝이 하나가 되도록 하고 되도록 goto문을 사용하지 않도록 프로그램을 작성해야 한다.

7.2 선택문

선택문은 if문, if-else문, switch-case문으로 구분된다.

7.2.1 if문

if문은 조건을 검사하여 그 조건에 따라 실행 여부를 결정하고, 소괄호 내부의 수식은 관계 연산자와 논리 연산자를 이용한 관계식, 논리식을 주로 사용한다. if문의 형식은 다음과 같다.

```
① if (조건식) 명령문 1;   ←—— 단문
   명령문 2;
② if (조건식) {          ←—— 복문
        명령문 1;
        명령문 2;
            :
        명령문 n;
    }
    명령문 n+1;
```

①의 경우 if문은 소괄호 내부의 조건식을 평가하여 수식이 참(0이 아닌 값)이면 "명령문1"을 수행한 후 "명령문2"를 수행하고, 거짓(0의 값)이면 곧바로 "명령문2"를 수행한다. 단문

일 경우에는 중괄호 { }를 사용하지 않아도 된다.

②의 경우처럼 명령문이 두 개 이상인 경우, 복문에는 중괄호 { }를 반드시 기입해 주어야 하며, 조건식이 참이면 "명령문1~명령문n"까지를 수행한 후 "명령문 n+1"을 수행해 주고, 거짓이면 "명령문 n+1"만을 수행해 준다.

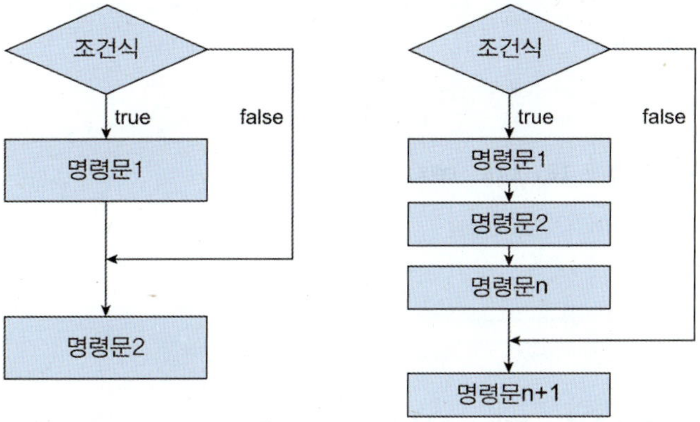

↘ [if.c] if문을 이용한 간단한 단문 예제 프로그램

```
#include <stdio.h>
main( )
{
    int  a = 11, b = 10, min;
    if (a > b) min = b;
    b++;
    printf("min = %2d \n", min);
    printf("a = %2d,  b = %2d \n", a, b);
}
```

→ 실행 결과

```
min = 10
a = 11,  b = 11
계속하려면 아무 키나 누르십시요...
```

[if.c]에서는 조건식이 참이므로 단문(min = b)을 수행하고, 다음 문장을 수행해준다. [if_complex.c]에서는 조건식이 참이므로 복문(min = b, max = a)을 수행한 후, 다음 문장을 수행한다.

↘ [if_complex.c] if문을 이용한 간단한 복문 예제 프로그램

```
#include <stdio.h>
main( )
{
    int  a = 11, b = 10, min, max;
    if (a > b) {
        min = b;
        max = a;
    }
    b++;
    printf("min = %2d,  max = %2d \n", min, max);
    printf("a = %2d,  b = %2d \n", a, b);
}
```

→ 실행 결과

```
min = 10,  max = 11
a = 11,  b = 11
계속하려면 아무 키나 누르십시요...
```

7.2.2 if-else문

if-else문은 조건식을 검사하여 그 조건에 따라서 실행을 결정하는 조건부 실행이며, 조건 연산자와 같은 역할을 한다. 다음은 if-else문의 일반적인 형식이다.

```
① if (조건식) 명령문 1;  ←—— 단문
   else  명령문 2;
   명령문 3;
```

```
② if (조건식) {          ←——— 복문
     명령문 1;
     명령문 2;
        :
     명령문 n;
  } else {
     명령문 i+1;
     명령문 i+2;
        :
     명령문 i+n;
  }
  명령문 m;
```

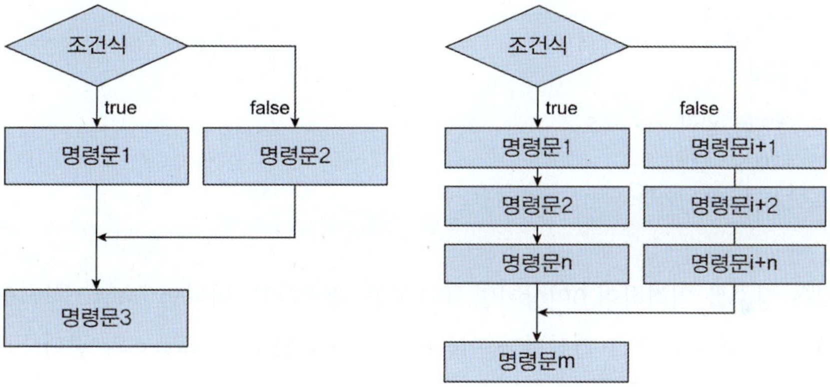

①의 경우 if문은 소괄호 내부의 조건식을 평가하여 조건식이 참(1의 값)이면 "명령문1"을 수행한 후 "명령문3"을 수행하고, 거짓(0의 값)이면 곧바로 "명령문2"를 수행한 후 "명령문3"을 수행한다. 단문일 경우에는 중괄호 "{ }"를 사용하지 않아도 된다.

②의 경우처럼 명령문이 두 개 이상일 경우에는 중괄호 "{ }"를 반드시 기입해서 참인 경우 "명령문1 ~ 명령문n"까지를 수행한 후 "명령문m"을 수행하고, 거짓이면 "명령문 i+1 ~ 명령문 i+n"까지를 수행한 후 "명령문m"을 수행한다.

↘ [if_else.c] if-else문을 이용한 간단한 예제 프로그램

```
#include <stdio.h>
main( )
{
    int  su;
    printf("정수 데이터 입력 ==> ");
    scanf("%d", &su);           /* 키보드로부터 정수를 입력받음*/
    if(su >= 0)
      printf("***  PLUS  *** \n");
    else
      printf("***  MINUS  *** \n");
}
```

→ 실행 결과

```
정수 데이터 입력 ==> -55
***  MINUS  ***
계속하려면 아무 키나 누르십시요...
```

[if_else.c]은 정수를 입력하여 0이상이면 "PLUS"를 출력하고, 아니면 "MINUS"를 출력하는 루틴이다. [if_else.c]을 조건 연산자를 이용하여 표현하면 [condition.c]와 같다.

↘ [condition.c] if-else문 대신에 조건연산자를 이용하여 표현한 예제 프로그램

```
#include <stdio.h>
main( )
{
  int  su;
  printf("정수 데이터 입력 ==> ");
  scanf("%d", &su);           /* 키보드로부터 정수를 입력받음 */
  (su >= 0) ? printf("** PLUS ** \n") : printf("** MINUS ** \n");
}
```

→ 실행 결과

```
정수 데이터 입력 ==> -55
***  MINUS  ***
계속하려면 아무 키나 누르십시요...
```

7.2.3 다중 if문

조건이 true 또는 false 여부를 하나의 조건이 아닌 여러 가지 조건에 따라 분기하는 방법으로, if문의 몸체에는 또 다른 if문을 중첩해서 사용할 수 있고, 일반적인 형식은 다음과 같다.

```
① if (조건식 1)
     if (조건식 2)
     명령문 1;
   명령문 2;
② if (조건식 1) {
     if (조건식 2) {
         명령문 1;
     }
         명령문 2;
   } else {
     if (조건식 3) {
         명령문 3;
     }
         명령문 4;
   }
```

①은 "조건식1"과 "조건식2"가 참일 경우에만 "명령문1"을 수행한 후 "명령문2"를 수행하고, ②는 "조건식1"이 참이고 "조건식2"가 참이면 "명령문1"을 수행한 후 "명령문2"를 수행하고, "조건식2"가 거짓이면 "명령문2"만을 수행하고, "조건식1"이 거짓이고, "조건식3"이 참이면 "명령문3"을 수행한 후 "명령문4"를 수행하고, "조건식3"이 거짓이면 "명령문4"를 수행한다.

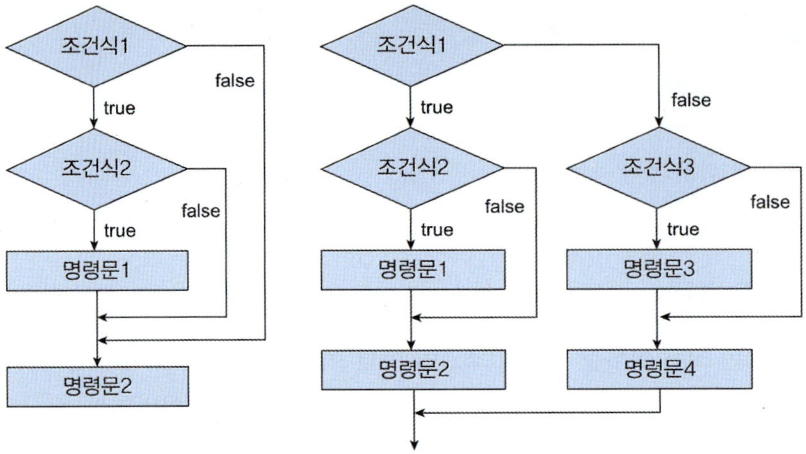

[mult_if.c]은 다중 if문의 ②번 경우의 예제이다. 키보드로 scanf( ) 값을 입력할 때 나이와 성별을 입력하면 된다. 만약 나이가 20보다 크면 성년을 출력하고, 20 이하인 경우에는 미성년을 출력한다. 성별을 입력할 경우에 남자이면 "1"을 여자이면 "2"를 입력해 준다.

예를 들어 키보드로 scanf( ) 값을 "15 2"를 입력하였다면 "미성년인 여자"를 출력하고 "25 1"을 입력하였다면 "성년인 남자"를 출력할 것이다.

↘ [mult_if.c] 다중 if문의 예제 프로그램

```
#include <stdio.h>
main( )
{
    int  sex, age;
    printf("나이를 입력하고, 남자이면 1, 여자이면 2를 입력하시오. \n");
    printf("나이 성별 데이터 입력 ==> ");
    scanf("%d %d", &age, &sex);
    if (sex == 1) {              /* 성별(sex)이 1이면 남성임 */
           if (age > 20)          /* 나이(age)가 20보다 크면 성년 */
              printf("성년인 남자 \n");
           else
              printf("미성년인 남자 \n");
```

```
    } else {                          /* sex가 1이 아닌 경우는 여성 */
            if (age > 20)
                printf("성년인 여자 \n");
        else
            printf("미성년인 여자 \n");
    }
}
```

→ 실행 결과

```
나이를 입력하고, 남자이면 1, 여자이면 2를 입력하시오.
나이 성별 데이터 입력 ==> 25 1
성년인 남자
계속하려면 아무 키나 누르십시오...
```

7.2.4 else if문

```
① if (조건식 1)  ←── 단문          ② if (조건식 1) {  ←── 복문
      명령문 1;                            명령문 1;
   else if (조건식 2)                      명령문 2;
      명령문 2;                         } else if (조건식 2) {
   else if (조건식 3)                      명령문 3;
      명령문 3;                            명령문 4;
        :                               }
        :                                  :
        :                                  :
   else                                 else {
      명령문 n;                            명령문 n-1;
                                           명령문 n;
                                        }
```

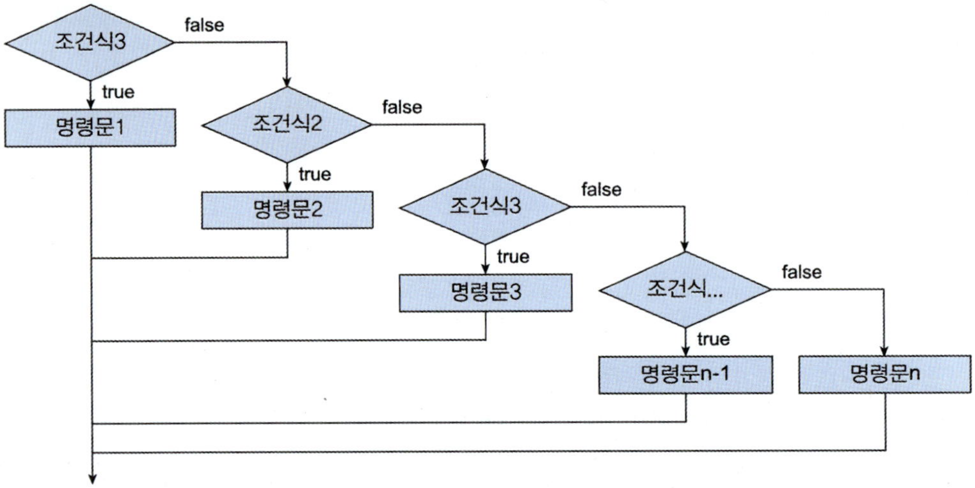

else-if문은 if-else문을 확장한 구조의 문장이다. 즉, 다중 선택 if문이라 할 수 있으며, 최상단의 if문부터 순서적으로 조건식을 평가하여 조건이 참이면 명령문을 실행하고 else-if 선택문을 빠져나온다. 즉, if문의 조건식이 참이면 명령문을 수행한 후 나머지 조건식은 무시하고 완전히 빠져 나오고, 거짓이면 계속적으로 참이 되는 조건식을 비교하게 된다. 만약 조건식 n까지 거짓이면 마지막 else문을 수행해 주는 선택문이다.

↘ [elseif.c] 다중 선택 else-if문의 예제 프로그램

```
#include <stdio.h>
#define MAGIC 88
main( )
{
    int su;
    printf("MAGIC number data input ==> ");
    scanf("%d", &su);
    if(su == MAGIC){
        printf("** TRUE **");
        printf("  %d is MAGIC number \n", MAGIC);
    } else if (su > MAGIC)
        printf("** FALSE ** TOO HIGH\n");
```

```
    else
      printf("** FALSE ** TOO LOW\n");
}
```

→ 실행 결과

```
MAGIC number data input ==> 88
** TRUE **  88 is MAGIC number
계속하려면 아무 키나 누르십시요...
```

[elseif.c]은 숫자를 입력하여 미리 정의된 MAGIC이란 숫자(88)와 같으면 "TRUE"를 출력한 후, Program 실행을 끝내고, 아니면 else-if문 이후를 출력하는 루틴이다.

[conversion.c]는 다중 else-if문을 사용한 예제 프로그램으로 scanf( )함수를 키보드를 이용하여 점수를 입력하면, 해당 점수에 대하여 환산 점수를 출력하는 간단한 예제 프로그램이다. 예를 들면 scanf( )의 &jumsu에서 87점을 입력하였다면 다중 else-if문에서 환산점수를 "B+"로 출력해 주고, 60점 이하를 입력하였다면 "F"를 출력하고, 0점 미만이나 100점 보다 더 큰 값을 입력하면 "0보다 더 작은 값 => -50점 입력오류" 또는 "100보다 더 큰 값 => 120점 입력오류"와 같이 출력한다.

↘ [conversion.c] else-if문사용한 환산점수 성적 예제 프로그램

```
#include <stdio.h>
main( )
{
    int  jumsu;
    printf("점수 데이터 입력 ==> ");
    scanf("%d", &jumsu);
    if ( jumsu > 100 ) printf("100보다 더 큰 값 => %d점 입력오류 \n",jumsu);
        else if ( jumsu >= 95 ) printf("환산점수 %s \n","A+");
        else if ( jumsu >= 90 ) printf("환산점수 %s \n","A ");
        else if ( jumsu >= 85 ) printf("환산점수 %s \n","B+");
```

```
        else if ( jumsu >= 80 ) printf("환산점수 %s \n","B ");
        else if ( jumsu >= 75 ) printf("환산점수 %s \n","C+");
        else if ( jumsu >= 70 ) printf("환산점수 %s \n","C ");
        else if ( jumsu >= 65 ) printf("환산점수 %s \n","D+");
        else if ( jumsu >= 60 ) printf("환산점수 %s \n","D ");
        else if ( jumsu >= 0 ) printf("환산점수 %s \n","F ");
        else    printf("0보다 더 작은 값 => %d점 입력오류 \n",jumsu);
}
```

→ 실행 결과

```
점수 데이터 입력 ==> 87
환산점수 B+
계속하려면 아무 키나 누르십시요...
```

7.2.5 switch-case문

if문은 다중 선택이 많을 경우에 전체적인 흐름을 이해하는데 상당히 어려울 뿐만 아니라 선택의 경우가 많기 때문에, 상대적으로 프로그램 길이도 늘어나는 단점을 가지고 있다. switch-case문은 else-if문과 약간 다르게 사용된다. else-if문은 전체 조건식을 순서대로 평가하여 참이면 명령문을 실행하지만, 최악의 경우 마지막 else문에 도달할 때까지 모든 조건식을 평가하여야 한다.

이를 보완하기 위해서는 다중 선택문인 switch-case문을 사용한다. switch-case문은 먼저 수식을 평가하여 실행할 명령문의 위치를 파악한 다음 직접 명령문을 실행한다. 따라서 전체 조건식을 모두 평가할 필요가 없으므로 실행 속도가 훨씬 빠르다. 다음은 switch-case 문의 일반 형식을 나타내고 있다.

형식

```
switch(수식) {
     case 상수1 : 표현식 1;
          [break;]
     case 상수2 : 표현식 2;
```

```
            [break;]
              :
              :
        case 상수n : 표현식 n
            [break;]
        [default : 표현식]
}
```

switch-case문은 세 부분으로 구성되어 있다. 첫째는 괄호 안의 수식이다. 수식은 정수형 데이터 또는 문자형, long형을 사용할 수 있으며 부동형(실수) 또는 double형은 사용할 수 없다. 둘째는 시작 부분 "{"과 끝 부분 "}"이다. 중괄호는 switch문의 블록을 형성한다. 셋째는 case라는 키워드이다. case 다음에는 상수나 문자가 오고, 그 다음은 콜론(:)이 꼭 필요하다. 이것은 어셈블리어의 레이블 뒤에 콜론을 써 주는 것과 같다. case 상수가 switch 블록에 존재하지 않으면 default문을 수행한다.

break 키워드는 프로그램이 switch문의 중괄호(}) 다음에 오는 첫 번째 문장을 실행하는 명령어이다. switch-case문의 일반적인 규칙은 다음과 같다.

① 괄호 안의 수식을 평가하여 그 값을 case내의 상수 값과 비교한다.
② 상수1, 상수2, ..., 상수n은 정수나 문자 상수 또는 정수 수식으로 표시한다.
③ 하나의 case가 수식과 일치하면 해당 case만 수행한다.
④ 일치된 case가 없을 경우 default만 수행한다.(default는 생략 가능)
⑤ 어느 case가 수식과 일치하여 해당 문장의 처리가 끝난 후 다음 case문으로 가지 않고, switch-case문을 빠져 나오려면 break문이나 return문을 사용해야 한다.

[switch.c]은 break문을 사용하지 않은 프로그램인데, 해당된 case문을 수행한 후 그 다음의 문장을 실행하는 것을 알 수 있다.

↘ [switch.c] break문이 없는 switch-case문의 예제 프로그램

```
#include <stdio.h>
main( )
{
    int i = 2;
    switch(i) {
        case 1 :  printf("Computer ");
        case 2 :  printf("Science ");
        case 3 :  printf("Freshman \n");
    }
}
```

→ 실행 결과

```
Science Freshman
계속하려면 아무 키나 누르십시요...
```

[switch.c]는 i = 2인 경우 "Science"를 출력한 후, break문이 없으므로 "case 3"을 수행하여 "Freshman"을 출력한다. 이러한 문제점을 해결하기 위해서 [switch_case.c] 예제와 같이 break문을 사용한다.

↘ [switch_case.c] break문을 사용한 switch-case문의 예제 프로그램

```
#include <stdio.h>
main( )
{
    int su;
    printf("정수 데이터 입력 ==> ");
    scanf("%d", &su);
    switch(su) {
        case 0 : printf("Sunday \n");  break;
        case 1 : printf("Monday \n");  break;
```

```
        case 2 : printf("Tuesday \n");  break;
        case 3 : printf("Wednesday \n");  break;
        case 4 : printf("Thursday \n");  break;
        case 5 : printf("Friday \n");  break;
        case 6 : printf("Saturday \n");  break;
        default : printf("입력 데이터 오류 \n");
    }
}
```

→ 실행 결과

```
정수 데이터 입력 ==> 0
Sunday
계속하려면 아무 키나 누르십시요...
```

[switch_case.c]는 숫자를 입력하여 0이면 Monday를 출력하고 break문을 수행하여 해당되는 블록(switch문)을 빠져나온다. 입력 숫자가 5이면 Friday를 출력하고 블록을 빠져나온다. 0~6 이외의 값을 입력하면 default문을 수행하기 때문에 "입력 데이터 오류"를 출력하는 프로그램이다.

↘ [ascii.c] 문자형 데이터를 사용한 switch-case문의 예제 프로그램

```
#include <stdio.h>
main( )
{
    char moonja;
    printf("문자 데이터 입력 ==> ");
    moonja = getchar( );
    switch(moonja) {
        case 'A' : printf("ASCII code 65 \n");  break;
        case 'B' : printf("ASCII code 66 \n");  break;
        case 'a' : printf("ASCII code 97 \n");  break;
        case 'b' : printf("ASCII code 98 \n");  break;
```

```
        default : printf("입력 데이터가 A, B, a, b가 아님 \n");
    }
}
```

→ 실행 결과

```
문자 데이터 입력 ==> a
ASCII code 97
계속하려면 아무 키나 누르십시요...
```

[ascii.c]는 getchar( ) 함수를 사용하여 키보드로 문자 한 개를 입력해서 해당하는 ASCII code 값을 출력하는 프로그램으로 실행 결과에서 입력 데이터가 소문자 a이므로, "ASCII code 97"를 출력한다.

7.3 반복문

반복문은 while문, do-while문, for문으로 구분된다.

7.3.1 for문

for문은 FORTRAN의 DO문, COBOL의 PERFORM문, PASCAL의 FOR문, BASIC의 FOR~NEXT문과 아주 유사하지만, C언어의 for문이 훨씬 융통성 있게 루프를 제어할 수 있는데, 루프(Loop)란, 명령의 집합을 조건이 만족할 때까지 반복 수행하는 것을 말한다.

루프문의 공통적인 특성은 어떤 값으로 초기화된 제어 변수를 가지고 있고, 루프의 반복 실행 여부를 결정해 주어, 루프가 반복되면서 제어 변수의 값을 변화시켜 주어야 한다. for문의 몸체가 단문인 경우에는 중괄호 "{ }"를 생략하여도 되지만, 복문인 경우에는 반드시 기입해 주어야 한다.

for문의 일반 형식은 다음과 같다.

형식

```
초기식   조건식  증·감식
  ↑        ↑       ↑
for(수식1 ; 수식2 ; 수식3) {
    명령문;
}
```

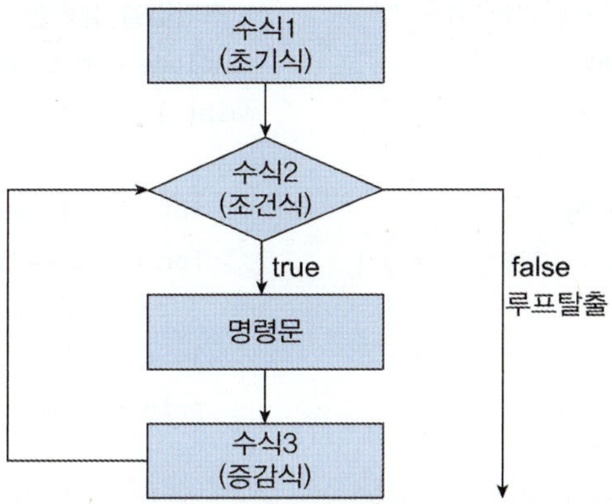

for문은 괄호 안에 두 개의 세미콜론(;)으로 분리된 세 개의 수식이 있는데, "수식1"은 변수 값을 초기화하는데 사용되고, for문이 처음 시작할 때 단 한 번만 실행된다. "수식2"는 조건식으로 루프의 반복 여부 즉, for문의 몸체 부분인 "{ }"의 내용을 계속해서 실행할 것인지 아니면 종료시킬 것인지의 여부를 결정해 준다. "수식3"은 수식1에서 사용한 제어 변수의 증가감소를 나타낸다.

for문의 수행 순서는 수식1을 단 한 번만 수행하고, 수식2의 조건을 평가하여 거짓이면 for문을 빠져나오고, 참이면 명령문을 수행한 후 수식3을 수행하고 다시 수식2의 조건을 평가하여 참이면 반복해서 수행하나, 거짓이면 for문의 수행을 끝내고 다음 문장을 수행하도록 제어가 벗어난다.

다시 말하면 for문의 "수식2"가 참(true)이면 루프가 실행되고, 거짓이면 for루프를 빠져나간다. 따라서 "수식2"는 논리연산자와 관계연산자 같은 조건시식을 사용하여 참과 거짓을 나타내 주고, 주의할 점은 for루프가 무한 루프에 빠지지 않도록 조건식의 연산 결과 값이 거짓이 되도록 하여야 한다.

다음 예제 [for1.c]와 [for2.c]는 for문을 이용하여 1부터 100까지의 홀수의 합을 구하는 프로그램이다. 두 프로그램의 실행 결과는 동일하다.

↘ [for1.c]

```
/* 초기값이 for문 내에 있는 경우 */
#include <stdio.h>
main( )
{
    int  i, sum = 0;
    for (i = 1; i <= 100 ; i+=2) {
        sum += i;
    }
    printf("sum = %d \n", sum);
}
```

[for2.c]

```
/* 초기값을 생략한 경우 */
#include <stdio.h>
main( )
{
    int  i = 1, sum = 0;
    for ( ; i <= 100 ; i+=2) {
        sum += i;
    }
    printf("sum = %d \n", sum);
}
```

→ 실행 결과

```
sum = 2500
계속하려면 아무 키나 누르십시요...
```

[for1.c]의 경우 for문은 i의 초기 값을 1로 조건식은 100보다 작거나 같은 경우이면 참이고, 100보다 크면 거짓이 되며, 증가 감소식은 홀수의 합이므로 i를 2씩 증가시켜 주었다.

[for2.c]의 경우 초기 값을 미리 int i = 1로 정의하여 주었기 때문에, for문 내에 초기 값을 생략한 경우로 동일한 결과 2500이 출력된다.

[for3.c]에서는 조건식을 생략한 경우이고, [for4.c]에서는 증감식을 생략한 경우로 두 프로그램은 0부터 100까지의 짝수의 합을 구하는 프로그램이다.

↘ [for3.c] [for4.c]

```
/* 조건식을 생략한 경우 */
#include <stdio.h>
main( )
{
    int  i, sum = 0;
    for (i = 0;  ; i+=2) {
        if (i > 100) break;
        sum += i;
    }
    printf("sum = %d \n", sum);
}
```

```
/* 증감식을 생략한 경우 */
#include <stdio.h>
main( )
{
    int  i, sum = 0;
    for (i = 0; i <= 100 ; ) {
        sum += i;
        i += 2;
    }
    printf("sum = %d \n", sum);
}
```

→ 실행 결과

```
sum = 2550
계속하려면 아무 키나 누르십시요...
```

[for3.c]에서는 조건식이 생략되어 실행이 무한 루프가 되므로 보조 제어문인 break문을 사용하여 for문을 빠져 나오는 프로그램이다. [for4.c]에서는 증감식을 생략한 경우이나 두 프로그램의 계산 결과는 동일하다. [for5.c]은 for문 내의 초기식, 조건식, 증감식이 모두 생략된 경우의 예제이다.

↘ [for5.c] for문 내의 수식을 전부 생략한 경우(7 배수의 합) 출력 프로그램

```
#include <stdio.h>
main( )
{
    int  i = 0, sum = 0;
    for ( ;  ; ) {
```

```
        if(i >= 100) break;
            sum += i;
         printf("i = %d, sum = %d \n", i, sum);
         i += 7;
    }
}
```

→ 실행 결과

```
i = 0, sum = 0
i = 7, sum = 7
i = 14, sum = 21
i = 21, sum = 42
i = 28, sum = 70
i = 35, sum = 105
i = 42, sum = 147
i = 49, sum = 196
i = 56, sum = 252
i = 63, sum = 315
i = 70, sum = 385
i = 77, sum = 462
i = 84, sum = 546
i = 91, sum = 637
i = 98, sum = 735
계속하려면 아무 키나 누르십시요...
```

[for5.c]는 7의 배수의 합을 구하는 프로그램이며, for문의 수식1, 2, 3을 전부 생략하여 조건식이 없기 때문에 무한 루프에 빠지지 않도록 주의한다. 이 프로그램에서는 break문을 사용하여 해당 블록을 빠져나왔다.

[mult_table.c]는 for문 내에 for문이 존재하는 다중 for문의 예제로 1단~9단까지의 구구단을 출력하는 프로그램으로 ①번 for문 내에 ②번 for문이 존재하는 다중 for문의 예제 프로그램으로, ①의 for문은

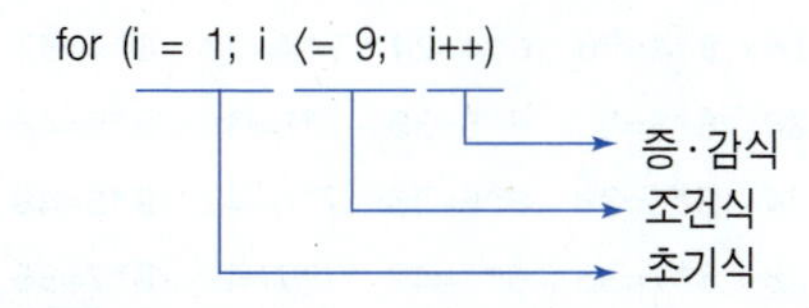

↘ [mult_table.c] 구구단(1단~9단) 출력 프로그램

```
#include <stdio.h>
main()
{
    int i, j;
    printf("                                  구 구 단   출 력 \n");
    printf("                                  ================== \n\n");
    for(i = 1; i <= 9; i++)
        printf("%4d 단 ", i);
    printf("\n");
    for(i = 1; i <= 9; i++)
        printf("  ------");
    for(i = 1; i <= 9; i++) {  ←———— ①
        printf("\n");
    for(j=1; j<=9; j++)        ←———— ②
        printf(" %2d*%d=%2d", j, i, i*j);
    }
    printf("\n");
}
```

→ 실행 결과

```
                        구 구 단   출 력
                       ==================
   1 단    2 단   3 단   4 단   5 단   6 단   7 단   8 단   9 단
  ------ ------ ------ ------ ------ ------ ------ ------ ------
  1*1= 1 2*1= 2 3*1= 3 4*1= 4 5*1= 5 6*1= 6 7*1= 7 8*1= 8 9*1= 9
  1*2= 2 2*2= 4 3*2= 6 4*2= 8 5*2=10 6*2=12 7*2=14 8*2=16 9*2=18
  1*3= 3 2*3= 6 3*3= 9 4*3=12 5*3=15 6*3=18 7*3=21 8*3=24 9*3=27
```

```
1*4= 4  2*4= 8  3*4=12  4*4=16  5*4=20  6*4=24  7*4=28  8*4=32  9*4=36
1*5= 5  2*5=10  3*5=15  4*5=20  5*5=25  6*5=30  7*5=35  8*5=40  9*5=45
1*6= 6  2*6=12  3*6=18  4*6=24  5*6=30  6*6=36  7*6=42  8*6=48  9*6=54
1*7= 7  2*7=14  3*7=21  4*7=28  5*7=35  6*7=42  7*7=49  8*7=56  9*7=63
1*8= 8  2*8=16  3*8=24  4*8=32  5*8=40  6*8=48  7*8=56  8*8=64  9*8=72
1*9= 9  2*9=18  3*9=27  4*9=36  5*9=45  6*9=54  7*9=63  8*9=72  9*9=81
계속하려면 아무 키나 누르십시요...
```

①의 for문은 한 줄에 9단씩 출력하기 위해 증감식을 9까지 증가시키고, ②의 for문은 각 구구단마다, 1부터 9까지 9가지 형태를 나타내기 위하여 다음과 같이 for문을 표시하였다.

```
for (j = 1; j <= 9; j++)
```

지금까지는 for루프의 일반적인 형태에 대해서 다루었는데, 이제 변형된 형태의 예 [init_double.c]을 살펴보자.

```
for(i=1, j=4; ((i>0) && (j>0) && (i+j<=5)); i++, j--)
```

위의 예는 변수가 두 개 이상일 경우 콤마를 이용하여 두 개의 변수(i, j)를 초기화하여 사용한 예이다.

↘ [init_double.c] 두 개의 변수를 사용한 예제 프로그램

```
#include <stdio.h>
main( )
{
    int i, j;
    for(i=1, j=4; ((i>0) && (j>0) && (i+j<=5)); i++, j--){
        printf("%d + %d = %2d \n", i, j, i+j);
    }
}
```

→ 실행 결과

```
1 + 4 =  5
2 + 3 =  5
3 + 2 =  5
4 + 1 =  5
계속하려면 아무 키나 누르십시요...
```

[init_double.c]는 for문에 두 변수 i, j를 두어 i는 1, j는 4로 초기 값을 주었고, 조건식은 i와 j가 0보다 크고, i와 j의 합이 5보다 작거나 같은 경우일 때는 for문의 루프를 반복 수행하고, 그 이외의 경우는 for문을 빠져나간다. 증감식에서 i는 1씩 증가하고, j는 1씩 감소시켜 주었다.

↘ [multiplex_for.c] 다중 for문을 사용한 예제 프로그램

```
#include <stdio.h>
main( )
{
    int i, j, m, su;
    printf("출력 문자수 입력 : ");
    scanf("%d", &su);
    for(i = 1; i <= su; i++)          ←――――――― ①
        printf("%d", i % 10);
    printf("\n");
    m = su / 2;
    for(i = 1; i <= su; i+=2) {       ←――――――― ②
        for(j = 1; j <= m; j++)       ←――――――― ③
            printf("%c",' ');
        m--;
        for(j = 1; j <= i; j++)       ←――――――― ④
            printf("%c",'*');
        printf("\n");
    }
}
```

→ 실행 결과

```
출력 문자수 입력 : 13
1234567890123
      *
     ***
    *****
   *******
  *********
 ***********
*************
계속하려면 아무 키나 누르십시요...
```

[multiplex_for.c]의 scanf( )함수는 출력할 문자의 최대 개수를 입력해준다. 단, 실행 결과와 같이 좌우대칭으로 "*"를 출력하기 위해서 홀수만을 사용한다. [multiplex_for.c] 예제 또한 for문내에 for문을 사용한 다중 for문의 예제 프로그램이다. ①의 for문은 컬럼을 표시하기 위해 i의 나머지 값을 구해서 출력하는 반복문이고, ②의 for문은 scanf( ) 함수에서 입력받은 su값까지 반복처리해 주고, ③의 반복문은 입력받은 su값의 1/2 값인 m의 크기만큼을 공백(' ')으로 띄워주고, 1회 반복시 m의 크기를 1칸씩 줄여가며 띄워주기 위한 반복문이다. ④의 for문은 '*'를 출력하기 위한 반복문이다.

7.3.2 while문

while문은 조건이 참(true)인 동안 루프내의 문장을 반복 수행하고, 조건이 거짓(false)이면 while문의 루프를 벗어나 다음 문장을 수행한다. while문의 형식은 다음과 같다.

형식

```
while (조건식)     /* 단문인 경우 */
    명령문;

while (조건식) {   /* 복문인 경우 */
    명령문 1;
    명령문 2;
```

```
        :
    명령문 n;
}
```

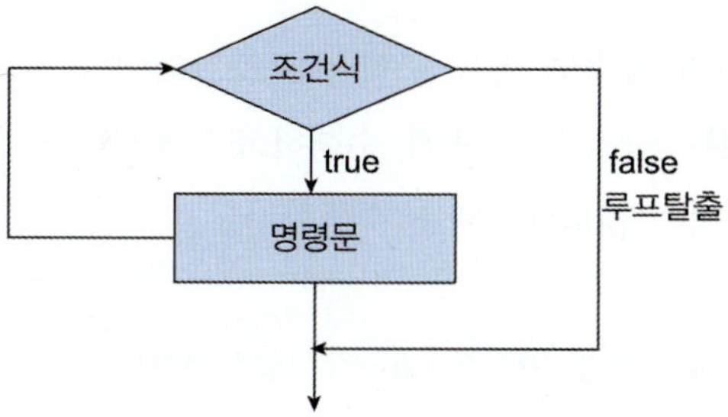

조건식을 비교하여 조건식이 참(true)이면 루프 내의 명령문을 수행하고, 다시 조건식을 비교하여 반복 수행한다. 조건식이 거짓(false)이면 while 루프를 벗어나 다음 처리를 하게 되므로, 만약에 while 루프의 조건식을 처음 실행할 때 거짓이면 한 번도 명령문을 처리하지 못하고 루프를 벗어날 수도 있다. while문 루프 내의 명령문이 복문인 경우에는 중괄호 "{ }"로 묶어 주어야 한다.

↘ [while1.c] while문 예제 프로그램 1

```
#include <stdio.h>
main( )
{
    int i = 1, sum = 0;
    while(i <= 100) {
        sum += i;
        i += 2;
    }
    printf("\n sum = %4d \n", sum);
}
```

→ 실행 결과

```
sum = 2500
계속하려면 아무 키나 누르십시요...
```

[while1.c]는 1부터 100까지 홀수의 합을 구하는 프로그램이다. while문의 조건식에서 i가 100보다 작거나 같을 때는 while문을 반복 수행하고, 100보다 더 큰 경우에는 while문의 루프를 벗어나, 다음 문장인 printf( )문을 수행한다.

↘ [while2.c] while문 예제 프로그램 2 ('A'~'P'까지 출력)

```c
#include <stdio.h>
main( )
{
    char c = 'A';
    while(1) {
        putchar(c++);
            if(c == 'Q') break;
        }
    printf("\n");
}
```

→ 실행 결과

```
ABCDEFGHIJKLMNOP
계속하려면 아무 키나 누르십시요...
```

[while2.c]의 while( )문의 조건식이 "0" 이외의 수치(예: -1, 1, 54, 3.3)일 때는 모두 true로 간주된다. while(1)문은 조건식이 1("TRUE")이므로, while( )는 무한히 반복 수행하는 반복문이 되므로, if( )문에 c값이 'Q'가 되면 break를 실행하여 while( )문의 반복문을 벗어나게 만들어 무한루프에서 빠져나올 수 있도록 하였다.

↘ [while3.c] 입력 문자 수를 계산하는 while문 예제 프로그램 3

```
#include <stdio.h>
main( )
{
    char i;  int count = 0;
    printf("데이터 입력 => ");
    while((i = getchar( )) != EOF) {
        putchar(i);
            count++;
    } printf(("입력 문자수 : %d 바이트 \n", count);
}
```

→ 실행 결과

```
데이터 입력 => com↵
com
^Z              /* file 종료를 위해 ctrl+z 입력 */
입력문자수 : 4 바이트
계속하려면 아무 키나 누르십시요...
```

[while3.c]는 while( ) 내의 getchar( ) 함수를 이용하여 한 문자씩 키보드로 입력받고, 조건식은 i값이 EOF(End of File)가 아니면 루프 내의 명령문을 반복 수행하고, EOF이면 while( ) 루프를 빠져 나온다. EOF는 "-1"값이므로 -1값을 만들어 주기 위해서는 Ctrl+Z(-1)을 입력하면 된다. Ctrl+Z을 입력하면 파일 끝을 나타내는 EOF 값이 입력되었으므로 while( ) 문을 빠져나오며 입력된 바이트 수는 "com"(3) + enter key(1) = 4바이트이다.

↘ [factorial.c] while문을 이용하여 n!를 구하는 예제 프로그램

```
#include <stdio.h>
main( )
{
    int i = 1, n, k, FACT = 1;
```

```
        printf("15이하의 k값 입력 => ");
        scanf("%d", &k);
        for (n = 2; n <= k; n++) {
            while(i <= n) {
                FACT = FACT * i;
                i++;
            }
            printf("%d FACTORIAL ==> %d \n", n, FACT);
        }
    }
```

→ 실행 결과

```
15이하의 k값 입력 => 9
2 FACTORIAL ==> 2
3 FACTORIAL ==> 6
4 FACTORIAL ==> 24
5 FACTORIAL ==> 120
6 FACTORIAL ==> 720
7 FACTORIAL ==> 5040
8 FACTORIAL ==> 40320
9 FACTORIAL ==> 362880
계속하려면 아무 키나 누르십시요...
```

[factorial.c]는 for문과 while문을 사용한 예제로 15 이하의 scanf( ) 값을 입력받아 for( )문의 k값이 결정되고 n값에 의해, while( ) 문의 조건식 n의 값이 결정되어 n!를 구한다.

7.3.3 do-while문

while문은 조건식을 먼저 비교한 후 참이면 명령문을 수행하지만, do- while문은 먼저 명령문을 수행한 후 조건식을 비교하므로, 반드시 명령문을 1회 이상 수행하게 되는 차이가 있다. do-while( ) 문도 조건식이 참(true)인 동안 루프 내의 문장을 반복 수행하고, 조건이 거짓(false)이면 do-while문의 루프를 벗어나 다음 문장을 수행한다. do-while문의 형식은 다음과 같다.

형식

```
do              /* 단문인 경우 */
명령문;
while(조건식);

do {            /* 복문인 경우 */
    명령문 1;
    명령문 2;
        :
    명령문 n;
} while(조건식);
```

do 이하의 명령문을 무조건 수행하고, 조건식을 비교하여 조건식이 참(true)이면 do 이하 루프내의 명령문을 수행하고, 다시 조건식을 비교하여 반복 수행한다. 조건식이 거짓(false)이면 do-while 루프를 벗어나 다음 명령문을 처리를 한다. do-while문 루프 내의 명령문이 복문인 경우에는 중괄호 "{ }"로 묶어 사용한다. 주의할 점은 do-while( )문 끝에 ";"를 입력해야 한다.

↘ [do_while1.c] do-while문 예제 프로그램 1

```
#include <stdio.h>
main()
{
    int i = 1, sum = 0;
    do {
        sum += i;
        i += 2;
    } while (i <= 100);
    printf("sum = %4d \n", sum);
}
```

→ 실행 결과

```
sum = 2500
계속하려면 아무 키나 누르십시요...
```

[do_while1.c]은 do-while( )문을 이용하여 1부터 100까지의 홀수 합을 구하는 프로그램이다. do-while문의 조건식에서 i가 100보다 작거나 같을 때는 while문을 반복 수행하고, 100보다 더 큰 경우에는 do-while문의 루프를 벗어나, 다음 문장인 printf( )문을 수행한다.

↘ [do_while2.c] do-while문 예제 프로그램 2

```
#include <stdio.h>
main()
{
    char  ch = 'A';
    int   i = 1;
    do {
        while (i <= 6){                          /* 한 줄에 6개 문자씩 출력 */
            printf("%c = %2d, ", ch, ch);
            ch++;
            i++;
        }
        printf("\n");
        i = 1;
    } while (ch <= 'X');
    printf("end of file \n");
}
```

→ 실행 결과

```
A = 65, B = 66, C = 67, D = 68, E = 69, F = 70,
G = 71, H = 72, I = 73, J = 74, K = 75, L = 76,
M = 77, N = 78, O = 79, P = 80, Q = 81, R = 82,
S = 83, T = 84, U = 85, V = 86, W = 87, X = 88,
end of file
계속하려면 아무 키나 누르십시오...
```

[do_while2.c]는 do-while문과 while문을 혼용하여 사용한 예이다. 'A'에서 'X'까지의 문자를 ASCII 코드와 함께 출력하는 프로그램으로 while(i <= 6) 문의 조건식은 한 줄에 여섯 개의 문자를 출력하기 위한 조건식이다. do-while(ch <= 'X')의 조건식은 문자 'A'부터 'X'가 될 때까지 반복 수행하여 화면상에 출력해 준다.

7.4 분기문

분기문은 break문, conitnue문, goto문, return문으로 구분된다. return문은 "9.1.2 함수의 호출"에서 자세하게 설명하고 있으니 참조하기 바란다.

7.4.1 goto문

goto문은 프로그램의 제어를 지정된 라벨의 위치로 분기한다.

```
→ 라벨 : 명령문 ;

  goto 라벨;
```

라벨은 현재의 함수 내에 있는 이름이어야 하며, 어떠한 문 앞에도 라벨이 사용될 수 있다.

↘ [goto1.c] goto문 예제 프로그램 1

```
#include <stdio.h>
main()
{
    int i = 0, sum = 0;
    sum_loop : ++i;
    sum += i;
```

```
    if (i == 100)
        printf("sum = %d \n", sum);
    else
        goto sum_loop;
}
```

→ 실행 결과

```
sum = 5050
계속하려면 아무 키나 누르십시오...
```

[goto1.c]은 goto문을 사용하여 1부터 100까지 합을 구하는 프로그램이다. if문의 조건식이 거짓이면, sum_loop 라벨로 제어가 이동하고, 참이면 1부터 100까지 합의 결과 값을 출력하고 작업을 종료한다.

↘ [goto2.c] goto문 예제 프로그램 2

```
#include <stdio.h>
main( )
{
    int i = 0, sum = 0;
    if (i == 100)
        printf("sum1 = %d \n", sum);
    else
        goto sum_loop;
    sum_loop : ++i;
    sum += i;
    printf("sum2 = %d \n", sum);
}
```

→ 실행 결과

```
sum2 = 1
계속하려면 아무 키나 누르십시오...
```

[goto2.c]는 goto문을 잘못 사용한 경우로 "goto sum_loop"가 if문의 아래에 있어 단 1회만 수행하고, 다음 문장인 printf( )로 제어가 넘어가 프로그램이 종료된다. 그러므로 [goto1.c]의 예제처럼 계속하여 반복 실행하지 못하고 작업을 종료하므로 프로그래머가 원하는 결과 값을 얻을 수 없으므로 goto문 사용 시에는 라벨의 위치에 주의해야 한다.

7.4.2 break문

break문은 for, while, do-while문의 보조 제어문으로 루프 내에서 break문을 만났을 때 loop의 범위(블록)를 벗어나 강제적으로 다음 문장으로 제어를 옮길 때에 사용하거나 switch-case문의 블록 내에서 강제적으로 종료할 때에 사용한다.

[break1.c]은 break문을 이용하여 0부터 100까지 3배수의 합을 구하는 프로그램이다. if문 i가 100보다 크면 while( ) 루프를 빠져나와 다음 문장을 수행한다. 만약, break문이 없다면 무한 루프에 빠져 프로그램이 종료되지 못한다.

↘ [break1.c] break문 예제 프로그램 1

```
#include <stdio.h>
main( )
{
    int  i = 0, hap = 0;
    while(1) {
        i += 3;
        if (i > 100) break;
        hap += i;
    }
    printf("hap = %4d \n", hap);
}
```

→ 실행 결과

```
hap = 1683
계속하려면 아무 키나 누르십시요...
```

↘ [break2.c] break문 예제 프로그램 2

```
#include <stdio.h>
main( )
{
    int i, hap = 0;
    for (i = 0;  ; i += 3) {
        if (i > 100)  break;
        hap += i;
    }
    printf("hap = %4d \n", hap);
}
```

→ 실행 결과

```
hap = 1683
계속하려면 아무 키나 누르십시요...
```

[break2.c]는 for루프에서 break문을 사용한 0부터 100사이의 3 배수 합을 구하는 프로그램이다. for문에 조건식이 없으므로, break문을 만나게 되면 for문을 빠져나와 printf( ) 문을 수행하고, 프로그램을 종료한다. 만약, break문이 없다면 무한 루프에 빠지게 된다.

7.4.3 continue문

continue문은 일반적으로 if문과 함께 사용하고 if문의 조건식이 참이면 continue문 이후의 명령문은 실행하지 않고, 반복문의 시작 위치로 제어를 옮겨 준다. continue문은 for, while, do-while문의 보조 제어문으로 반복문의 루프 내에서 continue문을 만났을 때, continue문 이후의 명령문을 실행하지 않고, 루프의 범위를 벗어나 반복문의 시작 위치로 제어가 이동한다. break문은 제어가 반복문의 루프를 벗어나 해당 반복문을 완전히 종료하지만 continue문은 제어를 반복문의 시작 위치로 이동하는 것이 서로 다른 점이다.

↘ [continue1.c] continue문 예제 프로그램 1

```
#include <stdio.h>
main( )
{
  int  i, hap = 0;
  for (i = 1; i <= 100; ++i){
    if (i % 3 != 0) continue;
    hap += i;
  }
  printf("hap = %4d \n", hap);
}
```

→ 실행 결과

```
hap = 1683
계속하려면 아무 키나 누르십시요...
```

[continue1.c]는 1부터 100까지 3의 배수를 구하는 프로그램으로 if문의 조건식에서 i를 3으로 나눈 나머지 값이 0이 아니면 for문으로 제어를 이동한다. 즉, continue 다음 명령문을 건너 뛰어 for 루프를 반복 수행한다. 만약, if문의 (i % 3)이 "0"이면 i 값이 3의 배수 값이므로 "hap += i"를 수행한 후, 제어를 for문으로 이동한다.

[continue2.c]의 while문은 EOF(-1)가 될 때까지 루프를 반복 수행하고, if문의 조건식에서 ch가 "₩n"인 경우만 ①의 putchar( )를 수행하여 개행("₩n")하고, ②의 putchar( )는 수행하지 않고, 제어가 while( )로 이동한다. if문이 거짓인 경우에는 ②의 putchar( )를 수행한다. 프로그램을 종료하기 위해서는 Ctrl+Z(-1)를 입력해 주어야 한다.

↘ [continue2.c] continue문 예제 프로그램 2

```
#include <stdio.h>
main( )
{
```

```
    char  ch;
    printf("데이터 입력 => ");
    while((ch = getchar( )) != EOF) {
        if (ch == '\n') {        /* enter key이면 참(true) */
            putchar('\n');      /* 줄 바꿈 ① */
        continue;               /* 제어를 while문으로 이동 */
        }
            putchar(ch);        /* 문자 출력 ② */
    }
}
```

→ 실행 결과

```
데이터 입력 => C Program   /* 키보드 입력 */
C Program                  /* 화면에 출력 */
^Z                         /* 키보드 입력 */
계속하려면 아무 키나 누르십시요...
```

↘ [continue3.c] continue문 예제 프로그램 3

```
#include <stdio.h>
main( )
{
    char  ch = '*';
    printf("데이터 입력 \n");
    do {
        if (ch == '\n') {          /* enter key이면 참(true) */
            putchar('\n');          /* 줄 바꿈 */
            continue;             /* 제어를 while문으로 이동 ① */
        }
        putchar(ch);               /* 문자 출력 ② */
    } while ((ch = getchar()) != '@');
    printf("\n");
}
```

→ 실행 결과

```
 데이터 입력
 *C Program          /* 키보드 입력 */
 C Program           /* 화면에 출력 */
 @                   /* 키보드 @ 입력 */
계속하려면 아무 키나 누르십시요...
```

[continue3.c]는 [continue2.c]와 아주 유사한 프로그램이나 do-while( )문을 사용하였으므로 do의 if(ch == '₩n')문은 ch값이 '*'로 초기화되어 있기 때문에 조건식이 거짓이 되어 ②를 먼저 수행함으로 실행 결과에 '*'이 먼저 출력된다. if( )문의 ch값이 '₩n'이면 개행 처리 후, continue문을 수행하게 되어 while( )문으로 제어가 넘어간다.

```
while ((ch = getchar( )) != '@')
```

위의 while( )문에서 "@"를 제외한 다른 문자를 입력하면 프로그램이 종료되지 않고, 계속 while( ) 문을 반복 수행하고, getchar( )에서 '@'를 입력받으면 while( )문이 거짓이 되어 반복문을 벗어나 프로그램이 종료된다.

↘ [continue4.c] continue문 예제 프로그램 4

```
#include <stdio.h>
main( )
{
    char  ch;
    printf("한 문자 입력 \n");
    while ((ch = getchar( )) != '*') {
        switch(ch) {
            case 'A' :
            case 'a' :  printf("upper case A \n");
                continue;
            case 'B' :
            case 'b' :  printf("upper case B \n");
```

```
            continue;
          case 'C' :
          case 'c' :  printf("upper case C \n");
            continue;
    default : continue;
      }
    }
  }
```

→ 실행 결과

```
한 문자 입력
a                    /* 키보드 입력 */
upper case A         /* 화면에 출력 */
B                    /* 키보드 입력 */
upper case B         /* 화면에 출력 */
c                    /* 키보드 입력 */
upper case C         /* 화면에 출력 */
F                    /* default를 만나 계속 반복 처리 */
*                    /* 키보드 입력 */
계속하려면 아무 키나 누르십시요...
```

[continue4.c]는 switch-case( )에서 대문자 A, B, C나 소문자 a, b, c가 모두 다 "upper case"를 출력하고, continue문을 만나면 다음 명령문을 수행하지 않고, 제어가 while문으로 이동한다.

```
while ((ch = getchar( )) != '*')
```

위의 while( )문에서 "*"를 제외한 다른 문자를 입력하면 프로그램이 종료되지 않고, 계속 while( ) 문을 수행하고, "*"를 키보드로 입력하면 프로그램이 종료하게 된다.

↘ [continue5.c] continue문 예제 프로그램 5(2~N사이의 소수와 소수의 합)

```
#include <stdio.h>
main( )
{
    int i, j, sum=0, check, n;
    printf("2부터 n사이의 소수 ==> n 값 입력 : ");
    scanf("%d", &n);
    for(i = 2; i <= n; i++) {        /* 2부터 n까지의 소수 구함 */
        check = 0;
        for(j = 2; j <= i; j++) {    /* ① 2부터 자기자신의 수까지 반복 */
        if(i % j == 0) check++;      /* ② 나머지 0이면 check 값 1증가 */
        }
        if(check != 1) continue;     /* ③ check값이 1인 경우만 소수 */
        {   printf("%d ", i);
             sum += i;
        }
    }
    printf("\n소수의 합 : %d \n", sum);
}
```

→ 실행 결과

```
2부터 N사이의 소수 ==> N 값 입력 : 100
2 3 5 7 11 13 17 19 23 29 31 37 41 43 53 59 61 67 73 79 83 89 97
소수의 합 : 1060
계속하려면 아무 키나 누르십시요...
```

[continue5.c]는 다중 for( )문과 if( )문, continur문을 이용하여 소수를 구하고 그 합산 결과를 출력하는 프로그램이다. ②의 경우 나머지 값이 0이면 check 값이 1씩 증가하고, ③의 경우는 check 값이 1이 아닌 경우(즉, 2나 3....)에는 나머지 값이 0인 경우가 2회 이상 발생한 경우에는 소수가 아니므로 ①의 for( ) 문으로 제어가 이동한다. ③의 if(check != 1) continue;을 다음과 같이 if(check == 1)로 수정하여도 결과는 똑같다.

7.5 프로그램의 제어문 응용 프로그램 예제

다음의 예제 [static_for.c]는 변수 init 값을 for문을 이용하여 합산을 구하는 프로그램이다.

↘ [static_for.c] 합산 값을 구하는 예제 프로그램

```
#include <stdio.h>
main( )
{
    int init;
    for(init=1; init<=4; init++)
        hap(init);
}

hap(int init)
{
    static int total = 0;
    total = total + init;
    printf("init = %d     total = %d\n", init, total);
}
```

→ 실행 결과

```
init = 1     total = 1
init = 2     total = 3
init = 3     total = 6
init = 4     total = 10
계속하려면 아무 키나 누르십시오 . . .
```

다음의 [triangle.c] 프로그램은 역삼각형 모양을 출력하는 프로그램이다.

↘ [triangle.c] n에 해당하는 역삼각형 출력

```
#include<stdio.h>
main()
{
    int i, j, k, su, cnt = 0;
    printf("출력 문자 수 입력 : ");   scanf("%d", &su);
    for(i = 1; i <= su; i++)        printf("%d", i % 10);   printf("\n");
    for(i = su; i > 0; i-=2)
    {
        for(j = i; j > 0; j--)        printf("%c",'*');
        printf("\n");
        cnt++;
        for(k = 0 ; k < cnt; k++)  printf("%c",' ');
    }
    printf("\n");
}
```

→ 실행 결과

```
출력 문자 수 입력 : 11
12345678901
***********
 *********
  *******
   *****
    ***
     *
계속하려면 아무 키나 누르십시오 . . .
```

[triangle.c] 프로그램은 다중 for( )문을 사용하였고, 한 줄을 출력한 후, 변수 cnt는 컬럼을 띄우기 위해 사용하는 변수이므로 한 줄을 출력하고 cnt++로 1씩 증가하고 있다.

다음의 [mult_threetable.c]는 구구단을 3개단 씩 출력하는 프로그램이다. 다중 for문을 사용하여 프로그램을 단순화하였다.

↘ [mult_threetable.c] 구구단 3단씩 출력

```
#include<stdio.h>
main( )
{
    int i,j;
    printf("%14s 구구단 출력\n", " ");
    printf("%13s =============\n", " ");
    for(i=1;i<=7;i+=3)
    {
        printf("\n %5d 단       %5d 단       %5d 단\n",i,i+1,i+2);
        printf("   =======        =======        =======\n");
        for(j=1;j<=9;j++)
       {
            printf("%2d * %2d = %2d",i,j,i * j);
            printf("   %2d * %2d = %2d",i+1,j,(i+1) * j);
            printf("   %2d * %2d = %2d\n",i+2,j,(i+2) * j);
        }
    }
}
```

→ 실행 결과

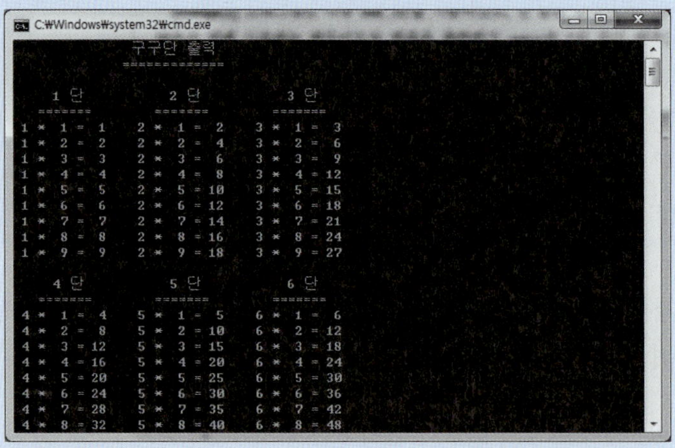

계속하려면 아무 키나 누르십시오 . . .

다음의 [composite.c]는 합성수(合成數)로 1과 그 자신 이외의 수를 약수로 가지는 자연수로 2부터 키보드로 입력 받은 정수 값(n)까지의 합성수를 구하는 프로그램이다.

↘[composite.c] 2~N사이의 합성수와 합성수의 합 출력

```
#include <stdio.h>
main()
{
    int i, j, sum=0, check, n, count=0;
    printf("2부터 n사이의 합성수 ==> n 값 입력 : ");
    scanf("%d", &n);
    for(i = 2; i <= n; i++) {          /* 2부터 n까지의 합성수 구함 */
            check = 0;
        for(j = 2; j <= i; j++) {      /* ① 2부터 자기 자신의 수까지 반복 */
            if(i % j == 0) check++;    /* ② 나머지가 0이면 check 값 1 증가 */
        }
            if(check == 1) continue;   /* ③ check값이 1인 경우는 소수 */
            {   printf("%d ", i);
                sum += i;
                    count++;
        }
    }
    printf("\n합성수의 개수는 %d, 합성수의 합 : %d \n", count, sum);
}
```

→실행 결과

```
2부터 n사이의 합성수 ==> n 값 입력 : 20
4 6 8 9 10 12 14 15 16 18 20
합성수의 개수는 11, 합성수의 합 : 132
계속하려면 아무 키나 누르십시오 . . .
```

[composite.c]는 다중 for( )문과 if( )문, continue문을 이용하여 합성수를 구하고, 합성수의 개수와 그 합산 결과를 출력하는 프로그램이다. ②의 경우 나머지 값이 0이면 check 값이 1씩 증가하고, ③의 경우는 check 값이 1인 경우에는 소수이므로 출력하지 않고 for( )문으

로 제어가 이동되고, check가 1이 아닌 경우에는 화면출력하고 sum에 합산한다.

다음의 [rectangle.c] 프로그램은 직사각형 모양을 출력하는 프로그램이다.

↘ [rectangle.c] 라인 번호와 직사각형 모양 출력

```
#include <stdio.h>
main( )
{
    int i, j, count=1, su;
    printf("출력 문자수 입력 : ");
    scanf("%d", &su);
    for(i = 1; i <= su; i++) {
        printf("%2d  ", count);            /* ① 라인번호 출력  */
        if(count == 1 || count == su) {     /* ② 첫 번째 줄과 마지막 줄 출력 */
            for(j = 1 ; j <= su; j++)
                    printf("%c",'*');
                printf("\n");
        }
        else {                          /* ③ 2번째 줄부터 su-1번째 줄까지 출력 */
            printf("%c",'*');
            for(j = 2 ; j <= su-1; j++)
                printf("%c",' ');
            printf("%c",'*');
                printf("\n");
            }
            count++;
        }
}
```

①의 경우 라인번호를 출력하고, ②의 경우 count값이 1(첫 번째 줄)이거나 su(마지막 줄)이면 "*"를 su의 개수만큼 출력하고, ③의 경우는 2번째 줄부터 su-1번째 줄까지 "*"를 시작과 끝에 한 개씩 출력하는 프로그램이다.

→ 실행 결과

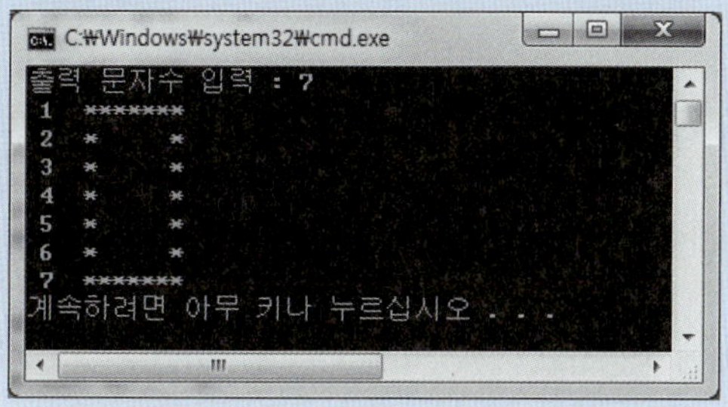
C:₩Windows₩system32₩cmd.exe
출력 문자수 입력 : 7
1 *******
2 *   *
3 *   *
4 *   *
5 *   *
6 *   *
7 *******
계속하려면 아무 키나 누르십시오 . . .

연 습 문 제

1. while 문과 do~while의 차이점을 설명하시오.

▶ 2번~8번 문항은 선택문(if~else, switch case)을 사용하여 프로그램을 작성하시오.

2. 한 개의 문자를 입력받아 변수 Input_data에 저장하고, 'A' 이면 1, 'B' 이면 2, 'C' 이면 3을 표시한다. 그 이외의 문자이면 End를 출력하도록 프로그램을 작성하시오.

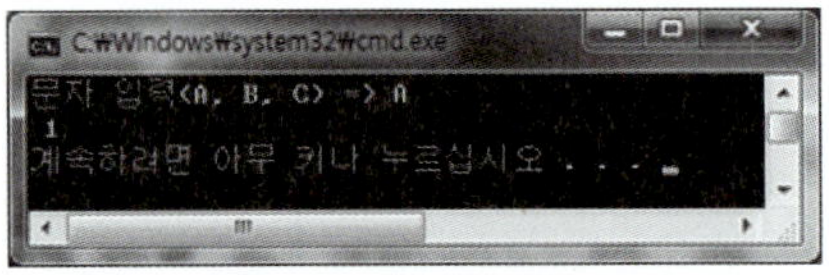

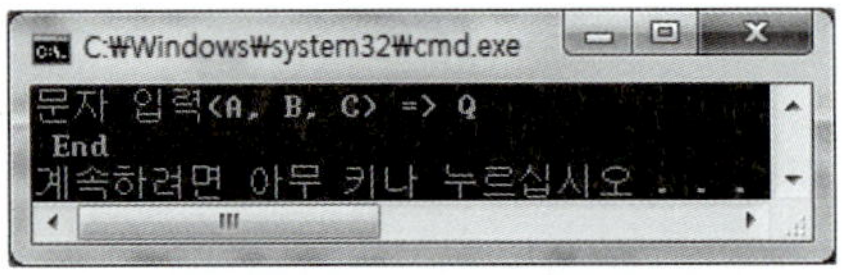

3. 숫자 0~9를 변수 Input_data에 입력하여 0이면 "zero", 1이면 "One", 2이면 "Two"와 같이 5까지 숫자를 영문으로 표시하시오.

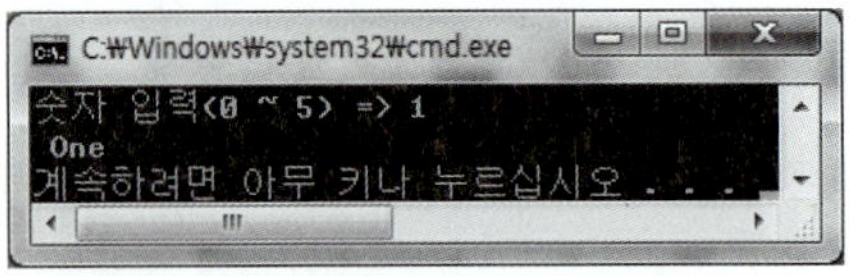

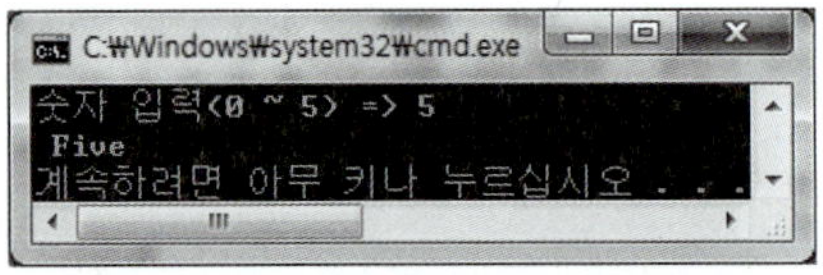

4. 한 개의 문자를 입력받아 변수 Input_data에 저장하고 'S' 이면 출력하고, 아니면 출력하지 않는 프로그램을 작성하시오.

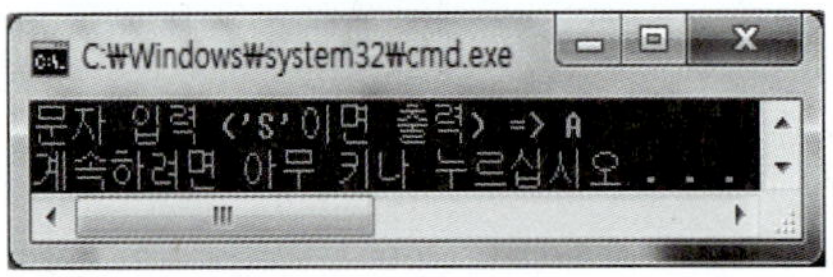

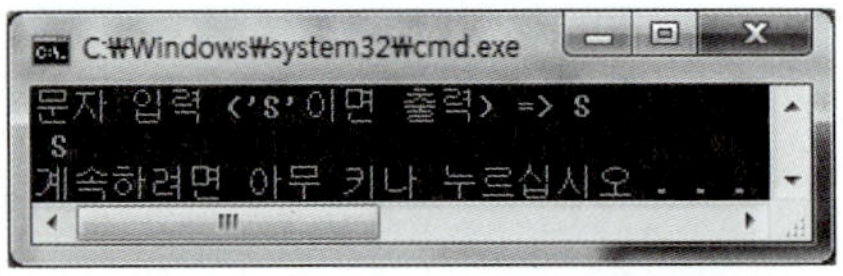

5. 두 개의 수를 변수 In_data_1, In_data_2에 입력, 두 수를 비교하여 큰 수를 출력하는 프로그램을 작성하시오.

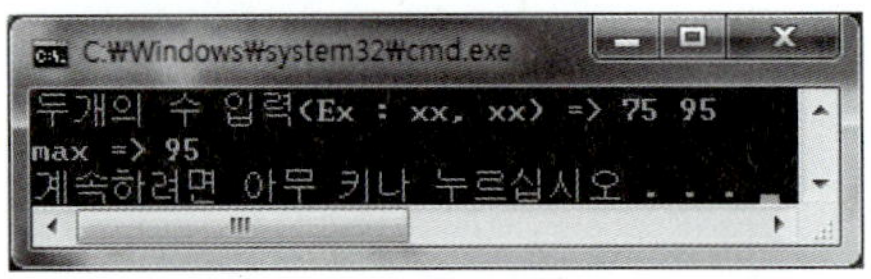

6. 한 개의 문자를 입력받아 변수 Input_data에 저장하고 'A' 이면 Start를 'Z' 이면 End를 표시하고, 그 외 문자이면 입력 문자를 표시하는 프로그램을 작성하시오.

7. 두 개의 숫자를 입력받아 변수 S_1, S_2에 저장하고, &연산자를 사용하여 S_1 & S_2가 3 이상이면 X = 1을 표시하고, 3 이하이면 X = −1을 출력하는 프로그램을 작성하시오.

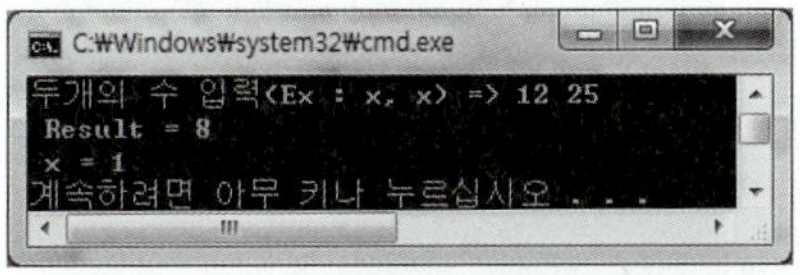

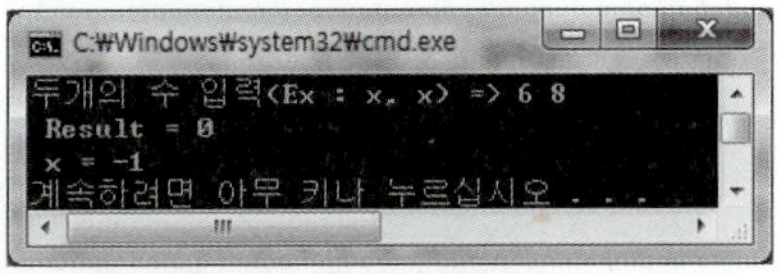

8. 두 개의 숫자(S_1, S_2)와 연산자(+, −, *, /)를 입력하여 연산자에 맞는 결과를 출력하는 프로그램을 작성하시오.

▶ 9번~23번 문항은 반복문(for, while, do while)을 사용하여 프로그램을 작성하시오.

9. 다음과 같은 결과를 출력하는 프로그램을 작성하시오.(while문 사용)

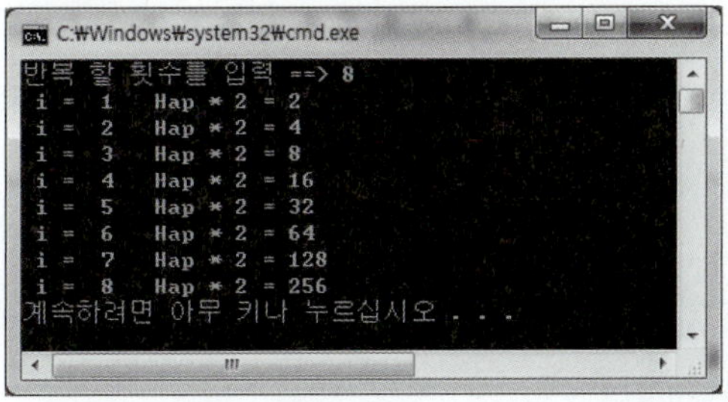

10. 1~100까지의 숫자 중 2, 3, 5의 공배수를 출력하는 프로그램을 작성하시오.

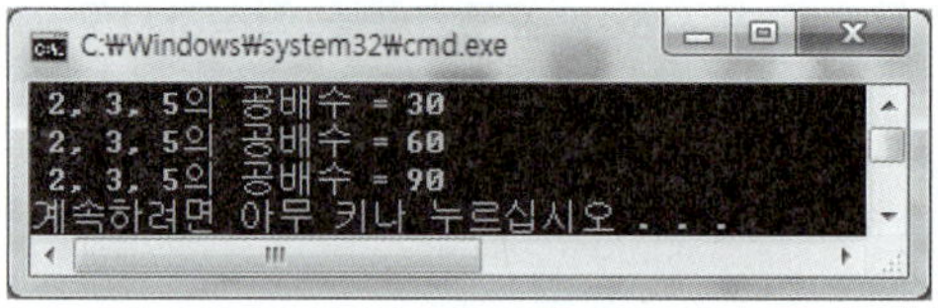

11. n!(Factorial)을 출력하는 프로그램을 작성하시오.

ex7-11.c

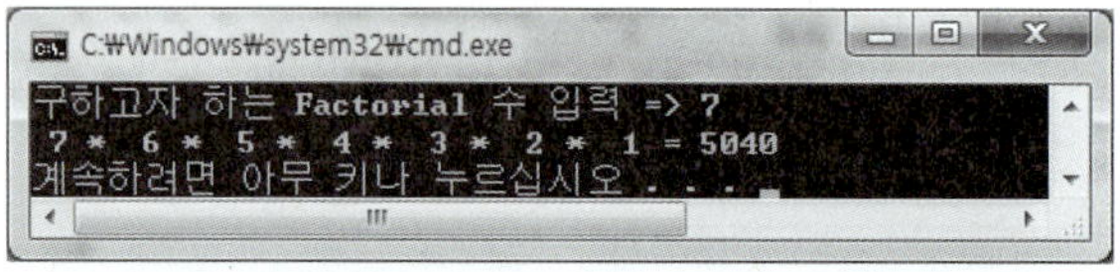

ex7-11-1.c

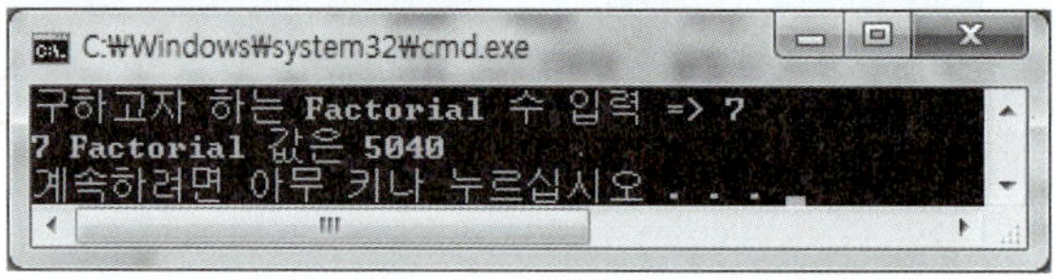

12. 1~100까지의 합을 출력하는 프로그램을 작성하시오. (단 10의 배수 값은 화면 출력하라.)

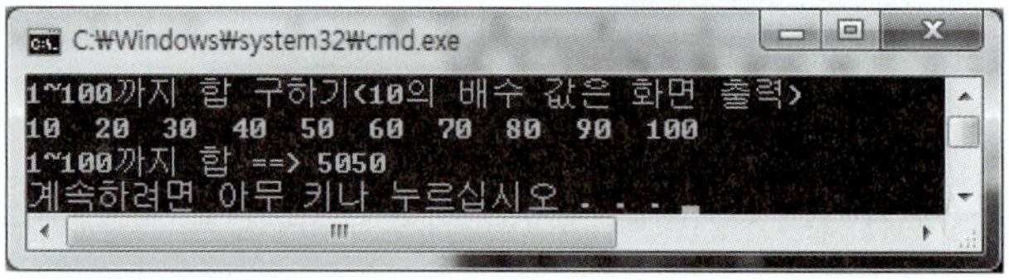

13. 다음과 같은 결과를 출력하는 프로그램을 작성하시오.

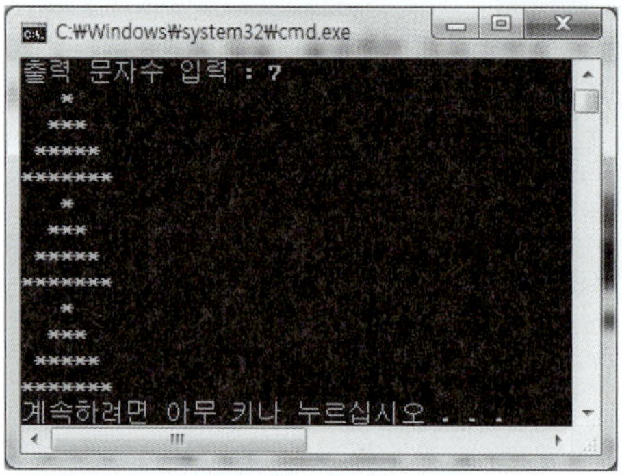

14. 다음과 같은 결과를 출력하는 프로그램을 작성하시오.

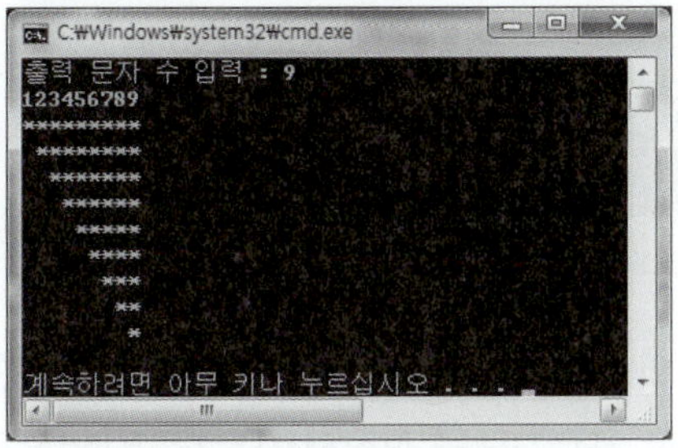

15. 다음과 같은 결과를 출력하는 프로그램을 작성하시오.

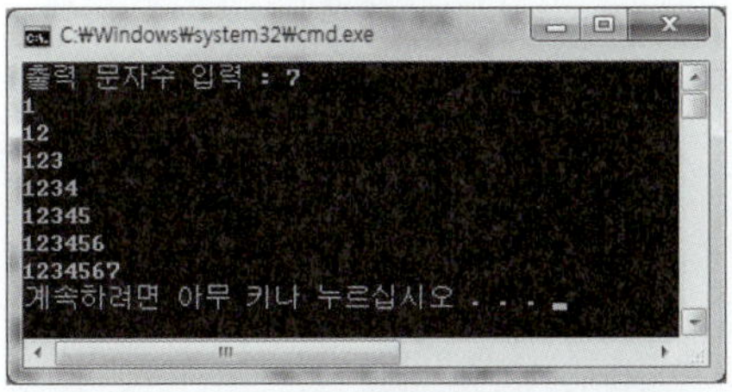

16. 다음과 같은 결과를 출력하는 프로그램을 작성하시오.

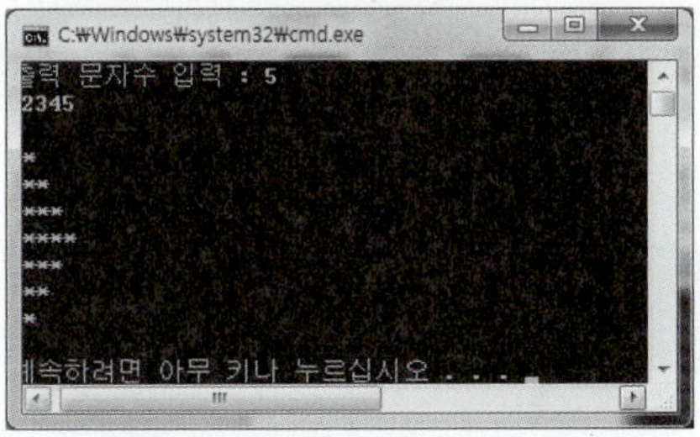

17. 다음과 같은 결과를 출력하는 프로그램을 작성하시오.

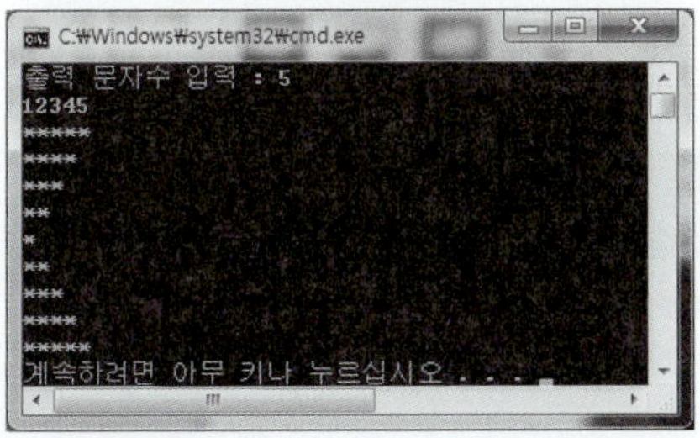

18. 1 * 2 * 3 * ......* 10 = ?을 while 문과 do while을 이용하여 프로그램을 작성하시오.

19. 1부터 20까지 출력하시오. 단, 3의 배수와 5의 배수는 출력하지 않고, 반복문(for, while, do while)을 전부 사용하여 출력하는 프로그램을 작성하시오. 단, % 연산자와 continue문 사용한다.

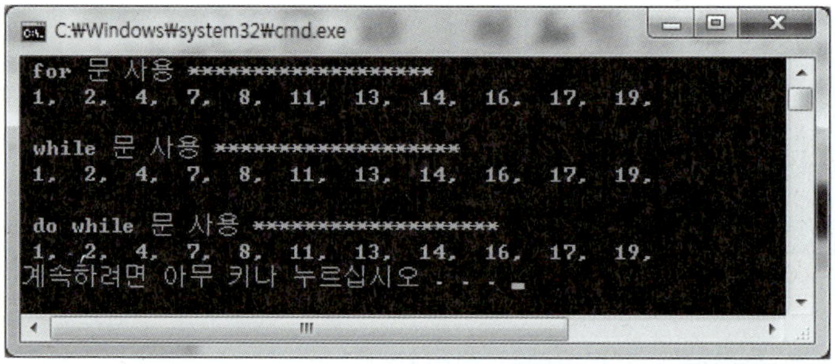

20. scanf( ) 함수를 이용하여 2개의 정수를 입력받아 최대공약수와 최소공배수를 구하는 프로그램을 작성하시오.

21. A부터 Z까지 반복문을 수행하여 문자를 출력하시오. 단, L까지 출력하고 그 이후는 break문을 이용하여 출력하지 않는다.

22. 다음과 같은 결과를 출력하는 프로그램을 작성하시오.

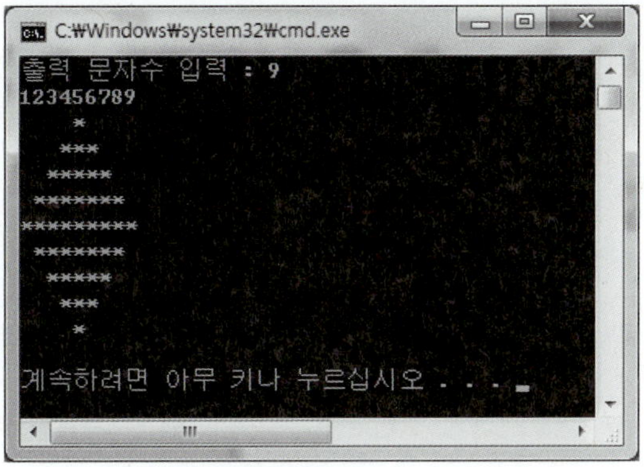

23. 1/1 + 1/(1+2) + 1/(1+2+3) + ... + 1/(1+2+...+100)을 계산하는 프로그램을 for 루프를 이용하여 작성하시오.

제 **8** 장

배 열

1. 배열의 기능
2. 1차원 배열
3. 다차원 배열
4. 문자열 배열
5. 배열의 정렬(sort)
6. 응용프로그램 예제

8.1 배열의 기능

배열(Array)이란, 같은 종류의 데이터를 동시에 처리할 때 매우 유용하며, 모든 언어에서 제공하고 있다. 즉, 동일한 자료형(데이터 형)과 크기를 갖는 원소들의 집합을 말한다.

예를 들어 100명에 대한 학생의 학번이 프로그램 실행에 필요하다고 가정해 보자. 이 100명의 데이터를 저장하기 위한 변수로서 hakbun0, hakbun1, ..., hakbun99까지의 단순 변수 100개를 사용한다는 것은 난해한 문제이다. 이러한 데이터를 전체적으로 다루기 위한 구조로 배열을 사용한다.

C언어에서 배열은 연속적인 메모리 공간을 점유하도록 지원하고 있어 기억장치의 크기와 관계가 있으며, 첫 번째 원소가 가장 낮은 메모리 번지를 갖는다. 그러므로 배열의 형태는 자료 구조의 개념이지 메모리상의 구현 상태와는 별개의 문제이다.

예를 들어 학생 100명에 대한 학번의 정수형 데이터를 저장할 배열을 선언한다면

```
int hakbun[100];
```

이라고 표현한다. 이 선언에 따라서 hakbun[0], hakbun[1], ..., hakbun[99]라는 100개의 배열 원소들이 준비된다. 배열의 선언에서 [ ]안의 숫자를 첨자(Subscript)라 하며, 배열의 첨자는 0에서부터 시작되며 정수이어야 한다.

C언어를 제외한 고급 언어(COBOL, FORTRAN, PASCAL)에서는 이 첨자가 1부터 시작하는 반면에, C언어와 C++, Java언어는 반드시 첨자가 0부터 시작됨을 주의해야 한다.

8.2 1차원 배열

배열에서 가장 간단한 형태가 1차원 배열이라 할 수 있다. C언어에서 1차원 배열을 사용하려면, 변수와 함께 먼저 선언해야 하는데 배열의 선언은 다음과 같다.

```
데이터 타입   배열명 [크기];
```

배열 선언문에서 데이터 타입이란 선언된 배열이 갖게 될 데이터 타입(int, float, char, double)을 말하며, [ ]속의 크기는 변수의 개수만큼 생기고, [ ]이 하나인 경우를 1차원 배열이라고 한다.

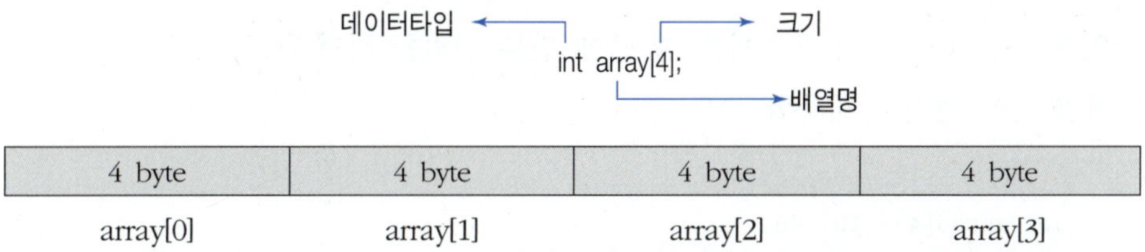

그림 8-1 1차원 배열의 기억 장소 할당

정수형 int는 4byte(혹은 2byte)로 사용자가 사용하는 시스템에 따라 달라진다. 데이터 타입이 같으면서 네 개의 각기 다른 변수명을 사용하는 것보다 하나의 배열로 묶어서 처리하는 것이 그룹 전체 구성을 파악하기 쉽고, 데이터의 표시나 계산 등의 처리가 간단해진다.

8.2.1 배열의 초기화 방법

다음은 1차원 정수 배열을 초기화하는 방법이다.

```
int array[4] = {16, 46, 36, 51};
```

은 다음과 같이 기억 장소의 값을 초기화시켜 준다.

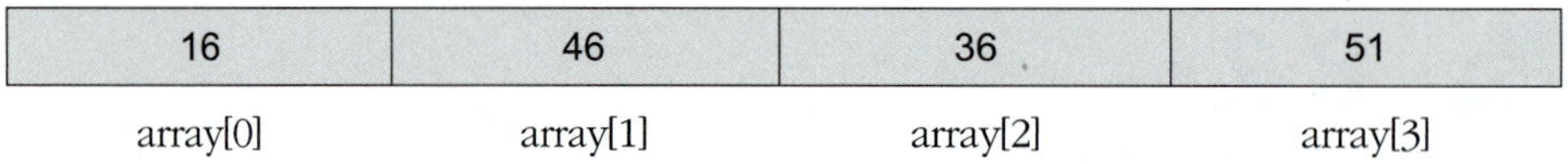

그림 8-2 1차원 배열의 기억 장소 초기화

배열 array[4]의 초기화는 다음과 같이 각각의 원소에 그 값 16, 46, 36, 51을 대입한 것과 같다.

```
int array[4]={16,46,36,51};  ⇨  int array[4];
                                 array[0] = 16;
                                 array[1] = 46;
                                 array[2] = 36;
                                 array[3] = 51;
```

또한, 앞의 배열 array[4]에 초기화를 한 줄에 전부 정의를 하지 못하고, 다음과 같이 2줄 이상 여러 줄에 걸쳐서 사용할 수도 있다.

```
int array[4]={16, 46,
              36, 51};
```

다음은 배열 중 일부만 초기화시키는 방법이다. 여기서 선언된 배열 원소의 수보다 초기화 데이터 수가 적으면 나머지의 배열 원소에는 0으로 채워진다.

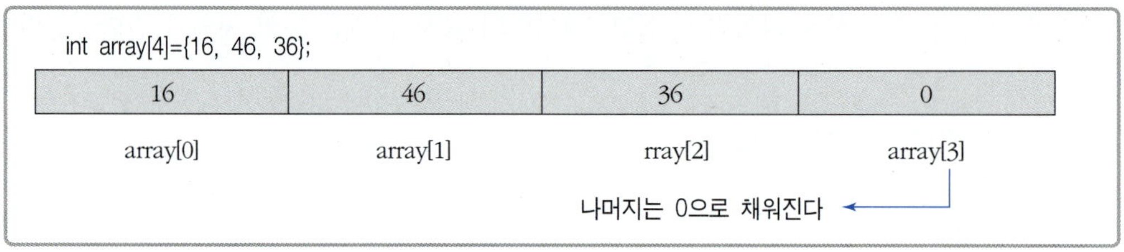

그러나 배열 원소의 수가 초기화한 데이터 수보다 작으면 컴파일 에러(에러 메시지: Too many initializers)가 발생되어 결국 초기화되지 않는다.

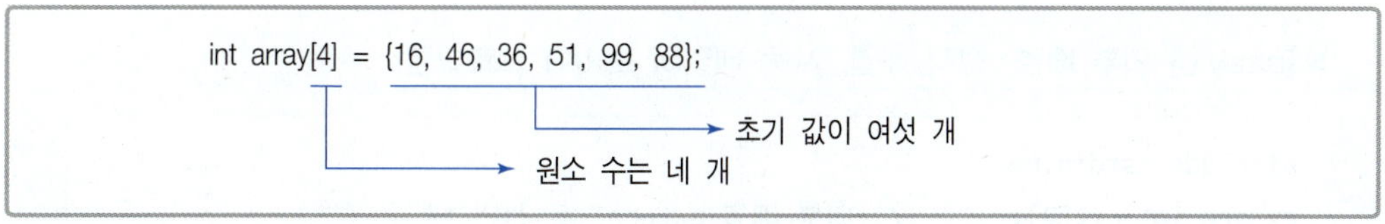

또한, 다음과 같이 배열의 초기화시 원소의 수 즉, [ ]안에 크기 수를 지정하지 않고 빈 괄호([ ])를 사용하면, C컴파일러는 괄호 {16, 46, 36, 51, 99, 88} 내의 데이터 수를 계산하여 그 수만큼 배열 원소의 수를 자동으로 설정한다.

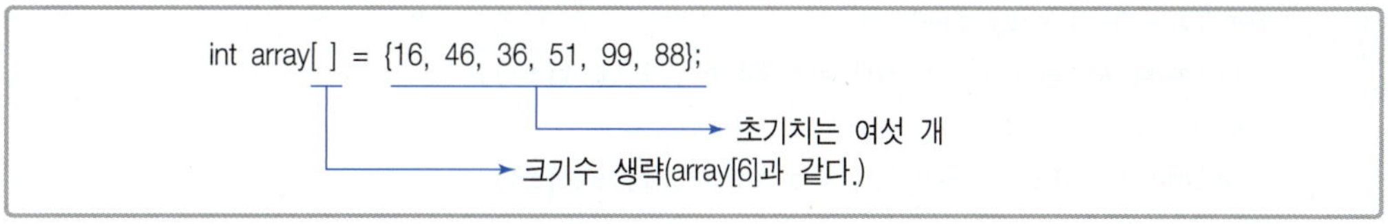

8.2.2 배열을 초기화하지 않을 경우

지금까지 1차원 배열과 초기화에 대해서 설명하였다. 만약, 프로그래머가 프로그램 작성시 배열을 사용하면서 초기화시키지 않으면 어떻게 될까? C 컴파일러는 기억 장소인 배열에 값을 초기화시키지 않으면 다음과 같은 규칙에 따른다.

(1) 외부 배열과 정적 배열의 초기화

외부(extern) 배열과 정적(static) 배열로 선언했을 때는 배열을 초기화하지 않아도 [array.c]의 실행 결과와 같이 배열의 초기 값을 0으로 초기화한다.

(2) 자동 배열의 초기화

자동(auto) 배열을 초기화하지 않으면 기억장소에 예기치 않는 값이 있어서, [array.c]의 실행 결과와 같이 전혀 의미 없는 값 즉, 쓰레기(garbage)값이 출력되고 정적배열과 외부배열은 초기값을 주지 않아도 0으로 초기화되어 출력한다.

↘ [array.c] 외부 배열, 정적 배열, 자동 배열의 초기화 프로그램

```
#include <stdio.h>
extern int ext[3];       /* 외부 배열 extern으로 선언 */
static int stc[3];       /* 정적 배열 static으로 선언 */
main()
{
  int i;
  auto int aut[3];      /* 자동 배열 auto로 선언 */
  for (i = 0; i < 3; i++)
    printf("extern array[%d] ==> %d\n", i, ext[i]);
  for(i = 0; i < 3; i++)
    printf("static array[%d] ==> %d\n", i, stc[i]);
  for(i = 0; i < 3; i++)
    printf("auto array[%d] ==> %d\n", i, aut[i]);
}
```

→ 실행 결과

```
  extern array[0] ==> 0
  extern array[1] ==> 0
  extern array[2] ==> 0
  static array[0] ==> 0
  static array[1] ==> 0
  static array[2] ==> 0
  auto array[0] ==> -858993460
  auto array[1] ==> -858993460
  auto array[2] ==> -858993460
계속하려면 아무 키나 누르십시오...
```

8.2.3 1차원 배열 예제 프로그램

배열의 정의와 기억 장소 할당에 대하여 알아보고, 1차원 배열의 초기화하는 방법을 소개하기로 하겠다. [그림 8-3]은 다섯 개로 구성된 1차원 배열을 초기화해 주고, 배열에 할당된 내용을 출력해 보는 등 여러 가지 방법을 소개하기로 하겠다.

hakbun[0]	hakbun[1]	hakbun[2]	hakbun[3]	hakbun[4]
2016001	2016002	2016003	2016004	2016005

그림 8-3 1차원 배열의 기억 장소 초기화 예제

↘[initial.c] 열 초기화 프로그램 1 (초기화 데이터 직접 대입)

```
#include <stdio.h>
main( )
{
    int i;
    int hakbun[5]={2016001, 2016002, 2016003, 2016004, 2016005};  /* 방법 ① */
    for(i = 0; i < 5 ; i++)
        printf("hakbun[%d] = %d \n", i, hakbun[i]);
    hakbun[0] = 2017001;          /* 방법 ② */
    hakbun[1] = 2017002;          /* 2017학년도 2번 학생 값 정의 */
    hakbun[2] = 2017003;
    hakbun[3] = 2017004;
    hakbun[4] = 2017005;
    for(i = 0; i < 5 ; i++)
    printf("hakbun[%d] = %d \n", i, hakbun[i]);
}
```

→ 실행 결과

```
hakbun[0] = 2016001
hakbun[1] = 2016002
hakbun[2] = 2016003
hakbun[3] = 2016004
hakbun[4] = 2016005
hakbun[0] = 2017001
hakbun[1] = 2017002
hakbun[2] = 2017003
hakbun[3] = 2017004
hakbun[4] = 2017005
계속하려면 아무 키나 누르십시오 . . .
```

[initial.c]에서 학번을 int형으로 선언하여 초기화할 때, 방법 ①과 같이 중괄호{ }를 이용하여 배열의 각 방에 데이터를 초기화해 주거나 방법 ②와 같이 각 배열의 방마다 하나씩 데이터를 각각 대입해 주어도 된다. for문의 printf() 함수 내에 학번을 출력할 때 정수를 출력할 수 있는 형식 변환 지정자 %d를 사용하였다.

[array_size.c]은 [initial.c]의 방법 ①과 동일한 결과 값을 출력한다. hakbun[ ]과 같이 배열의 크기가 생략된 경우는 초기화할 데이터의 개수로 배열의 크기가 결정된다. 이 프로그램에서는 데이터의 개수가 5개이므로 hakbun[5]와 동일한 표현이 된다.

↘ [array_size.c] 배열 초기화 프로그램 2 (배열의 크기 생략)

```
#include <stdio.h>
main()
{
    int   i;
    int  hakbun[ ] = {2017001, 2017002, 2017003, 2017004, 2017005};
    for(i = 0; i < 5 ; i++)
        printf("hakbun[%d] = %d \n", i, hakbun[i]);
}
```

→ 실행 결과

```
hakbun[0] = 2017001
hakbun[1] = 2017002
hakbun[2] = 2017003
hakbun[3] = 2017004
hakbun[4] = 2017005
계속하려면 아무 키나 누르십시요...
```

↘ [scanf.c] 배열 초기화 프로그램 3 (키보드로 초기화 데이터 입력)

```
#include <stdio.h>
main( )
```

```
{
    int   i, hakbun[5];
    printf("학번 데이터 입력 \n");
    for(i = 0; i < 5 ; i++) {
        scanf("%d",&hakbun[i]);
    }
    for(i = 0; i < 5 ; i++)
        printf("hakbun[%d] = %d \n", i, hakbun[i]);
}
```

→ 실행 결과

```
학번 데이터 입력                                   ←── 화면출력
2016001 2016002 2016003 2016004 2016005            ←── 키보드로 데이터 입력
hakbun[0] = 2016001                                ←── 화면출력
hakbun[1] = 2016002
hakbun[2] = 2016003
hakbun[3] = 2016004
hakbun[4] = 2016005
계속하려면 아무 키나 누르십시요...
```

[scanf.c]는 키보드로 학번을 입력하여 주기억장소의 연속된 기억공간에 키보드로 입력한 학번 데이터 값을 초기화시켜준 후 기억 장소에 저장된 내용을 출력하는 프로그램이다.

[max.c]는 네 개의 수치 데이터를 키보드로 입력하여 배열에 해당하는 기억 장소에 저장한 후 기억장소의 데이터를 읽어 들여 값을 비교한 후, 입력된 수치데이터 중 가장 큰 값을 출력하는 프로그램이다.

↘ [max.c] 입력 수치 데이터중 최대값(maximum) 출력 프로그램

```
#include <stdio.h>
main( )
{
```

```
    int  array[4];
    int  i, max=0;
    for(i = 0; i < 4; i++){
        printf("데이터 입력 array[%d] ==> ", i);
        scanf("%d", &array[i]);
    }
    for(i = 0; i < 4; i++){
    if(array[i] > max) max = array[i];
    }
    printf("최대값 = %d \n", max);
}
```

→ 실행 결과

```
데이터 입력 array[0] ==> 30
데이터 입력 array[1] ==> 50
데이터 입력 array[2] ==> 90
데이터 입력 array[3] ==> 70
최대값 = 90
계속하려면 아무 키나 누르십시오...
```

↘ [average.c] 성적의 총점과 평균을 구하는 프로그램

```
#include <stdio.h>
main( )
{
    static sung[5];
    int    i, sum = 0;
    float  ave = 0.0;
    printf("데이터 입력 ==> ");
    for (i = 0; i < 5 ; i++) {
            scanf("%d", &sung[i]);
            sum += sung[i];            /* 점수 합산 */
        }
```

```
        for (i = 0; i < 5 ; i++)
            printf("sung[%d] = %d, ", i , sung[i]);
        ave = sum / 5.0;                    /* 평균 계산 */
    printf("\n점수합산 = [%5d] , 평균 = [%7.2f] \n", sum, ave);
}
```

→ 실행 결과

```
데이터입력 ==> 93 79 86 94 95
sung[0] = 93, sung[1] = 79, sung[2] = 86, sung[3] = 94, sung[4] = 95,
점수합산 = [  447]  평균 = [  89.40]
계속하려면 아무 키나 누르십시요...
```

[average.c]는 1차원 배열을 정적(static) 배열로 선언하고, sum은 0, ave는 0.0으로 초기화한 후 for문을 이용하여 점수를 합산하고, 산술평균값을 구하는 프로그램이다. 평균을 구할 때 ave = sum / 5.0;과 같이 입력한 이유는 sum값이 정수이므로 sum / 5로 하면 "정수/정수"가 되어 소수이하 자리 값을 구할 수 없기 때문에 "정수/실수" 형태로 만들어 실수형 데이터로 변환한 후 소수이하 자리 값을 구하였다.

[average.c]는 1차원 배열 array[10]을 for문을 이용하여 1 ~ 10까지 초기화하고, 홀수 번째 방의 데이터와 짝수 번째 데이터를 교환하는 프로그램이다.

변경 전	1	2	3	4	5	6	7	8	9	10
변경 후	2	1	4	3	6	5	8	7	10	9

↘ [exchange.c] 홀수방과 짝수방 데이터 교환하여 출력하는 프로그램

```
#include <stdio.h>
main( )
{
    int i, temp;
    int array[10];
```

```
    for(i = 0; i < 10 ; i++)   array[i] = i + 1;        // ① 배열 초기화
    printf("변경 전 : ");
    for(i = 0; i < 10 ; i++)   printf(" %d  ", array[i]);
    for(i = 0; i <= 10 ; i=i+2){ ⎫                       // ② 배열원소 교환
        temp = array[i];          ⎬
        array[i] = array[i+1];    ⎭ ③
        array[i+1] = temp;
    }
    printf("\n변경 후 : ");
    for(i = 0; i < 10 ; i++)   printf(" %d  ", array[i]);
    printf("\n");
}
```

→ 실행 결과

```
변경 전 : 1   2   3   4   5   6   7   8   9   10
변경 후 : 2   1   4   3   6   5   8   7   10   9
계속하려면 아무 키나 누르십시오 . . .
```

[exchange.c]는 1차원 배열을 자동(auto) 배열로 선언하고, ①은 for문을 이용하여 0~10까지를 초기화해 주고, ②의 for문은 홀수 번째와 짝수 번째 배열 원소를 교환하기 때문에 증감식을 2씩 증가해 주고 있으며 ③의 경우는 두 개의 기억장소의 값을 교환하기 위하여 swapping 작업을 하여 주고 있다.

8.2.4 배열의 크기 (sizeof 연산자 이용)

배열 크기에 대하여 알아보자. 배열 크기는 sizeof 연산자를 이용하여 해당 데이터 형이 얼마만큼의 메모리를 사용하고 있는지를 byte 단위로 나타낼 수 있다. sizeof 연산자는 하나의 피연산자를 가지고 있기 때문에 단항 연산자이고, 피연산자로 형 지정자를 이용할 경우에는 괄호로 묶어야 한다.

```
sizeof(int)
```

이는 int형이 메모리를 얼마만큼 사용하는지를 알려 준다. [sizeof.c]은 sizeof 연산자를 이용하여 데이터 형이 메모리를 차지하고 있는 byte 수를 알아보는 예제이다.

↘ [sizeof.c] sizeof 연산자를 이용한 배열의 크기 출력 프로그램

```
#include <stdio.h>
main( )
{
    char   name[10];
    int    hakbun[10];
    float  ave[10];
    double pgpj[10];
    printf("name array is [%d Byte] \n", sizeof name);
    printf("hakbun array is [%d Byte] \n", sizeof hakbun);
    printf("ave array is [%d Byte] \n", sizeof ave);
    printf("pgpj array is [%d Byte] \n", sizeof pgpj);
}
```

→ 실행 결과

```
name array is [10 Byte]
hakbun array is [40 Byte]
ave array is [40 Byte]
pgpj array is [80 Byte]
계속하려면 아무 키나 누르십시요...
```

[sizeof.c]은 해당 데이터 형마다 1차원 배열 10개를 선언하여 전체 byte 수를 구해 준 프로그램으로 sizeof 연산자를 이용하여 char형은 1byte, int형은 4byte, float형은 4byte, double형은 8byte만큼 메모리를 차지한다는 것을 알 수 있다.

8.3 다차원 배열

2차원 이상의 배열을 다차원 배열(multi-dimensional array)이라고 하는데 이것은 2차원, 3차원, …의 배열로 표현되고, 이는 컴퓨터의 기억장소를 순서적으로 할당할 때 기억 장소의 표현을 이해하기 쉽게 나타낸다.

8.3.1 2차원 배열의 초기화

2차원 배열의 형식은 1차원 배열에서의 선언문과 비슷하며 "[ ]"로 묶은 첨자가 하나 더 있을 뿐이다.

형식 데이터 타입 배열명 [크기][크기];

다음은 2차원 배열을 선언한 예이다.

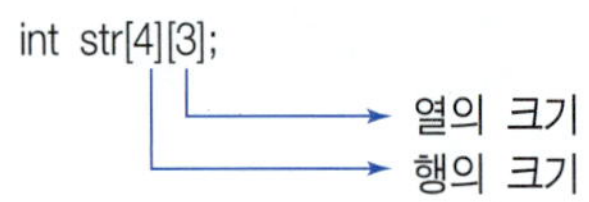

2차원 배열을 [그림 8-4]와 같이 표현할 수 있다. [그림 8-4]는 4 * 3 = 12개의 정수 변수를 각각 4byte씩 기억 장소를 할당한다.

str[0][0]	str[0][1]	str[0][2]
str[1][0]	str[1][1]	str[1][2]
str[2][0]	str[2][1]	str[2][2]
str[3][0]	str[3][1]	str[3][2]

그림 8-4 2차원 배열의 기억 장소 할당

그러나 2차원 배열의 기억 장소는 [그림 8-4]와 같이 지정이 되는 것이 아니라, 연속된 기억 장소를 차지하는 것이다. [memory.c]은 연속된 기억 장소를 나타내는 예제이다.

[memory.c] 2차원 배열의 기억 장소 출력 프로그램

```
#include <stdio.h>
main( )
{
    int str[2][3];
    int i, k;
    for (i = 0; i < 2; i++) {
        for (k = 0; k < 3; k++) {
            printf("배열기억장소 str[%d][%d] = %p \n", i, k, &str[i][k]);
        }
    }
}
```

→ 실행 결과

```
배열기억장소 str[0][0] = 002AF8EC   ←—— 기억장소가 16진수로 표현됨
배열기억장소 str[0][1] = 002AF8F0
배열기억장소 str[0][2] = 002AF8F4
배열기억장소 str[1][0] = 002AF8F8
배열기억장소 str[1][1] = 002AF8FC
배열기억장소 str[1][2] = 002AF900
계속하려면 아무 키나 누르십시오 . . .
```

[memory.c]는 2차원 배열이 기억 장소를 연속되게 처리하는 것을 알 수 있는 예제이다. 배열명 str은 정수형이므로 4byte씩 증가되고, 처음 for문의 i가 0일 때 두 번째 for문의 k가 0부터 2까지 3회 실행되며, 다시 처음 for문의 i가 1일 때 두 번째 for문의 k가 0부터 2까지 3회 실행된다.

실행 결과는 기억 장소 lvalue가 4씩 증가되고 있는 것을 알 수 있으므로, 2차원 배열인 경우 [그림 8-4]와 같이 저장되는 것이 아니라 실제로 연속된 기억 장소를 할당받는 다는 것을 알 수 있다.

2차원 배열에서도 1차원 배열과 마찬가지로 특정한 값을 초기화할 수 있다. 배열의 초기화는 배열 요소들을 중괄호 { }를 사용하여 행 단위로 묶어서 초기화한다.

```
int str[4][3]={{90,95,85},{82,75,90},
               {80,90,70},{75,95,86}}
```

배열 str[4][3]의 초기화는 [그림 8-5]와 같이 각각의 원소에 그 값을 대입한 것과 같다.

str[0][0]=90	str[0][1]=95	str[0][2]=85
str[1][0]=82	str[1][1]=75	str[1][2]=90
str[2][0]=80	str[2][1]=90	str[2][2]=70
str[3][0]=75	str[3][1]=95	str[3][2]=86

그림 8-5 2차원 배열의 기억 장소 초기화

2차원 배열의 초기화 방법 중에 [그림 8-6]과 같이 for문을 이용하여 초기화하는 방법도 있다.

```
for(i = 0; i < 4; i++)
    for(j = 0; j < 3; j++)
        str[i][j] = 0;
```

str[0][0]=0	str[0][1]=0	str[0][2]=0
str[1][0]=0	str[1][1]=0	str[1][2]=0
str[2][0]=0	str[2][1]=0	str[2][2]=0
str[3][0]=0	str[3][1]=0	str[3][2]=0

그림 8-6 2차원 배열의 기억 장소를 0으로 초기화

[two_array1.c]는 2차원 정적배열을 이용하여 기억 장소에 데이터를 초기화시켜 저장하고, 저장된 데이터를 다중 for문을 이용하여 출력하는 프로그램이다.

```
static int score[2][3] = {{85,95,80},{75,65,80}};
```

정적 배열 score는 2행 3열로 구성된 배열이고, 행단위로 중괄호 { }를 사용하여 초기 데이터를 저장해 주었다.

↘ [two_array1.c] 2차원 배열의 초기화 예제 프로그램 1

```
#include <stdio.h>
main( )
{
    int  i, j;
    static int score[2][3] = {{85,95,80},{75,65,80}};
    for(i = 0; i < 2; i++)
        for(j = 0; j < 3; j++)
            printf("score[%d][%d] = %d\n", i, j, score[i][j]);
}
```

→ 실행 결과

```
score[0][0] = 85
score[0][1] = 95
score[0][2] = 80
score[1][0] = 75
score[1][1] = 65
score[1][2] = 80
계속하려면 아무 키나 누르십시요...
```

↘ [two_array2.c] 2차원 배열의 초기화 예제 프로그램 2

```
#include <stdio.h>
main( )
{
    int i, j;
    int score[2][3] = {{85,95},{90,80}};
    for(i = 0; i < 2; i++) {
```

```
        for(j = 0; j < 3; j++) {
            printf("score[%d][%d] = %d \n", i, j, score[i][j]);
        }
    }
}
```

→ 실행 결과

```
score[0][0] = 85
score[0][1] = 95
score[0][2] = 0
score[1][0] = 90
score[1][1] = 80
score[1][2] = 0
계속하려면 아무 키나 누르십시요...
```

[two_array2.c]은 2차원 배열의 초기 데이터가 중괄호 { }안에 두 개의 데이터만 들어가 있어서 초기화 데이터가 한 개씩 부족하지만 중괄호로 구분되어 있으므로 부족한 부분은 0으로 초기화된다.

8.3.2 2차원 배열의 행(row) 크기 생략

2차원 배열에서도 1차원 배열처럼 배열의 크기를 생략할 수 있다. 그러나 배열의 크기를 지정하는 부분 즉, 행(row)과 열(column)의 크기를 모두 생략할 수는 없고, 다만 행의 크기는 생략할 수 있다. 예를 들면,

```
int  str[ ][ ] = {{10, 20}, {30, 40, 50}, {60, 70, 80}};
```

위의 배열 str의 초기화를 보면 중괄호({ })가 세 개 있으므로, 행의 개수는 정확하게 세 개인 것을 컴파일러가 알 수 있지만, 열의 개수는 두 개인지 세 개인지 정확하게 알 수 없다. 왜냐하면 초기치의 수가 부족한지, 아니면 배열의 원소 수를 초과한 것인지를 알 수 없기 때문에 컴파일러는 에러 메시지를 출력하게 된다. 그러므로 2차원 배열에서는 행의 크기만을 생략할 수 있고 열의 크기는 생략할 수 없다.

예를 들어 5명의 학생 3과목 성적을 p[ ][4]에 데이터(번호 c언어 DB실무 Java)를 초기화 시켜주고, 각 학생의 성적의 총점과 평균을 구하는 프로그램을 작성하면 [row.c]와 같다.

[row.c]은 선행처리기 #define를 이용하여 라인을 "===" 표현해 주었고, 2차원 배열 선언시 행을 생략(p[ ][4])한 경우를 나타내는 프로그램으로서 for문과 printf( ) 함수에 사용하여 프로그램을 간소화하였다. 5명의 학생 3과목 성적의 총점과 평균을 구해 보는 프로그램으로 for문을 이용하여 2차원 배열의 첨자를 제어해 주는 프로그램이다.

①의 경우 번호는 과목별 총점에 합산을 할 수 없으므로 번호를 먼저 출력하고, 다음 for(j = 1; j 〈 4; j++)문에서 i값을 1로 초기화하여 ②에서는 번호를 제외한 과목별로 총점(tot)에 합산하고 ③에서는 화면에 과목 점수를 출력하였다. ④에서는 개인별로 구한 총점을 출력하고, 평균을 출력하기 위하여 총점/3과목(tot / 3.0)을 소수 아래 두 자리로 출력하였다.

↘ [row.c] 2차원 배열의 행 크기 생략 예제 프로그램

```
#include <stdio.h>
#define str "======================================" /*라인정의 */
main()
{
    static int p[ ][4]={{1, 80, 65, 70}, {2, 70, 55, 75},
              {3, 85, 90, 95}, {4, 75, 80, 70}, {5, 80, 60, 90}};
    int i, j, tot;
    printf("%10s 성적관리 \n", " ")
    printf("%s \n", str);
    printf("번호 c언어 DB실무 Java  총점  평균 \n");
    printf("%s \n", str);
    for(i = 0; i < 5; i++) {
    tot = 0;                         /* 총점 값을 0으로 초기화 */
    printf(" %2d   ", p[i][0]);     /* ① 번호를 출력 */
    for(j = 1; j < 4; j++) {
        tot += p[i][j];              /* ② 과목별 총점 구함 */
        printf(" %2d   ", p[i][j]); /* ③ 과목 점수 출력 */
        }
```

```
        printf("%4d  %5.2f \n", tot, tot / 3.0);  /* ④ 총점과 평균 출력 */
    }
    printf("%s \n", str);
}
```

→ 실행 결과

```
          성 적 관 리
=================================
번호 c언어 DB실무 Java  총점  평균
=================================
  1   80    65    70    215  71.67
  2   70    55    75    200  66.67
  3   85    90    95    270  90.00
  4   75    80    70    225  75.00
  5   80    60    90    230  76.67
=================================
계속하려면 아무 키나 누르십시오 . . .
```

[two_array3.c]는 다음과 같이 2차원 배열 num[4][5]에 0부터 1씩 증가시켜 값을 저장하고, 저장된 배열의 값을 출력하는 프로그램이다.

0	1	2	3	4
5	6	7	8	9
10	11	12	13	14
15	16	17	18	19

↘ [two_array3.c] 2차원 배열 0~19까지 출력 예제 프로그램

```
#include <stdio.h>
main()
{
    int num[4][5];
```

```
    int i, j, cnt=0;
    for(i=0; i<4; i++){                     // 배열에 0~19까지 값 저장
        for(j=0;j<5;j++){
            num[i][j] = cnt;
            cnt++;
        }
    }
    for(i=0; i<4; i++){                     // 배열에 저장된 값 출력
        for(j=0;j<5;j++){
            printf("%4d", num[i][j]);
        }
        printf("\n");
    }
}
```

→ 실행 결과

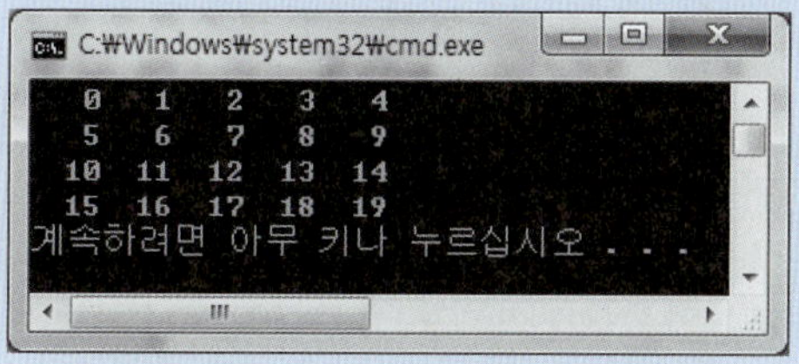

8.3.3 다차원 배열

지금까지는 2차원 배열에 대하여 알아보았지만, 이제는 3차원 이상의 배열에 대해서 알아보자. 다차원 배열의 일반 형식은 다음과 같다.

형식	데이터 타입 배열명 [크기1][크기2] ..... [크기n];

다른 종류의 언어뿐만 아니라 C언어에서도 4차원 이상은 주로 사용하지 않기 때문에, 3차원에 대해서만 간단히 설명하겠다.

다음은 3차원 배열을 선언한 예이다.

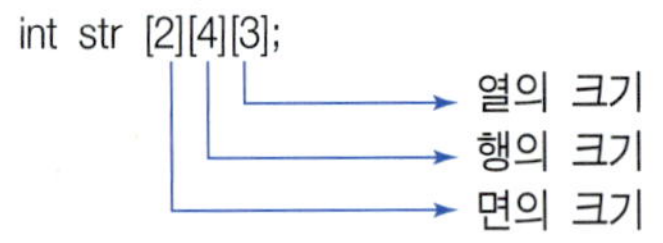

0번째 면(4 * 3 = 12개의 정수 변수)

str[0][0][0]	str[0][0][1]	str[0][0][2]
str[0][1][0]	str[0][1][1]	str[0][1][2]
str[0][2][0]	str[0][2][1]	str[0][2][2]
str[0][3][0]	str[0][3][1]	str[0][3][2]

1번째 면(4 * 3 = 12개의 정수 변수)

str[1][0][0]	str[1][0][1]	str[1][0][2]
str[1][1][0]	str[1][1][1]	str[1][1][2]
str[1][2][0]	str[1][2][1]	str[1][2][2]
str[1][3][0]	str[1][3][1]	str[1][3][2]

그림 8-7 3차원 배열의 기억 장소 할당

그러나 이러한 3차원 배열의 기억 장소는 [그림 8-7]과 같이 지정이 되는 것이 아니라, 2차원 배열과 마찬가지로 연속된 기억 장소를 차지하는 것이다.

3차원 배열에서도 1차원 배열과 마찬가지로 특정한 값을 초기화할 수 있다. 배열의 초기화는 배열 요소들을 "{ }"를 사용하여 면, 행 단위로 묶어서 초기화한다.

```
int str[2][2][3]={{{75,90,80},{82,75,65}},{{80,90,70},{75,95,86}},
                  {{95,85,75},{64,75,94}},{{85,60,80},{69,78,98}}}
```

3차원 배열에서도 첨자의 크기를 생략할 수 있지만, 3차원에서는 면의 첨자만 생략이 가능하다.

[three_array1.c]는 3차원 배열이 기억 장소를 연속되게 갖는 것을 알 수 있는 예제 프로그램이다. 배열명 str은 정수형이므로 4byte씩 증가되고 있다. 처음 for문의 i가 0이고, 두 번째 for문의 k가 0일 때 세 번째 m이 0부터 2까지 3회 실행되고, k가 1일 때 세 번째 m이 0부터 2까지 3회 실행되고, 다시 for문의 i가 1일 때 다시 반복되어 실행된다.

↘ [three_array1.c] 3차원 배열의 기억 장소 출력 프로그램

```
#include <stdio.h>
main( )
{
    int str[2][2][3];
    int i, k, m;
    for (i = 0; i < 2; i++) {
        for (k = 0; k < 2; k++) {
            for (m = 0; m < 3; m++) {
                printf("배열 str[%d][%d][%d] = %p\n", i, k, m, &str[i][k][m]);
            }
        }
    }
}
```

→ 실행 결과

```
배열 str[0][0][0] = 0065FDC8
배열 str[0][0][1] = 0065FDCC
배열 str[0][0][2] = 0065FDD0
배열 str[0][1][0] = 0065FDD4
배열 str[0][1][1] = 0065FDD8
배열 str[0][1][2] = 0065FDDC
배열 str[1][0][0] = 0065FDE0
배열 str[1][0][1] = 0065FDE4
배열 str[1][0][2] = 0065FDE8
배열 str[1][1][0] = 0065FDEC
배열 str[1][1][1] = 0065FDF0
배열 str[1][1][2] = 0065FDF4
계속하려면 아무 키나 누르십시요...
```

[three_array2.c]는 3차원 배열 str의 총 Byte 수와 정수(int)가 차지하는 Byte 수를 나누어 전체 배열 원소 방의 개수를 알아보는 프로그램이다.

↘ [three_array2.c] 3차원 배열 원소의 수 확인 프로그램

```
#include <stdio.h>
main( )
{
    int  str[4][3][2];
    printf("str 배열의 크기 = [%d Byte] \n", sizeof(str));
    printf("int 정수의 크기 = [%d Byte]\n", sizeof(int));
    printf("str 배열 방의 개수 = [%d개] \n", sizeof(str)/sizeof(int));
}
```

→ 실행 결과

```
str 배열의 크기 = [96 Byte]
int 정수의 크기 = [4 Byte]
str 배열 방의 개수 = [24개]
계속하려면 아무 키나 누르십시요...
```

8.4 문자열 배열

C언어에서는 문자열을 사용하기 위해서 먼저 문자열을 저장할 기억 장소를 할당해야 한다. 그러나 C언어에서는 문자열을 저장할 별도의 자료형이 제공되지 않기 때문에, 문자열을 위한 기억 장소로 char형 배열을 사용해야 한다. 문자열 배열을 정의할 때 문자열의 크기에 맞게 배열의 크기를 지정해야 하지만, 문자열의 크기가 가변적일 때 일반적으로 배열의 크기를 생략하여 정의하고 초기화해 준다. 초기화 데이터는 이중 인용 부호(" ")가 사용된다. C언어에서는 문자열을 특수한 배열로 취급하고 있는데, 문자열이란 ASCII 문자로 이루어져 있으며 문자열 끝에 null 문자('₩0')가 있는 1차원 배열이라고 할 수 있다. 예를 들어, "COMPUTER"라는 문자열을 보자.

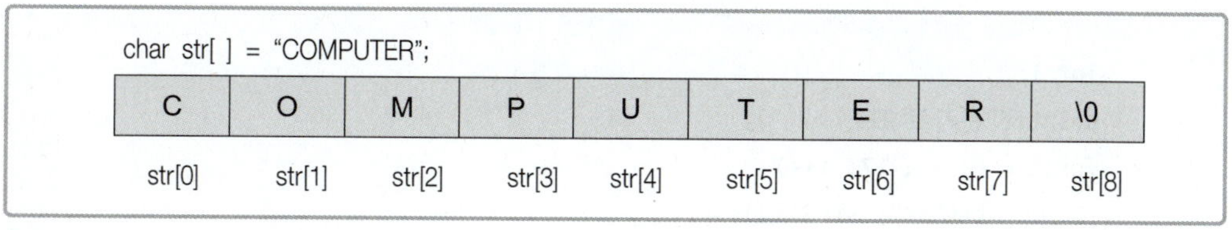

문자열 "COMPUTER"는 8개의 문자로 구성되어 있지만 마지막 null 문자를 포함하여 정확히 9개의 배열 원소로 구성된 문자 배열이다. 문자열 배열에는 문자열과 문자로 나눌 수 있는데 문자열은 연속한 문자의 집합을 나타내고, 문자는 한 개의 문자를 의미하며 이는 다음과 같은 차이가 있다.

문자열을 나타낼 때는 이중 인용 부호인 (" ")로 묶으며, 문자를 나타낼 때는 단일 인용 부호 (' ')로 묶는 차이가 있다.

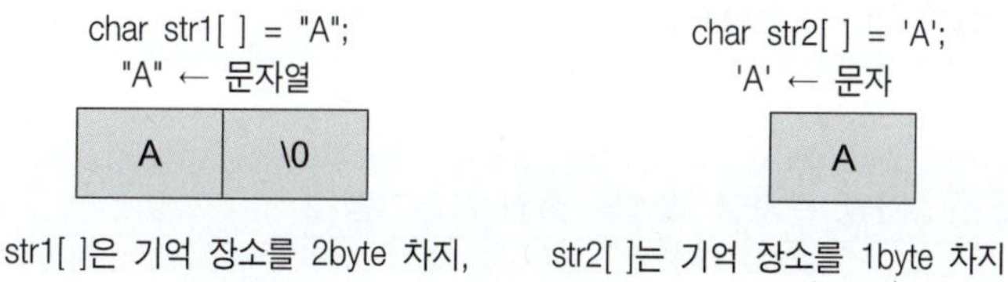

그림 8-8 문자 배열의 기억 장소 할당 예

[string.c]는 "COMPUTER SCIENCE"라는 문자들을 1차원 배열을 사용하여 출력하는 프로그램이다. 문자 배열은 데이터가 문자라는 것을 제외하면 일반 배열과 별로 다를 게 없다. 문자 배열의 초기 값 설정은 단일 인용 부호(' ')로 묶는 한 개의 문자로 표현할 수 있고, char str1[ ]에는 '₩0'을 포함한 17개의 문자들로 구성되고, 문자열 상수로 표현이 가능하다.

↘ [string.c] 1차원 문자열 배열을 출력 프로그램 1

```
#include <stdio.h>
main( )
{
    char str1[ ]={'C','O','M','P','U','T','E','R',' ','S','C','I','E','N','C','E','\0'};
    char str2[ ] = "COMPUTER SCIENCE";
```

```
    int i;
    printf("문자로 표현 => ");
    for(i = 0; i < 17; i++)
        printf("%c", str1[i]);
     printf("\n");
     printf("str1문자열로 표현 => %s \n", str1);
     printf("str2문자열로 표현 => %s \n", str2);
}
```

→ 실행 결과

```
문자로 표현 => COMPUTER SCIENCE
str1문자열로 표현 => COMPUTER SCIENCE
str2문자열로 표현 => COMPUTER SCIENCE
계속하려면 아무 키나 누르십시오...
```

↘ [two_string.c] 2차원 문자열 배열을 출력 프로그램 2

```
#include <stdio.h>
main( )
{
    int  i;
    char str[ ] = "COMPUTER SCIENCE";
    char univ_name[3][20] = {"SEOUL UNIVERSITY",
        "PUSAN UNIVERSITY", "KWANGJU UNIVERSITY"};
    printf("str ==> %s \n", str);
    printf("str[5] ==> %c \n", str[5]);
    for (i = 0; i < 3; i++) {
        printf("univ_name[%d] ==> %s \n", i, univ_name[i]);
        printf("univ_name[%d][3] ==> %c \n", i, univ_name[i][3]);
    }
}
```

→ 실행 결과

```
str ==> COMPUTER SCIENCE              ◀──── ①
str[5] ==> T                          ◀──── ②
univ_name[0] ==> SEOUL UNIVERSITY     ◀──── ③
univ_name[0][3] ==> U                 ◀──── ④
univ_name[1] ==> PUSAN UNIVERSITY
univ_name[1][3] ==> A
univ_name[2] ==> KWANGJU UNIVERSITY
univ_name[2][3] ==> N
계속하려면 아무 키나 누르십시요...
```

문자 배열이 문자열로 인식되기 위해서는 마지막 원소가 문자열 끝이라는 것을 컴파일러에게 알려 주는 null 문자인 '₩0'이 자동으로 설정된다.

[two_string.c]는 1차원 문자열 배열 str[ ]과 2차원 문자열 배열 univ_name[3][20]을 초기화하여 해당 배열의 데이터를 출력하는 프로그램으로 실행 결과의 ①은 문자열 배열의 해당 문자열을 %s를 이용하여 출력하고, ②는 %c를 이용하여 str[5]의 문자(즉, 전체 문자열 중 6번째 값) "T"를 출력한다. ③은 univ_name의 처음 문자열을 출력하고, ④는 univ_name[0][3]의 문자(즉, 1행 4열의 문자 값) "U"를 출력한다.

8.5 배열의 정렬(sort)

정렬(sort)이라는 것은 순서 없이 나열된 데이터를 특정 키를 이용하여 순서적으로 나열하는 것을 말하고, 이는 자료 구조에서 자세히 배우겠지만, 여기서는 배열 내의 데이터를 오름차순(Ascending) 또는 내림차순(Descending)으로 내부 정렬하는 방법에 관하여 기술한다.

정렬(sort) 기법에는 다양한 종류가 있으나, 각각 장단점이 있다. 적은 양의 데이터를 처리할 때에는 Bubble sort와 같은 간단한 알고리즘을 가진 정렬 방식이 좋으며, 많은 양의 데이터를 처리할 때는 Quick sort가 장점을 보이고 있다. 또한 Visual C언어에서는 Quick sort 처리를 지원해 주는 함수가 내장되어 있어 편리하게 정렬 작업을 할 수 있다.

8.5.1 Bubble sort(버블 정렬)

Bubble sort는 데이터를 두 개씩 비교하여 정렬시키는데, 예를 들어 내림차순 정렬을 한다고 하자. 데이터 a, b, c, ... 중에서 먼저 a와 b를 비교하여 a값이 작다면 b의 데이터와 바꿔 놓는다(b, a, c). 이렇게 비교하여 교체시키는 작업을 계속 진행하고, 데이터가 한 번도 바뀌는 것이 없거나 마지막 반복 과정까지 도달하면 정렬을 완료하는 방법이다.

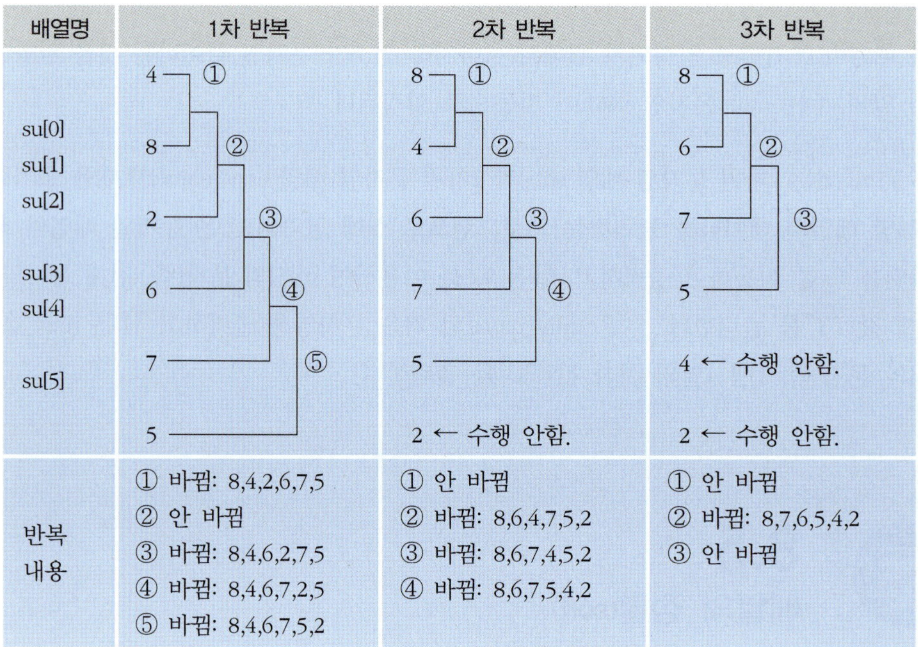

그림 8-9 bubble sort 내림차순 정렬의 예

↘ [bubble.c] Bubble sort 방법을 이용한 내림차순 정렬 프로그램

```
#include <stdio.h>
#define TRUE 1
#define FALSE 0
main()
{
    int i, j, sw, temp, su[6] = {4, 8, 2, 6, 7, 5};
    for (i = 5; i > 0; i--) {
        sw = TRUE;              /* TRUE이면 데이터가 안바뀐 상태 */
        for (j = 0; j < i; j++)
            if (su[j] < su[j+1]) {
                temp = su[j];       /*  기억 장소의 내용을 바꿈 */
                su[j] = su[j+1];
                su[j+1] = temp;
                sw = FALSE;         /* 데이터의 교환시 */
        }
        if (sw == TRUE) break;    /* 데이터 교환 없으면 완료 */
    }
    for (i = 0; i < 6; i++)
        printf("su[%d] = %d, ", i, su[i]);
    printf("\n");
}
```

→ 실행 결과

```
su[0] = 8, su[1] = 7, su[2] = 6, su[3] = 5, su[4] = 4, su[5] = 2,
계속하려면 아무 키나 누르십시요...
```

[bubble.c]는 Bubble sort 방식을 사용하여 배열 내부의 데이터를 내림차순으로 정렬하는 프로그램으로 초기 데이터는 (4, 8, 2, 6, 7, 5)이다.

8.5.2 Quick sort(퀵 정렬)

Quick sort의 방법은 어느 하나의 키를 중심으로 2등분하여 분할하고, 이 분할된 부분을

또 다른 키를 중심으로 2등분 분할하여 진행하는 정렬 방법이다. C에서는 Quick sort 함수가 제공되므로, 일정 형식을 갖추기만 하면 아주 쉽게 사용할 수 있다.

↘ [quick.c] Quick sort 방법을 이용한 내림차순 정렬 프로그램

```
#include<stdio.h>
#include<stdlib.h>
#include <time.h>
int fun(int *x, int *y);  /* 사용자 정의 함수를 사용할 때 선언함 */
main()
{
    int i, j = 1, su[20];
    srand( (unsigned)time(NULL) );     /* ① 난수 시작 값 변경  */
    for(i = 0; i < 20; i++)
        su[i] = rand() % 200;            /* ② 난수의 나머지 0~199 사이의 값 */
    qsort(su, 20, sizeof(int), fun);   /* ③ Quick sort 함수 */
        /* qsort(배열명, 크기, 데이터 형의 크기, 사용자 함수) */
       for(i = 0; i < 20; i++) {
           printf("su[%d]=%d, ", i, su[i]);
           (j == 5) ? (j = 1, printf("\n")) : j++ ;  /* ④ 한 줄에 5개씩 출력 */
        }
    }
    int fun(int *x,int *y)                  /* 비교할 두수의 포인터 형 함수 */
    {
        return(*x < *y) ? 1 : (*x > *y) ? -1 : 0;  /* ⑤ 내림차순 정렬 */
}
```

→ 실행 결과

```
su[0]=195, su[1]=169, su[2]=162, su[3]=161, su[4]=158,
su[5]=145, su[6]=142, su[7]=134, su[8]=124, su[9]=105,
su[10]=100, su[11]=91, su[12]=81, su[13]=78, su[14]=67,
su[15]=64, su[16]=41, su[17]=36, su[18]=27, su[19]=27,
계속하려면 아무 키나 누르십시요...
```

[quick.c]의 ① srand( ) 함수는 난수의 발생 시작점을 계속 바꾸어주기 위하여 사용하였고, ②의 rand( ) 함수를 이용하면 무작위 수(-32768~32767)를 생성한다. rand() % 200은 0부터 199사이의 나머지 정수 값을 무작위로 발생하여 su[20] 배열에 저장한다. ③의 qsort( ) 함수는 fun( ) 함수를 호출하여 ⑤와 같이 내림차순 내부 정렬을 시킨 프로그램으로써 만약 오름차순으로 정렬하기를 원한다면 ⑤ 수식에서 관계연산자("<")를 반대로 변경해주면 된다. ④의 조건연산자는 한 라인에 다섯 개 항목을 찍기 위해서 (j == 5) ? (j = 1, printf("₩n")) : j++ ;을 사용하였다.

8.5.3 Insertion sort(삽입 정렬)

Insertion sort는 초기 상태의 입력 자료가 부분적으로 순서 배열이 되어 있을 때 적합한 정렬 방법이다.

↘ [insertion.c] Insertion sort 방법을 이용한 오름차순 정렬 프로그램

```
#include <stdio.h>
int insert(int *su, int n);
int sub_insert(int key, int *su, int k);
main()
{
    int su[8] = {70, 30, 40, 10, 80, 20, 60, 50};
    int i;
    insert(su, 8);              /* 함수 호출 */
    for(i = 0; i < 8; i++)
        printf("su[%d]=%d, ",i, su[i]);
}
int insert(int *su, int n)          /* 배열의 내용과 배열의 개수 */
{
    int j;
    for (j = 0; j <= n; j++)
        sub_insert(su[j], su, j-1); /* 함수 호출 */
}
```

```
int sub_insert(int key, int *su, int m)
{
    while (key < su[m]) {  /*① data 비교 후 적은 값 앞으로 삽입*/
        su[m+1] = su[m];
        m--;
        if (m < 0) break;
    }
    su[m+1] = key;
}
```

→ 실행 결과

```
su[1]=10,  su[2]=20,  su[3]=30,  su[4]=40,  su[5]=50,  su[6]=60,  su[7]=70,
su[8]=80,
계속하려면 아무 키나 누르십시요...
```

[insertion.c]은 임의의 배열을 키 값이 가장 작은 것부터 큰 순서로 오름차순 정렬하는 프로그램으로, 배열은

```
su[8] = {70, 30, 40, 10, 80, 20, 60, 50};
```

으로 초기화하여 다음의 함수 호출 insert(su, 8);은 배열에 저장된 데이터 값과 배열의 개수를 정의하는 함수이고, 함수 호출

```
sub_insert(su[j], su, j-1);
```

은 배열 내의 값을 서로 비교하기 위해 데이터 값을 가지고 함수 호출한다.

```
while (key < su[m]) {  }
```

①의 while문은 기준 값(key)과 데이터들을 비교하여 작은 정수 값을 앞으로 삽입하는 루틴이다. 이 예제 프로그램에서는 포인터를 사용하였는데 포인터는 10장에서 자세히 다루겠다.

8.5.4 2-Way Merge Sort(병합 정렬)

이미 완전히 순서 배열이 된 두 개의 배열을 한 개의 배열로 만드는 것을 2-way merge라 한다.

각 배열의 내용을 가져다 서로 비교하여 키 값이 작은 것을 새로운 배열에 이동시키고, 작은 키를 가졌던 다음의 것과 다시 비교하여 정렬하는 방법이다.

↘ [merge.c] 2-Way merge sort 방법을 이용한 오름차순 정렬 프로그램

```
#include <stdio.h>
main( )
{
    int su1[ ] = {10, 20, 30, 40, 50, 60, 70, 80};
    int su2[ ] = {15, 18, 25, 35, 65, 75, 85, 95};
    int su3[16];
    int i, j, k, l;
    i = j = k = 0;
    while (i <= 7 && j <= 7) {      ← ①
        if (su1[i] > su2[j]) {      ← ②
            su3[k] = su2[j];  j++;
        }
        else if (su1[i] == su2[j]) {
            su3[k] = su1[i];
            i++; j++;
        } else {
            su3[k] = su1[i];  i++;
        }
        k++;
    }
    if (j >= 8) {                  ← ③
        for(l = i; l < 8; l++) {
            su3[k] = su1[l];
            i++; k++;
```

```
        }
      }
      if (i >= 8) {                    ←—— ④
        for(l = j; l < 8; l++) {
          su3[k] = su2[l];
          j++;     k++;
        }
     }
     for(i = 0; i < 16; i++)           ←—— ⑤
        printf("su3[%d]=%d ", i, su3[i]);
}
```

→ 실행 결과

```
su3[0]=10 su3[1]=15 su3[2]=18 su3[3]=20 su3[4]=25 su3[5]=30
su3[6]=35 su3[7]=40 su3[8]=50 su3[9]=60 su3[10]=65 su3[11]=70
su3[12]=75 su3[13]=80 su3[14]=85 su3[15]=95
계속하려면 아무 키나 누르십시요...
```

[merge.c]는 두 개의 배열의 키 값을 비교하여 오름차순으로 순서 정렬한 프로그램이다.

①의 while문은 su1[ ], su2[ ]의 첨자가 0부터 7까지 증가할 때에는 참(true)이 되어 while 내의 명령문들을 수행해 준다. 만약, i와 j 둘 중 하나만이라도 8 이상이 되면 거짓(false)이 되어 while문을 빠져나간다.

②의 if 조건문은 배열에 해당되는 키 값을 서로 비교하여 작은 값은 배열 su3[ ]에 저장시켜 주고 만약, 키 값이 같은 경우에는 두 키 값 중 하나만 저장시켜 주고 해당 첨자를 각각 증가시켜 준다.

③은 ①번의 while문에서 첨자 j가 8이 되어 while문을 빠져나오게 되면 배열 su1[ ]의 값이 아직 남아 있으므로 남아 있는 키 값들을 배열 su3[ ]에 for문을 이용하여 저장시켜 주는 루틴이다.

④는 ①번의 while문에서 첨자 i가 8이 되어 while문을 빠져나오게 되면 배열 su2[ ]의 값이

아직 남아 있으므로 남아 있는 키 값들을 배열 su3[ ]에 for문을 이용하여 저장시켜 주는 루틴이다.

⑤는 for문을 이용하여 배열 su3[16]을 화면에 출력하여 키 값이 제대로 순서 정렬되었는가를 확인하는 루틴이다.

이 네 가지 방법 이외에도 많은 방법들이 있지만, 기타 방법들은 자료 구조를 참조하기 바라며 본 서에서는 생략하기로 한다.

8.6 배열 응용 프로그램 예제

[linked.c]는 1차원 배열 arr[10]에 1~10까지 초기화해 주고 for문을 이용하여 그 값을 왼쪽으로 한 칸씩 이동하여 출력하는 프로그램이다.

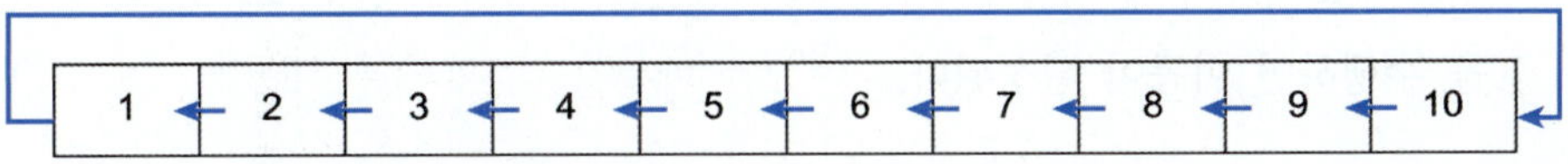

↘ [linked.c] 1차원 문자열 배열을 출력 프로그램 1

```
#include <stdio.h>
main( )
{
    int  i, arr[10], temp;
    for(i = 0; i < 10 ; i++)   arr[i] = i + 1;
    printf("초기화 후 배열 값\n");
    for(i = 0; i < 10 ; i++)   printf("%d  ", arr[i]);
    temp = arr[0];             ←———— ①
    for(i = 1; i < 10 ; i++){  ←———— ②
```

```
            arr[i-1] = arr[i];
        }
        arr[9] = temp;             ← ③
        printf("\n\n값 이동 후 배열 값\n");
        for(i = 0; i < 10 ; i++)   printf("%d  ", arr[i]);
        printf("\n");
}
```

→ 실행 결과

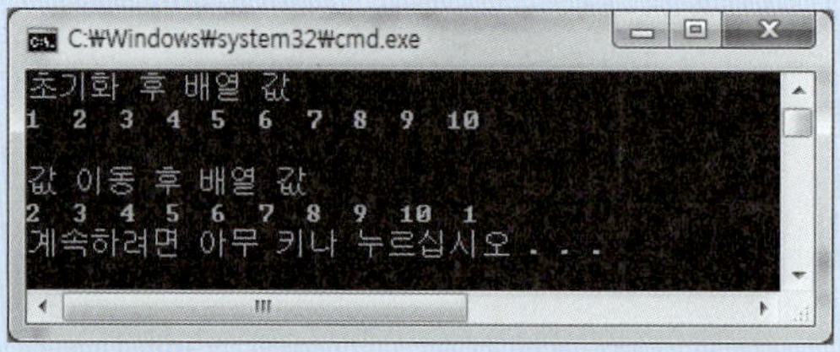

[linked.c]의 ①은 배열의 첫 번째 방(arr[0]) 값은 마지막 방(arr[9])으로 Link시켜야 되므로 임시기억장소인 temp변수에 저장해 주고, ②의 for문을 수행하여 왼쪽으로 한 칸씩 이동해 주고, ③을 수행하면 이동이 완성된다.

[month.c]는 2차원 배열 arr[12][2]에 1월부터 12월까지의 월별 일자를 저장하고 아래의 실행 결과와 같이 출력하는 프로그램이다.

1	31
2	28
3	31
4	30
5	31
6	30
7	31
8	31
9	30
10	31
11	30
12	31

arr[12][2]

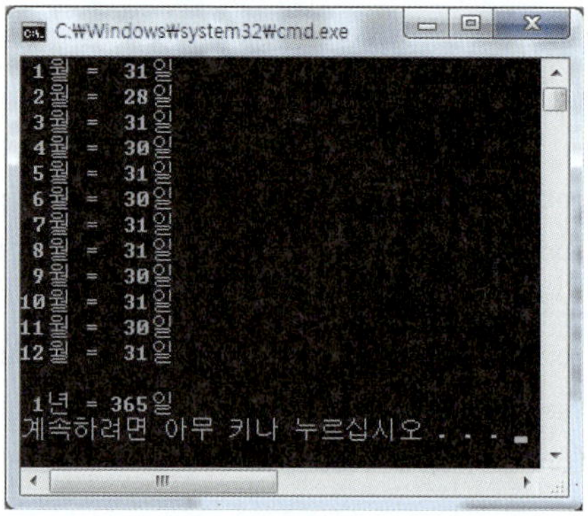

실행 결과

↘ [month.c] 2차원 배열 출력 프로그램

```
#include <stdio.h>
main()
{
    int  i, total=0;
    int  arr[12][2]={{1, 31},{2, 28},{3, 31},{4, 30},{5, 31},{6, 30},
    {7, 31},{8, 31},{9, 30},{10, 31},{11, 30},{12, 31}};

    for(i = 0; i < 12 ; i++) {
        printf("%2d월 = %3d일\n", arr[i][0], arr[i][1]);
        total += arr[i][1];          /* 월별 일자 합산  */
    }
    printf("\n 1년 = %d일\n", total);
}
```

[month.c]의 total변수는 1년 전체 일자를 합산하기 위하여 월별 일자 arr[i][1] 값을 합산하고 있다.

[two_array4.c]는 아래와 같이 2차원 배열 num[5][5]에 값을 저장하고 저장된 배열 값을 출력하는 프로그램을 작성한다.

1				
2	3			
4	5	6		
7	8	9	10	
11	12	13	14	15

↘ [two_array4.c] 2차원 배열 출력 예제 프로그램

```
#include <stdio.h>
main()
{
```

```
    static int num[5][5];
    int i, j, cnt=1;
    for(i = 0; i < 5; i++){
        for (j = 0; j <= i; j++) {   ┐
            num[i][j] = cnt;          } ①
            cnt++;                    ┘
        }
    }
    for(i = 0; i < 5; i++){
        for(j = 0; j <= i; j++){
            printf(" %4d", num[i][j]);
        }
            printf("\n");
    }
}
```

→ 실행 결과

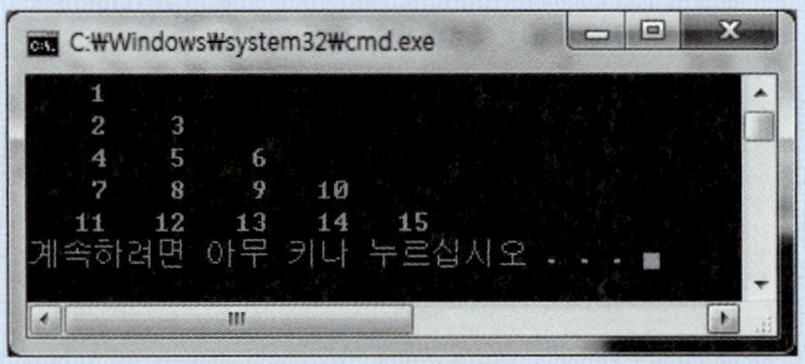

[two_array4.c]의 ①은 배열 num[i][j]의 첨자 값이 같을 때 까지만 값을 저장하고 변수 cnt 값을 1 증가해 준다.

[two_array5.c]는 다음과 같이 2차원 배열 num[5][5]에 값을 저장하고 저장된 배열의 값을 출력하는 프로그램이다.

1	0	0	0	0
0	3	0	0	0
0	0	6	0	0
0	0	0	10	0
0	0	0	0	15

↘ [two_array5.c] 2차원 배열 출력 예제 프로그램

```
#include <stdio.h>
main()
{
    static int num[5][5]={0};                    // 배열 0으로 초기화
    int i, j, cnt=0, sw=1;
    for(i = 0; i < 5; i++){
        cnt += sw;
        num[i][i] = cnt;    ①
        sw++;
    }
         for(i = 0; i < 5; i++){
             for(j = 0; j < 5; j++){
                 if (num[i][j] == 0)            // ② 배열 값이 0이면 출력 안함
                         printf("    ");
                 else printf("%3d", num[i][j]);  // 배열 값 출력
        }
    printf("\n");
    }
}
```

→ 실행 결과

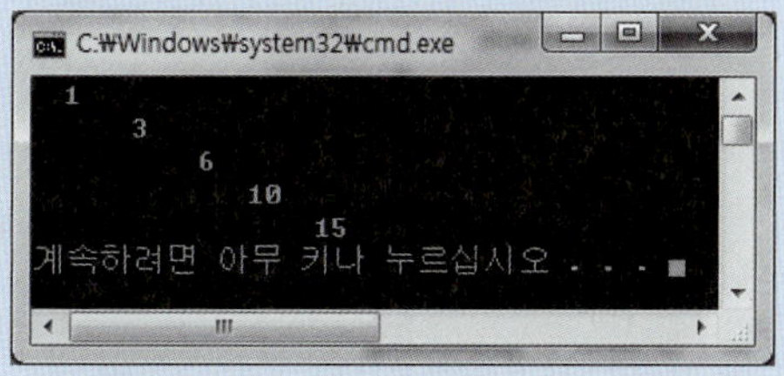

[two_array5.c]의 ①은 행이 바뀔 때 변수 sw 값이 1증가 한 후 변수 cnt에 합산하여 주었다. ②의 if문은 배열의 값이 0이면 출력하지 않고 0이 아니면 화면 출력하는 프로그램이다.

연습문제

1. 문자배열과 문자열 배열의 차이점을 설명하시오.

2. 1차원 배열 arr[4]를 다음과 같이 2가지 방법으로 초기화하고, 출력하는 프로그램을 작성하시오.

```
초기화 방법 1
        arr[4] = {1, 5, 7, 4};

초기화 방법 2
        arr[0] = 1, arr[1] = 5;
        arr[2] = 7, arr[3] = 4;
```

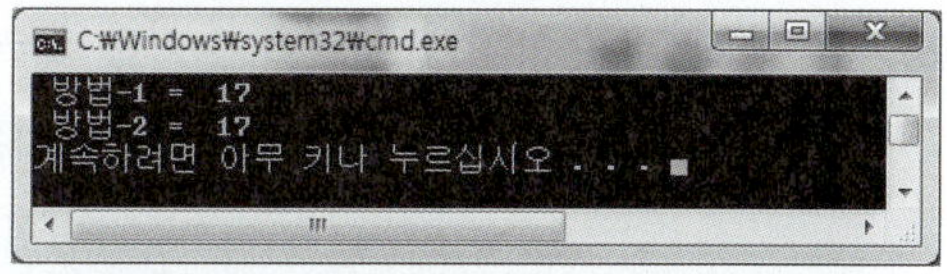

3. 2차원 배열 arr[3][2]를 다음과 같이 2가지 방법으로 초기화하고, 출력하는 프로그램을 작성하시오.

```
초기화 방법1
        arr[3][2] = {{1, 2}, {3, 5}, {4, 7}};

초기화 방법2
        arr[0][0] =1, arr[0][1] =2;
        arr[1][0] =3, arr[1][1] =5;
        arr[2][0] =4, arr[2][1] =7;
```

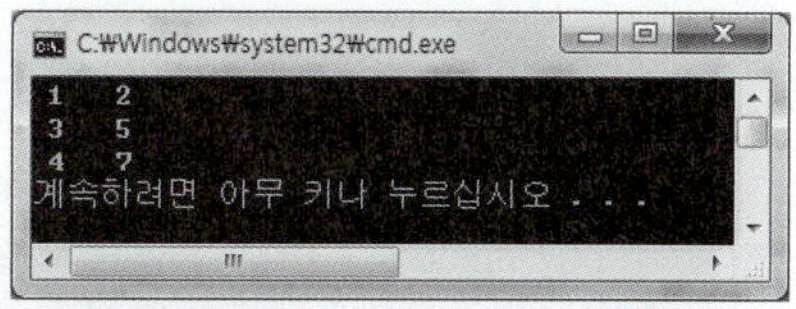

4. 5개의 정수형 배열 arr[5] 선언하고, 배열에 5개의 숫자를 키보드로 입력 받아 기억시킨 후 배열 값의 합을 출력하는 프로그램을 작성하시오.

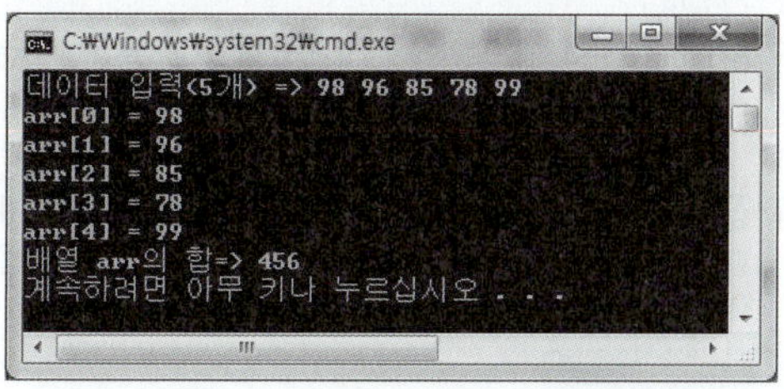

5. 1차원 배열 arr[100]에 임의의 숫자를 입력하되 "0"이 입력되면 입력을 종료하고, 배열에 저장된 값이 40~50 사이의 값은 출력하는 프로그램을 작성하시오.

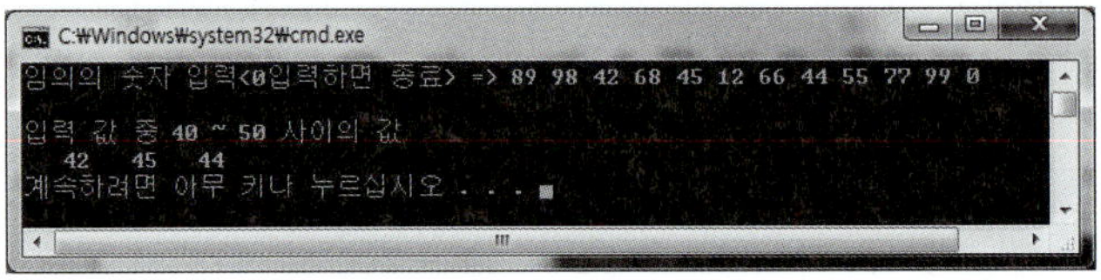

6. 1차원 배열 arr[10]에 임의의 숫자를 입력하여 저장한 후 배열 값이 음수이면 배열의 첨자를 출력하고 음수의 합을 출력하는 프로그램을 작성하시오.

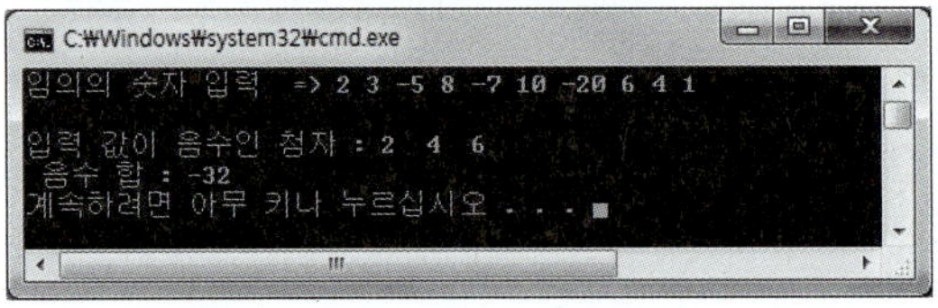

7. 10진수 정수 값을 입력하여 2진수로 변환하여 출력하는 프로그램을 작성하시오.

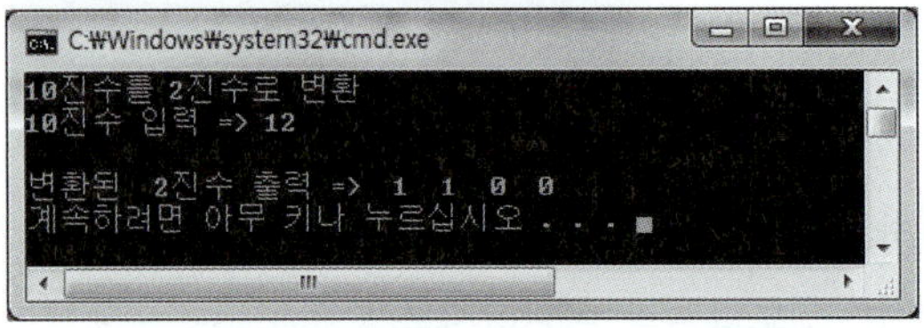

8. 학생 20명에게 만족도를 조사하기 위하여 1차원 배열 response[20] 값을 저장하고 만족도별 응답 횟수를 다음과 같이 출력하는 프로그램을 작성하시오.(단, 배열에 불만족(1), 보통(2), 만족(3)으로 값을 저장하고, 1~3 이외의 값이 존재하면 해당 배열방을 출력)

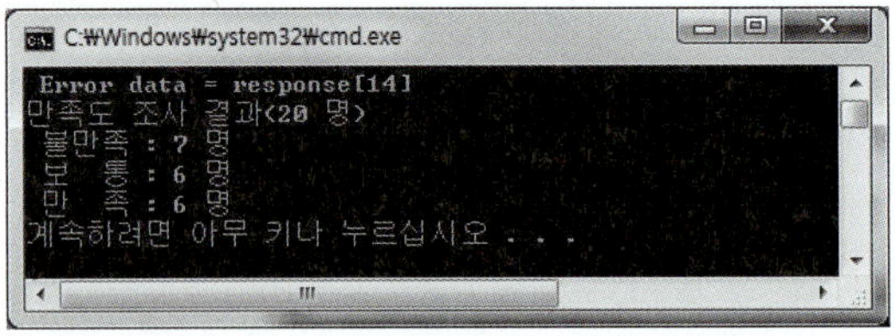

9. 2차원 배열 num[4][5]에 다음과 같이 값을 저장하고 저장된 값을 출력하는 프로그램을 작성하시오.

2	4	6	8	10
20	18	16	14	12
22	24	26	28	30
40	38	36	34	32

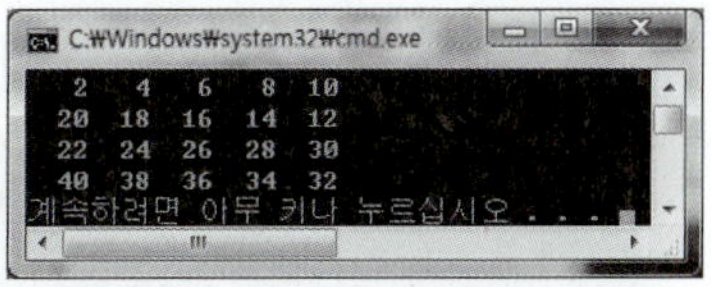

10. 2차원 배열 num[5][5]에 다음과 같이 값을 저장하고 저장된 값을 출력하는 프로그램을 작성하시오.

				1
			2	2
		3	3	3
	4	4	4	4
5	5	5	5	5

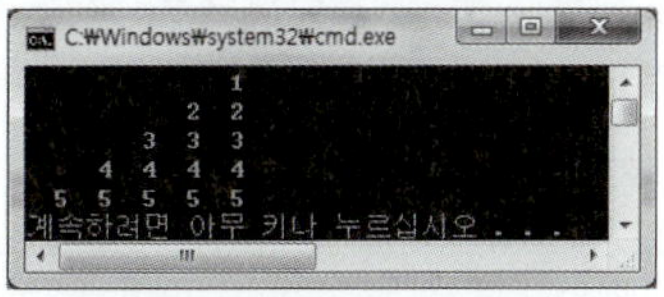

11. 2차원 배열 num[5][5]에 다음과 같이 값을 저장하고 저장된 값을 출력하는 프로그램을 작성하시오.

1	2	3	4	5
	6	7	8	9
		10	11	12
			13	14
				15

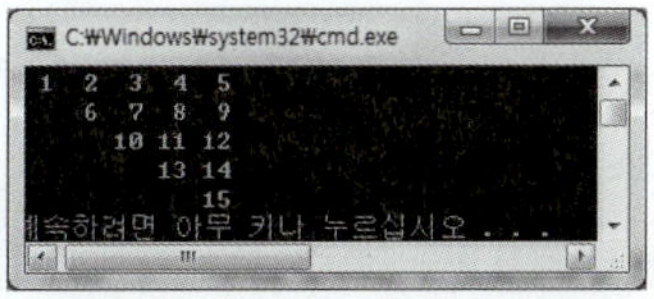

12. 2차원 배열 jumsu[10][3]에 다음과 같이 값을 저장하고, 저장된 값과 합계, 평균을 출력하는 프로그램을 작성하시오.

번호	영어	일어
1	88	83
2	98	77
3	85	88
4	75	85
5	86	97
6	89	95
7	87	99
8	65	88
9	45	70
10	96	80

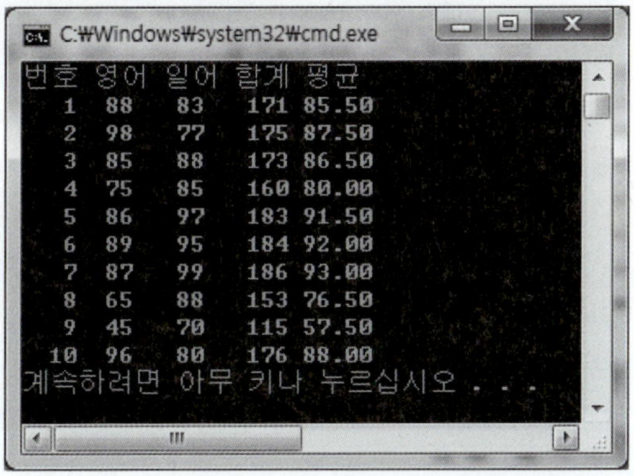

13. 다음과 같이 1차원 배열 su[10]에 값이 저장되어 있다. 오름차순으로 출력하는 프로그램을 작성하시오.

su[10]	10	50	40	90	80	70	60	30	20	0

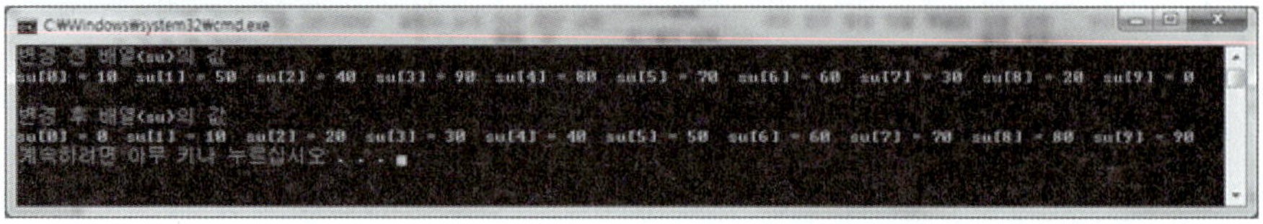

14. 다음의 5행 4열의 배열(arr)을 아래와 같이 출력하는 프로그램을 작성하시오

3	5	6	0
2	1	4	0
8	7	1	0
3	5	4	0
0	0	0	0

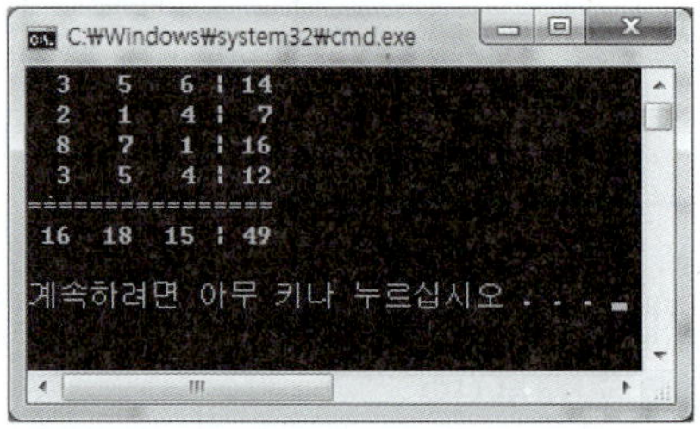

15. 2차원 배열 ma[101][101]={0, }으로 초기화하고, 다음과 같이 홀수(n x n) 3~99사이의 홀수 배열로 만들어진 마방진(魔方陣) ((가로, 세로, 대각선 수의 합이 모두 같은 숫자 배열표))을 출력하는 프로그램을 작성하시오.

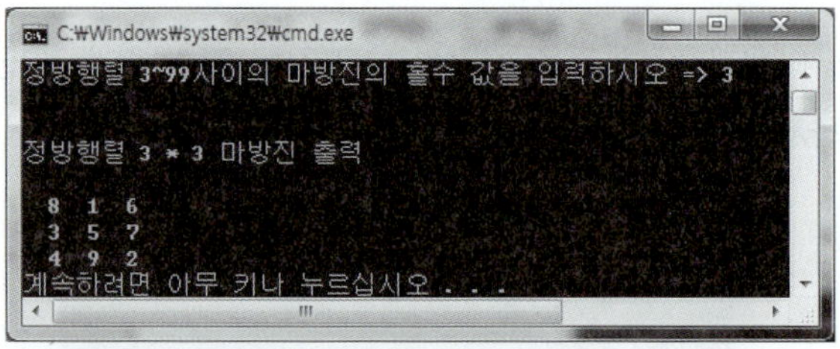

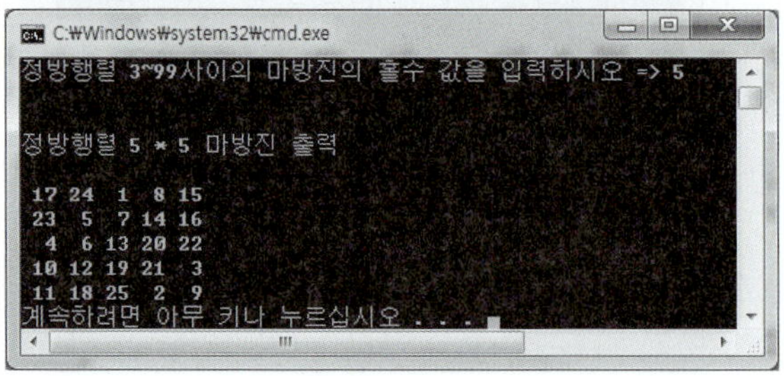

제 9 장

함 수

1. 사용자 정의 함수
2. 변환 함수
3. 응용 프로그램 예제

이미 앞에서 사용한 표준 입출력 함수 및 사용자 정의 함수는 여러 가지 예를 들어 설명하였다. 다른 언어와는 달리, C언어는 기본적으로 한 개 이상의 함수를 포함하고 있다. 예를 들면, main( ) 함수가 있다. main( ) 함수는 C 프로그램 전체를 제어한다고 생각하면 된다. 이 장에서는 함수의 인수(argument)가 어떻게 다른 함수에게 전달되는지, 사용자 정의 함수는 어떻게 만들어 사용할 것인지 등을 기술하겠다.

함수는 특정한 작업을 수행하도록 독립적으로 설계된 단위 프로그램이다. 복잡한 문제를 해결하기 위해 프로그램을 작성하고자 할 때, 원래의 문제를 여러 개의 단순한 문제로 분할하여 각각의 단순한 문제를 해결하기 위한 함수를 작성할 수 있을 것이다. 그리고 필요에 따라 이 함수를 호출함으로써 체계적인 프로그램 구성이 가능해진다. 이와 같이 함수를 이용하여 프로그램의 전체 구성을 모듈화함으로써 체계적이면서 이해하기 쉽고, 수정하기에 편리한 구조화 프로그래밍을 구현할 수 있다.

C언어의 모든 함수는 다른 함수를 자유로이 호출할 수 있으며, 자기 자신을 호출하는 것도 가능하다. 또한 입출력 기능을 비롯한 대다수 기능들이 C 컴파일러에 의해 함수의 형태로 제공된다.

함수의 선언은 저장할 메모리를 특별하게 할당하지 않고, 컴파일러는 단지 정보를 알기 위한 자료로만 사용한다. 이때 컴파일러가 컴파일할 경우에 함수의 정보를 심벌 테이블에 저장하도록 할 뿐이다. 심벌 테이블에 저장되는 것들은 함수의 이름, 함수의 반환형(함수의 형 지정자), 전달 인수와 각각의 형, 함수 인수의 개수, 함수 선언 등이 있다.

함수의 정의는 함수 선언의 내용과 실제로 처리할 명령문이 포함되어 있는 것을 말하고, 컴파일할 때 함수의 인수를 위한 메모리를 따로 할당해 둔다.

C언어에서는 표준 함수(printf( ), scanf( ) 등)와 사용자 정의 함수로 크게 나눌 수 있다. 표준 함수의 예는 지금까지 많은 예제 프로그램을 통하여 사용하였으며, 여기에서는 사용자 정의 함수에 대하여 알아보기로 하겠다.

9.1 사용자 정의 함수

함수는 [그림 9-1]과 같은 형식으로 호출되고, 함수의 정의 부분은 함수의 헤더와 중괄호 열기 "{"와 함수의 몸체 부분과 중괄호 닫기 "}"로 표현된다.

9.1.1 함수의 구성

(1) 함수의 헤더

모든 함수는 그 함수에 대한 사항을 설명하는 함수의 헤더로부터 시작한다. 함수의 헤더는 다음과 같은 세 가지의 요소로 이루어진다.

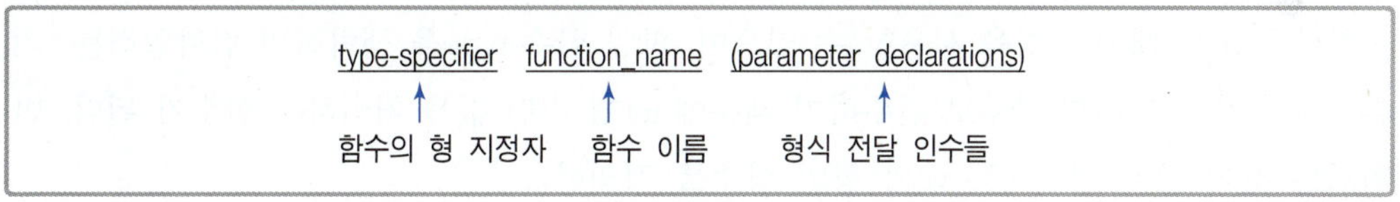

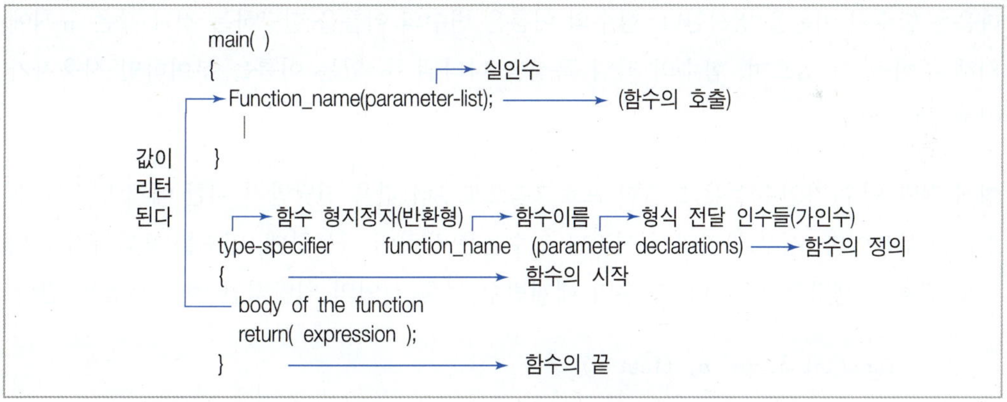

그림 9-1 함수의 호출 및 정의

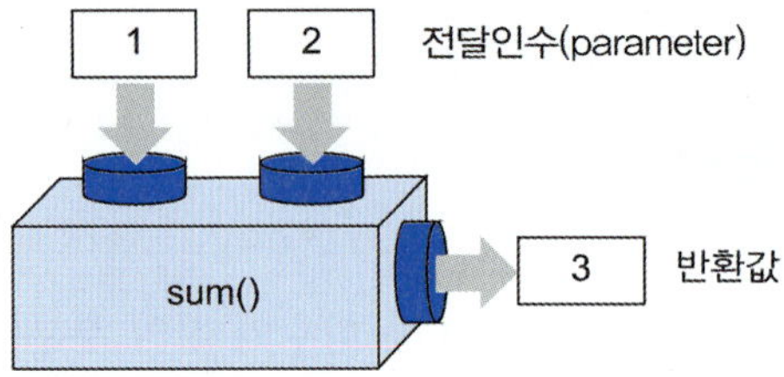

함수의 정의는 함수가 어떤 기능을 수행할 수 있도록 명령어가 나열된 부분으로 함수를 호출하기 위해서는 반드시 함수의 정의가 존재해야 한다. 함수 정의부는 함수의 반환형, 함수명, 형식 전달 인수들, 함수의 몸체 등 네 가지로 구성되어 있다.

먼저 함수의 반환 형태를 기술한다. 저장되는 데이터의 종류에 따라 모든 데이터 변수에 데이터 형을 지정하는 것과 마찬가지로, 함수에서는 함수의 내용에 따라 작업을 수행한 후 호출한 프로그램에 돌려주는 결과 값의 종류에 따라 함수의 데이터 형을 지정한다.

반환형은 모든 데이터 형을 사용할 수 있으며, 만일 함수 type을 생략하면 컴파일러는 기본(default) 값으로 int형 함수로 간주하기 때문에 int형 리턴 값을 처리하는 함수가 된다. 반환되는 값이 없는 경우에는 void 형의 함수를 정의한다.

다음은 함수의 이름을 명시한다. 함수의 이름은 변수의 이름을 할당하는 것과 같은 규칙에 의해 부여될 수 있으며, 함수의 작업 특성을 나타낼 수 있는 이름을 부여하면 사용자가 이해하기 쉽다.

형식 전달 인수(가인수)들은 호출한 프로그램으로부터 값을 전달받기 위한 매개 변수를 선언하는 부분이다. 경우에 따라서 이러한 인수들은 생략이 가능한데, 인수를 포함하지 않더라도 괄호는 생략할 수 없다. 함수의 매개변수 목록 선언의 일반적인 예는 다음과 같다.

```
func(int a, int b, float c)
```

동일한 type의 변수들을 콤마를 이용하여 선언하는 일반적인 변수 선언과는 달리, 함수의 매개변수(가인수)는 각각의 데이터 형과 이름을 명시해야만 한다.

```
int a, b;             ←── 정수형 변수의 선언
func(int a, int b)    ←── 함수의 인수들은 각각의 데이터 형을 포함해야 하며
                          콤마로 구분한다.
```

(2) 함수의 본문

함수의 본문(몸체)은 모든 함수의 내용을 기록하는 부분으로서 중괄호 내에 포함되는 모든 문장을 의미한다. 즉, 함수 내부의 어떤 기능을 수행하기 위해서 변수 선언은 명령문의 집합으로 구성된다.

(3) 함수의 반환 값

호출한 프로그램에 값을 돌려주기 위한 반환 값을 갖는다.

9.1.2 함수의 호출

함수는 이름과 인수에 의해서 하나의 문장으로 호출될 수 있다. 함수를 호출하는 문장은 명령문의 하나이므로 세미콜론(;)을 포함한다. 경우에 따라서는 함수 호출시 인수를 갖지 않을 수도 있다. 그러나 인수가 없는 경우에도 괄호는 생략할 수 없다.

↘ [argument_no.c] 인수가 없는 경우의 함수 호출 예제 프로그램

```
#include <stdio.h>
main( )
{
        sub( );                                          ──→ ①
        printf("control process ==> main statement \n"); ──→ ②
        sub( );                                          ──→ ③
        printf("main문장 끝 \n");
    }
    sub( )
    {
```

```
        printf("SAMPLE PROGRAM\n");
}
```

→ 실행 결과

```
SAMPLE PROGRAM
control process ==> main statement
SAMPLE PROGRAM
main문장 끝
계속하려면 아무 키나 누르십시요...
```

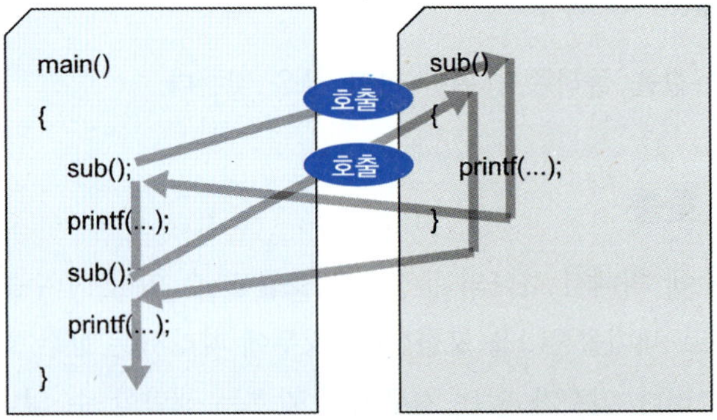

[argument_no.c]은 함수 호출시 인수가 없는 경우로 main( ) 함수에서 ①의 경우 sub( ) 함수를 호출하여 제어가 sub( ) 함수로 넘어갔다가 명령문을 실행한 후 다시 main( ) 함수로 되돌아와 ②의 경우를 수행하고, 다시 sub( ) 함수를 호출하여 ③을 수행한 후 main( )로 되돌아와서 작업을 종료한다.

인수를 사용하는 경우 인수의 사용 가능한 종류는 변수나 상수, 함수, 포인터 변수, 구조체 변수 등이 사용 가능하다. 인수는 여러 개를 사용할 수 있으며, 이 인수는 순서대로 함수의 매개 변수와 1 : 1 대응한다. 함수를 호출한 후 반환 값이 있을 때에는 return문이 필요하다. 다음은 return문에 대하여 알아보겠다.

(1) return문

함수를 종료하는 방법은 함수에 기술된 모든 명령을 수행하고, 정상적으로 함수의 끝에 도달하여 종료하는 방법과 exit( ) 함수나 atexit( ) 등의 함수를 이용하여 실행 중인 함수를 강제적으로 종료하는 방법과 return문을 사용하여 실행 중인 함수를 끝내는 방법이 있다.

그러면 정상적으로 함수의 끝에 도달하여 종료하는, 첫 번째 방법은 [exit.c]에서 살펴보았으며, [exit.c]는 exit( ) 함수를 이용하여 프로그램을 종료하는 예제이다.

[exit.c]는 외부 변수 i를 선언하여 sub( ) 함수를 호출할 때 i의 값을 1씩 증가시켜 준다. exit( ) 함수를 만나기 이전 ①②는 수행하나, exit( ) 함수를 만나면 프로그램 제어가 종료되어 ③④번을 수행하지 못하고 완전히 프로그램이 종료된다.

↘ [exit.c] exit( ) 함수를 사용한 프로그램

```
#include <stdio.h>
int i = 0;          /* extern int i = 0 외부변수 */
main( )
{
        printf("Exit Sample Program \n");
        sub( );   ←——— ①
        sub( );   ←——— ②
        exit(1);
        sub( );   ←——— ③
        sub( );   ←——— ④
    }
    sub( )
    {
        printf("Call sub function => i(%d) \n", ++i);
}
```

→ 실행 결과

```
Exit Sample Program
Call sub function => i(1)
Call sub function => i(2)
계속하려면 아무 키나 누르십시요...
```

atexit( ) 함수는 함수 호출문을 만나면 인수로 사용된 함수 포인터를 스택에 저장하고, 프로그램의 다음 명령문을 실행한 후 정상적으로 작업이 종료하기 직전에 atexit( ) 함수에 의해 스택에 저장된 함수 포인터를 사용하여 해당 함수를 호출하여 이를 수행한 후 프로그램은 종료한다.

atexit( ) 함수는 함수의 반환형과 함수의 인수가 void형인 함수만 사용할 수 있다. [atexit.c]의 함수 호출은 ① ② ③ ④번 순으로 호출하여 ① ②번은 실행 결과 값을 출력해 주고, ③번의 경우에는 실행 결과 값을 스택에 보관해 두었다가 ④번을 출력한 후에 프로그램 종료 직전에 ③의 결과 값을 출력하고 프로그램을 종료한다.

↘ [atexit.c] atexit( ) 함수를 사용한 프로그램

```
#include <stdio.h>
void sub1(void);
int i = 0;
main( )
{
        printf("atexit Sample Program \n");
        sub( );          ←———————— ①
        sub( );          ←———————— ②
        atexit(sub1);    ←———————— ③
        sub( );          ←———————— ④
    }
    sub( )
    {
        printf("Call sub function => i(%d) \n", ++i);
    }
    void sub1(void)
    {
        printf("atexit Call sub1 function => i(%d) \n", ++i);
}
```

→ 실행 결과

```
atexit Sample Program
Call sub function => i(1)
Call sub function => i(2)
Call sub function => i(3)
atexit Call sub1 function => i(4)
계속하려면 아무 키나 누르십시요...
```

return( )문은 함수를 처리한 결과 값을 그 함수가 호출한 곳으로 반환한다. return문에 식이 있는 경우에는 식의 값이 함수 값으로 return한다. 이 값이 함수의 type과 다르면 같은 type으로 바뀌어 return한다. 함수 내에서 return문을 만나면 수행 위치에 관계없이 함수의 수행을 강제로 종료시킨다.

다음은 형식 ①은 return문의 일반 형식이고, 형식 ②는 호출 프로그램에게 하나의 값을 전달하는 경우이다.

```
return;                ←—— 형식 ①
return(expression);    ←—— 형식 ②
```

① 반환 값이 없는 return문(형식 ①) : 현재 실행 중인 함수에서 return문에 의해 호출 함수로 제어를 반환할 때 단지 제어만을 호출 함수로 이동하고, 반환 값을 갖지 않는 경우에는 반환형이 void형이어야 한다.

↘ [return_no.c] 반환 값이 없는 return문을 사용한 프로그램

```
#include <stdio.h>
int i = 0;
void main(void)
{
        void sub(void);                              /* sub( ) 함수 선언부 */
        printf("Sample Program Return statement \n");
        sub( );                                       /* sub( ) 함수 호출 */
```

```
        sub( );
    }
    void sub(void)                                    /* sub( ) 함수 정의 */
    {
        printf("Call sub function => i(%d) \n", ++i);
        return;
}
```

→ 실행 결과

```
Sample Program Return statement
Call sub function => i(1)
Call sub function => i(2)
계속하려면 아무 키나 누르십시요...
```

② 반환 값이 있는 return문 (형식 ②) : 현재 실행 중인 함수에서 return문에 의해 호출 함수로 제어를 반환할 때 함수에서 계산된 결과 값과 제어를 동시에 호출 함수로 이동시킨다. return의 수식(상수, 함수, 변수, 연산자)은 괄호를 일반적으로 사용하나 단일 상수, 단일 변수, 단일 함수일 때는 괄호를 생략해도 된다.

↘ [return.c] 반환 값이 있는 return문을 사용한 예제 프로그램

```
#include <stdio.h>
main( )
{
        int a = 15, b = 10, c;
        c = FUNC(a, b);          /* ① 함수 호출 */
        printf("a + b = %d\n", c);
        }
    int FUNC(x, y)               /* ② 함수 정의 */
    int x, y;                    /* ③ 함수의 가인수를 정수형으로 선언 */
    {
        x = x + y;
```

```
        return(x);                  /* ④ 반환 값 */
}
```

→ 실행 결과

```
a + b = 25
```

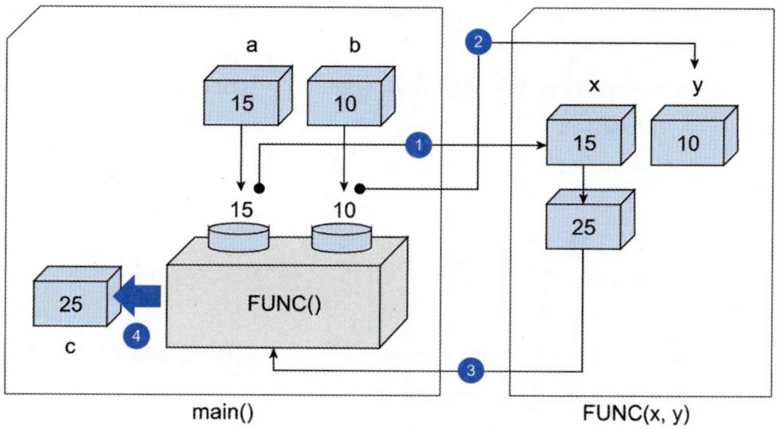

[return.c]의 ①은 값에 의한 함수호출 방법으로 변수 a, b가 정수형이고, ②의 함수 정의부의 변수 x, y역시 정수형이므로 값이 전달되어 함수호출이 가능하다. ③은 함수의 가인수를 정수형으로 선언해 주었고, ②③번을 한 줄로 작성해 보면 다음과 같다.

```
int FUNC(int x, int y)
```

FUNC( )를 실행하면 15+10의 결과 값 25가 return(x) 문에 의해 정수 값이 반환되어 c의 기억 장소에 저장된다.

↘ [conversion.c] 환산 점수 출력 프로그램

```
#include <stdio.h>
int grade(int su);                       /* 함수 선언 */
main( )
```

```
{
    int i, score;
    char *pt[9] = {"A+","A","B+","B","C+","C","D+","D","F"};
    char *jum[9] = {"4.5","4.0","3.5","3.0","2.5","2.0","1.5","1.0","0"};
    while(1) {
        printf("점수입력 ==> ");
        scanf("%d", &score);
        i = grade(score);                    /* 함수 호출 */
            if (i == 9) {
                printf("입력한 점수 오류 : %d \n", score);
                break;
            } else printf("환산점수=> %s, 평점=> %s \n", pt[i], jum[i]);
        }
    }
    int grade(int su)                        /* 함수 정의 */
    {
        if  (su < 0 || su > 100) return 9;    /* 음수 및 100 이상은 에러 */
            else if (su >= 95) return 0;
            else if (su >= 90) return 1;
            else if(su >= 85) return 2;
            else if (su >= 80) return 3;
            else if(su >= 75) return 4;
            else if (su >= 70) return 5;
            else if(su >= 65) return 6;
            else if (su >= 60) return 7;
            else return 8;                     /* 60미만일 때 */
}
```

→ 실행 결과

```
점수입력 ==> 85
환산점수=> B+, 평점=> 3.5
점수입력 ==> 120
입력한 점수 오류 : 120
계속하려면 아무 키나 누르십시오 . . .
```

[conversion.c]는 입력 점수에 따라서 환산 점수와 평점을 출력하는 예제이다. 키보드로 점수를 입력받아, ❶을 수행하여 함수 grade(score)를 호출하고, ❷를 수행하여 return값을 i에 대입한다. i값에 따라서 환산 점수와 평점을 출력한다. 점수가 음수 혹은 100보다 큰 수를 입력하면 "입력한 점수 오류"를 출력하고 작업을 끝난다.

(2) 값에 의한 호출(Call by value)

C언어에서는 다른 언어에서 사용되는 함수 사이의 데이터 전달 방법과는 달리 함수가 호출되면 실인수로 사용되는 수식은 결과 값을 스택에 복사하고, 가인수는 스택에 복사된 데이터를 가져와 함수에서 사용하는 값에 의한 호출(Call by value) 방법을 사용한다. 따라서, C언어에서는 호출 함수에서 호출 당한 함수(피 호출 함수)에 값을 주는 방식이므로, 피 호출 함수에서 인수 값을 바꾸더라도 호출 함수의 실인수에 접근할 수 없어서 호출 함수에는 영향을 주지 못한다.

↘ [value1.c] 반환 값이 있는 Call by value 함수 프로그램 1

```
#include <stdio.h>
main( )
{
        int a = 10, b = 5, c;
        c = mu(a, b);       /* 실인수 a, b */
        printf("%d * %d = %d \n", a, b, c);
    }
        int mu(int a, int b)            /* ① 가인수 a, b */
    {
        a *= b;
        return a;                       /* ② 반환 값 a는 정수 */
}
```

→ 실행 결과

```
10 * 5 = 50
계속하려면 아무 키나 누르십시요...
```

[value1.c]의 경우 실인수(a, b)와 가인수(a, b)가 동일한 변수 명이지만, 이 변수들은 자동 변수(auto)이기 때문에 각각 다른 기억 장소를 차지하게 된다. 실인수(a, b)가 가지고 있는 값을 가인수(a, b)에 차례로 복사하여 가인수(a, b)의 값에 의해 작업을 수행한다. c = mu(a, b); 에서 50이 반환되어 c가 50이 되지만, 본래의 실인수(a)의 값은 변함이 없으므로 a는 10이고 b는 5이다. ①의 경우 mu( ) 함수 정의부 앞의 "int"는 생략이 가능하고, ②의 반환 값은 정수 값이다.

값에 의한 호출 방법은 실인수와 가인수가 별도의 기억 장소를 차지하므로 호출 당한 함수의 가인수에 잘못된 데이터를 사용하더라도 호출한 함수는 아무런 영향을 받지 않기 때문에, 모듈간의 독립성을 유지하는 장점이 있으나, 기억 장소의 낭비가 발생하고, 전달 인수가 많을 때 데이터를 전달하는데 걸리는 시간이 더 필요하다는 단점도 있다.

[value2.c]은 0부터 scanf( ) 함수에서 키보드로 입력한 데이터 값(i)까지를 합산하는 프로그램으로 반환 값 sum을 호출 함수로 반환하여 출력시키는 프로그램이다.

↘ [value2.c] 반환 값이 있는 Call by value 프로그램 2

```
#include <stdio.h>
int hap_fun(int i);                          /* 함수 선언 */
main( )
{
        int i, hap;
        printf("0부터 합산할 마지막 데이터 값 입력 ==> ");
        scanf("%d", &i);
        hap = hap_fun(i);                    /* 함수 호출 */
        printf("합계 = %d \n", hap);
    }
        int hap_fun(int i)                   /* 함수 정의 */
    {
        int k, sum = 0;
        for(k = 0; k <= i; k++)
            sum += k;
```

```
        return(sum);
}
```

→ 실행 결과

```
0부터 합산할 마지막 데이터 값 입력 ==> 10
합계 = 55
계속하려면 아무 키나 누르십시요...
```

[radian.c]는 각도를 입력하여 호도(radian) 값을 구해 sin값을 구하는 예제 프로그램이다. sin( ) 함수를 사용하기 위하여 수학 관련 함수의 헤더파일(#include 〈math.h〉)을 참조하였고, ①의 경우 sin( ) 함수에 각도(d) 값이 입력되면 호도(radian)를 구할 수 있고, return문의 반환 값 ran은 실수 값이다. 삼각 함수에 대해서는 14장에서 다시 배우기로 하겠다.

↘ [radian.c] 반환 값이 있는 Call by value 프로그램 3

```
#include <math.h>       /* sin( ) 함수를 참조하기 위해 사용 */
#include <stdio.h>
float sub1(int i);
main( )
{
        int i;  float hodo;
        printf("각도 입력 ==> ");
        scanf("%d", &i);
        hodo = sub1(i);
        printf("sin(%d) = %f \n", i, hodo);
    }
    float sub1(int d)
    {
        float ran;
        ran = sin(d / 180.0 * 3.141592654);  /* ① 호도(radian)를 구함 */
        return ran;
}
```

→ 실행 결과

```
각도 입력 ==> 30
sin(30) = 0.500000
계속하려면 아무 키나 누르십시요...
```

(3) 참조에 의한 호출(Call by reference)

값이 저장되어 있는 주소를 직접 매개 변수로 사용할 수 있다. 즉, 포인터를 매개 변수로 사용함으로써 주소에 의한 함수의 호출이 가능해진다. 기억 장소의 실제 주소를 대신하는 변수명을 가지고 장소에 접근하는 직접참조와 기억 장소의 주소를 사용하여 접근하는 간접참조가 있다.

간접참조는 C언어에서만 존재하는 포인터를 사용하고 포인터 변수와 변수의 주소를 다루는 주소 연산자('&')와 간접 연산자('*')를 이용하여 기억 장소를 참조하는 방법이다. 포인터에 대해서는 10장에서 자세하게 다루겠다.

참조에 의한 호출은 포인터를 이용하여 함수를 호출하는 기법으로서 값에 의한 호출이 실인수(상수, 변수, 함수, 연산자)를 사용하는 반면에, 참조에 의한 호출은 주소(l-value)를 사용한다. 따라서 간접 참조를 이용하여 호출 함수의 실인수로 사용된 변수를 피 호출함수의 반환 값에 의해 호출 함수의 실인수에 저장된 값을 변경할 수 있다.

참조에 의한 호출은 호출 함수의 실인수는 주소(l-value)이며, 피 호출함수의 가인수는 변수의 주소를 가질 수 있는 포인터 변수가 사용되어야 한다.

[reference1.c]은 두 변수 a, b에 저장된 값을 참조 호출하여 호출 함수의 실인수 값을 서로 교환(swap)하여 변경하는 프로그램이다.

↘[reference1.c] Call by reference 예제 프로그램 (저장된 값 교환하여 변경)

```
#include <stdio.h>
main( )
{
       int a = 10, b = 5;
        printf("a, b 변수 교환 전 : a = %d, b = %d \n", a, b);
        swap(&a, &b);
        printf("a, b 변수 교환 후 : a = %d, b = %d \n", a, b);
    }
    swap(int *x, int *y)
    {
        int  temp;
        temp = *x;
         *x = *y;
         *y = temp;
}
```

→ 실행 결과

```
a, b 변수 교환 전 : a = 10, b = 5
a, b 변수 교환 후 : a = 5, b = 10
계속하려면 아무 키나 누르십시오...
```

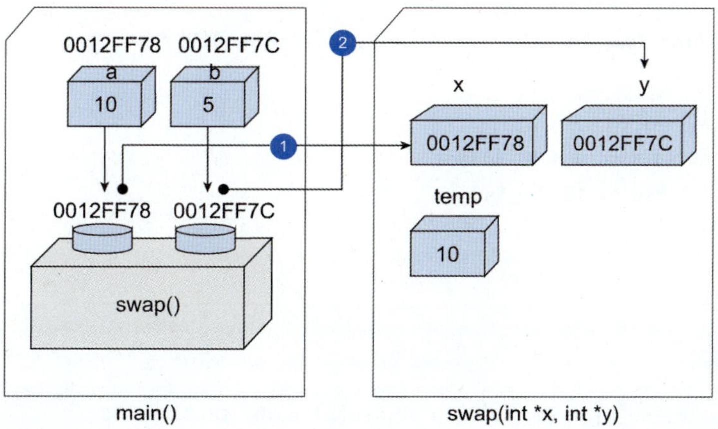

이 경우 포인터 변수 x, y는 변수 a, b의 값이 저장된 기억 장소를 가리키고 있으며, 데이터가 저장된 기억 장소에 직접 접근하여 값을 변경시킬 수 있다.

참조에 의한 함수 호출은 모듈간의 독립성이 떨어지지만, 함수 사용시 두 개 이상의 return 값을 호출 함수에 반환할 수 있다. 데이터 값이 배열인 경우, 이들 배열을 호출 함수에 전달하고자 할 때 꼭 필요하고, 기억 장소의 낭비를 줄일 수 있다.

[reference2.c]은 배열의 초기 값을 참조 호출하여 배열의 값을 변경시키는 예제이다.

↘ [reference2.c] Call by reference 예제 프로그램 (저장된 배열값 변경)

```
#include <stdio.h>
main( )
{
        int k;
        int su[5] = {10, 20, 30, 40, 50};
        for(k = 0; k < 5; k++)
            printf("su[%d] = %d, ", k, su[k]);
        sub1(su, 5);    /* sub1(배열명, 배열의 크기) */
        printf("\nsub1( )함수 참조 호출 수행 후 : \n");
        for(k = 0; k < 5; k++)
            printf("su[%d] = %d, " , k, su[k]);
        printf("\n");
    }
    sub1(int *su, int n)                    /* 함수 정의 */
    {
        int i;
        for(i = 0; i < n; i++) {
            *su *= 10;    *su++;
        }
}
```

→ 실행 결과

```
su[0] = 10, su[1] = 20, su[2] = 30, su[3] = 40, su[4] = 50,
```

```
sub1( )함수 참조 호출 수행 후 :
su[0] = 100, su[1] = 200, su[2] = 300, su[3] = 400, su[4] = 500,
계속하려면 아무 키나 누르십시요...
```

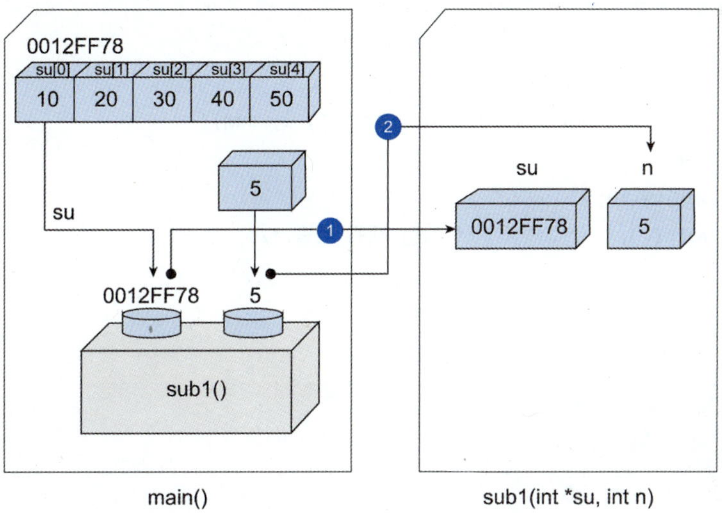

[reference2.c]은 배열 su[5]를 10, 20, 30, 40, 50으로 초기화하여 기억된 데이터 값을 함수 sub1(su, 5)을 호출하면 *su = &su[0]이므로 배열의 각 기억 장소 su[0]~su[5]를 직접 참조하여 각 배열의 기억 값에 10을 곱하여 배열의 기억 장소에 변경된 데이터 값을 저장하여 데이터 값을 변경하는 예제 프로그램이다.

(4) 재귀 호출 함수(recursive function)

재귀 호출이란 문자 그대로 어떤 함수가 자기 자신을 직접 또는 간접적으로 다시 호출하는 되부름의 경우이다.

[recursive.c]는 자기 자신(main( ) 함수)을 호출하는 직접 순환 프로그램으로 i값이 5와 같을 때까지 재귀 호출을 한다. 이때, 무한 루프에서 빠져 나오기 위해서 if문을 사용하여 i가 6이 되면 if문을 빠져나와 0값을 반환하고 프로그램을 종료한다.

↘ [recursive1.c] 자기 자신 호출 예제 프로그램 (직접 순환)

```
#include <stdio.h>
int i = 0, sum = 0;
main( )
{
        if (i <= 5) {
        printf("count i = %d, sum = %d \n", i, sum);
        i++;
        sum += 10;
        main( );            /* 직접 재귀 호출 */
    }
        else return 0;
}
```

→ 실행 결과

```
count i = 0, sum = 0
count i = 1, sum = 10
count i = 2, sum = 20
count i = 3, sum = 30
count i = 4, sum = 40
count i = 5, sum = 50
계속하려면 아무 키나 누르십시요...
```

↘ [recursive2.c] 서로 다른 함수 호출 예제 프로그램 (간접 순환)

```
#include <stdio.h>
int i = 0, sum = 0;
main( )
{
        if (i <= 5) {
        sub1( );
    }
        else return 0;
```

```
    }
    sub1( )
    {
       printf("count i = %d, sum = %d \n", i, sum);
       i++;  sum += 10;
    main( );
}
```

→ 실행 결과

```
count i = 0, sum = 0
count i = 1, sum = 10
count i = 2, sum = 20
count i = 3, sum = 30
count i = 4, sum = 40
count i = 5, sum = 50
계속하려면 아무 키나 누르십시요...
```

[recursive2.c]은 간접 순환 프로그램으로서 main( ) 함수는 sub1( ) 함수를 sub1( ) 함수는 main( ) 함수를 상반되는 다른 함수를 호출하는 프로그램이다.

[recursive3.c]는 n!=n*(n-1)*(n-2)* .... 3*2*1을 구하는 예제 프로그램으로 팩토리얼 값은 양수 값만 존재하므로 "facto( ) 함수를 unsigned int로 선언하였고, 인수의 값 x가 1이 될 때까지 계속 자기 자신 "facto( ) 함수"를 되부름 호출하는 예제이다.

↘ [recursive3.c] 서로 다른 함수 호출 예제 프로그램 (간접 순환)

```
#include <stdio.h>
main( )
{
        unsigned int facto(int x);
        int a ;
        unsigned int  b;
        printf("numeric data input ==> ");
```

```
        scanf("%d",&a);
        b = facto(a);
        printf("%d! = %u \n", a, b);
    }
    unsigned int facto(int x)
    {
        unsigned long  y;
        if(x == 1) return 1;    /* x값이 1이면 작업 종료 */
        else {
            y = x * facto(x-1);
            return y;
    }
}
```

→ 실행 결과

```
numeric data input ==> 4
4! = 24
계속하려면 아무 키나 누르십시요...
```

(5) void형 함수

C언어에서 사용되는 함수의 반환형을 지정하지 않으면, 기본적으로 int형이 내정되므로 반환형은 정수형으로 결정된다. 모든 함수들은 return문에 의해 반환 값을 가지고 있는데 만약, 반환 값이 없으면 "0"을 그 함수의 반환 값으로 한다. 그러나 void형으로 함수를 지정하면, 함수는 값을 반환하지 않고 데이터 형을 갖지 않는다.

```
void fun( );
```

위와 같이 void로 함수형을 지정하면 fun( ) 함수는 값을 반환하지 않는 void형 함수로 데이터 형을 갖지 않는다. 그러나 위의 함수에서는 인수에 관한 사항이 기술되지 않아서 인수를 잘못 사용하거나, 없을 경우에도 에러를 발생하지 않으므로 인수가 사용되지 않는 함수라는 것을 표기하기 위해 다음과 같이 표기한다.

```
void fun(void);
```

위와 같이 함수를 선언하면 fun( ) 함수를 호출하여 사용할 때 만약 인수를 사용하였다면 컴파일러는 에러를 발생시킨다.

↘ [void.c] void형 함수 예제 프로그램

```
#include <stdio.h>
void sub1(void);
void sub2(void);
void sub3(void);
void main(void)
{
        printf("sub function call\n");
        sub2( );
    }
    void sub1(void)
    {
        printf("sub1 void function \n");
    }
    void sub2(void)
    {
         printf("sub2 void function \n");
         sub3( );
    }
    void sub3(void)
    {
        printf("sub3 void function \n");
        sub1( );
}
```

→ 실행 결과

```
sub function call
sub2 void function
```

```
sub3 void function
sub1 void function
계속하려면 아무 키나 누르십시오...
```

9.2 변환 함수

C언어는 문자열을 수치로, 수치를 문자열로 변환하는 함수를 제공하는데, 이런 함수는 〈stdlib.h〉 헤더 파일에 선언되어 있다.

9.2.1 문자열을 수치로 변환 함수

(1) atoi( ) 함수

atoi( ) 함수는 convert ASCII to interger로서 함수의 인수인 문자열을 정수형으로 변환하는 함수로 반환 값은 int형 정수이다. 문자열은 다음과 같은 형식으로 저장되어 있어야 한다.

```
[공백 | 탭] [부호] [숫자]
```

대괄호([ ])로 쌓여진 항목은 생략할 수 있으나, 어떤 형식의 문자열을 구성하여도 int형 정수로 반환할 수 있어야 한다. atoi( ) 함수의 형식은 다음과 같다.

형식

```
int atoi(문자열);
```

정수로 변환이 불가능한 경우는 "0"을 반환하고, 인식될 수 없는 문자를 만날 때까지 변환을 수행한다.

[atoi.c]은 atoi( ) 함수의 예제로 str1[ ] 배열과 str2[ ] 배열의 문자열에서 정수로 변환이 가능한 데이터만 정수로 변환한다. str2[ ]의 "5678abc"의 문자열 중에서 정수변환이 가능한

"5678"만 정수로 변환하였고, 변환할 수 없는 문자를 만나면 더 이상 변환을 하지 않고 종료한다.

↘ [atoi.c] atoi( ) 함수 예제 프로그램

```
#include <stdio.h>
#include <stdlib.h>
main( )
{
    int i, j;
    char str1[ ] = "1234", str2[ ] ="5678abc";
    i = atoi(str1);
    j = atoi(str2);
    printf("i = %d, j = %d \n", i, j);
}
```

→ 실행 결과

```
i = 1234, j = 5678
계속하려면 아무 키나 누르십시요...
```

(2) atol( ) 함수

atol( ) 함수는 convert ASCII to long으로 함수의 인수인 문자열을 long형 정수로 변환하는 함수로서 반환 값은 long형 정수이다. 문자열은 다음과 같은 형식으로 저장되어 있어야 한다.

```
[공백 | 탭] [부호] [숫자]
```

대괄호([ ])로 쌓여진 항목은 생략할 수 있으나 어떤 형식의 문자열을 구성하여도 long형 정수로 반환할 수 있어야 한다. atol( ) 함수의 형식은 다음과 같다.

형식

```
long  atol(문자열)
```

[atol.c]은 atol( ) 함수의 예제이다.

↘ [atol.c] atol( ) 함수 예제 프로그램

```
#include <stdio.h>
#include <stdlib.h>
main( )
{
    long i;
    char str[ ] = "1234567890";
    i = atol(str);
    printf("i = %ld \n", i);
}
```

→ 실행 결과

```
i = 1234567890
계속하려면 아무 키나 누르십시요...
```

(3) atof( ) 함수

atof( ) 함수는 convert ASCII to float로서 함수의 인수인 문자열을 부동형 수(실수)로 변환하는 함수로서 반환 값은 double형 실수이다. 문자열은 다음과 같은 형식으로 저장되어 있어야 한다.

```
[공백 | 탭] [부호] [숫자] [.] [숫자] [e | E] [부호] [숫자]
```

대괄호([ ])로 싸여진 항목은 생략할 수 있으나, 어떤 형식의 문자열을 구성하여도 double형 실수로 반환할 수 있어야 한다. atof( ) 함수의 형식은 다음과 같다.

형식
```
float  atof(문자열);
```

변환될 수 없는 문자를 만날 때까지 변환을 수행한 후 종료한다.

[atof.c]은 atof( ) 함수의 예제이다.

↘ [atof.c] atof( ) 함수 예제 프로그램

```
#include <stdio.h>
#include <stdlib.h>
main( )
{
    float a;
    char str[ ] = "12.3456";
    a = atof(str);
    printf("a = %f \n", a);
}
```

→ 실행 결과

```
a = 12.345600
계속하려면 아무 키나 누르십시요...
```

위의 실행 결과 값은 부동형 수이므로 소수점 아래 6자리까지 표현해 준다.

9.2.2 수치를 문자열로 변환 함수

C언어는 수치를 문자열로 변환하는 함수를 제공하고 있다.

(1) itoa( ) 함수

itoa( ) 함수는 convert interger to ASCII로서 함수의 인수인 정수를 문자열로 변환하는 함수로 세 개의 인수를 사용하며, 다음과 같은 형식으로 저장되어 있어야 한다.

형식

```
char *itoa(int value,      char *string,      int radix);
              └→ 정수값       └→ 문자열 배열      └→ 변수의 진수
```

itoa( ) 함수의 첫 번째 인수는 문자열로 변환될 int형 정수 값이고, 두 번째 인수는 int형 정수가 저장될 문자열 배열이며, 세 번째 인수는 정수 값이 문자열로 변환될 때의 기수(base)로서 2진수에서 36진수까지 변환될 수 있다. 변환 가능한 최대 길이는 정수형 데이터의 비트 수인 16byte와 NULL 문자 1byte를 포함하여 17바이트이다. [itoa.c]는 itoa( ) 함수의 예제이다.

↘ [itoa.c] itoa( ) 함수 예제 프로그램

```
#include <stdio.h>
#include <stdlib.h>
main( )
{
    int i = 12;
    char str1[20], str2[20];
    itoa(i, str1, 10);                          /* 10진수로 변환 */
    itoa(i, str2, 2);                           /* 2진수로 변환 */
    printf("i = %d  str1 = %s \n", i, str1);
    printf("i = %d  str2 = %s \n", i, str2);
}
```

→ 실행 결과

```
i = 12  str1 = 12
i = 12  str2 = 1100
계속하려면 아무 키나 누르십시요...
```

[itoa.c]는 정수형 변수 i의 12를 10진수와 2진수 형식의 문자열로 변환하여 출력한 프로그램이다.

(2) ltoa( ) 함수

ltoa( ) 함수는 convert long interger to ASCII로서 함수의 인수인 long형 정수를 문자열로 변환하는 함수로 세 개의 인수를 사용하며, 다음과 같은 형식으로 저장된다.

형식

```
char *ltoa(long value,    char *string,      int radix);
                └→ 정수값          └→ 문자열 배열      └→ 변수의 진수
```

ltoa( ) 함수의 첫 번째 인수는 문자열로 변환될 long형 정수값이고, 두 번째 인수는 long형 정수가 저장될 문자열 배열이며, 세 번째 인수는 정수값이 문자열로 변환될 때의 기수(base)로서 2진수에서 36진수까지 변환될 수 있다. 변환 가능한 최대 길이는 long형 데이터의 비트 수인 32byte와 NULL 문자 1byte를 포함하여 33바이트이다.

[ltoa.c]은 ltoa( ) 함수의 예제이다.

↘ [ltoa.c] ltoa( ) 함수 예제 프로그램

```
#include <stdio.h>
#include <stdlib.h>
main( )
{
    long i = 123456789L;
    char str1[40], str2[40];
    ltoa(i, str1, 8);                          /* 8진수로 변환 */
    ltoa(i, str2, 16);                         /* 16진수로 변환 */
    printf("i = %ld  str1 = %s \n", i, str1);
    printf("i = %ld  str2 = %s \n", i, str2);
}
```

→ 실행 결과

```
i = 123456789  str1 = 726746425
i = 123456789  str2 = 75bcd15
계속하려면 아무 키나 누르십시요...
```

(3) ultoa( ) 함수

ultoa( ) 함수는 convert unsigned long interger to ASCII로서 함수의 인수인 unsigned long

형 정수를 문자열로 변환하는 함수로서 세 개의 인수를 사용하며 다음과 같은 형식으로 저장된다.

형식

```
char *ultoa(unsigned long value,  char *string,   int radix);
```
└→ 정수값 └→ 문자열 배열 └→ 변수의 진수

ultoa( ) 함수의 첫 번째 인수는 문자열로 변환될 unsigned long형 정수 값이고, 두 번째 인수는 unsigned long형 정수가 저장될 문자열 배열이며, 세 번째 인수는 정수 값이 문자열로 변환될 때의 기수(base)로서 2진수에서 36진수까지 변환될 수 있다. 변환 가능한 최대 길이는 unsigned long형 데이터의 비트 수인 32byte와 NULL 문자 1byte를 포함하여 33바이트이다.

[ultoa.c]은 ultoa( ) 함수의 예제이다.

↘ [ultoa.c] ultoa( ) 함수 예제 프로그램

```
#include <stdio.h>
#include <stdlib.h>
main( )
{
    unsigned long i = 1234567890L;
    char str1[40], str2[40];
    ultoa(i, str1, 16);                          /* 16진수로 변환 */
    ultoa(i, str2, 32);                          /* 32진수로 변환 */
    printf("i = %lu  str1 = %s \n", i, str1);
    printf("i = %lu  str2 = %s \n", i, str2);
}
```

→ 실행 결과

```
i = 1234567890  str1 = 499602d2
i = 1234567890  str2 = 14pc0mi
계속하려면 아무 키나 누르십시요...
```

(4) ecvt( ) 함수 및 fcvt( ) 함수

ecvt( ) 함수와 fcvt( ) 함수는 convert float to string으로서 함수의 인수인 부동형 수를 문자열로 변환하는 함수이며, 네 개의 인수를 사용한다. 형식은 다음과 같다.

형식

```
char *ecvt(double value, int ndigit,   int *decpt,  int *sign);
char *fcvt(double value, int ndigit,   int *decpt,  int *sign);
                └→ double값  └→ 문자열크기   └→ 소수점위치  └→ 부호
```

ecvt( ) 함수와 fcvt( ) 함수의 첫 번째 인수는 문자열로 변환될 double형 값이고, 두 번째 인수는 문자열의 크기를 나타내며, 지정된 크기 이상의 값은 반올림된다. 세 번째 인수는 문자열 내의 소수점 위치를 나타내 주고, 네 번째 인수는 문자열의 부호의 위치를 나타내 준다. 이때 소수점의 위치인 decpt의 값이 음수이면 소수점이 문자열의 왼쪽에 있다. 부동형의 수가 양수인 경우에는 sign(부호)값이 "0"이고, 음수인 경우에는 sign(부호)값이 "1"이다.

↘[ecvt.c] ecvt( ) fcvt( ) 함수 예제 프로그램

```c
#include <stdio.h>
#include <stdlib.h>
main( )
{
    int posi1, posi2;
    float e_data = 123456.789, f_data = -0.0123456;
    char *str1, *str2;
    str1 = ecvt(e_data, 8, &posi1, &posi2);
    printf("str1 = %s, posi1 = %d, posi2 = %d\n", str1,posi1,posi2);
    str2 = fcvt(f_data, 7, &posi1, &posi2);
    printf("str2 = %s, posi1 = %d, posi2 = %d\n", str2,posi1,posi2);
}
```

→ 실행 결과

```
str1 = 12345679, posi1 = 6, posi2 = 0 ←—— ①
str2 = 123456, posi1 = -1, posi2 = 1 ←—— ②
계속하려면 아무 키나 누르십시요...
```

[ecvt.c]는 ecvt( ) fcvt( ) 함수의 예제이다. [ecvt.c]의 실행 결과 ①은 e_data의 부동형 값을 str1에 문자열로 변환하여 값을 할당하고, ndigit 값이 8자리이므로 마지막 1자리 9를 반올림하여 표현되었고, 소수점의 위치(posi1)는 변환된 문자열 중 왼쪽에서 6문자 뒤에 위치함을 표현하였다. 부호(posi2)는 e_data가 양수이므로 0이 된다. 실행 결과 ②는 f_data가 음수 데이터이므로 부호(posi2)가 1이 된다.

9.2.3 문자 변환 매크로 함수

문자를 변환하는 매크로 함수는 to~(int c)로 시작하는 함수들로 인수 c에 있는 값을 함수에서 지정하는 형식으로 변환한다. 문자 변환 매크로 함수는 〈ctype.h〉 헤더 파일에 선언되어야 한다.

(1) toascii( ) 함수

형식

```
int toascii(int c);
```

정수를 문자로 변환한다. 이때 변환된 값은 인수인 c의 하위 바이트이며, 상위 바이트는 "0"으로 설정된다.

↘ [toascii.c] toascii( ) 함수 예제 프로그램

```
#include <stdio.h>
#include <ctype.h>
main( )
{
    int  a_code;
```

```
    char ch = 'A';
    a_code = toascii(ch);
    printf("ch = %c,  ASCIIC_CODE = %d \n", ch, a_code);
}
```

→ 실행 결과

```
ch = A,  ASCIIC_CODE = 65
계속하려면 아무 키나 누르십시요...
```

(2) tolower( ) 함수, toupper( ) 함수, _tolower( ) 함수, _toupper( ) 함수

tolower( ) 함수와 _tolower( ) 함수는 동일한 기능을 수행하고, toupper( ) 함수와 _toupper( ) 함수도 동일한 기능을 수행한다. 그러나 ANSI C의 컴파일러는 tolower( ) 함수와 toupper( ) 함수를 표준 라이브러리로 사용하므로 두 함수를 다음과 같이 사용하는 것이 좋다.

```
char tolower(변환될 문자);
char toupper(변환될 문자);
char _tolower(변환될 문자);
char _toupper(변환될 문자);
```

tolower( ) 함수와 _tolower( ) 함수는 지정한 문자열을 소문자로 변환한다. 각각의 문자에 대해 그 문자가 대문자인 경우는 소문자로 변환하고, 소문자인 경우는 그대로 소문자를 함수 값으로 반환한다. toupper( ) 함수와 _toupper( ) 함수는 지정한 문자열을 대문자로 변환한다.

↘ [tolower.c] tolower( ) toupper( ) 함수 예제 프로그램

```
#include <stdio.h>
#include <string.h>
#include <ctype.h>
main( )
```

```
{
    char *string, bird[ ] = "The Little Bird\n";
    puts(bird);
    for(string = bird; string < bird + strlen(bird); string++ )
        {
        if( islower(*string) )
            putchar( toupper(*string) );
        else if( isupper(*string) )
            putchar( tolower(*string) );
        else
            putchar(*string);
    }
}
```

→ 실행 결과

```
The Little Bird
tHE lITTLE bIRD
계속하려면 아무 키나 누르십시오...
```

9.3 함수 응용 프로그램 예제

[swap.c]는 변수 a = 5, b = 15, c = 10일 때, call by value로 함수 swap( ) 호출하여 a와 b를 교환하고, b와 c를 교환한 후, 출력하는 프로그램이다.

↘[swap.c] call by value를 이용한 swapping 예제 프로그램

```
#include <stdio.h>
main()
{
    int a = 5, b = 15, c = 10;
    printf("  교환 전 값 => %2d  %2d  %2d\n", a, b, c);
    swap(a, b, c);
}

swap(int x, int y, int z)
{
    int su;
    su = x;
    x = y;
    y = z;
    z = su;
    printf("  교환 후 값 => %2d  %2d  %2d\n", x, y, z);
}
```

→ 실행 결과

```
교환 전 값 =>  5  15  10
교환 후 값 => 15  10   5
계속하려면 아무 키나 누르십시오 . . .
```

연 습 문 제

1. 형식 매개 변수와 실 매개 변수의 개념을 설명하시오.

2. 자신의 학번과 이름을 출력하는 함수 title( )를 정의하고, title( ) 함수를 호출하여 학번과 이름을 출력하는 프로그램을 작성하시오. (단, 학번과 이름 입력은 scanf( ) 함수를 사용한다.)

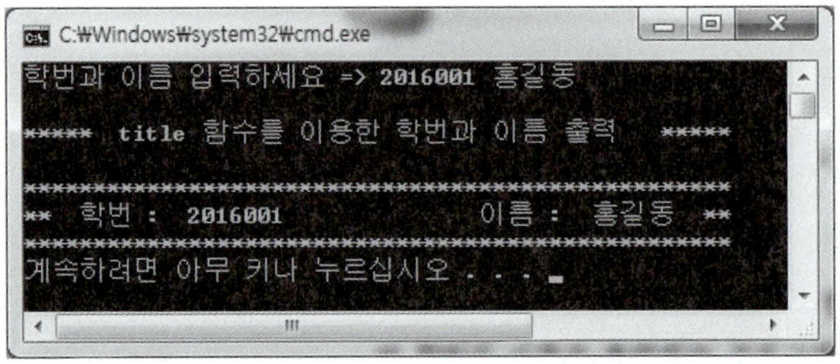

3. alpha( ) 함수를 정의하여 ABCD…Z를 출력하는 프로그램 작성하시오. (단, 출력함수는 putch( )함수를 사용)

4. a = 8, b = 7, c = 6일 때, calc_hap( )은 a + b를 calc_cha( ) b - c를 구하는 함수이며, calc_hap( ), calc_cha( )의 결과를 받아서 곱셈하여 다음과 같이 출력하는 프로그램 작성하시오.

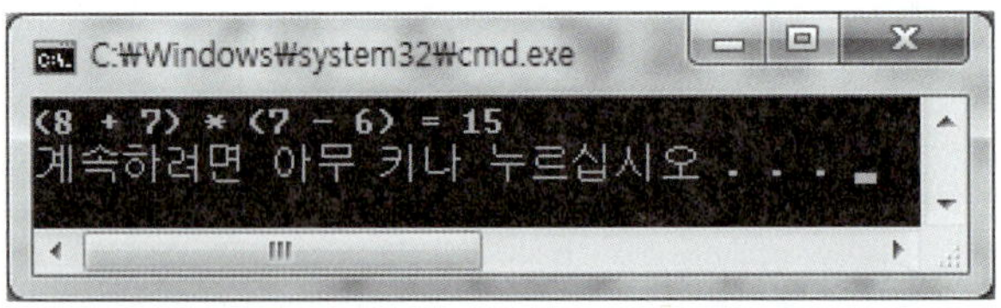

5. a = 5, b = 10일 때, 함수 comp_num(a, b)를 이용하여 두 수 중 큰 수를 return받아 다음과 같이 출력하는 프로그램 작성하시오.

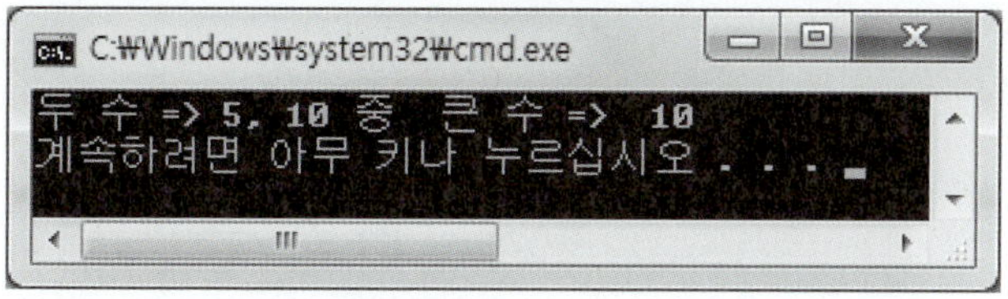

6. a = 5, b = 15, c = 10일 때, 함수 comp_num(a, b, c)를 이용하여 세 수 중 가장 작은 수를 return받아 다음과 같이 출력하는 프로그램 작성하시오.

7. a = 'P', b = 'C' 일 때, swap( ) 함수를 이용하여 a, b를 교환한 후, 다음과 같이 출력하는 프로그램 작성하시오.

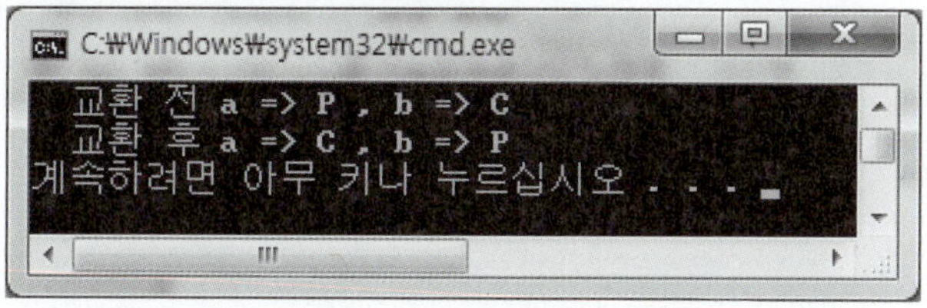

제 **10** 장

포 인 터

창의적 사고를 위한
C 프로그래밍

1. 포인터 변수
2. 배열과 포인터
3. 배열 포인터 변수
4. 함수 포인터
5. 응용 프로그램 예제

전기적인 신호 즉, 펄스 형태로 자료를 저장하고 판독하는 컴퓨터의 주기억장치는 자료의 저장과 판독을 위해 각각의 기억 장소는 고유한 번지를 갖는다. 이 번지는 주기억장치의 해당 바이트를 식별할 수 있다.

이 장에서는 C언어에서 가장 강력한 데이터 형인 포인터에 관하여 설명하겠다. 포인터는 주기억장치의 번지를 기호화한 표현이다. 따라서 "포인터는 메모리 번지이다"라고 정의할 수 있다. 포인터는 번지 값 자체를 의미하고, 포인터 변수란 포인터에 의해 지시되는 번지 값(포인터 값)을 저장한 변수를 의미한다.

포인터는 변수나 배열 등의 기억 장소를 직접 참조하지 않고 주소를 사용하여 간접적으로 참조하는 방법으로, 함수에서 사용시 호출 함수에게 한 개 이상의 값을 되돌려 줄 때 사용한다. 이것은 이미 함수의 참조 호출(call by reference)에서 배운바 있다. 그리고 어떤 함수에서 다른 함수로 배열과 문자열을 전달하고자 할 때 배열에 대한 포인터를 사용하면 수행 속도가 향상되고 기억 장소를 절약할 수 있다.

다른 구조화된 컴퓨터 언어(COBOL, FORTRAN...)에 비해 C언어가 특별히 우수한 점 중의 하나는 이 포인터를 사용하여 메모리 내의 특정 번지를 지정받아 값을 저장하고, 특정 번지의 데이터를 쉽게 액세스(Access)함으로써 강력하고도 융통성 있는 자료 관리가 가능하다.

10.1 포인터 변수

포인터 변수란 다른 변수들을 조종할 수 있는데, 포인터 변수에 할당된 값은 다른 변수들의 주소번지이다. 다른 말로 표현하면, 어떤 다른 변수의 번지(lvalue)를 자기 자신의 값(rvalue)으로 갖는 변수이다.

포인터 상수란 배열명이 배열의 시작 주소를 나타내는 포인터 상수이므로, 배열명에 변수 index를 1씩 증가시켜 배열명에 가산함으로써 배열의 각 원소를 순서적으로 참조할 수 있다. 그리고, 배열명 자체에 증가감소 연산자를 사용하면 상수에 증가감소 연산자를 사용하는 것과 같으므로, 배열명에 증가감소 연산자를 사용해서는 안 된다. 예를 들면 a = 10++;와 같은 잘못된 표현과 같은 경우이다. 이와 같이 상수에 증가감소 연산자를 사용할 수 없듯이, 배열명 또한 상수이므로 증가·감소 연산자를 사용할 수 없다.

포인터가 갖는 값은 실제 데이터가 아니라 어떤 데이터가 저장된 기억 장소의 주소를 가르킨다. 그러면 주소연산자 "&"와 간접연산자 "*"에 대하여 알아보자.

주소연산자(&)에 대해서는 이미 scanf( ) 함수에서 사용한 바와 같이, 변수의 주소로 사용하여 키보드로 입력받은 값을 변수의 기억 장소에 저장하는 예를 많이 보았을 것이다. "&a"는 변수 a에 저장된 데이터 기억 장소의 주소를 말한다.

간접연산자(*)는 포인터를 정의할 때에만 사용하기 때문에 데이터를 정의할 때 "*"는 컴파일러에게 포인터 변수를 정의할 것임을 알려준다. "*a"라는 의미는 포인터 변수 a에 저장된 주소의 값을 나타낸다.

10.1.1 포인터 변수의 선언

포인터 변수는 하나의 변수로서 그 값이 다른 변수의 주소를 가리킨다. 따라서 포인터는 숫자 변수이다. 다른 모든 변수와 마찬가지로 포인터는 사용되기 전에 먼저 선언되어야 하며, 포인터 변수의 이름 생성 규칙도 다른 변수와 같은 방법으로 선언한다. 포인터 변수는 다음의 세 가지 요소가 필요하다.

type specifier	*	변수;
↓	↓	↓
데이터 형	간접연산자	포인터변수명

여기에서 정의하는 데이터 형(int, float, char....)은 포인터 변수가 가리키는 변수의 데이터 형을 의미하며, C에서 지원하는 모든 기본 데이터 형을 사용할 수 있다. 예를 들어 참조할 데이터의 데이터 형이 정수형이라면 다음과 같이 int형으로 선언한다.

```
int *p;              /* 정수형 포인터 변수 p라고 읽음 */
char *p;             /* 문자형 포인터 변수 p라고 읽음 */
float *p;            /* 부동형 포인터 변수 p라고 읽음 */
int **p;             /* 정수형 포인터에 대한 포인터 변수 p */
```

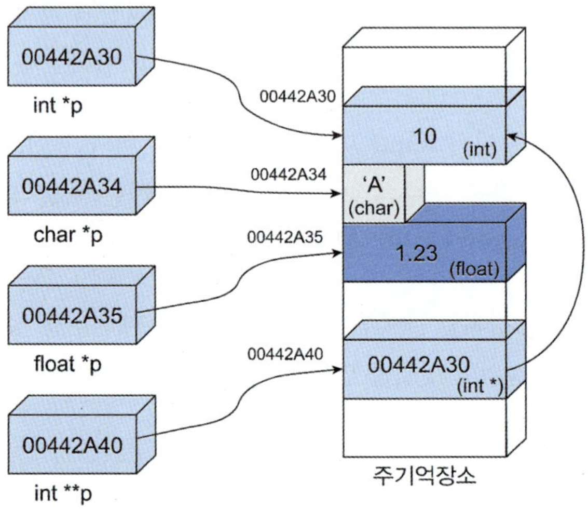

변수명 앞에 표시된 *(asterisk)는 간접 연산자로서, 이 변수가 선언된 데이터 형이 변수가 아니라, 선언된 데이터 형의 변수를 지시하는 포인터임을 의미한다. 예를 들어 선언된 포인터가 정수형 변수 "num"을 지시하고 있다면, 다음 두 문장의 결과는 동일하다.

```
int num =100, *p;
p = &num;
printf("%d",num);
printf("%d",*p);
```

포인터 변수임을 나타내는 이 부호가 문장 중에 사용될 때, 사용자에게 곱셈 연산자와의 혼동을 일으킬 수도 있으나, 컴파일러는 두 가지 형태의 사용을 충분히 구분할 수 있다.

위와 같이 포인터를 선언한 후에는 반드시 이 포인터 변수가 어떤 변수를 지시한 후 사용해야 한다. 여기에서 변수를 지시한다는 것은 포인터가 그 변수의 값이 저장된 번지를 갖는다는 의미이다. 프로그램에서 변수의 주소 값을 포인터에 저장할 때는 주소 연산자(&)를 사용한다. 다음과 같이 변수명 앞에 주소 연산자를 표시함으로써 포인터에 주소 값을 돌려줄 수 있다.

이와 같은 포인터의 초기화 명령 이전에, 포인터를 사용하는 것이 불가능한 것은 아니다. 일단 포인터 변수가 선언되면, 선언된 포인터 변수를 위한 메모리 영역이 할당되는데, 이 때 할당된 영역에는 이전에 이미 존재하는 값이 소거되지 않은 채로 남아 있다. 이 잔존하는 값을 쓰레기(garbage)라고 하는데, 이 쓰레기를 치우지 않고 즉, 변수를 초기화하지 않고 사용한다면, 경우에 따라서 심각한 문제를 발생시킬 수 있다.

위와 같이 선언된 변수를 저장하고 사용하기 위해 기억 장소 영역을 할당하는 과정을 그림으로 나타내면 다음과 같다.

```
① int num = 100, val;
② int *p;
③ p = &num;
④ val = *p
```

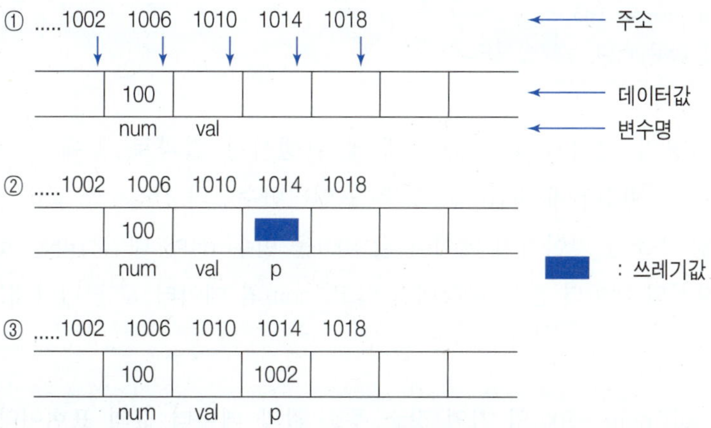

④ 1002 1006 1010 1014 1018

	100	100				
	num	val				

↘ [indirect.c] 주소연산자와 간접연산자를 사용한 예제 프로그램

```
#include <stdio.h>
main( )
{
    int *p, val, num = 100;
    printf("p주소(%p), val주소(%p), num주소(%p) \n", &p, &val, &num);
    printf("num 변수의 값 ==> %d \n", num);
    p = &num;              /* ① num의 주소를 p에 할당 */
    printf("p 변수의 값 ==> %p \n", p);
    val = *p;              /* ② p의 간접주소 값을 val에 할당 */
    printf("val 변수의 값 ==> %d \n", val);
}
```

→ 실행 결과

```
p주소(0012FF7C), val주소(0012FF78), num주소(0012FF74)
num 변수의 값 ==> 100
p 변수의 값 ==> 0012FF74
val 변수의 값 ==> 100
계속하려면 아무 키나 누르십시요...
```

[indirect.c]는 int형의 길이가 4byte인 경우에 실행시킨 결과로 ①에서 num의 주소(0012FF74)를 포인터변수 p에 대입하고, ②는 포인터변수 p의 간접주소 값(p 자신의 값인 0012FF74의 해당 주소를 찾아가서 데이터 값 100)을 변수 val에 대입하라는 것이다. 포인터 변수 *p는 자신의 데이터 값을 나타내지 않고, num의 데이터 값을 나타내므로 간접연산자이다.

다음은 int *p, val, num =100;의 기억 장소 주소 값과 데이터 값의 표현이다.

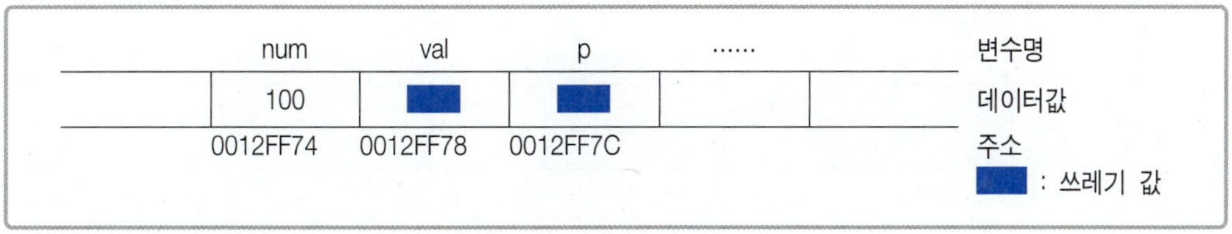

다음은 p = #의 기억 장소 형태를 나타낸 것이다.

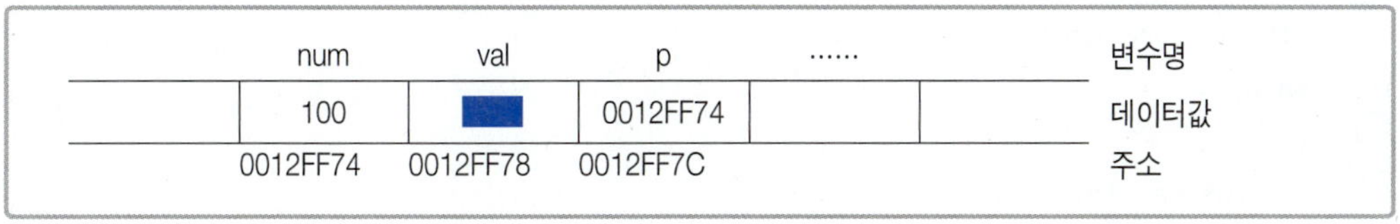

다음은 val = *p; 실행시 기억 장소 형태를 나타낸 것이며, 이때 *p는 현재 변수 p에 저장된 주소(0012FF74)가 가리키는 기억 장소에 저장된 값이 되며, 다음과 같이 표현할 수 있다.

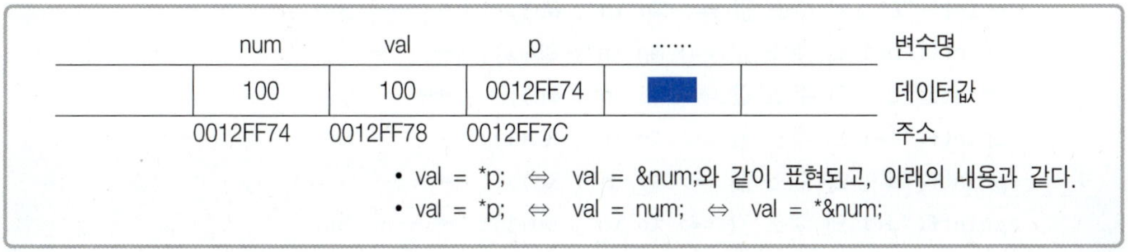

10.1.2 포인터 변수의 연산

변수 a를 포인터 변수로 선언하여 증가 연산자를 사용한 경우는 다음과 같다.

```
  int *a;
  a = 10;
  printf("a = %d \n", ++a);
실행 결과
  a = 14
```

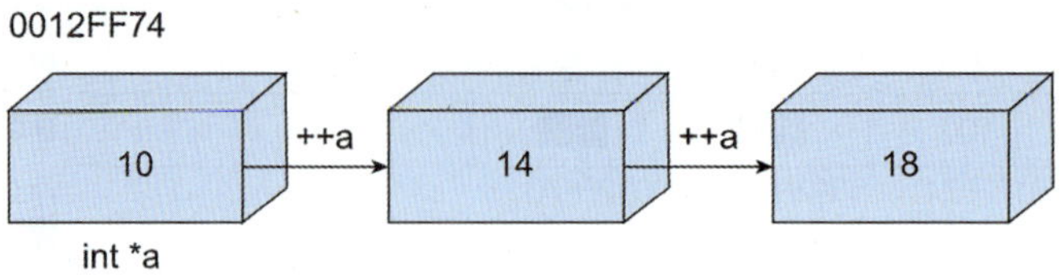

↘ [pointer1.c] 포인터 연산 예제 프로그램 1

```
#include <stdio.h>
main( )
{
    int *a, *b;
    float *c;
    char *d;
    printf("a   의 주소 값 ==> %p \n", &a);      ←—— ①
    printf("a+1 의 주소 값 ==> %p \n", &a+1);    ←—— ②
    printf("b   의 주소 값 ==> %p \n", &b);      ←—— ③
    printf("b-1 의 주소 값 ==> %p \n", &b-1);    ←—— ④
    printf("c   의 주소 값 ==> %p \n", &c);      ←—— ⑤
    printf("c+1 의 주소 값 ==> %p \n", &c+1);    ←—— ⑥
    printf("d   의 주소 값 ==> %p \n", &d);      ←—— ⑦
    printf("d+1 의 주소 값 ==> %p \n", &d+1);    ←—— ⑧
}
```

→ 실행 결과

```
a   의 주소 값 ==> 001CF914 ←—— ①
a+1 의 주소 값 ==> 001CF918 ←—— ②
b   의 주소 값 ==> 001CF908 ←—— ③
b-1 의 주소 값 ==> 001CF904 ←—— ④
c   의 주소 값 ==> 001CF8FC ←—— ⑤
c+1 의 주소 값 ==> 001CF900 ←—— ⑥
d   의 주소 값 ==> 001CF8F0 ←—— ⑦
d+1 의 주소 값 ==> 001CF8F4 ←—— ⑧
계속하려면 아무 키나 누르십시오 . . .
```

[pointer.c]에서 ①의 경우 a의 주소 값을 "%p"로 출력하면 "001CF914"로 출력하고, ②의 경우 a+1은 포인터의 크기(4byte) 만큼 가산하여 주소 값이 "001CF918"로 출력된다. ③의 경우 "001CF908"로 출력하고, ④의 경우는 b-1은 포인터의 크기(4byte) 만큼 감산하여 주소 값이 "001CF904"로 출력된다. ⑤의 경우와 ⑥ 경우도 포인터의 크기(4byte) 만큼 증가하여 출력된다. ⑦보다 ⑧의 경우도 포인터의 크기(4byte) 만큼 증가하여 출력된다. 결과적으로 정수형, 부동형, 문자형 모두다 포인터가 1증가하면 4byte 기억장소가 증가되고, 포인터가 1감소하면 4byte 기억장소가 감소됨을 알 수 있다.

↘ [pointer2.c] 포인터 연산 예제 프로그램 2

```
#include <stdio.h>
main( )
{
    int *a;
    int b[ ] = {10, 20, 30, 40, 50, 60};
    a = &b[0];      /* a = b 와동일하다 */
    printf("&b[0] address ==> %p \n", &b[0]);  ←——— ①
    printf("&b[1] address ==> %p \n", &b[1]);  ←——— ②
    printf("a value ==> %p \n", a);            ←——— ③
    printf("*a address  ==> %p \n", &a);       ←——— ④
    printf("*a value  ==> %d \n", *a);         ←——— ⑤
    printf("*a + 2 address  ==> %p \n", &a+2); ←——— ⑥
    printf("*a + 2 value  ==> %d \n", *a+2);   ←——— ⑦
    printf("*(a+2) value  ==> %d \n", *(a+2)); ←——— ⑧
    printf("a[5]  address ==> %p \n", &a[5]);  ←——— ⑨
    printf("a[5] value ==> %d \n", a[5]);      ←——— ⑩
    printf("*a += 4 value  ==> %d \n", *a+=4); ←——— ⑪
    printf("a[0] value ==> %d \n", a[0]);      ←——— ⑫
}
```

→ 실행 결과

```
&b[0] address ==> 0044FB50
&b[1] address ==> 0044FB54
```

```
a value ==> 0044FB50
*a address  ==> 0044FB70
*a value  ==> 10
*a + 2 address  ==> 0044FB78
*a + 2 value  ==> 12
*(a+2) value  ==> 30
a[5]  address ==> 0044FB64
a[5] value ==> 60
*a += 4 value  ==> 14
a[0] value ==> 14
계속하려면 아무 키나 누르십시오 . . .
```

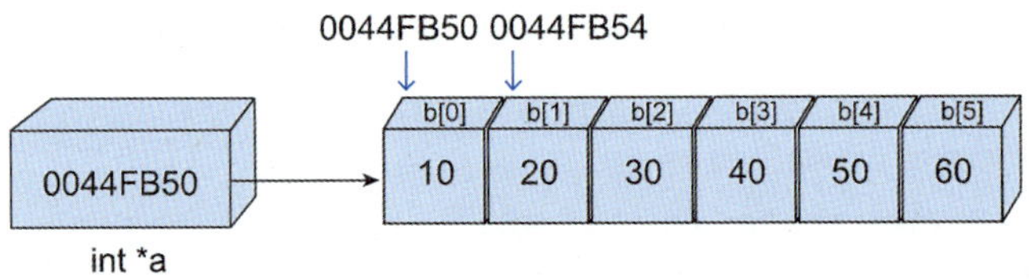

[pointer2.c]의 a = &b[0];은 a = b로 표현하여도 동일한 결과가 된다. 정수형 배열 b의 처음 주소(&b[0])를 포인터 변수 a에 할당해 주어 배열 b의 각 원소의 주소를 알 수 있게 만들어 주었다. *a에는 배열 b의 첫 번째 원소의 주소 값을 가지고 있으므로, 실행 결과 ①의 주소 값보다 ②의 주소 값이 4byte 더 증가된 주소 값이며, ③의 경우는 ①의 주소와 동일하다. ④는 변수 a의 기억장소 주소번지이며, ⑤의 *a는 포인터 a의 값이므로 10을 출력하고, ⑥의 &a+2는 a의 주소값(0040FB50)보다 2 증가(8byte)된 0040FB58이 출력되며, ⑦의 *a+2는 10+2이므로 12가 출력되고, ⑧의 *(a+2)는 0040FB58의 데이터 값인 30이 출력된다. ⑨의 &a[5]는 b[5]의 시작 주소 값인 0044FB64가 출력되고, ⑩의 a[5]는 b[5]의 데이터 값인 60이 출력된다. ⑪의 *a+=4는 *a의 주소번지 데이터 b[0]의 값이 b[0] = 10 + 4가 되어 14가 출력되고 ⑫ a[0]는 b[0]의 값을 출력하므로 ⑪에서 변환되어 저장된 14가 출력된다.

10.2 배열과 포인터

포인터와 배열의 큰 차이점은 기억 장소를 확보하는 방법이 다르다. 포인터 변수는 값이 결정될 때만 기억 장소를 확보하고, 배열은 컴파일할 때에 기억 장소를 고정적으로 확보한다.

지금까지의 포인터 변수의 사용과는 달리, 포인터가 직접 문자열의 시작 번지를 지시하는 것도 가능하다. 다음의 문장을 살펴보자.

```
char *p_ch;
p_ch = "eclipse";
```

포인터 p_ch는 eclipse라는 문자열이 저장되어 있는 기억장치의 시작 번지를 가리키는 것이다.

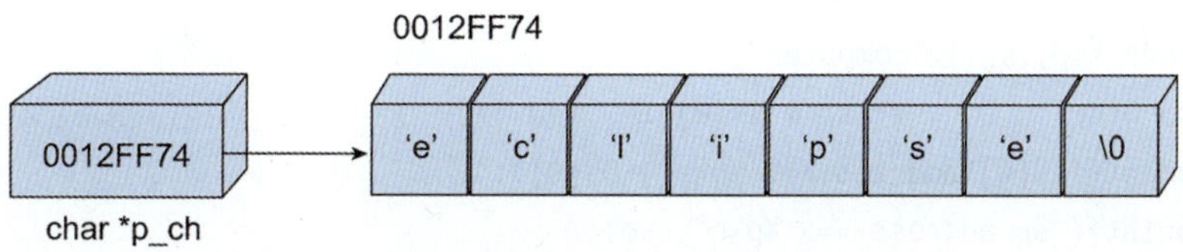

10.2.1 포인터와 1차원 배열

변수와 함께 포인터를 사용했던 것과 마찬가지로 배열과 함께 포인터를 사용할 수 있다. 배열의 특정 원소를 참조하기 위해서는 배열의 첨자를 사용하는데, 이 첨자는 배열의 시작 주소에 첨자를 더하여 해당 주소에 있는 기억 장소의 데이터를 참조하는 것이다. 따라서 컴퓨터 내부에서는 포인터를 사용하여 배열의 시작 주소를 알 수 있다.

앞장에서 서술했던 바와 같이 배열이 선언되었을 때, 배열의 각 요소들은 순서대로 기억 장소에 저장된다. 그리고 배열의 이름은 그 배열 첫 번째 요소의 주소 값을 나타낸다. 따라서 array[10]라는 어떤 배열이 정의되어 있을 때 다음의 식이 참이 된다.

```
array ⇔ &array[0]
```

즉, **배열의 이름은 배열의 첫 번째 요소에 대한 포인터**가 된다. 이것은 언제나 첫 번째 요소에 대한 주소 값을 갖는 포인터 상수이다. 또한 포인터 변수를 선언하여 배열을 지시하도록 초기화할 수 있다.

```
char array[10], *pt_array;
pt_array = array;   ⇔   pt_array = &array[0];   동일하다.
```

위의 문장에 의해 포인터 변수 pt_array는 배열 array[0]의 첫 번째 요소에 대한 주소 값을 갖도록 초기화되었다. 이때 포인터 변수 pt_array는 포인터 상수 array와 달리, 배열의 첫 번째 요소에 국한되지 않고, 배열 내의 다른 요소를 지적할 수 있다.

↘ [pointer3.c] 배열에서의 포인터 예제 프로그램 1

```
#include <stdio.h>
main( )
{
    char *sp, s[ ]="computer";
    sp = s;          /* sp = &s[0] 과  동일 */
    printf("s[0] address ==> %p\n", &s[0]);
    printf("sp address ==> %p\n", sp);
    printf("sp value ==> %s\n", sp);
    printf("(sp+3) value ==> %s\n", (sp+3));
    printf("&s[3] value ==> %s\n", &s[3]);
}
```

→ 실행 결과

```
s[0] address ==> 0012FF70   /* 배열 s[0]의 주소 */
sp address ==> 0012FF70     /* 배열 s의 시작주소 */
sp value ==> computer       /* 배열 s의 문자열 값 */
(sp+3) value ==> puter      /* 배열 s의 4번째 이후의 문자열 값 */
 &s[3] value ==> puter      /* 배열 s의 4번째 이후의 문자열 값 */
계속하려면 아무 키나 누르십시요...
```

[pointer3.c]는 배열 s가 정의되어 있고, sp가 배열 s를 지시하는 포인터 변수일 때, &s[i] 와 (sp+i)는 동일한 번지를 가리킨다. 포인터의 관점에서 보면 (sp+3)은 &s[3]과 실제로 같은 표현이 되며, 변수의 관점에서 보면 *(sp+3)은 s[3]과 같다. [pointer2.c]에서 설명한 바와 같이 *(sp+3)과 *sp+3의 차이점은 다음과 같다.

*(sp+3) ➡ sp번지의 값+3 ⇒ *sp 다음의 3번째 변수 번지의 기억 장소 내용
*sp+3 ➡ sp번지 기억 장소 내용에 3을 더한 값.

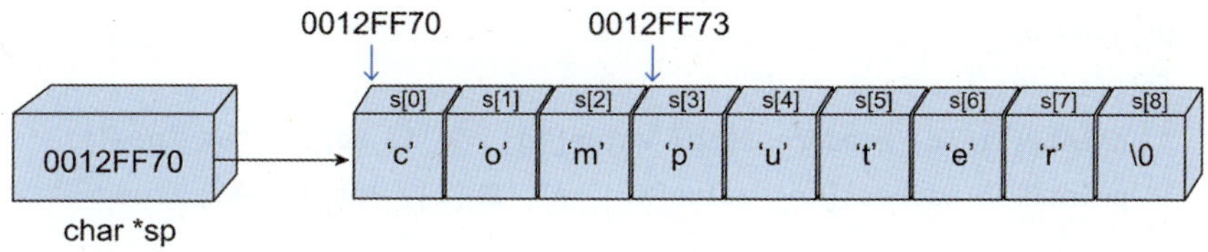

배열에 값이 저장될 때, 각각의 배열 요소가 저장되는 기억 장소의 위치 변화는 저장되는 데이터의 데이터 형에 따라 달라질 것이다. 즉, char형의 데이터는 1byte를 차지하므로, 배열 요소의 첨자 값이 하나씩 증가할 때, 저장되는 기억 장소의 주소 값도 1byte씩 증가한다. 마찬가지로 int형의 데이터는 4byte씩 차지하므로, 배열 요소의 첨자 값이 하나씩 증가할 때, 저장되는 기억 장소의 주소 값도 4byte씩 증가할 것이다.

실제로 C언어에서 포인터를 증가시킨다는 것은, 그 포인터 변수가 지시하는 변수의 데이터 형을 고려하여 주소 값을 증가시킨다는 것이다. 포인터에 의해 연속적인 배열 요소를 사용하는 경우, 포인터를 하나씩 증가시킬 때, 포인터는 차례로 하나의 배열 요소가 저장된 크기만큼의 주소 값을 증가시켜, 그 다음 요소를 지시하게 된다. 포인터의 감소 또한 마찬가지이다.

포인터에서 ==, !=, 〉, 〈 등의 비교연산자를 사용할 수 있다. 단, 비교 연산자를 사용하는 포인터 연산은 동일한 배열의 두 가지 요소를 지시하는 포인터에서 사용되어야 한다.

[array_pointer.c]의 실행 결과와 같이 정수형 배열의 주소는 4byte씩 증가하고, 부동형 배열 또한 4byte씩 증가함을 알 수 있다.

↘ [array_pointer1.c] 배열에서의 포인터 예제 프로그램 2

```
#include <stdio.h>
main( )
{
    int a[5] = {10, 20, 30, 40, 50}, *pt_in, i;
    float b[5] = {0.1, 0.2, 0.3, 0.4, 0.5}, *pt_flo ;
    pt_in = a;
    pt_flo= b;
    for (i = 0; i < 5; i++) {
       printf("i[%d] a address[%p] value[%d]  ", i, &a[i], *pt_in++);
       printf("b address[%p] value[%f] \n", &b[i], *pt_flo++);
    }
}
```

→ 실행 결과

```
i[0] a address[0065FDE4] value[10]  b address[0065FDC8] value[0.100000]
i[1] a address[0065FDE8] value[20]  b address[0065FDCC] value[0.200000]
i[2] a address[0065FDEC] value[30]  b address[0065FDD0] value[0.300000]
i[3] a address[0065FDF0] value[40]  b address[0065FDD4] value[0.400000]
i[4] a address[0065FDF4] value[50]  b address[0065FDD8] value[0.500000]
계속하려면 아무 키나 누르십시요...
```

다음은 함수를 호출하는 프로그램에서 배열을 매개 변수로 사용하고자 할 경우를 생각해 보자. 이때 매개 변수와 리턴 값으로 배열 전체의 내용을 얻고자 한다면 두 가지 방법이 가능하다. 첫째, 외부 배열을 사용하는 것이다. 그러나 외부 배열을 사용하는 경우, 버그가 발생할 가능성이 높아진다. 두 번째 방법은 포인터를 사용하는 방법이다.

배열 전체를 함수에 전달하고자 할 때, 배열에 대한 포인터를 사용함으로써 첫 번째 배열 요소의 주소 값을 전달한다. 따라서 포인터에 의해 배열의 시작 주소를 알 수 있고, 배열 요소들을 조작할 수 있다. 이때 한 가지 문제는 어디까지가 배열의 끝인가 하는 점이다. 즉, 포인터만으로는 배열의 크기를 알 수 없으므로, 매개 변수로 배열을 전달할 때, 배열의 마지막을 감지할 수 있는 방법이 필요하다는 것이다. 이를 위해 두 가지의 방법이 가능하다.

첫째, 특정한 값에 의해 배열의 마지막을 구분하는 방법이다. 즉, 처리하고자 하는 배열의 최후에 프로그래머가 정한 특정한 값을 저장함으로써 배열의 마지막임을 표시하는 것이다. 이러한 방법은 배열의 마지막을 구분하기 위한 특정 값을 보존하기 위해 실지로 사용되는 데이터에 제한을 둔다.

둘째, 배열의 크기를 인수 형태로 전달하는 방법이다. 이 방법은 첫 번째 방법보다 더욱 직접적인 것으로 많이 사용되는 방법이다.

↘ [array.c] 배열값을 이용하여 배열 호출하여 합을 구하는 프로그램

```
#include <stdio.h>
int sum_array(int ar[ ], int x);
main( )
{
    int array[5] = {10, 20, 30, 40, 50}, sum;
    sum = sum_array(array, 5);
    printf("array 배열의 합 ==> %d \n", sum);
}
int sum_array(int ar[ ], int x)
{
    int hap = 0, i;
    for (i = 0; i < x; i++)
        hap = hap + ar[i];
    return hap;
}
```

→ 실행 결과

```
array 배열의 합 ==> 150
계속하려면 아무 키나 누르십시요...
```

[array.c]는 sum_array( ) 함수를 호출하여 배열 요소의 합을 구하는 프로그램이다. 위의 프로그램은 다음과 같이 대치될 수 있다.

↘ [array_pointer2.c] 배열의 시작주소를 포인터로 이용하여 배열의 합 구하는 프로그램

```
#include <stdio.h>
int sum_array(int *ar, int x);
main( )
{
    int array[5] = {10, 20, 30, 40, 50}, sum;
    sum = sum_array(array, 5);
    printf("array 배열의 합 ==> %d \n", sum);
}
int sum_array(int *ar, int x)
{
    int hap = 0, i;
    for (i = 0; i < x; i++)
        hap = hap + *ar++;
    return hap;
}
```

→ 실행 결과

```
array 배열의 합 ==> 150
계속하려면 아무 키나 누르십시요...
```

[array_pointer2.c]은 sum_array(array, 5) 함수 호출시 배열명(array)과 배열의 개수(5)를 전달 인수로 사용하여 sum_array(int *ar, int x) 정의부의 포인터(*ar)에 값을 전달하였다. 즉, 배열의 시작주소 값을 포인터 *ar에 저장한 것과 동일하다. ar = &array[0]과 같이 포인터를 사용한 점 이외에는 [array.c]과 동일하다. hap = hap + *ar++; 에서 *ar++는 *ar이 배열의 시작 주소를 나타내므로 1씩 증가시켜서 배열 요소의 합을 구할 수 있다.

10.2.2 포인터와 2차원 배열

이미 설명한 바와 같이 배열의 이름은 그 배열의 포인터이다. 이는 다차원 배열의 경우에서도 마찬가지이다.

2차원 배열이 다음과 같이 정의되어 있다면

```
int array[2][3];
```

위 문장은 2행 3열로 여섯 개의 요소를 갖는 정수형 배열을 선언한 것이다. 따라서 array는 배열의 포인터로 사용될 수 있다.

```
int array[2][3];
int *p_array ;
p_array = array;
```

이와 같이 포인터 변수 p_array는 여섯 개의 요소를 갖는 배열을 지시하는 포인터로 사용되며 [array_pointer3.c]으로 이 사실을 확인할 수 있다.

[array_pointer3.c]은 배열에서 이미 설명한 바와 같이, 2차원 배열도 연속된 기억 장소를 확보하므로 배열의 시작 주소를 알 수 있으면, 기억 장소에 저장된 값을 추출해 낼 수 있다.

↘ [array_pointer3.c] 2차원 배열과 포인터 예제 프로그램

```
#include <stdio.h>
main( )
{
    int i;
    int array[2][3] = { {100, 200, 300}, {400, 500, 600} };
    int *p_array ;
    p_array = array;
    printf("array 배열 시작 주소 ==> %p \n", &array);
    for(i = 0; i < 6; i++) {
        printf("array[ ][%d] = %d \n", i, *p_array);
        p_array++;
    }
}
```

→ 실행 결과

```
array 배열 시작 주소 ==> 0012FF64
array[ ][0] = 100
array[ ][1] = 200
array[ ][2] = 300
array[ ][3] = 400
array[ ][4] = 500
array[ ][5] = 600
계속하려면 아무 키나 누르십시요...
```

기억 장소 내부에서 2차원 배열의 원소는 다음과 같이 연속된 기억 장소임을 알 수 있다.

array[0][0]	array[0][1]	array[0][2]	array[1][0]	array[1][1]	array[1][2]
100	200	300	400	500	600

0012FF64

그리고 p_array = array;를 다음과 같이 표현하여도 동일한 결과이다.

```
p_array = &array;   또는
p_array = &array[0];
```

위와 같은 세 가지 표현 방법은 모두 배열의 시작 주소를 나타낸다.

for문의 "{ }"의 두 개의 명령문으로 표현된 내용을 다음과 같이 표현하여도 동일한 결과가 출력된다.

```
printf("array[ ][%d] = %d \n", i, *p_array++);   또는
printf("array[ ][%d] = %d \n", i, *(p_array+i));
```

2차원 배열 int array[i][j];에서도 1차원 배열처럼 배열의 특정 원소를 참조할 수 있다. 참조하는 방법 array[i][j]는 이미 배열에서 확인되었으니 생략하고, 배열명과 첨자 그리고 간접 연산자를 사용한 포인터 표현에 의한 방법을 알아보면 다음과 같다.

```
*(*(array +i) + j)
```

위의 포인터에 의한 배열 원소의 참조 방법을 분석해 보면 (array + i)는 (&array[0] + i)와 동일한 내용으로 배열의 첫 번째 주소에 첨자 i를 더한 배열의 주소인 &array[i]가 된다. *(array +i)는 i번째 행에 대한 첫 번째 원소의 시작 주소를 계산한다. 즉, &array[i][0]을 구하게 된다. *(array +i) + j는 i번째 행, j번째 열의 주소인 &array[i][j]가 된다.

((array +i) + j)는 *(&array[i][j])가 되므로 2차원 배열의 원소인 array[i][j]에 저장된 데이터가 된다. [array_pointer4.c]는 2차원 배열의 특정 행과 열의 내용을 확인해 보는 프로그램이다.

↘ [array_pointer4.c] 특정 배열 내용 확인 예제 프로그램 1

```c
#include <stdio.h>
main( )
{
    int i = 1, j = 2;                         /* i는 2행, j는 3열 */
    int array[2][3] = { {100, 200, 300}, {400, 500, 600} };
    printf("array ==> %p  \n", array);
    printf("array + i ==> %p  \n", array + i);
    printf("&array[0] + i ==> %p \n", &array[i]);
    printf("*(array + i) ==> %p \n", *(array + i));
    printf("&array[i][0] + i ==> %p \n", &array[i][0]);
    printf("*(array + i) + j ==> %p \n", *(array + i) + j);
    printf("&array[i][j] ==> %p \n", &array[i][j]);
    printf("*(*(array + i) + j) ==> %d \n", *(*(array + i) + j));
    printf("array[i][j] ==> %d \n", array[i][j]);
}
```

→ 실행 결과

```
array ==> 0012FF60              /* 1행 1열의 주소 */
array + i ==> 0012FF6C          /* 2행 1열의 주소 */
&array[0] + i ==> 0012FF6C      /* 2행 1열의 주소 */
*(array + i) ==> 0012FF6C       /* 2행 1열의 주소 */
```

```
&array[i][0] + i ==> 0012FF6C   /* 2행 1열의 주소 */
*(array + i) + j ==> 0012FF74   /* 2행 3열의 주소 */
&array[i][j] ==> 0012FF74       /* 2행 3열의 주소 */
*(*(array + i) + j) ==> 600     /* 2행 3열의 데이터 값(포인터 이용) */
array[i][j] ==> 600              /*2행 3열의 데이터 값(배열첨자 이용) */
계속하려면 아무 키나 누르십시요...
```

↘ [array_pointer5.c] 특정 배열 내용 확인 예제 프로그램 2

```
#include <stdio.h>
main( )
{
    int i, j;
    int array[2][3] = { {100, 200, 300}, {400, 500, 600} };
    for(i = 0; i < 2; i++) {
        for(j = 0; j < 3; j++)
         printf("array[%d][%d] ==> %d \n", i, j, *(*(array + i) + j));
     }
}
```

→ 실행 결과

```
array[0][0] ==> 100
array[0][1] ==> 200
array[0][2] ==> 300
array[1][0] ==> 400
array[1][1] ==> 500
array[1][2] ==> 600
계속하려면 아무 키나 누르십시요...
```

10.3
배열 포인터 변수

포인터 변수를 배열로 구성하여 단순한 포인터 변수가 아니라, 배열의 주소를 찾기 위해서 사용되는 배열 포인터 변수에 대해서 알아보면 일반 형식은 다음과 같다.

```
기억클래스 배열의 데이터 형 명 *포인터배열[크기] ←———— 2차원
기억클래스 배열의 데이터 형 명 (*포인터배열명)[열 크기] ←———— 2차원
기억클래스 배열의 데이터 형 명 (*포인터배열명)[행크기][열크기] ←—— 3차원
```

배열 포인터 변수 선언은 다음과 같이 일반 배열을 선언할 때와 마찬가지로 대괄호([ ])를 사용한다.

```
char *a[4];        ←——— /* ① 16byte */
char (*a)[4];      ←——— /* ② 4byte */
char (*a)[2][3];   ←——— /* ③ 4byte */
```

①의 경우는 char형 문자열을 가리키는 포인터가 4개 있다는 것을 정의한 것으로, 이 정의는 4개의 포인터 a[0], a[1], a[2], a[3]을 위하여 총 16byte(4 * 4byte)의 메모리가 필요하다.

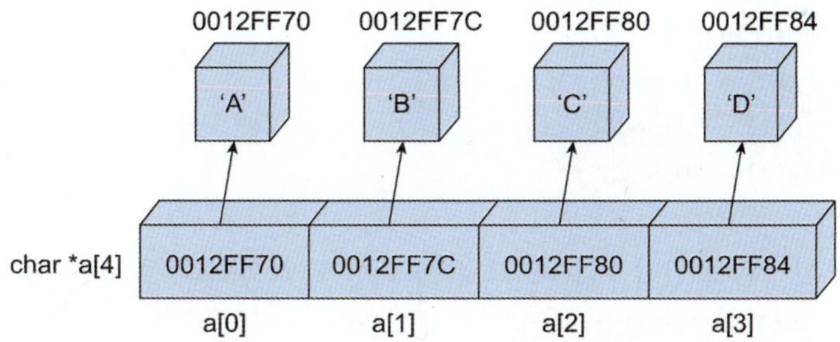

②의 경우는 char형 2차원 배열을 가리키는 포인터로 열의 크기가 4인 2차원 부분 배열(행의 요소)이 대상체가 되는 포인터 a를 정의한 것으로 a는 2차원 배열을 의미한다. 이 정의는 하나의 포인터 변수 a를 정의한 것이므로 메모리가 단지 4byte만 필요할 뿐이다.

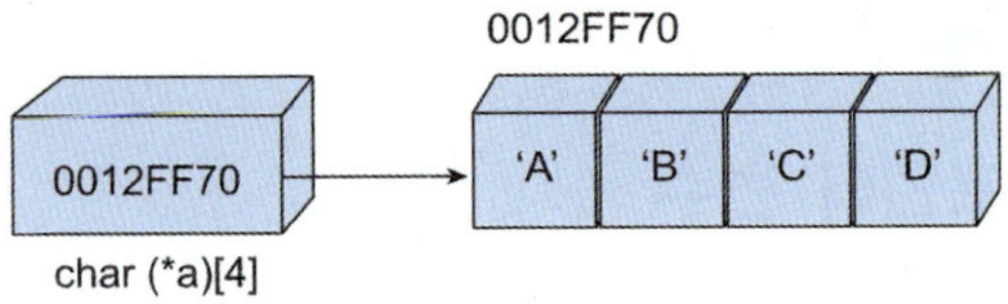

③의 경우는 char형 3차원 배열을 가리키는 포인터로 행의 크기가 2이고 열의 크기가 3인 3차원 부분 배열(면의 요소)이 대상체가 되는 포인터 a를 정의한 것으로 a는 3차원 배열을 의미한다. 이 정의는 하나의 포인터 변수 a를 정의한 것이므로 메모리가 단지 4byte만 필요할 뿐이다.

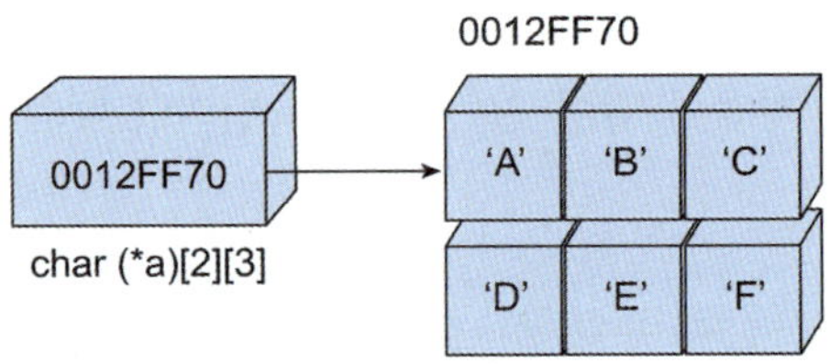

10.3.1 포인터와 문자열

기억 장소의 효율을 최적으로 관리하며 문자열 데이터를 효율적으로 이용하기 위해 포인터를 배열로 만들어 사용할 수 있다.

```
char *p_string[3];
p_string[0] = "Computer";
p_string[1] = "Aided";
p_string[2] = "Design";
```

위의 문장에서 선언한 포인터 배열과 그 값에 의한 기억 장소의 할당은 다음과 같고 해당 주소마다 각각 포인트를 가지고 있다.

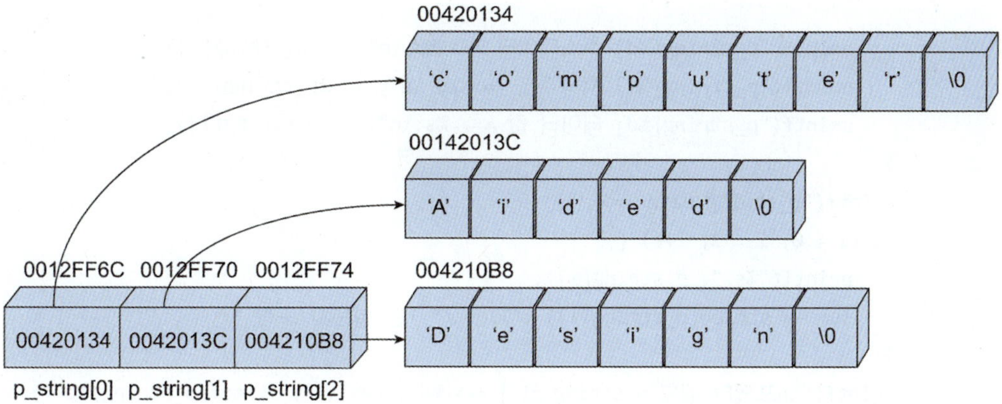

[string_pointer1.c]는 char *p_string[3] 선언시에는 배열의 주소 값이 4byte씩 증가되고 있음을 알 수 있고, 크기가 3이므로 행의 개수를 나타내 준다. 이 정의는 배열 요소인 세 개의 포인터 p_string[0], p_string[1], p_string[2]를 위하여 총 4 * 3 ==〉 12byte의 메모리를 필요로 한다.

strlen( ) 함수에 대해서는 13장에서 설명하겠지만, #include 〈string.h〉는 문자열 조작함수를 사용할 때 참조하는 헤더 파일이며, strlen( ) 함수는 실제 사용 중인 문자의 개수를 정수 값으로 나타내 준다. strlen("Computer")는 실제 문자수만을 나타내므로 결과 값은 8이다. 그러므로 "Computer"의 실제 데이터의 크기를 나타내기 위해 "strlen(p_string[i]) + 1"에서 NULL값 1(₩0)을 더해 주었다. "Computer", "Aided", "Design"의 실제 바이트 수는 9+6+7=22 바이트이므로 전체 사용 중인 메모리는 포인터배열(12) + 문자열배열(22) = 34byte이다.

↘ [string_pointer1.c] 문자열 배열과 포인터 배열 예제 프로그램 1

```
#include <stdio.h>
#include <string.h> /* strlen()함수 사용하기 위함 */
main( )
{
    int i, sum = 0;
    char *p_string[3] = {"Computer", "Aided", "Design"};
    for(i = 0; i < 3; i++) {
```

```
        printf("p_string[%d] 주소데이터 ==> %p \n", i, p_string[i]);
        printf("p_string[%d] 시작주소 ==> %p \n", i, &p_string[i]);
        printf("p_string[%d] 데이터 값 ==> %s \n", i, p_string[i]);
    }
    printf("p_string data ==>  ");
    for(i = 0; i < 3; i++) {
        printf("%s ", p_string[i]);
        sum += strlen(p_string[i]) + 1;   /* 1은 널문자 포함 */
    }
    printf("\n포인터 배열 p_string 크기 ==> %d bytes \n", sizeof(p_string));
    printf("p_string의 실제 데이터의 크기 ==> %d bytes \n", sum);
    printf("사용중인 전체 기억장소 크기 ==> %d + %d = %d bytes \n",
          sizeof(p_string), sum, sizeof(p_string) + sum);
}
```

→ 실행 결과

```
p_string[0] 주소데이터 ==> 004210B8
p_string[0] 시작주소 ==> 0012FF6C
p_string[0] 데이터 값 ==> Computer
p_string[1] 주소데이터 ==> 0042013C
p_string[1] 시작주소 ==> 0012FF70
p_string[1] 데이터 값 ==> Aided
p_string[2] 주소데이터 ==> 00420134
p_string[2] 시작주소 ==> 0012FF74
p_string[2] 데이터 값 ==> Design
p_string data ==>  Computer Aided Design
포인터 배열 p_string 크기 ==> 12 bytes
p_string의 실제 데이터의 크기 ==> 22 bytes
사용중인 전체 기억장소 크기 ==> 12 + 22 = 34 bytes
계속하려면 아무 키나 누르십시요...
```

[string_pointer2.c]는 char (*p_string)[10] 선언시에는 열의 크기가 10인 2차원 배열을 가리키는 포인터이므로 배열의 주소 값이 10byte씩 증가되고 있음을 알 수 있고, 이 정의는 하나의 포인터 변수 p_string을 정의한 것이므로 4byte의 메모리가 소요된다.

↘ [string_pointer2.c] 포인터 변수 배열 예제 프로그램 2

```
#include <stdio.h>
main( )
{
    int i, sum = 0;
    char array[3][10] = {"Computer", "Aided", "Design"};
    char (*p_string)[10];
    p_string = array;
    for(i = 0; i < 3; i++) {
        printf("p_string[%d] 주소 ==> %p \n", i, &p_string[i]);
        printf("p_string[%d] 데이터 값 ==> %s \n", i, p_string[i]);
    }
    printf("p_string data ==>  ");
      for(i = 0; i < 3; i++) {
          printf("%s ", p_string[i]);
          sum += sizeof(p_string[i]);
    }
    printf("\n포인터 배열 p_string의 크기 ==> %d bytes \n", sizeof(p_string));
           printf("p_string의 실제 데이터의 크기 ==> %d bytes \n", sum);
           printf("사용중인 전체 기억장소 크기 ==> %d + %d = %d bytes \n",
                  sizeof(p_string), sum, sizeof(p_string) + sum);
    }
```

→ 실행 결과

```
p_string[0] 주소 ==> 0012FF58
p_string[0] 데이터 값 ==> Computer
p_string[1] 주소 ==> 0012FF62
p_string[1] 데이터 값 ==> Aided
p_string[2] 주소 ==> 0012FF6C
p_string[2] 데이터 값 ==> Design
p_string data ==>  Computer Aided Design
포인터 배열 p_string의 크기 ==> 4 bytes
p_string의 실제 데이터의 크기 ==> 30 bytes
사용중인 전체 기억장소 크기 ==> 4 + 30 = 34 bytes
계속하려면 아무 키나 누르십시오...
```

10.3.2 다차원 포인터 변수 배열

2차원 포인터 변수의 배열에서 열의 개수를 생략할 경우에 컴파일러는 2차원 배열의 각 행이 몇 개의 열을 갖는지를 알 수 없으며, 또한 증감 연산자 사용시 얼마만큼을 증가·감소시켜야 되는지를 알 수 없다. 또한, 포인터 변수 배열에 간접 연산자를 사용할 때 기억장소로부터 몇 바이트를 읽어야 하는지도 알 수 없다. 그러므로 반드시 열의 개수를 표기해야 한다. [array_pointer6.c]은 2차원 포인터 변수 배열 데이터의 합을 구하는 예제이다.

↘ [array_pointer6.c] 포인터 변수 배열 예제 프로그램 3

```
#include <stdio.h>
main( )
{
    int i, j, sum = 0;
    int (*pt)[3];     /* 2차원 포인터 변수 배열 선언 */
    int array[2][3] = { {100, 200, 300}, {400, 500, 600} };
    pt = array;
    for(i = 0; i < 2; i++) {
        for(j = 0; j < 3; j++)
            sum +=  *(*(pt+i)+j);
    }
        printf("sum ==> %d \n", sum);
}
```

→ 실행 결과

```
sum ==> 2100
계속하려면 아무 키나 누르십시오...
```

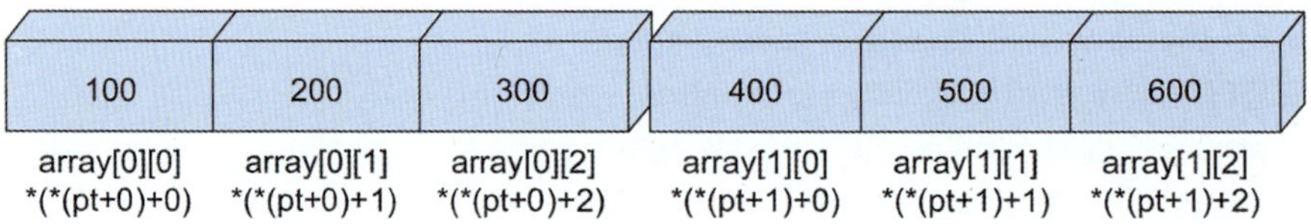

[array_pointer7.c]는 3차원 포인터 변수 배열의 원소 수를 알아보는 예제이다.

↘ [array_pointer7.c] 포인터 변수 배열 예제 프로그램 4

```
#include <stdio.h>
main( )
{
    int table[3][4][5];
    int (*pt)[4][5];      /* 3차원 포인터 변수 배열 선언 */
    printf("포인터 배열 pt의 크기 ==> %d bytes \n", sizeof(pt));
    printf("table의 방의 개수 ==> %d \n", sizeof(table) / sizeof(int));
    printf("*pt가 가르키는 방 수 ==> %d \n", sizeof(*pt) / sizeof(int));
}
```

→ 실행 결과

```
배열 포인터 pt의 크기 ==> 4 bytes
table의 방의 개수 ==> 60
*pt가 가리키는 방 수 ==> 20
계속하려면 아무 키나 누르십시요...
```

위의 실행 결과와 같이 배열 포인터 변수 pt는 3차원 배열을 가리키는 포인터이므로 주소를 기억시킬 4byte의 기억 영역을 필요로 하고, 3차원 배열명인 table만이 3 * 4 * 6 ==〉 60개의 전체 원소의 수를 출력하고, *pt는 단지 pt[0]의 원소의 수 20개를 출력하고 있다.

다음은 이중 포인터 변수에 대하여 알아보겠다. 이중 포인터 변수란 포인터 변수에 다시 포인터를 지정한 것으로 포인터에 대한 포인터가 된다.

```
int **a;             /* 정수형 포인터에 대한 포인터 변수 a */
```

위와 같이 선언하면, 포인터 변수 a가 가리키고 있는 주소 값이 다시 가리키고 있는 위치의 주소의 값을 나타낸다.

↘[pointer_pointer.c] 포인터에 대한 포인터 예제 프로그램

```
#include <stdio.h>
main( )
{
    int a = 10, *pa, **ppa;
    pa = &a;
    ppa = &pa;
    printf("주소 a[%p] pa[%p] ppa[%p] \n", &a, &pa, &ppa);
    printf("a 주소 ==> %p, a 값 ==> %d \n", &a, a);
    printf("pa 값 ==> %p, *pa 값 ==> %d \n", pa, *pa);
    printf("ppa 값 ==> %p, *ppa 값 ==> %d \n", *ppa, **ppa);
}
```

→ 실행 결과

```
주소 a[0012FF7C] pa[0012FF78] ppa[0012FF74]
a 주소 ==> 0012FF7C, a 값 ==> 10
pa 값 ==> 0012FF7C, *pa 값 ==> 10
ppa 값 ==> 0012FF7C, *ppa 값 ==> 10
계속하려면 아무 키나 누르십시요...
```

[pointer_pointer.c]는 이중 포인터 변수의 예제로 포인터 변수 pa와 이중 포인터 변수 ppa는 a의 주소(0012FF7C)를 기억 장소에 보관하고 있다. 그리고 *pa와 **ppa는 a의 주소 값이 된다. 즉, **ppa는 pa가 가리키는 주소 값이 가리키는 주소 값이 되므로, a 변수의 값인 10이 된다. 위의 실행 결과를 그림으로 표현하면 다음과 같다.

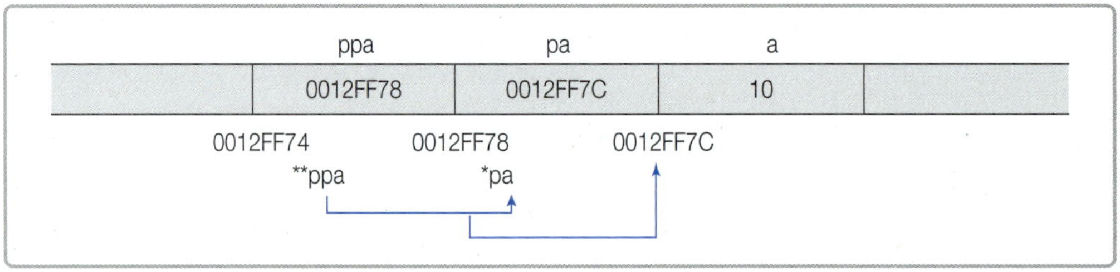

10.4 함수 포인터

프로그램에서 사용하는 함수명은 함수가 기억 장소에 위치하는 시작 주소를 나타내는 포인터 상수이므로, 함수 포인터에 함수명을 대입하여 함수를 포인터가 가리키게 할 수 있다. 기본적인 함수 포인터의 정의는 다음과 같다.

```
데이터 반환형 (*포인터명)(인수1, 인수2, ..... 인수n)
```

데이터 반환형은 호출 함수로 반환하는 반환형이고, 인수(매개 변수)는 데이터의 자료형을 기술하면 된다. 예를 들면 다음과 같다.

```
int (*pt)(int, char, double);      /* 함수 포인터 정의 */
```

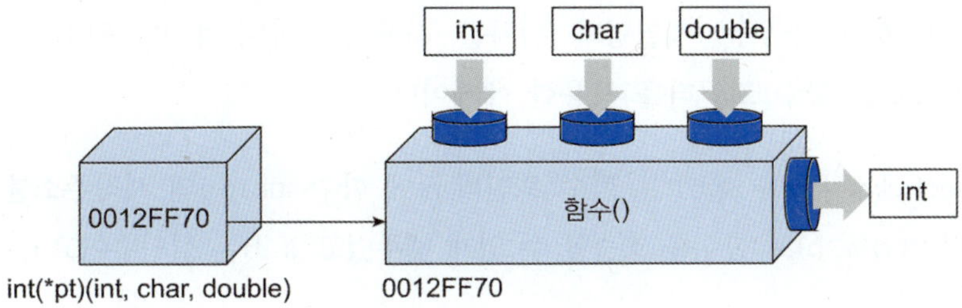

위의 예는 int형을 반환하고 인수(매개 변수)로는 int, char, double형을 갖는 함수에 대한 함수 포인터 pt를 정의한 것으로 매개 변수명은 생략한다. 매개 변수명을 생략하는 이유는 포인터가 가리킬 함수가 일정하지 않기 때문에 그 매개 변수명은 역시 일정하지 않고, 컴파일러는 매개 변수명을 완전히 무시하기 때문에 데이터 형만을 기입해 준다. 이때, pt를 감싸고 있는 괄호가 없으면 함수 포인터 정의가 아니라 함수 선언이 되므로 전혀 다른 의미가 된다. 다음은 함수 포인터 배열을 정의한 예이다.

```
int (*pt[5])(int *ab);
```

위의 예는 int형 포인터 ab를 매개 변수로 취하고, 정수형 수치를 리턴하는 배열의 크기가

5인 함수 포인터 배열 pt를 정의한 것이다.

10.4.1 함수 포인터로 함수 호출

함수 포인터의 초기화는 함수명이 배열명과 같이 포인터 상수이므로 함수 포인터에 함수명을 대입하면 초기화가 되고, 함수 포인터는 해당 함수를 가리키게 된다. 즉, 함수명은 수식 내에서 그 함수를 가리키는 포인터로 자동 변환된다.

함수 포인터의 참조는 함수 포인터가 가리키고 있는 함수를 호출하는 방법으로 함수명 대신에 (*포인터명)을 사용한다.

```
(*포인터명)(인수1, 인수2, ..... 인수n)
```

함수 포인터를 사용한 함수 호출과 함수명을 사용하여 함수를 호출한 것의 차이점은 함수명 대신에 함수 포인터인 (*포인터명)을 사용하여 함수의 각 원소를 참조한다. 함수 호출시 함수명을 사용하는 경우는 배열명과 첨자를 사용하여 함수의 각 원소를 참조한다. [func_pointer1.c]는 함수 포인터를 사용한 예제이다.

[func_pointer1.c]에서 pt = sub1;는 함수 포인터 pt에 함수 sub1( )의 시작주소를 대입하여 함수 포인터 (*pt)(a, b)로 함수를 호출할 수 있게 해주었고, a, b는 실인수이고 i, j는 가인수이다.

↘ [func_pointer1.c] 함수 포인터 예제 프로그램

```
#include <stdio.h>
int sub1(int, int);        /* 함수의 선언 */
main( )
{
    int (*pt)(int, int);   /* 함수 포인터 정의 */
    int a = 10, b = 20;
    pt = sub1;             /* 함수 포인터 pt에 함수 sub1( )의 시작주소를 대입 */
    printf("%d * %d = %d \n", a, b, (*pt)(a, b));  /* 함수 호출 */
```

```
}
int sub1(int i, int j)
{
    return(i * j);       /* 함수 포인터 pt에 i * j값을 반환 */
}
```

→ 실행 결과

```
                                    10 * 20 = 200
계속하려면 아무 키나 누르십시오...
```

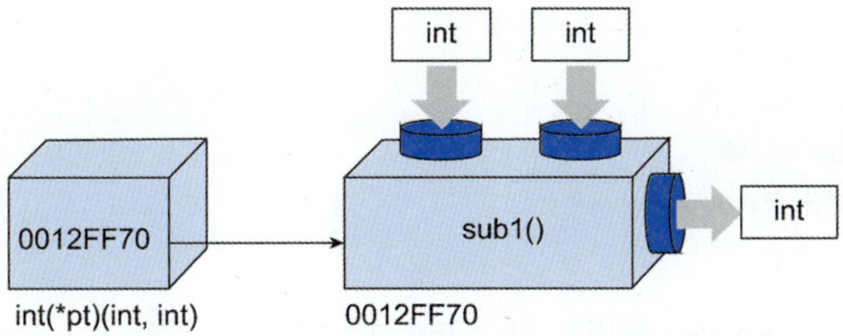

10.4.2 함수를 인수로 사용하는 함수 포인터

함수 포인터를 함수의 실인수로 해당 함수명을 기술하고, 함수 정의부에서는 가인수로 함수 포인터를 사용한다.

↘ [func_pointer2.c] 함수를 인수로 사용하는 함수 포인터

```
#include <stdio.h>
int sub1(int, int);          /* 함수의 선언 */
int hap(int (*)(int, int), int);
main( )
{
    printf("반환 값 value => %d \n", hap(sub1, 4));
}
```

```
int hap(int (*pt)(int, int), int a)
{
    int value = 0, i;
    for(i = 1; i < a; i++)
        value += (*pt)(a + i, i) + (*pt)(a - i, i);
        return(value);
}
int sub1(int x, int y)
{
    return(x * y);
}
```

→ 실행 결과

```
반환 값 value => 48
계속하려면 아무 키나 누르십시요...
```

함수 자체를 인수로 사용하는 방법은 함수 명이 함수의 시작 주소를 나타내는 포인터 상수이기 때문에 가능하다.

[func_pointer2.c]은 함수를 인수로 사용하는 것을 보여주고 있다. [func_pointer2.c]에서 value = value + (*pt)(a + i, i) + (*pt)(a - i, i); 는 i 〈 4일 때까지 이므로, i가 1부터 3까지 for문에 의해 3회 반복된다. 이때 (*pt)(a + i, i)는 sub1( ) 함수를 실인수인 포인터 함수를 가지고 호출하여 반환 값을 가져온다. for문의 실행 절차는 i가 1일 때 함수를 인수로 사용하는 함수 포인터 (*pt)가 sub1( )을 호출하므로 value += (((4+1)*1)+((4-1)*1))이 되어 value는 (5+3)이 되어 8이 되고, i가 2일 때 value += (((4+2)*2)+((4-2)*2))가 되어 value는 (12+4)가 되어 16이 되고, i가 3일 때 value += (((4+3)*3)+((4-3)*3))이 되어 value는 (21+3)이 되어 24가 된다. 그러므로 반환 값 value는 (8+16+24)가 되어 48이 출력된다.

10.5 포인터 응용 프로그램 예제

[max_array_point.c]는 배열 arr[6]에 arr[0] ~ arr[5]까지는 scanf( ) 함수를 이용하여 데이터를 입력하고, arr[5]에는 입력 값 중 가장 큰 값을 저장하는 프로그램이다. 입력된 값을 함수 호출하여 최대값을 찾을 때 첫 번째는 함수의 인수를 배열명 "max_arr(arr)"으로, 두 번째는 배열포인터 "max_point(arr)"로 최대값을 찾아 출력하는 프로그램을 작성한 것이다.

[max_array_point.c] 함수를 인수를 주소값으로 사용하는 예제

```
#include <stdio.h>
main( )
{
    int max_arr(int a[]);    int max_point(int *a);
    int i, arr[6];
    for(i=0;i<=4;i++){
        printf("arr[%d] = ", i);
        scanf("%d", &arr[i]);
    }
    max_arr(arr);     printf("배열로 호출     : Max = %d\n", arr[5]); ←— ②
   max_point(arr);  printf("배열포인터 호출 : Max = %d\n", *(arr + 5));←— ④
}
max_arr(int a[ ])
{
    int max, i;
    max = a[0];
    for(i=0;i<=4;i++)                    i(a[i] > max) max = a[i];
    a[5] = max;          ←—— ①
}
max_point(int *a)
{
    int max, i;
    max = *a;
```

```
     for(i=0;i<=4;i++)                          if(*(a+i) > max) max = *(a+i);
   *(a + 5) = max;   ←———— ③
}
```

→ 실행 결과

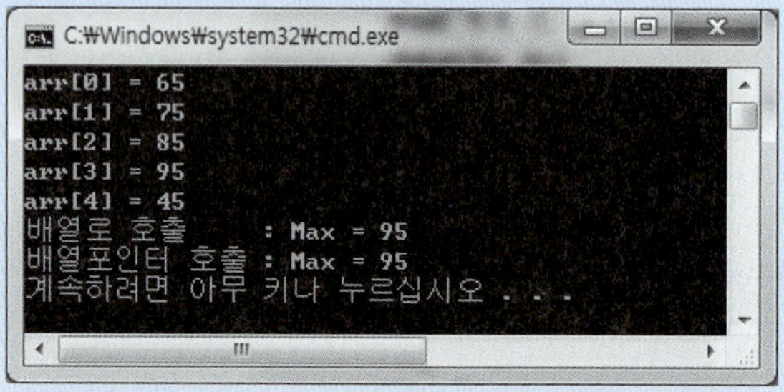

[max_array_point.c]의 ①은 배열에 저장 된 값 중에서 최대 값을 a[5]에 저장한 후 ②에서 출력하고, ③의 *(a+5) = max; 또한 마찬가지로 a[5]에 저장한 후 ④에서 출력하고 있다.

연 습 문 제

1. 포인터 연산 *와 &의 차이점은?

2. 정수형 변수 a=10, b=20와 정수형 포인터 변수 *p1, *p2가 있다. p1=&a, p2=&b를 이용하여 다음과 같이 출력하는 프로그램을 작성하시오.

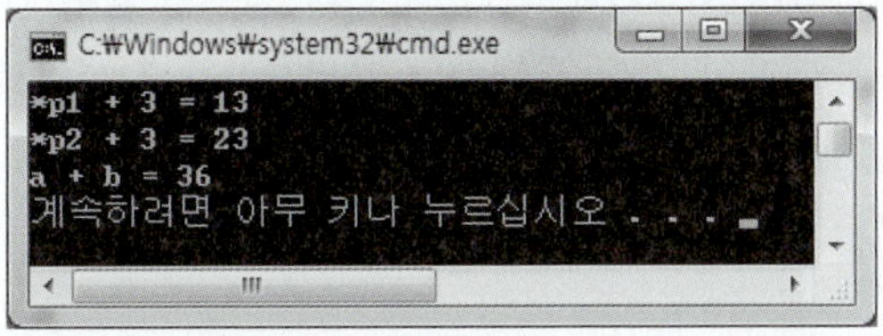

3. 문자열 배열 str[6] = "KOREA", 문자열 포인터변수 *p를 이용하여 다음과 같이 출력하는 프로그램을 작성하시오.

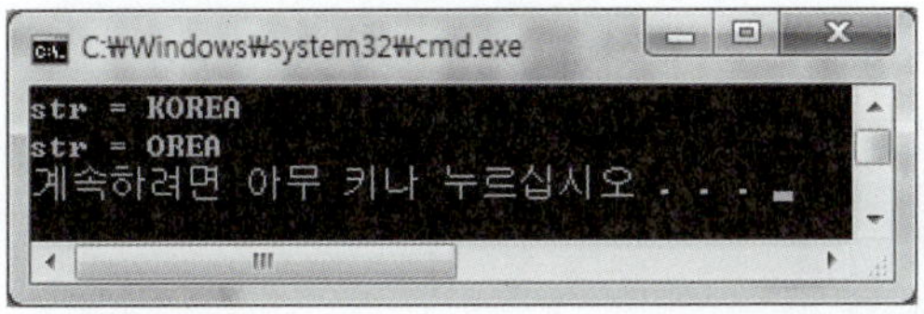

4. 정수형 배열 num[5] = {100, 200, 300, 400, 500}, 정수 포인터 변수 *p_num을 이용하여 다음과 같이 출력하는 프로그램을 작성하시오.

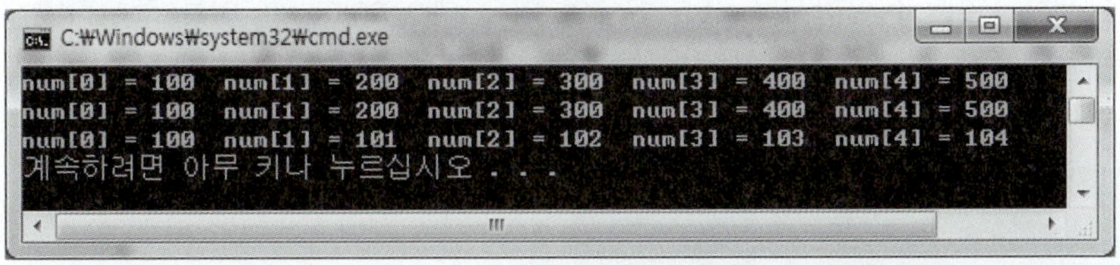

5. 정수형 변수 x=10, y=20을 교환(swapping)하는 프로그램을 작성하시오. (단, 함수의 실인수가 주소 값이며, 함수 정의부의 가인수는 포인터를 사용하여 두 개의 변수 값을 교환)

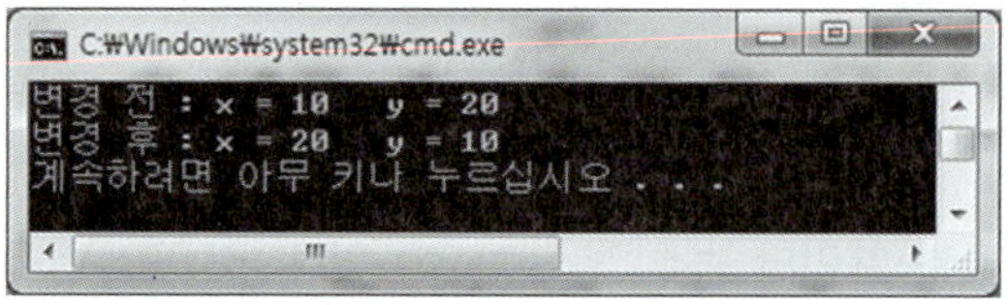

6. 정수 배열 arr[10] = {10,20,30,40,50,60,70,80,90,100}의 합을 정수형 함수 total_point(int *a)을 호출하여 결과 값을 아래와 같이 출력하는 프로그램을 작성하시오.

7. 문자열 배열 kor[5] = "korea"와 jan[5] = "JAPAN"을 포인터 변수 *pt에 배열명을 대입하여 사용하고, for문을 이용하여 소문자는 대문자로 출력하고, while문을 이용하여 대문자는 소문자로 출력하는 프로그램을 작성하시오.

8. 정수 배열 arr[5]에 scanf( )함수를 이용하여 값을 입력한 가장 작은 최소값을 출력하는 프로그램을 작성하시오. (단, 정수형 함수 min_point(int *a)를 호출하여 최소값 비교)

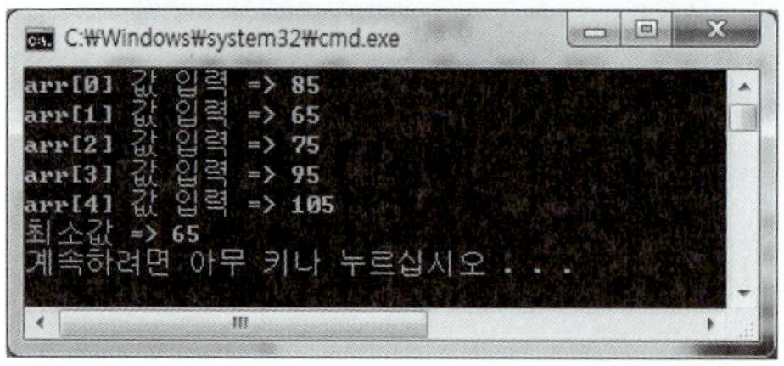

제 11 장

구조체와 공용체

1. 구조체(structure)
2. 공용체(union)
3. 응용 예제프로그램

11.1 구조체(structure)

구조체란 논리적으로 관련이 있는 항목(Field)들을 모아 단일 명칭으로 함께 묶어서 사용하는 것을 말하고, 이때 항목들은 각기 다른 데이터 형을 가질 수 있는 데이터의 구조이다. 다시 말해서 구조체는 항목들의 모임으로 레코드를 정의하고자 할 때 사용한다. 예를 들면 다음과 같다.

int hakbun	char name[20]	char sex	char address[50]

```
struct student{
int hakbun;
char name[20];
char sex;
char address[50];
};
```

위의 예는 학생 신상(학번, 성명, 성별, 주소)을 나타내는 구조체로 개인의 정보를 나타내는 레코드를 정의하기 위해서 C언어에서는 구조체를 사용한다. 위와 같이 구조체를 사용하지 않는 경우에는, 모든 자료 구조를 표현하는 것이 상당히 번거롭고 어려운 작업이 될 것이다.

배열은 각각의 변수들이 모두 동일한 데이터 형이고, 구조체는 각각의 변수들이 다른 데이터 형을 가질 수 있는 것이 다른 점이다. 일반적으로 프로그램이 실제 데이터를 사용하는 경우에 대부분의 데이터들은 그 정보를 이루고 있는 정수, 부동형수, 문자 상수 등이 각각의 작은 원소가 아니고, 일반적으로 데이터들은 하나하나가 독특한 속성을 가진 요소의 집합체이므로 실무 응용 프로그램에서는 구조체를 자주 사용한다.

11.1.1 구조체 선언

지금까지 배워 왔던 방법은 데이터 형을 각각 선언하여 사용하거나, 동일한 데이터 형을 갖는 변수들의 집합인 배열을 사용하였다. 이와 같은 방법은 잘못된 방법이라기보다는 서로 연관된 항목을 하나의 묶음으로 묶지 않고, 서로 분리된 항목으로 사용하였기 때문에 일관성이 결여된 표현 방법이었다. 구조체는 레코드 단위로 데이터 형을 묶어서 사용하기 때문에 여러 가지 편리한 점이 있다. 구조체의 선언 형식은 [그림 11-1]과 같다.

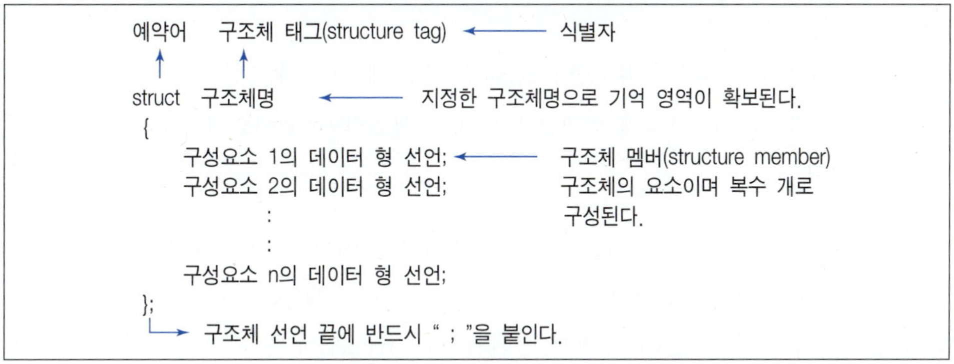

그림 11-1 구조체 선언 형식

구조체 멤버 선언시 C언어에서 사용할 수 있는 모든 자료형을 사용할 수 있다. 구조체 멤버를 선언할 때 주의 사항은 구조체 멤버로 사용하는 변수는 기억 클래스(auto, static, extern, register)를 지정해서는 안 된다. 그 이유는 구조체 멤버는 동일한 기억 클래스가 사용되기 때문이다. 그리고, 구조체 멤버로 사용되는 변수명에 데이터를 초기화할 수 없다. 그 이유는 구조체 멤버 선언시 사용되는 변수명은 멤버를 선언할 뿐이지 저장할 기억 장소를 할당하지 않기 때문이다.

구조체 멤버로 또 다른 구조체를 사용할 수는 있지만, 구조체 자기 자신을 구조체 멤버로 선언할 수 없고, 필요시에는 포인터로 선언해야 한다. 구조체 멤버로 배열을 사용할 경우에는 배열의 크기를 반드시 지정해 주어야 하고, 하나의 구조체 내에는 구조체 멤버가 서로 다른 명칭을 가져야 하며, 서로 다른 구조체 내에서는 동일한 명칭이 사용되어도 상관이 없다. 그러면 구조체 선언의 예를 들어보자. 성적이라는 구조체를 선언하고자 할 때, 다음과 같이 학번, 이름, 교과목, 점수 등의 멤버들로 구성되어지는 구조체를 선언하면

```
struct sungjuk
{
```

```
int hakbun;
char name[10];
int kuk;
int eng;
int mat;
};
```

위의 구조체 선언의 의미를 살펴보면 sungjuk은 구조체 이름(태그명)을 나타내며, 이 구조체 이름은 변수가 아니고 구조체 형태를 나타내는 식별자(identifier)로써 구조체 변수를 선언할 때 사용한다.

또한, hakbun, name[10], kuk, eng, mat은 구조체형을 이루고 있는 구조체 멤버이다. 이 멤버들은 변수 또는 배열, 포인터 변수, 구조체 변수, 구조체 포인터 변수들 중 하나를 선택하면 된다. 예를 들면, 앞의 예에서 선언된 char name[10];을 포인터 변수를 사용하면 char *name;로 변경이 가능하다.

위와 같이 C 프로그램에서 구조체를 선언하면, 실제로 기억 장소를 확보하는 것이 아니라 데이터의 구성 형태를 선언하는 것에 불과하다. 선언된 구조체형으로 구조체 변수를 선언하면 이때, 실제로 컴퓨터 시스템에서 기억 장소가 확보된다. 다음 [그림 11-2]는 위의 구조체의 기억 형태를 그림으로 표현한 것이다.

hakbun	name[10]	kuk	eng	mat
int	문자형 배열	int	int	int
← 4byte →	← 10 byte →	← 4byte →	← 4byte →	← 4byte →

그림 11-2 sungjuk 구조체 선언시 기억 장소 기억 형태

앞의 구조 형태는 UNIX시스템이나 IBM-PC 호환기종 1word가 32비트인 경우는 int형의 길이가 4바이트가 된다. 그러므로 전체 바이트 수는 26바이트가 된다.

11.1.2 구조체 변수 정의

미리 선언된 구조체를 데이터 형으로 갖는 변수를 구조체 변수라 하며, 이 구조체 변수가

정의되어야만 비로소 이미 선언한 구조체에 실제로 기억 장소가 확보되며, 구조체를 사용할 수 있다. 다음은 구조체 변수 정의 형식이다.

```
struct  구조체명  구조체변수 1, 구조체변수 2, .., 구조체변수 n;
```

위의 형식과 같이 선언하면 구조체 변수 1, 구조체 변수 2, ..., 구조체 변수 n 등은 선언한 구조체명과 같은 데이터 구조를 갖는 변수로 선언되어 사용할 수 있다. 예를 들어보자.

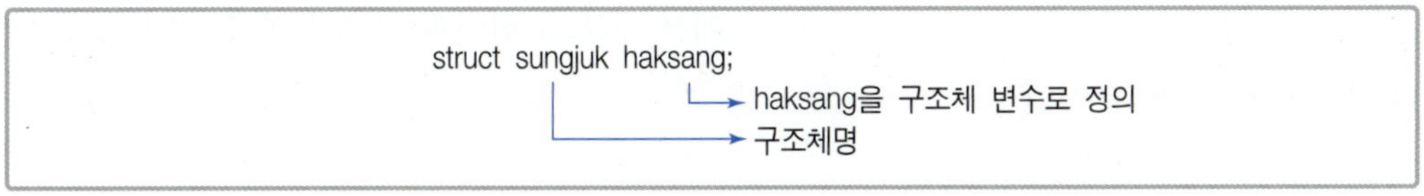

위와 같이 정의하면 변수 haksang은 sungjuk의 구조를 가지는 구조체 변수로 정의하면 이미 선언한 구조체 내의 요소들(hakbum, name, kuk, eng, mat)의 형태가 haksang이라는 변수에 복사된다. 이 구조체 변수들은 여러 가지 형태의 데이터 원소로서 구성된 집합체이다. 구조체와 구조체 변수 선언을 동시에 선언하여 사용할 수 있다.

유용한 프로그램 개발 수단인 구조체와 함께 포인터를 사용함으로써 보다 효율적인 프로그램 개발이 가능하다. 구조체에 대한 포인터를 선언하는 방법은 다른 포인터 선언과 마찬가지로 간접 연산자(*)를 사용한다. 구조체 포인터 변수의 예를 들면 다음과 같다.

```
struct  abc{
        int code;
        char item[10];
};
struct  abc  goods;
struct  abc  *pt_goods;
pt_goods = &goods;
```

위의 예제에서 포인터 변수 pt_goods가 abc형 구조체에 대한 포인터임을 나타내고 있다. 배열에서와 마찬가지로, 구조체의 포인터 또한 지시하는 구조체 변수의 시작 주소를 갖는다. 구조체와 구조체 변수를 동시에 선언할 경우 형식은 [그림 11-3]과 같다.

```
struct 구조체명
  {
   구성 요소 1의 데이터 형 선언;
   구성 요소 2의 데이터 형 선언;
              .
              .
   } 구조체 변수 1, 구조체 변수 2, ... ; ←구조체 변수로 정의
```

그림 11-3 구조체 선언과 구조체 변수의 정의

위와 같은 형식으로 앞에서 표현한 두 가지 예를 구조체 선언과 구조체 변수 정의를 동시에 선언하면 다음과 같다.

```
struct  sungjuk
{
      int hakbun;        ─┐
      char name[10];      │
      int kuk;            ├──▶ 구조체 선언
      int eng;            │
      int mat;           ─┘
} haksang, sinsang, array[5], *pt;  ◀──── 구조체 변수 정의
```

위의 예는 구조체 선언과 동시에 구조체 변수 haksang, sinsang과 구조체 배열 array[5], 구조체 포인터 변수 pt를 정의하고 있다. 이와 같이 구조체 변수를 정의하면 구조체 변수 haksang과 sinsang은 각각 26바이트씩 기억 장소가 할당되고, 구조체 배열 array의 각 원소는 각각 26바이트씩 기억 장소가 할당되므로 전체적으로 총 26×5 ⇒ 130바이트의 기억 장소가 할당된다. 그러나 구조체 포인터 변수 pt는 26바이트의 기억 장소가 할당되는 것이 아니라, 4바이트 크기를 갖는다. 포인터 변수 pt는 구조체를 가리킬 수 있다는 것이지 구조체 변수가 아니다.

만약에 [그림 11-3]에서 구조체 태그명을 생략할 경우에는 반드시 구조체 선언과 구조체 변수 정의부를 함께 기술해야 한다. 즉, 더 이상 구조체 변수를 정의할 수가 없다.

```
          ┌──────▶ 태그명 생략
struct        {
        int hakbun;      ─┐
        char name[10];    │
        int kuk;          ├──▶ 구조체 선언
        int eng;          │
        int mat;         ─┘
   } haksang, sinsang, array[5], *pt;  ◀──── 구조체 변수 정의
```

다음은 구조체 선언과 구조체 변수 정의를 분리한 경우를 살펴보기로 하자. 분리하고자 할 때에는 구조체를 선언한 후, 구조체 변수를 정의하는 방법으로 C언어에서 가장 많이 사용되는 방법이다.

```
struct  sungjuk
{
        int hakbun;      ─┐
        char name[10];    │
        int kuk;          ├──▶ 구조체 선언
        int eng;          │
        int mat;         ─┘
}
    구조체 선언명      구조체 변수 리스트
          ↑                   ↑
struct sungjuk    haksang, sinsang, array[5], *pt;
```

11.1.3 구조체 변수의 멤버 참조

구조체 변수의 멤버를 참조하기 위해서는 구조체 멤버 연산자(struct member operator)인 직접 멤버 참조 연산자 "." 와 간접 멤버 참조 연산자 "->" 가 있다.

(1) 직접 멤버 참조 연산자

직접 멤버 참조 연산자 "." 은 구조체로 정의된 구조체명이 변수, 배열의 원소, 구조체 포인터가 가리키는 대상체에 사용되는 연산자로서 dot(점) 연산자라고도 부른다. dot 연산자

의 형식은 다음과 같다.

형식 구조체 변수명, 멤버명 또는 (구조체 변수명).(멤버명)

위의 형식은 프로그램에서 이미 구조체 변수를 정의하여 만들어 놓고, 이 구조체의 각 구성 요소에 프로그래머가 각각의 데이터를 대입하거나 이를 수식 내에서 사용하기 위해 dot 연산자를 사용한다. 이미 앞 절에서 정의한 구조체 변수 haksang의 각 구성 요소(hakbun, name, kuk, eng, mat)를 참조하려면 다음과 같이 해야 한다.

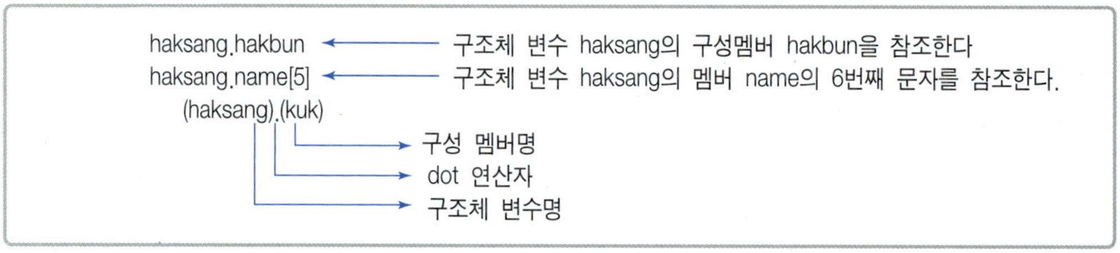

구조체 연산자 "." 은 구조체명과 멤버명을 서로 연결시켜 주는 의미가 있다. dot 연산자는 연산자 우선순위가 높다. 예를 들어, 연산 순위가 증감 연산자 "++, –" 또는 간접연산자 "*" 보다는 우선순위가 높고, 괄호( ) 또는 [ ]와 같은 수준의 우선순위이며 최우선 "1" 순위가 된다. 그러므로 우선순위가 "." 보다 낮은 연산자를 먼저 연산시키려면 반드시 괄호로 묶어 사용해야 한다. 예를 들어 (*pt).name이라 선언하면, 포인터 pt가 현재 가리키고 있는 구조체의 구성 멤버 name을 참조하라는 의미로 이때, "*" 연산자는 "." 연산자보다 연산 우선순위가 낮으므로 괄호로 묶어서 먼저 구조체 포인터 변수임을 나타낸다.

(2) 간접 멤버 참조 연산자

간접 멤버 참조 연산자 또는 ARROW(화살표) 연산자 "->" 는 구조체 변수가 포인터 변수인 경우에 포인터 변수를 이용하여, 간접적으로 대상체에 접근할 때에 사용하고 형식은 다음과 같다.

형식 구조체 포인터명->멤버명 또는 (구조체 포인터명)->(멤버명)

위의 형식에서 연산자 "->" 은 "-" 부호 다음에 ">" 기호를 연속하여 기술하면, 하나의 연산자가 된다. 예를 들어보자.

```
struct sungjuk {            /* 구조체 선언 */
        long int hakbun;
        char name[10];
        int c;
        int php;
        int asp;
};
        struct sungjuk *haksang;  /* 구조체 포인터 변수를 haksang로 선언 */
```

위의 예에서 정의한 구조체 포인터 변수 haksang의 각 구성 요소(hakbun, name, c, cobol, lotus)를 참조하려면 다음과 같이 정의한다.

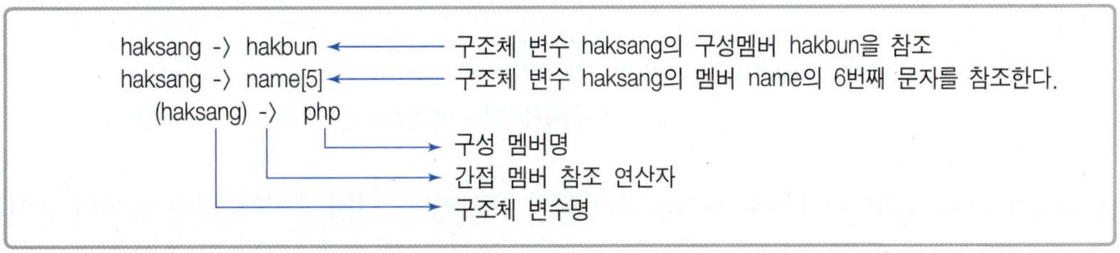

구조체 연산자 "->"은 구조체 포인터 변수 haksang의 각 구성 멤버를 참조하기 위해 사용된 "->" 대신에 (*포인터명).구성멤버와 같은 형태로 사용하여도 된다.

```
(*haksang).hakbun
(*haksang).name[5]
(*haksang).php
```

11.1.4 구조체 변수의 초기화

구조체 변수도 일반 변수 또는 배열과 마찬가지로 기억 클래스를 가질 수 있지만 기억 클래스가 static 또는 extern인 경우에만 가능하고, 초기 값들은 다음 형식과 같이 콤마로 구분되며, 변수와 배열의 초기화 방법과 유사하고 괄호({ })로 묶어서 나타낸다. 일반 형식은 다음과 같다.

형식 `struct 구조체 태그명 구조체 변수명 = { 초기치1, 초기치2...초기치n};`

(1) 구조체 변수의 초기화

구조체 변수 초기화의 예를 들면 다음과 같다.

```
struct  sungjuk                    /*구조체 선언*/
  {
       int hakbun;
       char name[10];
       int kuk;
       int eng;
       int mat;
  } ;
struct sungjuk haksang = {1234,"Jung J. Y.",95,87,90};
                              └──→ 구조체 변수 haksang의 정의와  초기화
```

구조체 변수의 초기화는 1차원 배열의 초기화와 유사하다. 이때 구조체 변수 멤버의 데이터 형으로 나열하여 초기화해 주어야 하고 만약, 데이터 형이 서로 일치하지 않으면 오류로 처리되는 경우가 발생될 수 있다. 초기치 데이터가 구조체 멤버의 수보다 적으면 나머지 여분의 멤버는 0으로 채워진다.

앞의 예에서 각 초기치 값들이 상수이면 그대로 기입하고, 문자 상수이면 단일 인용 부호(‘ ’)로 묶어서 기입하고(예, ‘m’), 또한 초기 값이 문자열이면 이중 인용 부호(“ ”)로 묶어서 기입한다 (예, “Jung J. Y.”). [struct1.c]은 구조체 변수의 초기화를 나타내는 경우의 예제이다.

[struct1.c]에서 구조체 변수 h의 hakbun은 1234, h의 name은 irum의 초기값 “Jung Jin Yong”이 되고, h의 kuk은 95, h의 eng는 87, h의 mat는 90으로 초기화된다. 이때, 초기화된 구조체 변수들의 각 멤버를 참조하기 위해서 printf( ) 함수에서 구조체 멤버 연산자 “ . ”을 사용하여 h.hakbun, h.name, h.kuk, h.eng, h.mat로 구조체 초기화 데이터 값을 참

조하고, 3과목의 합계를 구하기 위해 구조체 멤버의 값(h.kuk + h.eng + h.mat)을 합하여 주었다.

↘ [struct1.c] 구조체 변수의 초기화 예제 프로그램 1

```
#include <stdio.h>
main( )
{
    struct  sungjuk
    {
        int hakbun;
        char name[14];
        int kuk;
        int eng;
        int mat;
    };
        struct sungjuk h = {1234,"Jung Jin Yong", 95, 87, 90};
        printf("hakbun = %d \n", h.hakbun);
        printf("name = %s \n", h.name);
        printf("kuk = %d, eng = %d, mat = %d, tot = %d \n",
             h.kuk, h.eng, h.mat, h.kuk + h.eng + h.mat);
}
```

→ 실행 결과

```
hakbun = 1234
name = Jung Jin Yong
kuk = 95, eng = 87, mat = 90, tot = 272
계속하려면 아무 키나 누르십시요...
```

(2) 구조체 선언과 동시에 구조체 변수값 초기화

```
                    ┌──▶ 생략 가능함
struct   구조체 태그명
{
        구성 요소의 데이터 형 선언1;
        구성 요소의 데이터 형 선언2;
                   .
                   .
        구성 요소의 데이터 형 선언n;
} 구조체 변수 = {초기값1, 초기값2, ..., 초기값n};
```

그림 11-4 구조체 선언 및 구조체 변수 초기화

구조체 선언과 동시에 구조체 변수의 값을 초기화하는 방법은 [그림 11-4]와 같이 사용할 수 있다.

[struct1.c]를 구조체 선언과 동시에 변수의 값을 초기화하는 프로그램으로 바꾸어 보면 [struct2.c]와 같이 된다.

↘ [struct2.c] 구조체 변수의 초기화 예제 프로그램 2

```
struct  sungjuk
{
    int hakbun;
    char name[14];
    int kuk;
    int eng;
    int mat;
} h = {1234, "Jung Jin Yong", 95, 87, 90};
main( )
{
    printf("hakbun = %d \n", h.hakbun);
    printf("name = %s \n", h.name);
    printf("kuk = %d, eng = %d, mat = %d, tot = %d \n",
           h.kuk, h.eng, h.mat, h.kuk + h.eng + h.mat);
}
```

→ 실행 결과

```
hakbun = 1234
name = Jung Jin Yong
kuk = 95, eng = 87, mat = 90, tot = 272
계속하려면 아무 키나 누르십시요...
```

(3) 복수개의 구조체 변수 초기화

[struct3.c]는 복수 개의 구조체 변수를 선언하여 사용한 경우의 프로그램이다. [struct3.c]은 세 학생의 성적을 나타내고자 구조체 변수를 hak1, hak2, hak3을 콤마로 구분하여 구조체 변수 복수개를 선언하였다. 구조체 변수의 초기값들은 콤마로 구분지으며 초기화 명령문 끝에는 반드시 세미콜론(;)을 붙여 써야 한다.

선행 처리기 #define LINE "---- .... ----" 매크로를 사용하여 printf( ) 함수의 사용을 간단히 하였다. 세 과목의 합계를 구하기 위해 sum = hak1.c + hak1.php + hak1.asp;을 구하고, 평균을 구하기 위해서 ave = sum / 3.0;을 구하였으나 이러한 방법은 매번 합계와 평균값을 구해야 하므로 매우 불편할 것이다. 이런 불편을 없애기 위해서는 구조체 배열을 사용한다.

↘ [struct3.c] 구조체 변수의 초기화 예제 프로그램 3

```
#include <stdio.h>
#defineLINE "-----------------------------------------------------\n"
struct sungjuk {            /* 구조체 선언 */
    long int hakbun;
    char name[10];
    int c;
    int php;
    int asp;
} hak1, hak2, hak3;        /* 구조체 변수 정의 */
main( )
{
```

```
    static struct sungjuk hak1 = {2017001, "정태성", 89, 98, 100},
                          hak2 = {2017002, "김소영", 97, 96, 95},
                          hak3 = {2017003, "강민영", 56, 47, 75};
    int sum = 0;
    float ave = 0.0;
    printf(" %8s      성   적   출   력   LIST\n"," ");
    printf(" %6s      =============================\n\n"," ");
    printf("%s", LINE);
    printf("  학번    이름   C언어   php      asp      합계      평균 \n");
    printf("%s", LINE);
    sum = hak1.c + hak1.php + hak1.asp;
    ave = sum / 3.0;
    printf("%ld  %s   %3d    %3d      %3d      %3d   %6.2f \n",
           hak1.hakbun, hak1.name, hak1.c, hak1.php, hak1.asp, sum, ave);
     sum = hak2.c + hak2.php + hak2.asp;
     ave = sum / 3.0;
     printf("%ld  %s   %3d    %3d      %3d      %3d   %6.2f \n",
           hak2.hakbun, hak2.name, hak2.c, hak2.php, hak2.asp, sum, ave);
     sum = hak3.c + hak3.php + hak3.asp;
     ave = sum / 3.0;
     printf("%ld  %s   %3d    %3d      %3d      %3d   %6.2f \n",
           hak3.hakbun, hak3.name, hak3.c, hak3.php, hak3.asp, sum, ave);
    printf("%s", LINE);
}
```

→ 실행 결과

```
                 성   적   출   력   LIST
              =============================
     ---------------------------------------------------------
      학번     이름    C언어   php      asp      합계     평균
     ---------------------------------------------------------
     2017001 정태성    89      98       100      287      95.67
     2017002 김소영    97      96        95      288      96.00
     2017003 강민영    56      47        75      178      59.33
     ---------------------------------------------------------
 계속하려면 아무 키나 누르십시오...
```

11.1.5 구조체 배열과 초기화

지금까지는 구조체 선언 및 초기화에 대해서 설명했다. 이것은 한 개의 구조체 변수에는 한 사람에 대한 데이터를 초기화하여 처리하였고, 몇 사람의 데이터 처리를 위해서는 복수 개의 구조체 변수를 선언하여 사용했다. 여기서는 다수의 사람에 대한 데이터 처리를 위해 배열을 사용해 보자.

구조체 배열은 다른 일반 배열에서의 선언 형식이나 사용 방법이 유사하다. 단지 구조체 배열이란 배열의 각 요소가 구조체로 되어 있다는 것이 다를 뿐이다. 구조체 배열 형식은 [그림 11-5]와 같다.

```
struct 구조체명
{
    구성 멤버1의 데이터 형 선언;
    구성 멤버2의 데이터 형 선언;
            :
            :
    구성 멤버n의 데이터 형 선언;
} 배열명;
```

그림 11-5 구조체 선언 및 구조체 배열 정의

예를 들어, [struct3.c]에서 다루었던 세 학생의 성적을 출력하는 프로그램을 구조체 배열로 사용하여 바꾸어 보자.

[struct3.c]에서는 세 학생의 데이터들을 처리하기 위해 구조체 변수 hak1, hak2, hak3을 각각 선언하였다. 그러나 여기서는 구조체 배열을 이용하여 세 사람의 데이터를 처리하면 [struct_array.c]와 같다.

↘ [struct_array.c] 구조체 배열의 초기화 예제 프로그램

```
#include <stdio.h>
#define LINE "-------------------------------------------------------\n"
struct sungjuk {            /* 구조체 선언 */
    long int hakbun;
```

```
    char name[10];
    int c;
    int php;
    int asp;
} hak[3];                   /* 구조체 배열 변수 정의 */
main( )
    {
    static struct sungjuk hak[3] = {{2017001, "정태성", 89, 98, 100},
        {2017002, "김소영", 97, 96, 95}, {2017003, "강민영", 56, 47, 75}};
    int i, sum = 0;
    float ave = 0.0;
    printf(" %8s      성   적   출   력   LIST\n"," ");
    printf(" %6s      ============================\n\n"," ");
    printf("%s", LINE);
    printf(" 학번    이름   C언어    php     asp     합계     평균 \n");
    printf("%s", LINE);
    for (i = 0; i <3; i++) {
        sum = hak[i].c + hak[i].php + hak[i].asp;
        ave = sum / 3.0;
        printf("%ld  %s   %3d    %3d      %3d      %3d   %6.2f \n",
            hak[i].hakbun, hak[i].name, hak[i].c, hak[i].php, hak[i].asp, sum, ave);
    }
        printf("%s", LINE);
}
```

→ 실행 결과

```
                 성   적   출   력   LIST
               ============================
   -------------------------------------------------------
   학번     이름    C언어   php      asp      합계     평균
   -------------------------------------------------------
   2017001 정태성    89      98      100       287     95.67
   2017002 김소영    97      96       95       288     96.00
   2017003 강민영    56      47       75       178     59.33
   -------------------------------------------------------
계속하려면 아무 키나 누르십시요...
```

[struct_array.c]는 [struc3c]과 동일한 결과 값을 얻을 수 있는 프로그램으로 구조체 배열 변수 hak[3]을 사용하여 훨씬 프로그램이 간단하다는 것을 알 수 있을 것이다.

위의 프로그램에서 구조체 배열 변수 정의 부분을 아래와 같이 생략하여도 동일한 결과를 얻을 수 있다.

```
struct sungjuk {            /* 구조체 선언 */
    long int hakbun;
    char name[10];
    int c;
    int cobol;
    int lotus;
};                          /* 구조체 배열 변수 생략한 경우 */
```

이 경우는 hak[3]을 생략한 경우이다. 그러나 구조체 배열의 초기화 시에는 hak[ ]은 생략하면 안 된다.

동일한 경우
static struct sungjuk hak[3] 〈====〉 struct sungjuk hak[3]

위와 같이 선언하면 멤버가 세 개인 구조체 배열 hak[3]이 준비되며, 구조체 배열의 각 멤버를 초기화시키고자 한다면 다음과 같이 기술된다.

```
struct sungjuk hak[3] = {
                        {2017001, "정태성", 89, 98, 100},
                        {2017002, "김소영", 97, 96, 95},
                        {2017003, "강민영", 56, 47, 75}
                        };        /* 세미콜론(;)을 생략하면 오류 */7
```

구조체 배열의 초기화는 초기치 데이터를 중괄호({ })로 감싸주어야 한다. 그리고 구조체 연산자인 “ . ”을 사용하여 구조체 배열의 각 구성 멤버마다 직접 데이터를 대입하여도 무방하다.

```
hak[0].hakbun = 2017001;      ←——— hak[0]은 시작 주소가 저장
hak[0].name   = "정태성“;
hak[0].c      =  89;
hak[0].php    =  98;
hak[0].asp    = 100;
```

위와 같은 방법은 매우 불편하고 귀찮은 표현 방법이므로 대부분의 프로그래머는 [struct_array.c]와 같은 방법을 일반적으로 많이 사용한다.

11.1.6 구조체 포인터와 초기화

구조체 변수를 선언할 때 포인터 형태로 선언하여 사용할 수가 있다. 실제로 C 프로그램 작성시 프로그래머는 구조체 변수를 포인터 형태로 선언하여 사용하는 경우가 훨씬 더 많다. 그 이유는 배열보다 배열에 대한 포인터를 처리하는 것이 훨씬 더 쉬운 것과 같이, 구조체 보다 구조체에 대한 포인터로 처리하는 것이 더 쉽기 때문이다. 또한, 구조체는 함수의 인수를 사용할 수 없지만, 구조체 포인터는 함수의 인수로써 사용할 수 있다. 그 이유는 많은 데이터들이 구조체로 되어 있으며, 이들의 구성 요소가 다른 구조체를 가리키는 포인터 형태로 되어 있기 때문이다. 구조체 포인터의 일반 형식은 [그림 11-6]과 같다.

```
struct 구조체명
{
      구성 멤버1의 데이터 형 선언;
      구성 멤버2의 데이터 형 선언;
               :
               :
      구성 멤버n의 데이터 형 선언;
} *포인터 변수명;
```

그림 11-6 구조체 선언 및 구조체 포인터 변수 정의

예를 들어, [struct_array.c]에서 다루었던 세 학생의 성적을 출력하는 프로그램을 구조체 포인터 변수를 사용하여 바꾸어 보자. [struct_array.c]에서는 세 학생의 데이터들을 처리하기 위해서 구조체 배열 변수 hak을 선언하였다. 그러나 여기서는 구조체 포인터 변수(*hak)를 이용하여 세 사람의 데이터를 처리하면, [struct_pointer.c]와 같다.

```
hak = arr;   ←――――→   hak = &arr[0];
```

구조체 포인터 변수(hak)에 구조체 배열의 시작주소 값을 할당하여 간접적으로 데이터를 접근해 들어간다.

↘ [struct_pointer.c] 구조체 포인터 변수의 초기화 예제 프로그램

```
#include <stdio.h>
#define LINE "---------------------------------------------\n"
struct sungjuk {              /* 구조체 선언 */
    long int hakbun;
    char name[10];
    int c;
    int php;
    int asp;
} *hak;                       /* 구조체 포인터 변수 정의 */
main( )
{
    int i, sum = 0;
    float ave = 0.0;
    struct sungjuk arr[3] = {{2017001, "정태성", 89, 98, 100},
    {2017002, "김소영", 97, 96, 95}, {2017003, "강민영", 56, 47, 75}};
    hak = arr;  /* 구조체 배열 arr의 시작 주소를 포인터 변수 hak에 대입 */
    printf(" %8s      성  적  출  력  LIST\n"," ");
    printf(" %6s      ===========================\n\n"," ");
    printf("%s", LINE);
    printf(" 학번    이름   C언어    php     asp     합계     평균 \n");
    printf("%s", LINE);
    for (i = 0; i <3; i++, ++hak) {
        sum = hak->c + hak->php + hak->asp;
        ave = sum / 3.0;
        printf("%ld  %s  %3d    %3d     %3d     %3d  %6.2f \n",
        hak->hakbun, hak->name, hak->c, hak->php, hak->asp, sum, ave);
    }
```

```
    printf("%s", LINE);
}
```

→ 실행 결과

```
                성  적  출  력  LIST
            ============================

   ---------------------------------------------------------
    학번     이름    C언어   php     asp      합계     평균
   ---------------------------------------------------------
   2017001 정태성    89     98      100      287     95.67
   2017002 김소영    97     96       95      288     96.00
   2017003 강민영    56     47       75      178     59.33
   ---------------------------------------------------------
계속하려면 아무 키나 누르십시오...
```

[struct_pointer.c]는 [struct_array.c]와 동일한 결과 값을 얻을 수 있는 프로그램으로 구조체 포인터 변수를 사용한 경우이다. 구조체 포인터 변수(*hak) 정의 부분을 아래와 같이 생략하여도 동일한 결과를 얻을 수 있다.

```
    struct sungjuk {            /* 구조체 선언 */
      long int hakbun;
      char name[10];
      int c;
      int php;
      int asp;
};                          /* 구조체 포인터 변수 생략한 경우 */
```

이 경우는 *hak를 생략한 경우이다. 이와 같이 사용할 경우에는 main( ) 함수에 다음과 같은

```
struct sungjuk *hak;
```

구조체 포인터 변수 hak를 선언해 주어야 한다. 앞의 의미들을 살펴보면 hak을 구조체 sungjuk을 가리키는 포인터 변수로 선언한 경우이다. 따라서, 포인터 변수 hak는 sungjuk과 같은 구조체를 가진다. 즉, 앞의 예와 같이 hak를 포인터 변수로 선언하면 hak는 sungjuk 구조체가 있는 시작 주소를 나타내며, 이때의 *hak는 그 주소에 저장된 구조체를 나타낸다. 즉 구조체 포인터 변수는 포인터가 가리키는 대상체가 구조체이다. *hak은 첫 번째 구조체가 되며 *(hak + 1)은 두 번째 구조체가 된다.

```
for (i = 0; i <3; i++, ++hak)
```

위와 같은 for문의 ++hak은 "i"가 1증가할 때마다 arr[ ] 배열의 구조체 멤버의 초기값을 참조할 수 있도록 해준다. 구조체 포인터 변수를 사용시에는 dot 연산자(.)를 사용하지 않고, 간접적으로 구조체 구성 멤버를 참조하는 화살표 연산자(->)를 사용한다. 앞의 예에서 dot 연산자 "."은 간접 연산자(*)보다 우선순위가 높기 때문에 반드시 괄호( )를 사용해야 한다. 예를 들면 다음과 같다.

```
                    동일한 경우
(*hak).hakbun    <------------>    hak -> hakbun
(*hak).name      <------------>    hak -> name
(*hak).c         <------------>    hak -> c
(*hak).php       <------------>    hak -> php
(*hak).asp       <------------>    hak -> asp
```

다음은 구조체 포인터를 사용한 데이터의 입력에 대하여 알아보자.

[struct_scanf.c] 구조체 포인터 데이터 입력 예제 프로그램

```
#include <stdio.h>
main( )
{
    int i, hap = 0;
    struct sungjuk {            /* 구조체 선언 */
        long int hakbun;
        char name[10];
        int c;
        int php;
        int asp;
```

```
    } data;                         /* 구조체 변수명 정의 */
    struct sungjuk *hak;            /* 구조체 포인터 변수 선언 */
    hak = &data;                    /* 포인터 변수에 구조체 변수 대입 */
    for(i = 0; i < 3; i++) {         /* 3회 반복 실행 */
      printf("데이터 입력 => 학번, 이름, c점수, php점수, asp점수\n");
      scanf("%ld %s %d %d %d", &data.hakbun, &data.name,
   &hak->c, &hak->php, &hak->asp);
    hap = data.c + data.php + data.asp;
    printf("학번[%ld] 이름[%s] c[%d] php[%d] asp[%d] total[%d]\n\n",
      hak->hakbun, hak->name, data.c, data.php, data.asp, hap);
  }
    getche( );
}
```

→ 실행 결과

```
데이터 입력 => 학번, 이름, c점수, php점수, asp점수                ←—— ①
2017001 정태성 89 98 100                                         ←—— ②
학번[2017001] 이름[정태성] c[89] php[98] asp[100] total[287]     ←—— ③

데이터 입력 => 학번, 이름, c점수, php점수, asp점수
2017002 김소영 97 96 95
학번[2017002] 이름[김소영] c[97] php[96] asp[95] total[288]

데이터 입력 => 학번, 이름, c점수, php점수, asp점수
2017003 강민영 56 47 75
hakbun[2017003] name[강민영] c[56] php[47] asp[75] total[178]

계속하려면 아무 키나 누르십시오...
```

[struct_scanf.c]은 구조체 포인터 변수 값을 키보드로 입력하는 프로그램이다. for문을 사용한 이유는 3명만 반복하여 입력받기 위해서이다. 다음과 같은 scanf( ) 함수는

```
scanf("%ld %s %d %d %d", &data.hakbun, &data.name,
&hak->c, &hak->php, &hak->asp);
```

구조체 변수 "data"에 데이터 값을 입력하는 경우로 dot 연산자와 화살표 연산자를 모두 사용한 scanf( ) 함수이다. 여기에서 &data.hakbun과 &hak->hakbun은 동일한 경우이다. &data.hakbun의 경우는 구조체 변수로 직접 입력한 경우이고, &hak->hakbun의 경우는 구조체 포인터 변수 hak를 이용하여 해당 주소 값을 가지고 구조체 멤버에 입력하는 경우이다.

위의 프로그램 실행 결과의 ①은 단순히 화면에 printf( ) 함수의 내용을 출력해 주고, ②는 키보드로 데이터를 입력한 경우이며, ③은 구조체 변수에 저장된 내용을 출력하는 경우를 나타낸 것이다.

11.1.7 중첩된(nested) 구조체와 초기화

C언어에서는 배열을 정의할 때, 배열의 배열을 정의하듯이 구조체의 멤버로 또 다른 구조체를 사용할 수 있어서 구조체 선언에 상당한 융통성을 가지고 있다. 즉, 구조체를 구성하는 구성 요소의 데이터 형으로 다시 구조체를 이루는 형태이다. 중첩된 구조체는 프로그래머에게 아주 다양하고 복합적인 사용자 정의 자료형을 사용할 수 있도록 해 준다. 이러한 중첩된 구조체는 연결 리스트, 트리 구조, 그래프 구조와 같은 자료 구조를 구현할 수 있도록 한다. 중첩된 구조체의 두 가지 방법의 예를 보자.

방법

```
 struct hakjuk {
      int  hakbun;
      char name[10];
 };
 struct juso {
char post_num[6];
    char address[30];
 };
 struct sinsang {
char tel_jiyeok[5];
char tel_kuk[5];
char tel_num[5];
```

```
        struct hakjuk hak;        /* 중첩된 구조체 */
    struct juso add;              /* 중첩된 구조체 */
};
struct sinsang record;
struct sinsang *pt = &record;
```

위의 구조체 변수 record는 모두 다섯 개의 구조체 멤버를 가지고 있는데, 그 중 두 개의 멤버는 구조체의 구조체 멤버이다. 즉, 중첩된 구조체이다. 구조체 포인터 변수 pt는 sinsang의 시작 주소를 기억하고 있다.

방법

```
struct sinsang {
      char tel_jiyeok[5];
      char tel_kuk[5];
      char tel_num[5];
      struct hakjuk {
            int  hakbun;
            char name[10];
      } hak;
      struct juso {
            char  post_num[6];
            char address[30];
      } add;
} record, *pt;          /* 중첩된 구조체 */
```

위의 구조체 변수 record는 구조체 내부에 직접 구조체를 중첩하여 사용한 경우이다. 이와 같이 중첩된 구조체의 구성 멤버를 참조하려면 dot 연산자 " . "을 다음과 같이 두 번 연속하여 사용하면 된다.

```
record.hak.hakbun
record.add.address
```

위의 경우는 먼저 구조체 변수 record를 찾은 후, record의 구성 멤버인 hak을 찾고, 그 다음에 record.hak의 구성 멤버인 hakbun을 찾아서 참조한다. 따라서, 가장 외부의 구조체부터 접근한 후 내부에 중첩된 구조체와 멤버에 접근하기 위해서 구조체 변수인 경우에는 dot 연산자(" . ")를 사용하고, 구조체 포인터 변수인 경우에는 화살표 연산자("→")를 순서적으로 사용하면 된다. 다음은 중첩된 구조체의 초기화의 예를 들어보자.

[점(dot) 연산자를 사용하여 초기화하는 경우

```
record.hak.hakbun = 1234;
record.add.address = "Kwang_ju";
```

화살표 연산자를 사용하여 초기화하는 경우

```
pt = &record;
pt->hak.hakbun = 1234;
pt->add.address = "Kwang_ju";
```

중첩된 구조체 변수의 초기화는 배열을 초기화하는 방법과 유사하다. 예를 들면 다음과 같다.

```
struct sinsang {
      int tel_jiyeok;
      int tel_kuk;
      int tel_num;
      struct hakjuk hak;
      struct juso add;
};
struct sinsang record = {"062", "652", "5598",
                        {1234, "Mr. Jung"}, {"61670", "Kwang_ju"}};
```

위와 같이 구조체 변수 record를 초기화하면 지역 번호 062는 tel_jiyeok에 저장되고, 국 번호 652는 tel_kuk에 저장되고, 일련 번호 5598은 tel_num에 저장되며, 학번 1234는 hakbun

에 저장되고, 이름 Mr. Jung은 name[10]에 저장되고, 지역 우편 번호 61670은 post_num에 저장되고, 주소 Kwang_ju는 address[30]에 저장된다.

[nested.c]은 (방법 1)을 이용한 예제이다.

↘ [nested.c] 중첩된 구조체 예제 프로그램

```
#include <stdio.h>
main( )
{
    struct hakjuk {
        int  hakbun;
        char name[10];
    };
    struct juso {
        char post_num[6];
        char address[30];
    };
    struct sinsang {
        char tel_jiyeok[5];
        char tel_kuk[5];
        char tel_num[5];
        struct hakjuk hak;
        struct juso add;
    };
    struct sinsang record = {"062", "652", "5598", {1234, "Mr. Jung"},
                            {"61670", "Kwang_ju"}};
    struct sinsang *pt = &record;
    printf("hakbun = %d, name = %s, post number = %s - %s \n",
        record.hak.hakbun, record.hak.name,
        record.add.post_num1, record.add.post_num2);
    printf("address = %s, telephone = %s - %s - %s\n",
        pt->add.address,record.tel_jiyeok,record.tel_kuk, record.tel_num);
}
```

→ 실행 결과

```
hakbun = 1234, name = Mr. Jung, post number = 61670
address = Kwang_ju, telephone = 062 - 652 - 5598
계속하려면 아무 키나 누르십시오...
```

11.1.8 비트 필드(bit field) 구조체

C언어에서 사용되는 특수한 구조체 형태 중의 하나가 비트 필드 구조체이다. 프로그래머가 프로그램 작성시 int형 데이터를 비트 단위로 조작하기 위한 구조체로서 때때로 어떤 변수의 1또는 0의 값 1비트만을 필요로 하는 경우가 있을 것이다. 이는 참(true) 또는 거짓(false)의 상태 또는 on/off를 판별하기 위해서 실제로 1비트만 있으면 되므로, 한 바이트 이상의 길이를 가진 변수를 사용한다면, 비효율적인 기억 장소로 사용될 수 있다.

비트 필드는 기억 장소의 낭비를 막고, 효율적으로 기억 장소를 사용하기 위해서 C언어에서 구조체 구성 멤버로서 비트 필드를 비트 단위로 할당하여 사용할 수 있다. [그림 11-7]은 비트 필드로 구성된 구조체 변수의 형식이다.

```
struct  구조체 태그명
 {
      unsigned [비트 필드명] : 비트수;        /* 하위비트 */
      unsigned [비트 필드명] : 비트수;
                .
                .
      unsigned [비트 필드명] : 비트수;        /* 상위비트 */
 } 구조체 변수명 1, 구조체 변수명 2, ......;
```

그림 11-7 비트 필드 구조체 선언 및 구조체 변수 정의

비트 필드 구조체의 예를 들면 다음과 같다.

```
struct byte {
    unsigned a : 1;
    unsigned   : 1;    /* 사용하지 않음 */
    unsigned c : 2;
```

```
        unsigned d : 4;
        unsigned e : 8;
} bit;
```

앞의 예에서 비트 구조체 변수 “bit”는 1비트 길이의 a, 미사용 부분 1비트, 2비트 길이의 c, 4비트 길이의 d, 8비트 길이의 e를 비트 필드로 가지는 구조체 변수로 선언하였다. 다음 그림은 이러한 비트 필드가 실제로 기억 장소에 할당되는 것을 나타내고 있다.

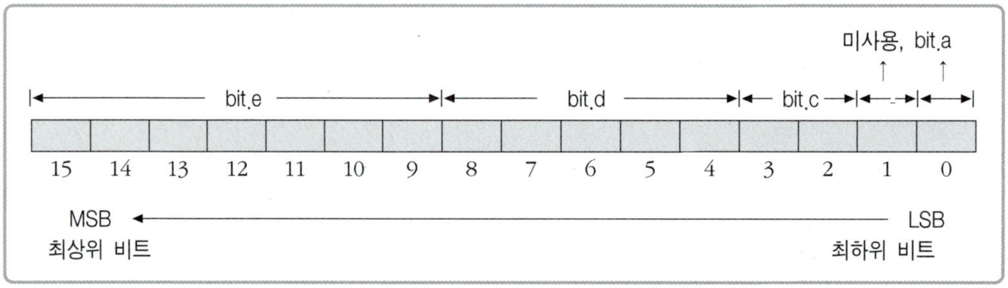

또한 비트 필드 구조체의 각 구성 멤버를 참조하는 방법은, 다음과 같이 일반 구조체 형식인 구조체 변수명.구성 멤버명 형태와 같다.

```
bit.a = 1  ( ⇒ bit .a = ON; )
bit.c = 2
      :
      :
```

비트 필드에 필드명을 부여하지 않을 수도 있다. 비트 필드명을 생략하면, 그 비트의 길이만큼 건너뛰며 이 부분은 필드명이 없으므로 참조할 수 없고, 대개 쓰이지 않는 비트를 건너뛰기 위하여 이 방법을 사용한다. 만약, 비트 크기를 “0”으로 지정하면 강제로 워드의 int형 경계를 건너뛰게 한다. 정렬이 되면 다음의 비트 필드는 현재의 워드(word)에 남아 있는 비트들을 건너뛰어 다음 워드의 첫 번째 비트부터 시작된다.

```
struct byte {
    unsigned a : 1;     ←── ①
    unsigned b : 8;     ←── ②
```

```
        unsigned   : 1;       ←── ③
        unsigned c : 0;       ←── ④
        unsigned d : 1;       ←── ⑤
    } bit;
```

앞의 예에서 비트 구조체 변수 "bit"의 구조 중 먼저 ①번의 의미는 int형의 시작 경계에서 1비트 크기의 비트 필드 a가 기억 장소에 할당된다. ②번의 의미는 비트 필드 a에 이어서 연속된 8비트 크기의 비트 필드 b가 할당된다. ③번의 의미는 비트 필드명이 없으므로 지정한 그 비트 길이만큼 뛰어넘으며, 이 부분은 참조할 수가 없다. ④번의 의미는 비트 크기를 0으로 지정하였으므로 비트 필드 c는 워드의 경계를 건너뛰라는 의미이다. ⑤번의 의미는 다음 단어 즉, 새로운 int형의 경계 첫 비트에 할당된다.

비트 필드는 다음과 같은 몇 가지 제약들이 있다. 비트 필드 구성 요소의 형(type)에는 제한은 없지만, int형을 사용하면 부호 비트가 배당되어 비트 필드를 2의 보수로 인식할 때에 부호가 혼동되므로, 프로그래밍 실행시 unsigned int형을 주로 사용한다.

기억 장소에서의 할당은 기계마다 달라서 상위 비트(MSB)부터 기억되는 것도 있고, 하위 비트(LSB)부터 기억되는 것도 있다.

비트 필드는 주소(address)를 갖지 못하므로 포인터를 사용할 수 없으며, 주소 연산자인 & 를 구성 요소로도 사용할 수 없다. 또한, 비트 필드는 배열로도 선언이 될 수 없다.

한 개의 비트 필드는 int의 크기를 초과할 수 없으며, 전체 필드 크기의 합도 int의 크기를 초과할 수 없다. 예를 들어 int 크기가 16비트이라면 필드 크기를 16비트 이상 정의할 수 없다. 또한, 비트 필드는 int형의 경계에 맞추어 정의해야 한다. [bit_field.c]의 예는 비트 필드 구조체를 이용한 예제이다.

[bit_field.c]의 프로그램은 비트 필드가 오른쪽 비트에서 왼쪽으로 기억됨을 쉽게 알 수 있다.

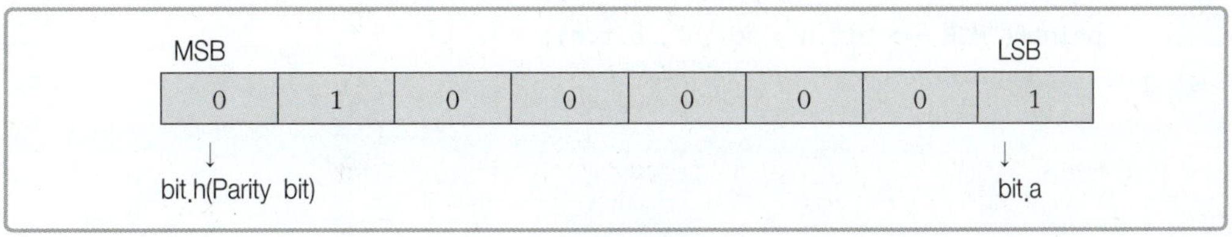

따라서, 위의 2진수의 조합은 대문자 A가 되며, ASCII 코드 값은 10진수로 65가 되고, 구조체 포인터 변수 *pt는 bit의 주소 값이므로 대문자 A가 출력된다.

↘ [bit_field.c] 비트 필드 구조체 예제 프로그램

```
#include <stdio.h>
struct byte {         /* 비트 필드 구조체 선언 */
    unsigned a : 1;
    unsigned b : 1;
    unsigned c : 1;
    unsigned d : 1;
    unsigned e : 1;
    unsigned f : 1;
    unsigned g : 1;
    unsigned h : 1;
    } bit, *pt;         /* 비트 필드 구조체 변수 정의 */

main( )
{
    pt = &bit;
    bit.a = 1;
    bit.b = 0;
    bit.c = 0;
    bit.d = 0;
    bit.e = 0;
    bit.f = 0;
    bit.g = 1;
    bit.h = 0;
    printf("bit character = %c, bit ASCII code value = %d \n", bit, bit);
    printf("*pt = %c \n", *pt);
    printf("LSB ==> bit.a = %d \n", bit.a);
    printf("MSB ==> bit.h = %d \n", bit.h);
}
```

→ 실행 결과

```
bit 문자 => A, bit ASCII code 값 => 65
*pt = A
LSB ==> bit.a = 1
MSB ==> bit.h = 0
계속하려면 아무 키나 누르십시오...
```

11.1.9 구조체와 함수

C언어에서는 구조체 변수를 함수의 인수로 사용할 수 있다. 이는 구조체가 실제 데이터를 저장하고 있는 하나의 변수이므로, 값에 의한 호출(call by value)이나 참조에 의한 호출(call by reference)을 사용할 수 있다. 요즈음 대부분의 C 컴파일러는 ANSI C 표준안을 채택하고 있으므로, 구조체 변수를 함수의 인수(매개 변수)로 사용할 수 있어서 함수의 사용을 아주 강력하게 해 주고 구조화 프로그래밍이 가능하다. 그러나 구조체 자체를 함수에 전달하거나 함수로부터 전달받을 수 없고, 구조체의 전체 데이터를 한꺼번에 데이터 형태가 다른 구조체의 값으로 대입할 수 없다.

구조체에 대해 실행 가능한 연산자는 주소 연산자인 "&"뿐이며 "&" 연산자로 구조체의 주소를 찾아서 그 구성 멤버중 한 개의 멤버만큼 접근(access)할 수 있다. 따라서 값이 주어질 수도 없으며, 함수로 전달 및 리턴(return)될 수도 없다는 의미가 된다. 그러나 함수의 구조체 멤버에 관한 정보는 전달할 수 있다.

구조체를 함수에 전달할 때 또는 구조체 변수에 어떤 값을 할당할 때에는 구조체에 대한 포인터 혹은 구조체 구성 요소의 주소를 사용하면 위의 제약들이 없어져 구조체와 함수를 함께 사용할 수 있다.

함수에 구조체의 정보를 전달하는 세 가지 경우에 대해서 알아보기로 한다. 다음의 세 가지 경우의 방법은 구조체에 대한 정보를 함수로 전달하는 방법이다.

(1) 구조체 멤버를 함수의 인수로 사용

구조체 멤버를 함수의 인수로 사용하는 방법은 일반적인 함수 호출 방법과 동일하다. 구조체의 구성 멤버가 int, char, float, double 또는 포인터 중에 단 하나의 값을 가지는 변수는 구조체가 함수의 인수로 전달할 수 있다.

❶ **구조체 멤버의 값에 의한 함수 호출** : 함수 호출시 구조체 멤버가 실인수로 사용되는 경우이다. 예를 들어, [struct_value.c]를 보자.

[struct_value.c]는 구조체로 된 한 학생 성적의 총점을 구하는 프로그램으로 구조체 멤버의 값에 의한 호출 방법이다. 다음과 같은 함수 호출부의

```
hap = sum(hak.c, hak.cobol, hak.lotus);      /* 함수 호출 */
```

sum( ) 함수의 의미는 구조체 구성 멤버인 hak.c, hak.cobol, hak.lotus가 실인수가 되고, 단순 변수인 가인수 a, b, c를 통해 함수 sum(a, b, c)로부터 계산된 값(총합)은 retern문에 의해 정수 값이 반환된다. 다음과 같은 함수의 정의부는

```
int sum(a, b, c)                        /* 함수 정의부 */
int a, b, c;
```

다음과 같이 표현하여도 동일한 경우이다.

```
int sum(int a, int b, int c)
```

↘ [struct_value.c] 구조체 멤버를 함수의 실인수로 사용하는 예제 프로그램 1

```
#include <stdio.h>
struct sungjuk {            /* 구조체 선언 */
    int  hakbun;
    char name[10];
    int  c;
    int  php;
```

```
    int  asp;
};
main( )
{
    int hap;
    int sum( );       /* 함수 선언부로 sum( )은 정수값을 리턴한다 */
    struct sungjuk hak = {2017001, "정태성", 89, 98, 100};
    hap = sum(hak.c, hak.php, hak.asp);      /* 함수 호출부 */
    printf("%d  %s  총점 ==> [%d] \n", hak.hakbun, hak.name, hap);
}
int sum(a, b, c)                              /* 함수 정의부 */
int a, b, c;
{
    return(a + b + c);
}
```

→ 실행 결과

```
2017001  정태성  총점 ==> [287]
계속하려면 아무 키나 누르십시요...
```

❷ **구조체 멤버의 참조에 의한 함수 호출** : 함수에 구조체를 전달하는 다른 방법으로 함수의 인수로서 주소연산자 "&"를 사용하여 구조체의 주소를 사용할 수 있다. 구조체명 자체는 배열명과는 달리 구조체 주소를 나타내는 것이 아니기 때문에, 구조체 주소를 가지기 위해서는 반드시 "&" 연산자를 사용해야 한다. 즉, 함수 호출시 실인수를 구조체 멤버의 주소를 전달하는 방법이다. 예를 들어, [struct_reference.c]의 프로그램을 보자.

↘ [struct_reference.c] 구조체 멤버를 함수의 실인수로 사용하는 예제 프로그램 2

```
#include <stdio.h>
struct sungjuk {                         /* 구조체 선언 */
    int  hakbun;
```

```
    char name[10];
    int  c;
    int  php;
    int  asp;
} ;
main( )
{
    int hap;
    int sum(int *, int *, int *);          /* 함수 선언부 */
    struct sungjuk hak = {2017001, "정태성", 89, 98, 100};
    hap = sum(&hak.c, &hak.php, &hak.asp); /* 함수 호출부 */
    printf("%d  %s  총점 ==> [%d] \n", hak.hakbun, hak.name, hap);
}
int sum(int *a, int *b, int *c)            /* 함수 정의부 */
{
    return(*a + *b + *c);
}
```

→ 실행 결과

```
2017001  정태성  총점 ==> [287]
계속하려면 아무 키나 누르십시오...
```

[struct_reference.c]은 [struct_value.c]와 동일한 결과를 출력한다. 이 프로그램은 함수 선언 부분과 함수 호출 부분만 다르다.

```
int sum(int *, int *, int *);        /* 함수 선언 */
```

위의 함수 선언부는 실인수가 포인터임을 선언하였고,

```
hap = sum(&hak.c, &hak.cobol, &hak.lotus);   /* 함수 호출 */
```

위의 함수 호출부는 구조체 멤버의 주소를 실인수로 함수 호출하였다. 그리고 가인수는 다음과 같이 구조체 멤버의 주소 값 즉, 점수를 계산하여 반환하는 경우이다.

```
    return(*a + *b + *c);
```

(2) 구조체 변수를 함수의 인수로 사용

구조체 변수를 대입 연산을 이용하여 함수의 인수로 사용할 수 있다. 즉, 함수의 호출시 실인수로 사용되는 구조체 변수의 모든 멤버는 함수 정의부의 가인수로 사용되고 구조체 변수의 모든 멤버에 대입된다는 것이다. 즉, 구조체 변수간의 대입 연산이 바로 구조체 변수 자체를 인수로 사용할 수 있게 한다.

❶ **구조체 변수의 값에 의한 호출** : 구조체 변수 자체를 함수의 실인수로 사용하여, 피호출 함수(함수 정의부)의 가인수인 구조체 변수에 그대로 대입하여 값에 의한 함수 호출 방법을 사용한다.

↘[struct_real.c] 구조체 변수를 함수의 실인수로 사용하는 예제 프로그램 1

```
#include <stdio.h>
struct sungjuk {                    /* 구조체 선언 */
    int  hakbun;
    char name[10];
    int  c;
    int  php;
    int  asp;
} ;
main( )
{
    int hap;
    int sum(struct sungjuk);          /* 함수 선언부 */
    struct sungjuk hak = {2017001, "정태성", 89, 98, 100};
    hap = sum(hak);                   /* 함수 호출부 */
    printf("%d  %s  총점 ==> [%d] \n", hak.hakbun, hak.name, hap);
}
int sum(struct sungjuk temp_sung) /* 함수 정의부, 구조체 변수 사용 */
{
```

```
    return(temp_sung.c + temp_sung.php + temp_sung.asp);
}
```

→ 실행 결과

```
2017001  정태성  총점 ==> [287]
계속하려면 아무 키나 누르십시요...
```

[struct_real.c]는 구조체 변수를 값에 의한 호출 함수를 이용한 예제로써 다음의

```
int sum(struct sungjuk);              /* 함수 선언부 */
```

함수 선언부는 피호출 함수 sum( )의 가인수가 구조체 변수를 사용함을 선언하여 주었고, 다음의 함수 호출부는

```
hap = sum(hak);                      /* 함수 호출부 */
```

sum( ) 함수 호출시 실인수는 실제 데이터 값인 hak을 전달 인수로 사용한 경우이다.

```
int sum(struct sungjuk temp_sung)     /* 함수 정의부 */
```

함수 정의부에서 가인수는 temp_sung으로 새로운 구조체 변수로 정의해 주었다.

❷ **구조체 변수의 참조에 의한 호출** : 구조체 변수의 주소를 함수의 실인수로 사용하여 피호출 함수(함수 정의부)의 가인수는 구조체 포인터를 사용하는 방법이다. 예를 들면 [struct_real_pointer.c]는 구조체 변수를 참조에 의한 함수 호출을 이용한 예제이다.

```
int sum(struct sungjuk *);            /* 함수 선언부 */
```

함수 선언부는 피호출 함수 sum( )의 가인수가 구조체 변수의 포인터를 사용함을 선언하였고, 다음의 함수 호출부는

```
hap = sum(&hak);                     /* 함수 호출부 */
```

sum( ) 함수 호출시 실인수는 구조체 변수의 주소 "&hak"을 전달 인수로 사용한 경우이다.

↘ [struct_real_pointer.c] 구조체 변수를 함수의 실인수로 사용하는 예제 프로그램 2

```
#include <stdio.h>
struct sungjuk {                         /* 구조체 선언 */
    int  hakbun;
    char name[10];
    int  c;
    int  php;
    int  asp;
} ;
main( )
{
    int hap;
    int sum(struct sungjuk *);           /* 함수 선언부 */
    struct sungjuk hak = {2017001, "정태성", 89, 98, 100};
    hap = sum(&hak);                     /* 함수 호출부 */
    printf("%d  %s  총점 ==> [%d] \n", hak.hakbun, hak.name, hap);
}
int sum(struct sungjuk *temp_sung)   /* 함수 정의부, 구조체 포인터 사용 */
{
    return(temp_sung->c + temp_sung->php + temp_sung->asp);
}
```

→ 실행 결과

```
2017001  정태성  총점 ==> [287]
계속하려면 아무 키나 누르십시요...
```

```
int sum(struct sungjuk *temp_sung)      /* 함수 정의부 */
```

함수 정의부에서는 가인수를 *temp_sung으로, 새로운 구조체 변수 포인터로 정의하였다.

```
return(temp_sung->c + temp_sung->php + temp_sung->asp);
```

위와 같은 return문은 화살표 연산자를 이용하여 해당 주소의 값을 계산하여 반환해 준다.

(3) 구조체 배열을 함수의 인수로 사용

함수의 인수로써 구조체 배열을 사용할 수 있다. 이것은 배열명이 배열의 시작 주소를 가리키기 때문에, 함수의 인수로 전달할 수 있다. 그러나 구조체 배열 자체를 값에 의한 호출 방법으로 사용할 수 없으므로, 참조에 의한 호출 방법으로 구조체 배열을 실인수로 사용하기 위해서는 구조체 배열의 시작 주소를 함수 호출부의 실인수로 전달하고, 함수 정의부의 가인수는 배열의 시작 주소를 받을 구조체 포인터 변수를 사용하면 된다. [struct_array_func.c]을 통하여 알아보자.

↘ [struct_array_func.c] 구조체 배열을 함수의 실인수로 사용하는 예제 프로그램

```
#include <stdio.h>
struct sungjuk {                          /* 구조체 선언 */
    int  hakbun;
    char name[10];
    int  c;
    int  php;
    int  asp;
    int  hap;
    float ave;
} ;
main( )
    {
        int i, hap;
        int sum(struct sungjuk *);           /* 함수 선언부 */
        struct sungjuk hak[3] = {{2017001, "정태성", 89, 98, 100}, /*배열 초기화*/
                                 {2017002, "김소영", 97, 96, 95},
                                 {2017003, "강민영", 56, 47, 75}};
        sum(hak);                           /* 함수 호출부 */
```

```
    for(i = 0; i < 3; i++) {
        printf("%ld  %s  총점 ==> [%d]  평균 ==> [%6.2f]\n",
            hak[i].hakbun, hak[i].name, hak[i].hap, hak[i].ave);
        }
    }
    int sum(struct sungjuk *temp_sung)       /* 함수 정의부 */
    {
        int i;
        for(i = 0; i < 3; i++) {
            temp_sung[i].hap = temp_sung[i].c + temp_sung[i].php +
                            temp_sung[i].asp;
            temp_sung[i].ave = temp_sung[i].hap / 3.0;
    }
}
```

→ 실행 결과

```
2017001  정태성  총점 ==> [287]  평균 ==> [ 95.67]
2017002  김소영  총점 ==> [288]  평균 ==> [ 96.00]
2017003  강민영  총점 ==> [178]  평균 ==> [ 59.33]
계속하려면 아무 키나 누르십시요...
```

[struct_array_func.c]은 구조체 배열을 함수 호출시 실인수로 사용한 예제 프로그램으로

```
sum(hak);                          /* 함수 호출부 */
```

함수 호출부의 hak은 함수의 실인수로 배열명(배열의 시작 주소)을 사용한 것으로 피호출 함수(함수 정의부)의 가인수인 구조체 포인터에 전달한 경우이다. for문은 세 명의 과목 합계와 평균값을 구하기 위해서 3회 반복 시행한 루틴이다.

```
int sum(struct sungjuk *temp_sung)       /* 함수 정의부 */
```

함수 정의부는 가인수로 구조체 포인터를 사용한 경우로, 포인터 dot 연산자를 이용하여 배열의 각 원소를 접근하여 계산해 주고, 계산 결과를 포인터를 이용하여 저장하여 주었다.

11.1.10 자기 참조 구조체(self reference structure)

구조체 내부에 또 다른 구조체를 중첩하여 선언할 수 있으며, 중첩 선언시 구조체 스스로 구조체에 중첩하는 것을 자기 참조 구조체라고 한다. 자기 참조 구조체를 선언할 때 주의할 점은 반드시 구조체 멤버는 포인터로 선언해야 한다.

자기 참조 구조체는 C언어의 구조체가 얼마나 다양하고 효과적으로 사용되며, 복잡한 자료 구조를 표현할 수 있는지를 나타내 주며, 이러한 자기 참조 구조체는 연결 리스트, 트리, 그래프 등 다양한 자료 구조를 효율적으로 표현할 수 있게 한다.

예를 들어 구조체 내부에 구조체 자신을 참조할 수 있는 포인터 변수를 멤버로 선언한다면, 포인터 멤버를 사용하여 연속적으로 연결시킬 수 있을 것이다. 이러한 자기 참조 구조체 변수를 사용하여 연결 리스트를 만들 수 있다. 특히 구조체 태그명으로 연결 리스트를 구성하므로 구조체 태그명을 생략하면 안 된다.

[liner.c] 선형 연결 리스트 예제 프로그램

```
#include <stdio.h>
struct liner {
    int  hakbun;
    char name[10];
    char sido[30];
    struct liner *pt;
};
main( )
{
    struct liner hak1 = {2017001, "정태성", "서울"},
    hak2 = {2017002, "김소영", "부산"},
    hak3 = {2017003, "강민영", "광주"},
    *start;
    hak1.pt = &hak2;    hak2.pt = &hak3;  /* 선형 연결 리스트 구성 */
    for(start = &hak1; start != NULL; start = start->pt) {
        printf("학번 [%d], 이름 [%s], 시도구분 [%s] \n",
```

```
        start->hakbun, start->name, start->sido);
    }
}
```

→ 실행 결과

```
학번 [2017001], 이름 [정태성], 시도구분 [서울]
학번 [2017002], 이름 [김소영], 시도구분 [부산]
학번 [2017003], 이름 [강민영], 시도구분 [광주]
계속하려면 아무 키나 누르십시요...
```

[liner.c]는 선형 연결 리스트의 예제 프로그램으로, 자기 참조 구조체를 구조체 내부에 다음과 같이 선언하였다.

```
struct liner *pt;
```

struct liner의 구조체 즉, 자기 자신을 참조하기 위해서 구조체 포인터 변수를 사용하였다.

```
hak1.pt = &hak2;    hak2.pt = &hak3;    /* 선형 연결 리스트 구성 */
```

리스트의 연결은 구조체 포인터 변수 strat가 구조체 변수 hak1을 가리키고, 구조체 hak1의 멤버인 pt는 구조체 변수 hak2를 가리키고, 구조체 변수 hak2의 멤버인 pt는 구조체 변수 hak3를 가리키고, 구조체 변수 hak3의 멤버인 pt는 더 이상 연결되는 구조체 변수가 없기 때문에 NULL 포인터 값을 갖게 된다.

```
for(start = &hak1; start != NULL; start = start->pt)
```

for문의 초기값은 구조체 포인터 start에 선형 리스트의 시작 구조체인 구조체 변수 hak1의 주소를 대입하여 리스트 연결의 시작을 나타내고, 조건식에서 start != NULL은 연결 리스트의 구조체가 없을 때(끝)까지 반복 수행하고, 증가식에서 start = start->pt의 수식은 다음 선형 리스트의 구조체 주소를 가리킬 수 있도록 해준다.

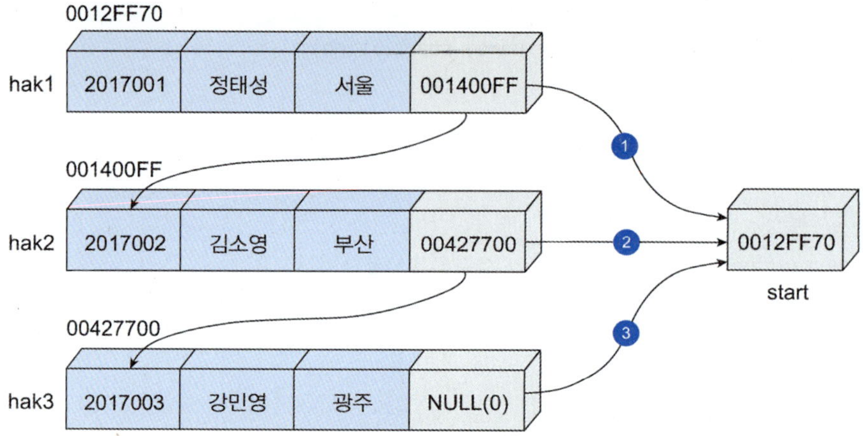

start에 hak1의 주소로 초기화한 후 for문 수행시 ①②③ 순으로 start에 주소 값을 대입한다.

11.1.11 malloc( ) 함수와 구조체

C언어에서 프로그램 작성시 전체 데이터의 크기를 예측할 수 없다면, 프로그래머는 미리 충분한 기억 장소를 할당한 다음에 프로그램 작성을 완료할 것이다. 그러나 만약, 예측이 잘못되어 불필요하게 기억장소를 할당하면, 응용 프로그램 실행시 심각한 문제가 야기될 수 있다. 이러한 문제점은 변수가 필요할 때마다 동적으로 기억 장소를 할당한다면 해결할 수 있다. C언어에서는 동적 기억 장소를 할당할 수 있도록 malloc( ), calloc( ), realloc( ) 함수들을 사용한다. calloc( ) 함수와 realloc( ) 함수는 14장에서 배우기로 하겠다.

C언어에서 주기억 장소는 자동 기억 장소(stack), 정적 기억 장소(static, extern)는 이미 설명하였으므로, 동적 기억 장소(malloc)를 사용하는 방법을 배우기로 하겠다.

malloc( ) 함수는 〈alloc.h〉 헤더 파일에 선언되어 있고, 형식은 다음과 같다.

형식

```
void *malloc(데이터 형 크기);
```

malloc( ) 함수는 데이터 형의 인수를 사용된 크기만큼의 바이트 수로 동적으로 기억 장소를 할당하여, 할당된 기억 장소의 주소를 void형 포인터로 반환하는 함수이며, 정상적으로 기억 장소를 할당하면 정상적인 주소를 반환하지만, 비정상적으로 수행되면 NULL 포인터 값을 반환한다. 예를 들면 다음과 같다.

```
int *pt;
pt = malloc(5);    또는    pt = (int *)malloc(5 * sizeof(int));
```

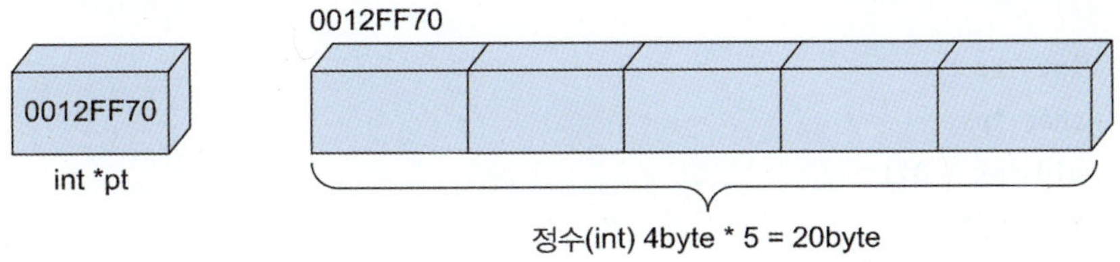

위의 예는 정수형 포인터 변수 pt를 사용하여 int형 데이터를 표현하기 위해 동적 기억 장소가 할당된다. [malloc.c]는 malloc( ) 함수와 free( ) 함수를 이용한 예제이다.

[malloc.c]는 동적 기억 장소 할당을 위해 malloc( ) 함수를 사용하였고, 할당된 기억 장소를 무한히 사용할 수 없으므로, 기억 장소를 해제하기 위해 free( ) 함수를 사용하였다. 〈string.h〉 헤더파일은 strcpy( ) 함수를 사용하기 위하여 참조해 주었다.

```
strcpy(ps,"Jung Jin Yong");
```

strcpy( ) 함수는 문자열을 변수에 복사하는 함수로 상기 예제에서는 문자열 "Jung Jin Yong"을 포인터 변수 ps에 복사(대입)한 것이다. 동적 기억 장소 할당 방법의 두 가지 예는 동일하며 다음과 같다.

```
ps = (char *) malloc(20 * sizeof(char));    /* 동적 기억 장소 ps 할당 */
ps = malloc(20);                            /* 동적 기억 장소 ps 할당 */
```

포인터 변수 ps는 char형 기억 장소 20byte(20 * char 1바이트 크기) 크기의 동적 기억 장소를 할당한다.

↘[malloc.c] malloc( ) 함수와 free( ) 함수 예제 프로그램

```
#include <stdio.h>
#include <string.h>     /* strcpy( ) 함수 사용 */
#include <malloc.h>     /* malloc( ) 함수 사용 */
main( )
{
     int  i;
     char *ps;
    void *pt = &i;
    pt = 1234;
        ps = (char *) malloc(20 * sizeof(char));  /* ① 동적 기억 장소 ps 할당 */
        strcpy(ps,"Jung Jin Yong");  /* ② "Jung Jin Yong"을 ps에 복사 */
        printf("pt의 데이터 = %d \n", pt);
        printf("pt의 크기 = %d bytes \n", sizeof(pt));
        printf("ps의 데이터 = %s \n", ps);
        printf("ps의 크기 = %d bytes \n", sizeof(ps));
        free(ps);                   /* 동적 기억 장소 해제 */
}
```

→ 실행 결과

```
pt의 데이터 = 1234
pt의 크기 = 4 bytes     ←——— ③
ps의 데이터 = Jung Jin Yong
ps의 크기 = 4 bytes     ←——— ④
계속하려면 아무 키나 누르십시요...
```

[malloc.c]의 ①은 ps에 20바이트(20 * sizeof(char)) 만큼 동적기억장소를 할당해주고, ②에서는 20바이트 만큼 할당된 ps에 문자열 "Jung Jin Yong"을 복사한다. 만약 복사할 문자열이 20바이트를 초과하면 오류가 발생한다. 실행 결과의 ③은 포인터 pt의 기억 장소의 크기를 나타내고, ④는 포인터 ps의 기억장소의 크기를 나타낸다.

[struct_malloc.c]은 구조체와 malloc( ) 함수를 사용한 예제를 들어 보겠다. malloc( ) 함수

를 사용하여 동적 기억 장소를 할당해 주고, free( ) 함수를 사용하여 동적 기억 장소를 해제해 주었다. 이때 동적 기억 장소 내의 각 멤버의 데이터를 구조체 포인터 변수 pt를 이용하여 데이터를 대입하고 있다. 그리고, 구조체 data의 총 바이트 수는 "int num;"의 4바이트와 "char name[20];"의 20바이트와 구조체 포인터 변수 "struct data *cont;"의 4바이트로 총 28바이트의 크기이다.

↘ [struct_malloc.c] malloc( ) 함수와 구조체 예제 프로그램

```
#include <string.h>
#include <stdio.h>
#include <malloc.h>
struct data {
    int num;                /* 4 Byte */
    char name[20];         /* 20 Byte */
    struct data *cont;      /* 4 Byte */
};
main( )
{
    struct data *pt;
    pt = (struct data *)malloc(sizeof(struct data));
    pt->num = 1234;                /* 데이터 값 대입 */
    strcpy(pt->name,"Jung");
    printf("num = %d, name = %s \n", pt->num, pt->name);
    printf("size of data = %d bytes \n", sizeof(struct data));
    free(pt);                        /* 동적 기억 장소 해제 */
}
```

→ 실행 결과

```
num = 1234, name = Jung
size of data = 28 bytes
계속하려면 아무 키나 누르십시요...
```

11.2 공용체(union)

공용체란, 하나의 기억 장소를 서로 다른 데이터 형(int형, char형, float형, double형, 배열, 구조체 등)을 모두 저장할 수 있는 기억 장소로 사용할 수 있게 해주는 데이터 형을 말한다.

C언어에서 공용체는 하나의 기억 장소를 다양한 데이터 형을 저장할 수 있도록 하는 파생형 데이터로서 구조체와 사용 방법이 유사하다.

구조체와 공용체의 다른 점은 구조체는 struct를 공용체는 union을 예약어로 사용하고, 구조체 멤버는 동일한 데이터 형을 여러 개 사용할 수 있지만, 공용체의 멤버는 반드시 서로 다른 데이터 형이어야 한다. 그리고 구조체의 초기화는 멤버의 수만큼 초기 값을 주지만 공용체는 오직 한 개의 데이터만 저장할 수 있으므로 멤버의 수와는 관계없이 초기치 값은 유일하게 하나뿐이다.

이와 같이 공용체 멤버에 선언된 데이터 형은 언제든지 사용할 수 있으므로 사용자가 원하는 여러 가지 데이터 형을 가질 수 있고, 또한 같은 크기의 배열을 만들어 주므로 여러 가지 데이터를 처리할 수 있도록 하는 장점을 가지고 있다.

11.2.1 공용체 선언

공용체 선언은 구조체 선언과 거의 비슷하다. 다음은 공용체를 선언하는 두 가지 형식을 나타내고 있다.

형식1 공용체와 공용체 변수를 각각 따로 선언한 경우

```
                예약어   태그(tag)명
                  ↑        ↑
                union   공용체명
공용체 시작 ──→ {
                     구성 멤버1의 데이터 형 선언;
                     구성 멤버2의 데이터 형 선언;
                              .
                              .
                     구성 멤버n의 데이터 형 선언;
공용체 끝 ──→ } ;
                ↓
              세미콜론 생략하면 오류
────────────────────────────────────
union   공용체명   공용체 변수1, 공용체 변수2, ..... ;
```

그림 11-8 공용체와 공용체 변수를 따로 선언

형식2 공용체와 공용체 변수를 동시에 선언한 경우

```
union  공용체명
  {
          구성 멤버1의 데이터 형 선언;
          구성 멤버2의 데이터 형 선언;
                  .
                  .
           구성 멤버n의 데이터 형 선언;
  } 공용체 변수1, 공용체 변수2, ...... ;
```

그림 11-9 공용체와 공용체 변수를 동시에 선언

앞의 두 형식 중 어느 형식을 선택해도 실행 결과는 같으므로, 사용자가 원하는대로 사용하면 된다. (형식 2)에 해당되는 예를 들어보자.

```
                    ┌────→ 공용체 태그명
union common
{
      char   c;
      int    i;
      float  f;
      double d;
} union_data;  ←──── 공용체 변수
```

위와 같이 공용체를 선언하면, 컴파일러는 공용체 구성 멤버 중 가장 큰 구성 멤버를 저장할 수 있도록 기억 장소를 공용체 변수 union_data에 할당한다. 즉, char(1byte), int(4yte), float(4byte), double(8byte) 중 가장 큰 기억 장소를 할당해야 되므로 double형인 8바이트가 공용체 변수 union_data에 할당된다. 공용체 선언과 변수 union_data는 다음처럼 기억 장소가 할당될 것이다.

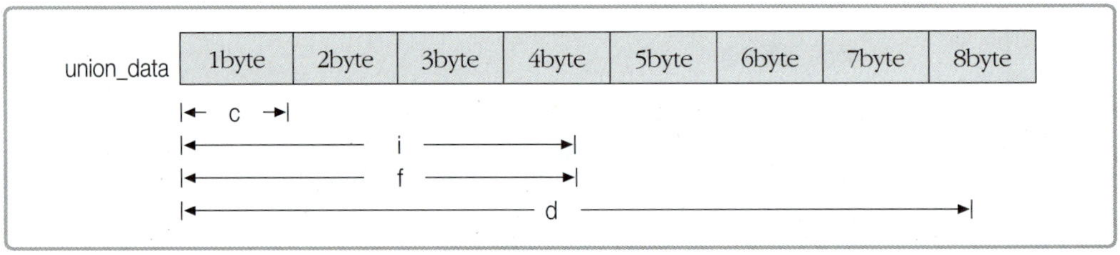

위와 같이 공용체를 선언했을 때, 각 구성 멤버(member)는 위의 그림과 같이 공통되는 기억 장소에 위치하게 되며, 구성 멤버가 저장되는 기억 장소의 첫 번지가 일치하는 구조체라 볼 수 있다. 공용체 변수 union_data는 하나의 기억 장소를 여러 개의 멤버가 공유해서 사용하는 것이지, 결코 여러 개의 기억 장소를 공존하는 것은 아니다. 그러므로 하나의 공용체에는 하나의 데이터 형만 기억시킬 수 있으며. 두 개 이상의 데이터를 동시에 저장할 수 없다.

11.2.2 공용체 변수 멤버 참조

공용체의 구성 멤버를 참조하는 방법은 구조체의 경우와 같이 공용체 변수가 단순 변수일 때 직접 멤버 참조 연산자(“ . ”)를 사용하고, 공용체 변수가 포인터인 경우는 간접 멤버 참조 연산자("->")를 사용한다. 참조 형식은 다음과 같다.

```
공용체 변수명. 구성멤버명   ←— 단순 변수인 경우 참조 방법
공용체 변수명 -> 구성멤버명 ←— 포인터 변수인 경우 참조 방법
```

앞의 형식을 이용하여 8바이트로 구성된 기억 장소를 사용하는 공용체의 멤버 참조 연산자의 사용 예를 11.2.1절의 (형식 1)로 소개하겠다.

[union.c]은 공용체 참조 연산자의 예제로 아래와 같이 공용체 변수를 정의해 주었다.

```
union common office, *pt;
```

공용체 태그명 "common"을 공용체 변수 office와 공용체 포인터 변수 pt로 정의하였다.

↘ [union.c] 공용체 참조 연산자 예제 프로그램

```
#include <stdio.h>
union common
{
    int      payroll;
    double   tax;
};
main( )
{
    union common office, *pt;
    office.payroll = 1500000; office.tax = 12.34;
    printf("급여 = %d,  세금 = %f \n", office.payroll, office.tax);
    office.payroll = 1500000;
    printf("급여 = %d \n", office.payroll);
    office.tax = 12.34;
    printf("세금 = %f \n", office.tax);
    pt->payroll = 1500000;
    printf("급여 = %d \n", pt->payroll);
}
```

→ 실행 결과

```
급여 = 2061584302,  세금 = 12.340000  ←—— ①
급여 = 1500000                        ←—— ②
세금 = 12.340000                      ←—— ③
급여 = 1500000                        ←—— ④
계속하려면 아무 키나 누르십시오...
```

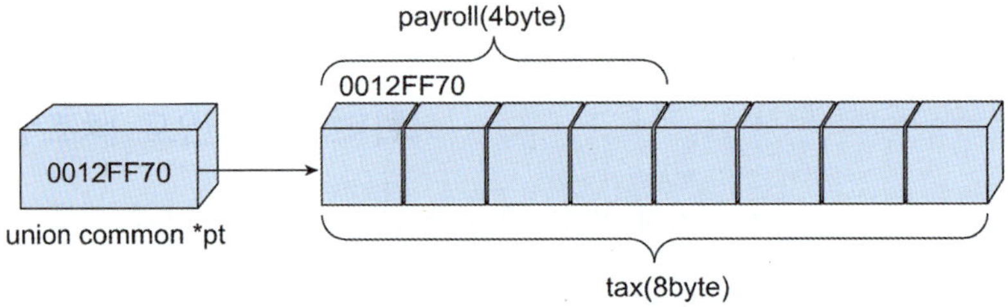

[union.c] 실행 결과의 ①은 급여과 세금의 데이터를 한 개의 기억 장소에 연속해서 할당하였으므로, 처음에 할당된 급여의 결과는 예기치 못한 결과 값이 출력되었고, 두 번째 할당된 세금의 결과만을 기억 장소에 저장하므로 급여의 올바른 결과 값이 출력되고 다음과 같은 에러 메시지 창이 뜬다.

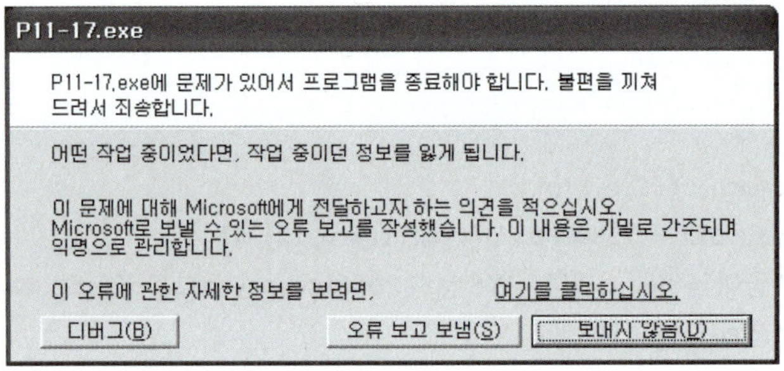


```
           office.payroll
             ↑      ↑
   공용체 변수명    공용체 멤버명
```

실행 결과 ②③④는 데이터를 기억 장소에 할당한 후 곧바로 출력하였으므로, 정상적인 결과 값이 출력되고 있다. 특히, ②와 ③은 공용체 변수를 직접 참조하였고 ④는 포인터 변수를 이용하여 간접 참조를 실행한 결과 값이다.

[union.c]을 다음과 같이 공용체 변수를 정의하여도 동일한 결과이다. 다음 예는 11.2.1절의 (형식 2)를 이용한 예이다.

```
  union common
{
     int      payroll;
     double   tax;
} office;
ain( )
{
     union office *pt;
     office.payroll = 1500000;
                 :
                 :
}
```

위의 예는 공용체와 공용체 변수를 공용체 선언 부분에 정의한 예이다.

↘ [union_size.c] 공용체 크기를 구하는 예제 프로그램

```
#include <stdio.h>
union common
{
    char     sabun;
    int      payroll;
    float    tax;
    double  total;
} office;
main( )
{
```

```
    printf("sabun의 크기 => %d bytes \n", sizeof(office.sabun));
    printf("payroll의 크기 => %d bytes \n", sizeof(office.payroll));
    printf("tax의 크기 => %d bytes \n", sizeof(office.tax));
    printf("total의 크기 => %d bytes \n", sizeof(office.total));
    printf("common의 크기 => %d bytes \n", sizeof(union common));
    printf("공용체 변수 office의 크기 => %d bytes \n", sizeof(office));
}
```

→ 실행 결과

```
sabun의 크기 => 1 bytes                 ←—— ①
payroll의 크기 => 4 bytes               ←—— ②
tax의 크기 => 4 bytes                   ←—— ③
total의 크기 => 8 bytes                 ←—— ④
common의 크기 => 8 bytes                ←—— ⑤
공용체 변수 office의 크기 => 8 bytes     ←—— ⑥
계속하려면 아무 키나 누르십시요...
```

[union_size.c]은 공용체 변수가 기억 장소를 차지하는 바이트 수를 알아보기 위해서 sizeof 연산자를 사용한 예이다.

위의 실행 결과 ①은 char형이므로 1바이트 차지하고, ②는 int형이므로 4바이트 차지하고, ③은 float형으로 4바이트 차지하고, ④는 double형으로 8바이트를 차지한다. 그러므로 공용체 변수 office는 ①②③④번 중에서 가장 커다란 기억 장소를 할당하므로 ④의 경우와 ⑤⑥같이 8바이트를 할당받는다.

C언어에서 공용체를 사용하는 대표적인 이유는 첫째 상호 호환성이 없는 컴퓨터에서 자료 전송시 자료의 호환성을 유지하기 위해서 사용한다. 예를 들면 1word가 32비트 이상인 컴퓨터나 Unix를 사용하는 경우는 int형이 4바이트이므로, 이런 경우에 int형 데이터를 공용체를 사용하여 모두 4바이트 형식으로 사용하면 아주 간단하게 해결할 수 있기 때문이다. 둘째 응용프로그램을 짜다보면 변수를 정의한 후에 자주 사용하지 않고 한 번만 사용하는 변수들이 상당히 존재한다. 이런 경우에 공용체를 사용하게 되면 기억 장소의 낭비를 줄일 수 있으며, 공용체의 멤버를 바이트 단위로 조작하기 위해서 사용한다.

11.2.3 가변 구조체

구조체의 멤버를 공용체로 사용할 수도 있고, 역으로 공용체의 멤버로 구조체를 사용할 수도 있다. 이렇게 구조체와 공용체를 결합할 수 있는 구조체를 가변 구조체라고 한다.

(1) 구조체 멤버로서의 공용체

구조체 멤버로서 공용체를 사용하는 경우는 구조체 멤버를 여러 가지 데이터 형으로 사용하고자 할 때 해당 멤버를 공용체로 선언하여 사용하면 간단하게 처리할 수 있고, 구조체의 멤버중 사용 빈도가 적은 멤버가 여러 개 존재할 때 이를 공용체로 선언하여 사용하면 기억 장소의 낭비를 줄일 수 있다.

[variable.c] 가변 구조체 예제 프로그램 1

```
#include <stdio.h>
struct  sungjuk
{
    long hakbun;          /* 4Byte */
    char name[14];        /* 14Byte */
    int kuk;              /* 4Byte */
    int eng;              /* 4Byte */
    int mat;              /* 4Byte */
    union common {        /* 4Byte */
        int total;
        float ave;
        } hapsan;
    } hak = {2017001, "정태성", 89, 98, 100, 0};   ←—— ①
main( )
{
    printf("학번 = %ld, 이름 = %s \n", hak.hakbun, hak.name);
    printf("국어 = %d, 영어 = %d, 수학 = %d \n", hak.kuk, hak.eng, hak.mat);
    hak.hapsan.total = hak.kuk + hak.eng + hak.mat;
    printf("총점 = %d \n", hak.hapsan.total);
    hak.hapsan.ave = hak.hapsan.total / 3.0;
```

```
    printf("평균 = %5.2f \n", hak.hapsan.ave);
}
```

→ 실행 결과

```
학번 = 2017001, 이름 = 정태성
국어 = 89, 영어 = 98, 수학 = 100
 총점 = 287
평균 = 95.67
계속하려면 아무 키나 누르십시요...
```

[variable.c]의 구조체 sungjuk은 총 34Byte를 사용하고 있으며, ①은 구조체 변수 hak을 초기화 작업하였다. 구조체의 멤버 중 한 개를 공용체로 선언하여 총점과 평균을 구하는 프로그램으로 총점(total)과 평균(ave)의 데이터 형이 다르지만 공용체를 선언하여 사용하였기 때문에 공용체 hapsan의 total과 ave는 한 개의 기억장소이므로 0으로 초기화하였다. 공용체의 사용으로 기억 장소의 낭비를 줄일 수 있는 프로그램이다.

(2) 공용체 멤버로서의 구조체

공용체 멤버로서 구조체를 사용하는 경우는 구조체의 데이터 형이 두 가지 이상의 용도로 사용하는 경우에 주로 사용한다. 예를 들어 재학생이 2,000명인 대학이 있다면 각 개인별 등록금 내역(수업료, 기성회비, 학생회비, 학회비)과 전체 납입금액의 내역의 자료형이 달라야 한다. 이유는 int형에서는 데이터를 2147483647까지 표현이 가능하고, unsigned long 형에서는 4294967295까지 표현이 가능하기 때문에, 개인별 데이터와 전체 데이터를 각각 다른 데이터 형으로 선언할 필요가 있다. 예를 들면 [variable_struct.c]과 같다.

↘ [variable_struct.c] 가변 구조체 예제 프로그램

```
#include <stdio.h>
union dungrok {          ◄──── ①
    struct person {
        int suup;
```

```
        int gisung;
        int haksang;
        int hakhoi;
    } per;
    struct college {
        unsigned long suup1;
        unsigned long gisung1;
        unsigned long  haksang1;
        unsigned long  hakhoi1;
    } univ;
} ;
    struct student {
        int hakbun;
main( )
{
int check;
printf("개인별[1], 대학전체[2] 중 택일하시오 ==> ");
scanf("%d", &check);
printf("개인기억장소 = %d bytes, 대학전체 크기 = %d bytes\n",
           sizeof(struct person), sizeof(struct college));
if (check == 1) {
    char name[10];
    unsigned long total;
    union dungrok kyumyak;
    } data;
        data.hakbun = 20071001;
        strcpy(data.name,"홍길동");
        data.kyumyak.per.suup = 600000;
        data.kyumyak.per.gisung = 400000;
        data.kyumyak.per.haksang = 7000;
        data.kyumyak.per.hakhoi = 6000;
        printf("학번 = %d, 이름 = %s \n", data.hakbun, data.name);
        printf("개인별 수업료 = %d, 개인별 기성회비 = %d\n",
            data.kyumyak.per.suup, data.kyumyak.per.gisung);
        printf("개인별 학생회비 = %d, 개인별 학회비 = %d \n",
```

```
            data.kyumyak.per.haksang, data.kyumyak.per.hakhoi);
        data.total = data.kyumyak.per.suup +
                data.kyumyak.per.gisung +
                data.kyumyak.per.haksang +
                data.kyumyak.per.hakhoi;
    printf("개인 총액 = %ld \n", data.total);
} else {
        data.kyumyak.univ.suup1 = 1200000000;
        data.kyumyak.univ.gisung1 = 800000000;
        data.kyumyak.univ.haksang1 = 14000000;
        data.kyumyak.univ.hakhoi1 = 12000000;
        printf("대학 전체 수업료 = %ld, 대학 전체 기성회비 = %ld \n",
            data.kyumyak.univ.suup1, data.kyumyak.univ.gisung1);
        printf("대학 전체 학생회비 = %ld, 대학 전체 학회비 = %ld \n",
            data.kyumyak.univ.haksang1, data.kyumyak.univ.hakhoi1);
        data.total = data.kyumyak.univ.suup1
                + data.kyumyak.univ.gisung1
                + data.kyumyak.univ.haksang1
                + data.kyumyak.univ.hakhoi1;
        printf("대학 전체 등록금 총액 = %ld \n", data.total);
    }
}
```

→ 첫 번째 실행 결과

```
개인별[1], 대학전체[2] 중 택일하시오 ==> 1
개인의 기억장소 크기 = 16 bytes, 대학전체 크기 = 16 bytes
학번 = 2017001, 이름 = 홍길동
개인별 수업료 = 600000, 개인별 기성회비 = 400000
개인별 학생회비 = 7000, 개인별 학회비 = 6000
개인 총액 = 1013000
계속하려면 아무 키나 누르십시요...
```

→ 두 번째 실행 결과

```
개인별[1], 대학전체[2] 중 택일하시오 ==> 2
```

```
개인의 기억장소 크기 = 16 bytes, 대학전체 크기 = 16 bytes
대학 전체 수업료 = 1200000000, 대학 전체 기성회비 = 800000000
대학 전체 학생회비 = 14000000, 대학 전체 학회비 = 12000000
대학 전체 등록금 총액 = 2026000000
계속하려면 아무 키나 누르십시요...
```

[variable_struct.c]은 구조체 변수 student는 학번, 이름, 등록금 총액 그리고 공용체 dungrok을 멤버로 구성하고 있다. 공용체 dungrok 멤버로서 두 개의 구조체(person, college)를 가지고 있어서 가변 구조체의 형식이다. 이와 같이 공용체 멤버의 구조체의 데이터 형식을 ①과 같이 각각 달리 정의하여 하나의 기억 장소에 두 가지 구조체 데이터 형식을 지정할 수 있다.

실행 결과에서 선택 키(개인별[1], 대학전체[2])의 값을 키보드로 입력하면, 선택키에 따라 개인별 등록금 내역과 대학전체 등록금 내역이 출력되는 프로그램이다.

구조체 person과 college의 데이터 형을 보면 알 수 있듯이, 자료의 크기에 따라 원하는 데이터 형을 선언하여 사용하고 있다. 구조체 선언부에서 구조체 person은 int형으로 구조체 collage는 unsigned long형으로 선언하여 사용하고 있다. 이와 같이 하나의 기억 장소를 두 가지 용도로 사용하고자 할 때에는 공용체 내부에 구조체를 선언하여 사용하면 간단하게 해결할 수 있다.

11.2.4 데이터 형의 정의(Type Define)

C언어에서는 기존의 데이터 형을 새로운 데이터 형으로 프로그래머가 재정의할 수 있어서, 새로운 데이터 형의 이름을 만들 필요가 있을 때 typedef를 사용하며, typedef문은 새로운 데이터 형을 만들어 기억 장소에 할당하는 것이 아니라 기존 데이터 형을 새로운 데이터 형으로 바꾸어 사용할 수 있도록 하며, 다음과 같은 형식으로 사용한다.

형식

```
typedef 기존데이터 형 새로운 데이터 형;
```

위의 형식에서 기존 데이터 형은 int, float, char, 배열, 구조체, 공용체, 열거형(enum) 등이 있으며, 새로운 데이터 형을 지정하는 간단한 예를 들어보면 다음과 같다.

```
typedef int  jungsu;
            ↑         ↑
          기존     신규 데이터 형
```

위와 같이 선언하면 int의 정수형을 새로운 데이터 형 jungsu로 간주한다. 즉, jungsu를 int의 변수처럼 사용하게 되며, jungsu로 선언한 변수들은 int로 선언한 것과 같은 결과를 얻을 수 있을 것이다.

```
typedef int jungsu;
        :
jungsu  i, j, k;  ──┬──▶ 두 종류의 선언은 변수 i, j, k를
int     i, j, k;  ──┘    모두 정수형(int형)으로 선언한다.
        :
```

(1) typedef 정의문의 사용 범위

typedef 정의문은 아래와 같이 여러 개의 새로운 데이터 형으로 선언하여도 사용이 가능하다.

```
typedef int jungsu, integer, INT;
typedef float REAL, SILSU;
```

위와 같은 jungsu의 사용 범위(scope)는 프로그램에서 typedef의 위치와 상당히 밀접한 관계가 있다. 사용 범위는 typedef문을 정의한 곳으로부터 시작된다. 만약, typedef 정의문이 함수 내에 있으면, 새로운 형으로 정의한 jungsu는 해당 함수 내에서만 사용 가능하고, 함수 외부에서는 사용할 수 없어 지역적(local)이 되며, typedef 정의문이 함수 밖에 있으면 통용범위는 전역적(global)이다. typedef 정의문에서는 실제로 신규 데이터 형 명칭 지정은 약어라는 것을 눈에 띄게 나타내기 위해서 보통 대문자로 많이 선언한다.

↘ [typedef1.c] typedef문 예제 프로그램 1

```
#include <stdio.h>
main( )
{
    typedef int INTEGER, INT;  /* 새로운 데이터 형 지정자 INTEGER */
    typedef INTEGER JUNGSU;    /* INTEGER를 다른 지정자 JUNGSU로 */
    int a;
    INTEGER b, c;
    INT d;
    JUNGSU e, f;
    a = b = c = d = e = f = 2;
    printf("a=%d, b=%d, c=%d, d=%d, e=%d, f=%d \n", a, b, c, d, e, f);
    printf("정수형 변수 합산 ==> %d \n", a + b + c + d + e + f);
}
```

→ 실행 결과

```
a=2, b=2, c=2, d=2, e=2, f=2
정수형 변수 합산 ==> 12
계속하려면 아무 키나 누르십시요...
```

[typedef1.c]은 typedef문을 사용한 신규 데이터 형 지정 프로그램이다. 이 프로그램은 typedef문을 사용하여 int형으로 INTEGER, INT, JUNGSU를 새로운 데이터 형 지정자로 정의하였다.

[typedef2.c]는 함수에서 typedef문의 사용 범위를 알아보는 예제이다.

↘ [typedef2.c] typedef문 예제 프로그램 2

```
#include <stdio.h>
main( )
{
    typedef int JUNGSU;
```

```
    JUNGSU i, sub1( );
    i = sub1(2, 3);
}
int sub1(int x, int y)
{
    printf("정수 곱 => %d \n", x * y);
}
```

→ 실행 결과

```
정수 곱 => 6
계속하려면 아무 키나 누르십시요...
```

[typedef2.c]는 typedef 정의문의 사용 범위는 그 함수 내에서만 가능하다. 만약, 다른 함수의 typedef문에서 정의한 JUNGSU를 사용하면 컴파일 에러가 발생한다. 예를 들어 함수 정의문

```
int sub1(int x, int y)을
JUNGSU sub1(int x, int y)로
```

함수 정의를 하면 컴파일시 에러가 발생하므로, typedef 정의는 해당 함수 내에서만 사용 가능하다는 것을 알 수 있다. 다음은 전역적(global scope)으로 typedef 정의문을 사용한 예를 들어보자.

↘ [typedef3.c] typedef문 예제 프로그램 3

```
#include <stdio.h>
typedef int JUNGSU;
main( )
{
    JUNGSU i, sub1( );
    i = sub1(2, 3);
}
```

```
JUNGSU sub1(int x, int y)
{
    printf("정수 곱 => %d \n", x * y);
}
```

→ 실행 결과

```
정수 곱 => 6
계속하려면 아무 키나 누르십시오...
```

위와 같이 typedef문을 전역적(global scope)으로 정의하면, 모든 함수에서 사용 가능하므로 컴파일 에러가 발생하지 않는다.

(2) typedef 정의문에 의해서 정의된 변수의 데이터 형

신규 데이터 형을 사용하여 정의된 변수의 정확한 데이터 형을 알아보기 위해서 다음의 예를 들어보자.

```
typedef  char  *STRING;             /* 문자열 포인터 변수 STRING 정의 */
typedef  unsigned char  CH;         /* unsigned char형 문자 CH 정의 */
typedef  char (*array( ))[5] FUNC;  /* 함수 포인터 배열 FUNC 정의 */
typedef  int PA[5];                 /* 정수형 배열 PA의 정의 */
typedef  double (*FA[5])( );        /* 함수 포인터 변수 FA의 정의 */
```

앞의 예에서 STRING은 char에 대한 포인터로 간주되어 문자열 포인터를 나타낸다. CH는 unsigned char형 변수를 나타내고, FUNC는 char형 포인터를 반환하는 함수로 다섯 개의 원소를 갖는 포인터 배열을 가리키는 포인터 변수이다. 포인터 배열 PA는 정수형이고, 포인터 배열 함수 FA를 double형으로 정의하였다.

↘ [typedef4.c] typedef문 예제 프로그램 4

```
#include <stdio.h>
```

```
main( )
{
    int i, sum = 0;
    typedef char *STRING;                    /* 문자열 STRING 정의 */
    typedef int PA[5];                        /* int형 배열 PA 정의 */
    STRING name = "Jung_Jin_Yong";            /* 변수 name의 초기화 */
    PA array = {10, 20, 30, 40, 50};          /* 배열 array의 초기화 */
    printf("name = %s \n", name);
    for(i = 0; i < 5; i++)
        sum += array[i];
        printf("sum = %d \n", sum);
}
```

→ 실행 결과

```
name = Jung_Jin_Yong
sum = 150
계속하려면 아무 키나 누르십시요...
```

(3) typedef 정의문에 의한 구조체의 데이터 형 정의

typedef 선언은 구조체에서도 사용할 수 있다. typedef 정의문에 의한 구조체의 데이터 형 정의는 선언문의 형식에서 구조체 선언 struct 앞에 typedef라 지정하고, 그 다음에 구조체 변수가 선언되는 위치에 typedef 이름을 지정해 줌으로써 새로운 데이터 형을 정의하여 간단하게 사용할 수 있다. 형식을 알아보면 다음과 같다.

형식1

```
struct 태그명 {
        구조체 멤버1;
            :
};
        :
typedef struct 태그명 typedef명;
typedef명 구조체변수명;
```

형식2

```
typedef  struct 태그명 {
       구조체 멤버1;
           :
} typedef명;

typedef명 구조체변수명;
```

↘ [typedef5.c] typedef문 예제 프로그램 5

```
#include <stdio.h>
typedef  struct date {
    int date_yy;
    char *date_mm;
    char *date_dd;
} year;
main( )
{
    year data[ ] = {2017, "05", "25"}, *pt;
    pt = data;
    printf("%d.%s.%s\n", data->date_yy, pt->date_mm, pt->date_dd);
}
```

→ 실행 결과

```
2017.05.25
계속하려면 아무 키나 누르십시요...
```

[typedef5.c]는 (형식 2)를 이용한 예제 프로그램이다. 구조체 date를 typedef문을 이용하여, 구조체 변수 year을 구조체 배열 data와 포인터 변수 pt로 재정의하여 사용하였다.

C언어에서 typedef와 #define은 기능면에서 비슷한 점들이 많이 있으나, 다음과 같은 차이 점들도 있다.

typedef와 #define의 차이점

① typedef는 #define에 비해 데이터 형을 정의하는 곳에만 제한되어 사용된다.
② typedef는 C언어의 명령문이고, #define은 선행처리기 지시문이다.
③ typedef는 컴파일러에 의해 실행되고, #define은 선행처리기(preprocess)에 의해 실행된다.
④ typedef는 데이터 형에 대한 기호 상수를 지정하고, #define은 상수나 문자열에 대한 매크로 상수를 정의한다.
⑤ 데이터 형의 정의는 #define보다 typedef이 보다 융통성이 있다.

이미 존재하고 있는 데이터 형을 typedef로 재 선언하여 사용하는 이유는, 첫 번째 데이터 형을 보다 편리하고 쉽게 인식할 수 있으며, 복잡한 데이터 형을 간단하게 표현할 수 있다. 예를 들면 구조체, 공용체, 열거형 등의 복잡한 데이터 형을 typedef로 간단하게 표현할 수 있다.

두 번째 프로그램의 호환성을 높일 수 있다. 데이터 형은 컴퓨터 시스템마다 그 크기가 다르다(예를 들어, 16비트 시스템에서 사용되는 int형은 2바이트, 32비트 시스템이나 UNIX 시스템에서 사용하는 int형은 4바이트). 이때, typedef를 사용하여 새로운 데이터 형을 정의하여 사용하면 프로그램의 이식성을 높여줄 수 있다.

세 번째 복잡한 데이터 형을 사용자가 이해하기 쉬운 새로운 명칭으로 변환하여 사용하기 때문에 프로그램의 서식화가 용이하고 간단명료하다.

예를 들어 #define을 사용하여 데이터 형을 지정하고 기호 상수를 사용하여 변수를 정의할 때에는 오직 하나의 변수만 적당한 데이터 형으로 지정한다. 예를 들면

```
#define STRING char *;
             :
             :
      STRING str1, str2, str3;
```

이와 같이 기호 상수 STRING을 사용하여 세 개의 변수를 정의하면, 선행처리기에서 매크로 치환을 실행하여 다음과 같이 된다.

```
char *str1, str2, str3;
```

위에서 보는바와 같이 첫 번째 변수인 str1만 정상적으로 문자열 포인터 변수로 정의되고, 나머지 변수는 매크로 정의가 되지 않는다. 따라서 다음과 같이 변수를 정의하는 것이 바람직하다.

```
STRING str1, *str2, *str3;
```

결국 #define을 사용하면 새로운 데이터 형으로 변환하는 것이 아니라, 문자열에 대한 기호 상수를 정의하는 것이다.

또한, 선행처리기 #define을 사용하여, 하나 이상의 새로운 데이터 형 지정자를 정의할 수가 없다. 예를 들면 다음과 같다.

```
#define STRING, JUNSU, NUM, char *;
```

위의 예는 STRING, JUNSU, NUM을 사용하여 선행처리기 지시문 char *을 사용하고자 하지만 이는 잘못된 표현 방법이다.

11.3 구조체와 공용체 응용 프로그램 예제

[struct_switch.c]는 구조체이름은 "tag"이고, 구조체 변수명 korea에 희망사항을 3가지로 초기화해 주었고, scanf( ) 함수로 입력된 값(1~3)에 따라 해당되는 희망사항의 문자열을 출력하고 입력 값이 0이면 작업을 종료하고, 0~3 이외의 값을 입력하면 "입력 오류" 메시지를 출력하고, 0이 입력될 때까지 반복 수행한다.

↘ [struct_switch.c] 구조체와 Switch Case문

```
#include <stdio.h>
struct tag{
    char hope1[30];
    char hope2[30];
    char hope3[30];
} korea = {"대한민국만세", "평화통일", "정의사회구현" };

main()
{
    int in_data;
    while(1){
        printf("숫자 입력 (1 ~ 3)  종료 = 0   : ");
        scanf("%d", &in_data);
        if(in_data<=0) break;
        switch(in_data){
            case 1 : printf("귀하의 희망은 => %s\n\n", korea.hope1); break;
            case 2 : printf("귀하의 희망은 => %s\n\n", korea.hope2); break;
            case 3 : printf("귀하의 희망은 => %s\n\n", korea.hope3); break;
            default : printf("입력 오류 : %d \n", in_data);
        }
    }
    printf("\n");
}
```

→ 실행 결과

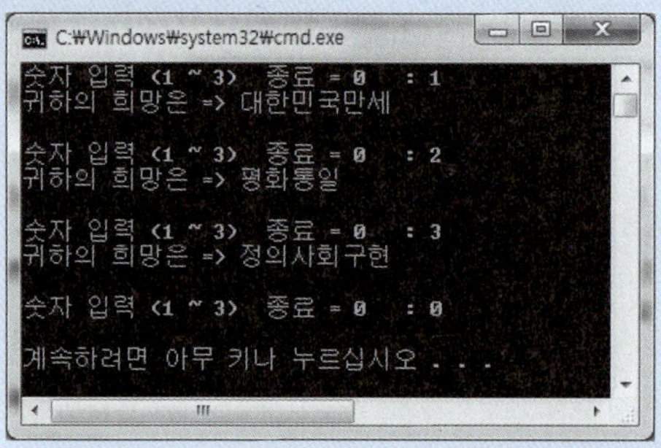

연 습 문 제

1. 구조체와 공용체의 차이점을 설명하시오.

2. 가변구조체를 설명하시오.

3. C언어의 구조체는 파일의 레코드를 정의한 것이다. 객체지향 언어에서 구조체와 같은 기능을 하는 것은?

4. 구조체 이름은 "tag"이고, 구조체 멤버는 정수형으로 tag1, tag2, tag3으로 선언한다. 이 구조체의 크기를 구하는 프로그램을 작성하시오.

5. 구조체 이름은 "sample"이고, 구조체 멤버는 문자형 samp1, 정수형 samp2, 실수형 samp3으로 선언한다. 다음의 구조체를 출력하는 프로그램을 작성하시오.

'A'	1234	34.56
samp1	samp2	samp3

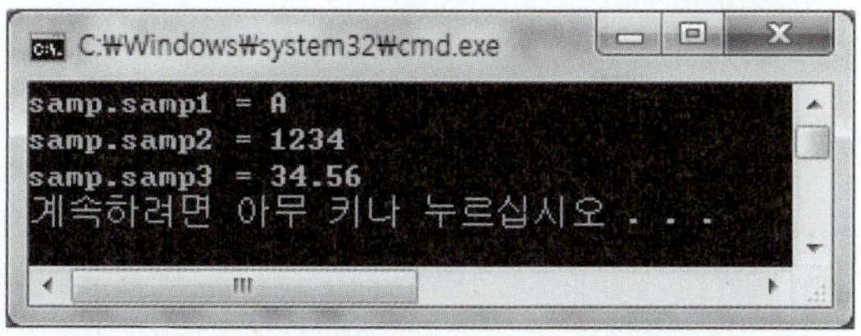

6. 다음은 서울상회의 상품별 판매 이익금 및 이익률 표이다. 다음과 같이 출력하는 프로그램을 작성하시오. (단, 구조체 포인터 변수 사용)

[입력 양식]

상품코드	상품명	수량	구입가	판매가
char(10)	char(30)	int	int	int

[입력 데이터]

```
"A001", "컴퓨터", 630, 850000, 950000
"A002", "휴대폰",  30, 500000, 570000
"A003", "케이스",  30,   8000,   9000
"A004", "청소기",  50, 150000, 170000
"A005", "냉장고",  70, 900000, 970000
```

[실행 결과]

제 **12** 장

선행처리기

창의적 사고를 위한
C 프로그래밍

1. 선행처리기의 응용(조건부 컴파일 기능)
2. 조건부 컴파일 처리기 지시문
3. 기타 선행처리기
4. 응용 예제 프로그램

12.1 선행처리기의 응용(조건부 컴파일 기능)

이미 7.1절에서 선행처리기 지시 명령문인 #include와 #define에 설명을 통하여 선행처리기의 사용 용도에 대하여 알아보았다. 이 장에서는 선행처리기 지시 명령문 중 조건부 컴파일을 수행하는 선행처리기에 대하여 알아보겠다.

12.1.1 매크로 치환 지시문 (#define)

매크로를 정의할 때 기호 상수명과 문자열을 바꾸어 전달하는 전달 인수를 사용할 수 있다. 매크로 호출시 전달 인수를 사용하는 매크로를 매크로 함수라 하고 괄호 "( )" 내부에는 실인수를 사용할 수 있다. 매크로 함수가 호출되면 실인수는 매크로 정의부에 있는 문자열로 치환된 다음, 프로그램 내부의 매크로 호출부에 확장된다.

[define.c]은 매크로 치환 지시문 #define을 이용한 예제 프로그램으로 INCREMENT(i), DECREMENT(j), MULTIPLY(k), SQURE(m)의 매크로 호출문을 만나면, 실인수 a, b, c, d의 값이 각각 매크로 정의부의 가인수인 i, j, k, m에 전달되어 a + 1은 i + 1로, b - 1은 j - 1로, c * c는 k * k로, ((d) * (d))는 ((m) * (m))으로 각각 매크로 전개된 다음 확장되어 실행 결과의 값이 나온다.

↘ [define.c] 매크로 치환 지시문 예제 프로그램

```
#include <stdio.h>
#define  INCREMENT(a)  a + 1
#define  DECREMENT(b)  b - 1
#define  MULTIPLY(c)  (c * c)
#define  SQURE(d) ((d) * (d))
main( )
{
    int i = 10,  j = 20, k = 30, m = 40;
    printf("i => %d,  INCREMENT(i) => %d \n", i, INCREMENT(i));
```

```
    printf("j => %d,  DECREMENT(j) => %d \n", j, DECREMENT(j));
    printf("k => %d,  MULTIPLY(k) => %d \n", k, MULTIPLY(k));
    printf("m => %d,  SQURE(m) => %d \n", m, SQURE(m));
}
```

→ 실행 결과

```
i => 10,  INCREMENT(i) => 11
j => 20,  DECREMENT(j) => 19
k => 30,  MULTIPLY(k) => 900
m => 40,  SQURE(m) => 1600
계속하려면 아무 키나 누르십시요...
```

매크로 함수를 사용한 매크로 호출에는 매크로 호출부의 실인수와 매크로 정의부의 가인수는 1 : 1로 대응하도록 그 개수가 같아야 하고, 매크로 정의부의 매크로명과 가인수 사이에 공백이 존재하면 엉뚱한 계산을 하게 되므로 주의해야 한다. 예를 들면 다음과 같다.

```
#define MULT1(a) (a * a)     /* 매크로명과 가인수 사이에 공백 없음 */
 #define MULT2 (a) (a * a)    /* 공백이 존재하므로 에러 */
```

위의 매크로 함수의 확장된 결과를 보면 다음과 같다.

```
printf("%d \n", MULT1(3));    → 매크로 확장 → printf("%d", (3 * 3));
printf("%d \n", MULT2 (3));   → error
```

두 번째 매크로 문은 컴파일 에러가 나온다. 다음은 매크로 함수의 부작용에 대하여 알아보겠다. 아래와 같이 SQURE1과 SQURE2를 매크로 치환하였다면 실행 결과는 어떻게 될까?

```
 #define  SQURE1(d) (d) * (d)        /* 방법 1 */
#define  SQURE2(d) ((d) * (d))      /* 방법 2 */
             :
```

방법 1을 사용한 경우의 예를 들면 다음과 같다.

```
printf("%d\n", SQURE1(1+2)); → 매크로 확장 → printf("%d\n",(1+2) * (1+2));
```

원하는 결과 값을 얻을 수 있어 별 문제가 없으나, 다음과 같은 명령문은 원하는 결과를 얻을 수 없게 된다.

```
printf("%d\n", 100 / SQURE1(2)); → 매크로 확장
→ printf("%d\n", 100 / (2) * (2));
```

따라서 printf( ) 함수의 수식은 연산자 우선순위에 따라 (100 / 2) * 2가 되어, 원하는 결과 값 25를 얻지 못하고 100이 출력된다. 이와 같은 문제점을 매크로 함수의 부작용(side effect)이라고 하는데, 이와 같은 부작용을 피하기 위해서는 "방법 2"를 이용하여야 한다. 예를 들면 다음과 같다.

```
printf("%d\n", 100 / SQURE2(2)); → 매크로 확장
→ printf("%d\n", 100 / ((2) * (2)));
```

"방법 2"을 이용하면 (100 / (2 * 2))가 되어 원하는 결과 값 25를 얻을 수 있다.

12.1.2 매크로 지시문 무효화(#undef)

#undef 선행 처리기 지시문은 이미 #define 지시문을 사용하여, 정의된 매크로를 해제하는 기능을 가진 선행 처리기이다. #undef 지시문의 예를 들면 [undef.c]와 같다.

↘ [undef.c] 매크로 지시문 해제 예제 프로그램

```
#include <stdio.h>
#define  MAX 100              /* 매크로 치환 지시문 */
main( )
{
    int i, sum = 0;
```

```
    for(i = 0; i <= MAX; i++)
        sum += i;
    printf("sum => %d \n", sum);
    #undef MAX;                    /* 매크로 지시문 해제 */
    printf("MAX + sum => %d \n", MAX + sum);
}
```

[undef.c]는 #undef MAX;로 매크로 해제한 후 마지막 printf( ) 명령문에서 이미 해제된 MAX를 사용하였기 때문에 다음과 같은 컴파일 에러가 발생한다.

```
error C2065: 'MAX' : undeclared identifier
```

만약, #undef MAX; 행을 삭제하면, 결과값은 0부터 100까지의 합(sum => 5050)과 그 합에 다시 MAX(100)를 더한 값(MAX + sum => 5150)이 출력된다.

12.2 조건부 컴파일 처리기 지시문

조건부 컴파일이란 프로그램을 컴파일할 때 조건이 만족하거나 만족하지 않으면, 프로그램의 특정 부분을 컴파일하도록 하는 기능을 말한다. 이와 같이 선행 처리기 지시 명령문을 사용하여 조건부 컴파일을 하는 목적은 컴퓨터의 기종에 상관없이 프로그램을 수행하기 위해서이다.

조건부 컴파일 선행 처리기 지시문은 #if, #endif, #else, #ifdif, #ifndif, #elif 등이 있다.

① #if 정수식 : 조건식(정수식)이 참이면 #if 다음 문장을 컴파일한다.
② #endif : 컴파일 범위의 끝을 나타낸다.
③ #else : #if의 조건식이 거짓일 때 #else 다음 명령문을 컴파일한다.

④ #ifdef : #ifdef는 매크로명이 #define으로 정의되어 있으면 "문장1" 부분을 컴파일하고, 그렇지 않으면 "문장2" 부분을 컴파일한다. (단, #else "문장2" 부분은 생략이 가능하다)

⑤ #ifndef : #ifndef는 매크로명이 #define으로 정의되어 있지 않으면, "문장1"을 컴파일하고, #define로 정의되어 있으면 "문장2" 부분을 컴파일한다.

⑥ #elif : #elif는 프로그램에서 복수개의 선택이 필요할 때 사용한다. 마치 선택문의 else if와 유사하게 해당 수식이 참이면 문장을 컴파일 작업한다.

①~⑥까지의 조건부 컴파일 선행 처리기 지시문을 혼용하여 사용한 예를 들어 보기로 한다.

```
#ifdef  매크로명
        문장 1
 [ #else
        문장 2 ]
 #endif
```

```
#ifndef  매크로명
        문장 1
[ #else
        문장 2 ]
#endif
```

12.2.1 형식 1 : #if ~ #else ~ #endif 구조

형식 1은 "if ~ else"문의 구조와 아주 유사하고, #if 다음에 오는 상수식이 0이면 거짓으로 인식하고, 0이 아니면 참으로 인식하여 수행한다.

↘ [ifelse.c] #if ~ #else ~ #endif 예제 프로그램

```
#include <stdio.h>
#define MAX 100
main( )
{
    #if MAX > 30
        #define LARGE 1000
        printf("LARGE => %d \n", LARGE);
    #else
        #define LARGE 500
        printf("LARGE => %d \n", LARGE);
```

```
    #endif
}
```

→ 실행 결과

```
LARGE => 1000
계속하려면 아무 키나 누르십시오...
```

위의 프로그램은 MAX값(100)이 30보다 더 크므로, 결과 값은 LARGE => 1000이 된다.

12.2.2 형식 2 : #if ~ #elif ~ #endif 구조

형식 2는 "if ~ else if"문의 구조와 아주 유사하고, #if 다음에 오는 상수식이 "0"이면 거짓으로 인식하고, "0"이 아니면 참으로 인식하여 수행한다.

↘ [elif.c] #if ~ #elif ~ #endif 예제 프로그램

```
#include <stdio.h>
#define MAX 200
main( )
{
    #if MAX < 200
        #define LARGE 1000
        printf("LARGE => %d \n", LARGE);
    #elif MAX >= 200
        #define LARGE 2000
       printf("LARGE => %d \n", LARGE);
    #endif
}
```

→ 실행 결과

```
LARGE => 2000
계속하려면 아무 키나 누르십시오...
```

위의 프로그램은 MAX >= 200에서 MAX가 200이므로 결과 값은 LARGE => 2000이 된다.

12.2.3 형식 3 : #ifdef ~ #else ~ #endif 구조

형식 3은 #ifdef 지시문의 조건식으로 사용되는 상수식은 #define 선행 처리기 지시문을 사용하여 정의된 매크로 상수를 사용해야 한다.

↘ [ifdef.c] #ifdef ~ #else ~ #endif 예제 프로그램

```
#include<stdio.h>
#define MAX 200
#define MIN 0
main( )
{
    #if MAX == 200
        #define TRUE 1
    #else
        #define FALSE 1
    #endif
    #ifdef TRUE
        printf("MAX => %d \n", MAX);
    #else
        printf("MIN => %d \n", MIN);
    #endif
}
```

→ 실행 결과

```
MAX => 200
계속하려면 아무 키나 누르십시요...
```

위의 프로그램은 MAX가 200일 때 TRUE가 1로 매크로 치환되고, 200이 아니면 FALSE가 1로 치환된다. #ifdef문은 매크로 상수 TRUE가 #define문에 의해서 정의되어 있으므로 다음 문장을 수행하게 되어 MAX => 200이 출력된다.

12.2.4 형식 4 : #ifndef ~ #else ~ #endif 구조

형식 4는 형식 3의 #ifdef 대신에 #ifndef 지시문을 사용한 것 이외는 완전히 동일하다. #ifndef는 매크로 상수가 정의되어 있지 않으면 참이고, 정의되어 있으면 거짓의 값을 갖게 된다.

[ifndef.c]은 FALSE가 정의되어 있지 않는 것과 같으므로, 참이 되어 실행 결과와 같이 FALSE NOT DEFINED가 출력되고, 만약, #define MAX 100이라면 실행 결과가 FALSE DEFINED로 출력된다.

↘ [ifndef.c] #ifndef ~ #else ~ #endif 예제 프로그램

```
#include <stdio.h>
#define MAX 200
main( )
{
    #if MAX == 200
          #define TRUE 1
    #else
         #define FALSE 0
    #endif
    #ifndef FALSE
         printf("FALSE NOT DEFINED \n");
    #else
         printf("FALSE DEFINED \n");
    #endif
}
```

→ 실행 결과

```
FALSE NOT DEFINED
계속하려면 아무 키나 누르십시요...
```

12.3 기타 선행처리기

12.3.1 defined 연산자

defined 연산자는 매크로 상수가 정의되어 있으면 참이 되고, 정의되어 있지 않으면 거짓을 반환하는 연산자이다. 형식은 다음과 같다.

형식 `defined(매크로 상수) 또는 defined 매크로 상수`

위의 형식중 일반적으로 괄호를 사용하는 것이 정확한 표현 방법이다. #defined 연산자는 단독으로 사용할 수 없고, #if나 #elif 지시문의 보조연산자로 사용한다. 예를 들어

	동일	
#if defined(MAX)	〈==〉	#ifdef MAX
#if !defined(MAX)	〈==〉	#ifndef MAX

위의 구조는 완전히 논리적으로 동일하다. 그러나 defined 연산자는 #elif의 조건식으로, 매크로 상수를 사용할 수 있다는 것이다. 예를 들어 보자.

```
#if defined(INT)
  #include "stdio.h"
#elif defined(GETCHAR)
  #include "conio.h"
#else
  #include "string.h"
#endif
```

위와 같이 defined 연산자로 아주 효율적으로 사용할 수 있다. 그러나 다음과 같이 선행처리기 지시문을 중첩해서는 사용할 수가 없다. 예를 들면

```
#if INT
  #include "stdio.h"
```

```
#elif #ifdef GETCHAR
    #include "conio.h"
#elif #ifdef STRCPY
    #include "string.h"
#endif
```

그 이유는 #elif 지시문 다음에는 매크로 상수를 사용할 수 없고, 산술형 상수식을 사용하기 위해서는 defined 연산자가 필요하다.

12.3.2 #error 지시문

#error 지시문은 조건부 컴파일을 수행할 때 조건을 만족하지 않으면 오류 메시지를 출력하고, 컴파일 작업을 중단시키는 역할을 하며, 형식은 다음과 같다.

형식

```
#error  error_message
```

프로그램이 컴파일되기 전에 프로그래머가 조건에 맞지 않을 경우 컴파일 작업을 중단시키기 위해서 사용되는 지시자로 컴파일러가 #error를 만나면 컴파일을 중단하고 #error 다음의 에러 메시지를 출력하게 된다. 여기서 "error_message"는 이중인용부호(" ")로 묶지 않는다는 것에 주의하자.

↘ [error.c] #error 예제 프로그램

```
#include <stdio.h>
main( )
{
    #if defined(MAX)
        #define TRUE 1
    #else
        #error Not Found MAX
    #endif
}
```

앞의 프로그램은 #define MAX가 존재하지 않으므로, 컴파일러는 #error를 만나게 되며 "fatal error C1189: #error : Not Found MAX"를 출력하고 컴파일 작업을 멈춘다.

12.4 선행처리기 응용 프로그램 예제

[macro_func.c] 프로그램은 $y = 2x^2 + x + 4$를 구하는 매크로 함수를 작성하고, x의 값이 1부터 10이 될 때까지 y의 값을 구하여 출력하는 프로그램을 작성하였다.

↘ [macro_func.c] 매크로 함수 사용

```
#include <stdio.h>
#define  FUN(a)(2 * a * a + a + 4)
main( )
{
    int x;
    for(x = 1; x <=10; x++)
        printf("FUN(%2d) :  y = %d \n", x, FUN(x));
}
```

위의 프로그램은 FUNC(a) 매크로 함수를 (2 * a * a + a + 4)로 정의하고 x 값이 1부터 10까지 반복하여 처리하면 다음과 같이 화면 출력한다.

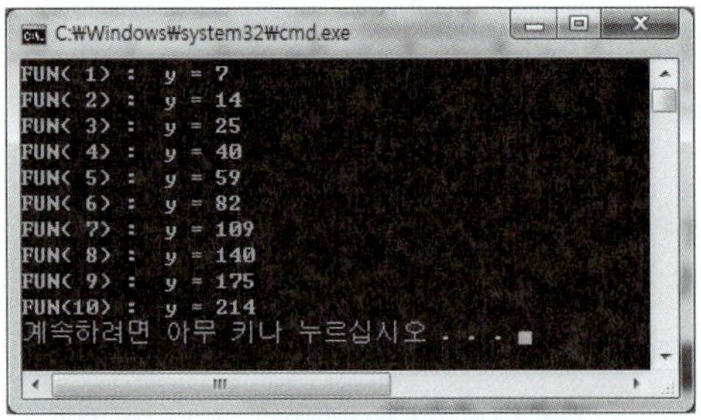

연습문제

1. 다음의 #define문의 의미를 설명하시오.

```
#define MAX(X, Y)  ( (X) < (Y) ) ? (X) : (Y) )
```

2. #ifdef와 #ifndef의 기능에 대해서 설명하시오.

3. 매크로 상수와 매크로 함수의 차이점을 설명하시오.

4. #define문의 유효범위는 어떻게 되는가?

5. 3개 정수 데이터의 최대값을 구하는 매크로 함수를 정의하고, 세 개의 값을 입력받아 최대값을 출력하는 프로그램을 작성하시오.

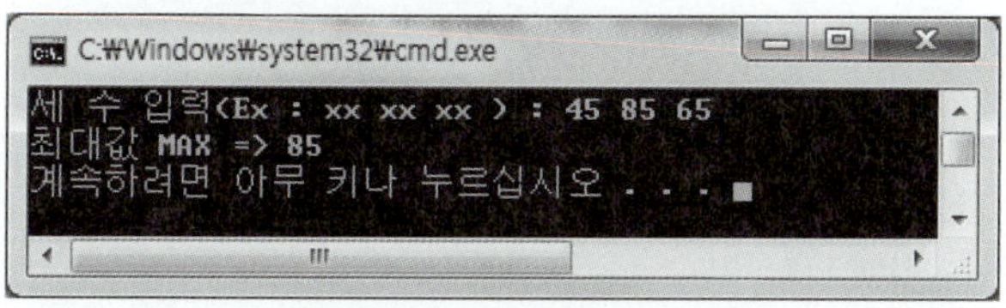

제 13 장

파일 입출력

지금까지 사용해 온 모든 프로그램에서 외부 장치로부터 키보드를 사용하여 데이터를 입력받기 위해서 scanf( ) 함수를 사용하였고, 외부 장치로 데이터를 출력하기 위해서는 printf( ) 함수를 이용하여 프로그램의 실행 결과를 화면으로 출력할 수 있었다.

그러나 키보드로부터 입력되는 데이터의 양이 일정한 크기를 초과한다면, 이는 번거롭고 귀찮은 일이다. 만약 작은 실수로 데이터 입력을 잘못하여 처음부터 다시 입력한다면 필요 없는 시간과 노력을 낭비하게 될 것이다. 그리고 프로그램 실행 후, 그 출력 결과를 화면에 출력할 때 데이터의 양이 너무 많아 한 화면에 모든 결과를 출력하지 못한다면 프로그래머가 원하는 출력 결과를 볼 수 없어서 매우 불편한 결과를 초래할 것이다.

이러한 상황에서 데이터의 입·출력을 표준 입·출력장치인 키보드나 모니터 화면을 사용하지 않고, 보조 기억 장치를 사용하여 파일로 데이터를 입·출력할 수 있다면 아주 효율적이고 편리할 것이다.

데이터의 입출력을 하는 명령은 다른 고급 언어와는 달리 C언어에서는 존재하지 않기 때문에, C언어에서는 입·출력을 함수라고 부르는 이미 컴파일된 서브루틴을 프로그래머가 작성한 C 프로그램에 함께 결합시켜 사용한다.

이 장에서 사용하는 대부분의 입·출력 함수들은 〈stdio.h〉라는 헤더 파일을 참조하고, 이러한 입·출력에 관련된 함수와 기타 라이브러리 함수의 사용에 대해서 설명하겠다.

이 장의 예제 프로그램들은 파일명이 계속 연결되어 처리되므로, 반드시 빠뜨리지 말고, 순서대로 프로그램을 수행해야만 올바른 결과 값을 얻을 수 있다.

13.1 파일 입출력 기초

C언어는 다른 고급 프로그램과 마찬가지로 프로그램에서 보조 기억 장치에 저장된 데이터를 입·출력할 수 있는 강력한 방법을 제공한다. 즉, 보조 기억 장치에 파일 단위로 저장된

데이터를 사용하기 위해서는 파일을 개방하고, 개방된 파일로부터 데이터의 입·출력을 처리한 후 파일을 닫는 각종 함수를 제공하여 효과적인 파일 입·출력을 수행할 수 있도록 해준다.

13.1.1 파일 입출력의 Level

C언어에서 제공하는 입·출력 방법에 따라서 크게 두 가지 수준으로 나누어지는데, 고수준 입·출력(high level file I/O)과 저수준 입·출력(low level I/O)으로 나눌 수 있다.

고수준 입·출력은 표준 입·출력(standard I/O)이라고도 하며, C프로그램에서 입·출력을 수행하기 위한 가장 일반적인 방법이고, 저수준 입·출력은 운영 체제에서 제공하는 기본적인 입·출력 기능만을 수행하기 때문에 시스템 수준 입·출력이라고도 한다. 따라서 저수준 입·출력은 운영 체제의 입·출력 기능을 이용하여 입·출력을 수행하기 때문에, 운영 체제에 관한 상당한 지식을 필요로 하고, 운영 체제마다 입·출력 기능이 약간씩 차이점을 갖고 있기 때문에 프로그램의 호환성이 결여된다는 단점을 가지고 있다.

고수준 파일 입·출력이 저수준 파일 입·출력과 비교하여 가질 수 있는 장점에 대하여 알아보면 다음과 같다.

① 고수준 입·출력 함수는 함수 내부에 저장되어 있는 파일 입·출력 버퍼를 사용하는 버퍼화 입·출력을 수행하지만, 저수준 입·출력 함수는 비버퍼화 입·출력을 수행한다.
② 고수준 입·출력은 데이터를 문자 단위로 수행할 수 있다.
③ 고수준 입·출력은 보조 기억 장치에 저장되어 있는 물리적인 파일에 대한 입·출력을 추상적인 논리 장치인 스트림(stream)을 사용하여 입·출력을 수행하기 때문에 보다 효율적인 파일 입·출력을 수행할 수 있다.
④ 고수준 입·출력은 스트림을 사용하기 때문에 운영 체제의 입·출력 기능에 대한 지식이 없어도 입·출력을 효과적으로 수행할 수 있어 프로그램간의 호환성이 높다.

13.1.2 스트림(stream)

스트림이란, 보조 기억 장치에 저장된 파일이나 컴퓨터의 주변 장치(키보드(stdin), 화면(stdout), 프린터(stdprn), 통신 장치(stdaux) 등)와 프로그램간의 통신을 효과적으로 수행하기 위해 추상적으로 정의한 논리 장치를 의미한다. 즉, 프로그램과 주변 장치간의 데이터 입·출력을 효과적으로 수행하기 위해서 사용된 논리 장치로서 프로그램과 컴퓨터의 주변 장치가 직접 데이터를 입·출력하는 것이 아니라, 주변 장치의 논리 장치인 스트림을 정의하여 프로그램과 스트림간에 입·출력을 수행하도록 하는 것이다.

C언어에서 추상적인 논리 장치인 스트림을 사용하는 이유는 컴퓨터의 주변 장치는 아주 다양하고, 직접 입·출력이 복잡하고 까다롭기 때문에 모든 주변 장치에 대하여 공통된 하나의 논리 장치인 스트림을 정의함으로써 프로그램과 주변 장치에 대하여 공통된 하나의 스트림을 정의하여 보다 간결하고 쉽게 처리하기 위해서이다.

추상적인 논리 장치인 스트림은 프로그램과 주변 장치간의 입·출력을 연결하는 중간 매개체로 프로그램과 실제 장치를 연결하거나 반대로 실제 장치와 프로그램을 연결시키는 매핑(mapping) 기능을 수행하게 된다. 스트림은 [표 13-1]과 같은 다섯 가지 표준 스트림이 있다.

주변 장치에 대한 파일명은 운영 체제에서 고유의 파일명으로 약속되어 있다. Windows에서는 표준 입·출력 장치인 키보드와 모니터를 CON이라는 파일명으로 정의하였고, 프린터는 PRN 또는 LPT라는 파일명으로 정의되어 있으며, 통신 연결 포트는 COM 또는 AUX라는 파일명으로 정의되어 있다. 이러한 것들은 컴퓨터 부팅(Booting)시 별도의 파일 개방 명령 없이도 자동적으로 운영 체제가 장치 파일을 개방하여 언제든지 사용할 수 있도록 준비한다.

표 13-1 프로그램이 시작되면서 자동으로 개방되는 장치 파일 스트림

스트림명	입출력 방식	입출력 모드	스트림의 기능	Window의 장치 파일명
stdin	키보드입력	텍스트	표준 입력 스트림	CON
stdout	모니터출력	텍스트	표준 출력 스트림	CON
stderr	모니터출력	텍스트	표준 에러 스트림	CON
stdprn	프린터출력	이 진	프린터 출력 스트림	PRN, LPT
stdaux	표준보조입출력	이 진	보조 입출력 스트림	AUX, COM

[표 13-1]에 기술된 다섯 가지 표준 스트림들은 ⟨stdio.h⟩ 헤더 파일에 매크로명으로 정의되어 있는 매크로 상수이므로 변수명이나 함수명과 같은 다른 용도로 사용할 수 없고, 오직 입·출력을 위한 스트림으로만 사용해야 한다.

지금까지 사용한 getchar( ), scanf( ), getch( ), gets( ) 등의 함수는 표준 입력 스트림인 stdin을 사용하여 키보드로부터 데이터를 입력받았고, printf( ), puts( ), putchar( ) 등의 함수는 stdout 스트림을 사용하여 모니터에 데이터를 출력할 수 있었다.

이상과 같은 다섯 가지 스트림을 사용하지 않고, 입·출력을 수행하려면 반드시 해당 스트림을 입·출력에 사용하기 전에 스트림을 개방해야 한다.

13.1.3 파일 포인터 (file pointer)

[표 13-1]의 다섯 가지 표준 장치가 아닌 디스크에 저장된 파일의 입·출력을 수행하기 위해서는 입·출력 대상이 되는 파일에 접근하여야 한다. C언어에서는 입·출력을 수행하기 위해서 파일 스트림 포인터라는 특수한 포인터 변수를 사용하여 파일을 개방한 후 파일에 접근하여 사용하고, 사용 후 파일을 닫을 수 있다. 파일 스트림 포인터는 ⟨stdio.h⟩ 헤더 파일에 정의되어 있다.

파일 스트림을 제어하는 구조체형 FILE 포인터는 파일 스트림에 대한 다양한 정보를 갖고 있고, 이러한 정보는 fopen( ) 함수에 의해서 파일을 개방해 준다. 함수의 반환 값으로 FILE 형 구조체 포인터 변수에 자신이 개방한 파일에 관한 모든 정보를 제공한다. 정보를 정리하면 다음과 같다.

① 파일 입·출력 버퍼의 상태(fiil/empty)를 표시 ⟶ level
② 파일 입·출력 버퍼의 크기 ⟶ bsize(512바이트나 512바이트의 배수)
③ 파일 입·출력 버퍼의 시작 주소 포인터 ⟶ buffer
④ 파일의 상태에 관한 정보(접근 모드, 파일의 끝, 에러)를 표시 ⟶ flags
⑤ 현재의 파일 포인터의 위치를 표시 ⟶ curp
⑥ 파일 식별자 ⟶ fd

파일에 관한 모든 정보를 갖고 있는 FILE형 구조체 포인터 변수는 파일 입·출력에 사용되는 모든 함수에서 사용할 수 있고, 정의 방법은 다음과 같다.

```
FILE *fp,  *in_fp, *out_fp;
```

즉, typedef문을 사용하여 FILE형 구조체로 생성된 자료형을 사용하여 FILE형 구조체 포인터 변수를 정의할 수 있다. 파일 스트림 포인터의 기능은 프로그램과 파일 스트림간의 데이터를 입·출력할 때 스트림 상에서 현재 입·출력이 수행될 위치를 가리킨다. 다시 말해서 파일 포인터는 FILE형 구조체 포인터 변수의 멤버로 사용되는 파일 입·출력 버퍼에서 현재 입·출력이 수행될 위치를 가리키고 있고, 버퍼의 크기는 512바이트나 512바이트의 배수를 사용한다.

13.1.4 파일의 끝(EOF : End of File)

파일을 입·출력하기 위해서 보조 기억 장치에 저장된 파일의 시작 위치와 끝 위치를 운영체제는 파일 할당 테이블(FAT : File Allocation Table)을 사용하여 정확히 알고 있다.

Windows의 이진 파일이나 UNIX 파일에서는, 예를 들어 파일의 크기가 1000바이트일 때 프로그램에서 1000바이트를 읽는다면, 파일의 끝에 도착했다는 것을 운영 체제가 프로그램에게 알려주게 되므로 쉽게 파일의 끝을 확인할 수 있다.

Windows의 텍스트 파일(Text file)에서는 파일의 끝을 표시하는 특수한 문자를 사용하는데 일반적으로 텍스트 파일의 끝은 Ctrl-Z 문자를 사용하여 표시하면 된다. 예를 들면 getchar( ), scanf( ) 함수는 파일의 끝을 표시하는 Ctrl-Z문자를 만나게 되면 EOF를 반환하고, 더 이상 파일로부터 데이터를 읽지 않는다. EOF는 〈stdio.h〉 헤더 파일에 다음과 같이 매크로 상수로 정의되어 있다.

```
#define  EOF  (-1)
```

EOF를 정수 -1로 표시하는 이유는 C언어에서 사용하는 ASCII 코드 값으로 0~127의 정수를 사용하거나 확장 문자에 대한 ASCII 코드 값은 128~255 정수를 사용하므로 -1과는 상관이 없어, 매크로 상수 EOF는 -1을 사용하고 있다. 여기서 주의할 점은 다음과 같다.

① 〈stdio.h〉 헤더 파일에서 EOF를 정의하고 있으므로, 별도로 선행 처리기 지시문 #define을 사용하여 EOF를 정의할 필요가 없고 프로그램에 〈stdio.h〉 헤더 파일을 포함시키면 된다.
② 파일로부터 하나의 문자를 읽는 다양한 함수의 반환형은 int형이므로 반환하는 함수의 반환 값은 부호 확장에 의해서 –1이 된다. 결국 파일에 포함된 확장 문자 코드 값인 255(0xff)와 EOF(0xffff)를 정상적으로 구분하여 읽을 수 있도록, 함수의 반환 값을 저장하는 변수는 char형이 아닌 int형으로 정의되어야 한다.
③ 문자를 입력할 때 파일의 끝에 EOF나 –1을 입력해서는 안되고, 반드시 Ctrl–Z를 입력해야 한다.

다음의 문자열 조작 함수는 응용 프로그램에서 주로 많이 사용하기 때문에 먼저 설명하고, 고수준 파일과 저수준 파일을 설명하기로 하겠다.

13.2 문자열 조작 함수

함수를 이용하면 모듈화된 프로그램을 구성할 수 있어서 이해하기 쉽고, 디버깅이 쉬우며, 기존의 함수를 이용하여 유사한 작업을 수행하는 함수를 손쉽게 만들 수 있다는 장점도 갖는다. C언어는 자주 사용되는 함수를 라이브러리에 저장하고 있다. 라이브러리에 포함되어 있는 함수를 사용하기 위해서는 컴파일 지시자 #include를 사용하여 해당 헤더 파일을 불러들이기만 하면 된다.

13.2.1 문자열 조작 함수

C언어는 여러 종류의 문자열 처리 함수를 제공하므로, 사용자가 별도로 문자열 처리 함수를 작성하는 번거로움을 덜어 준다. 문자열은 포인터에 의해 지시되는 시작 부분부터 null 문자(₩0)에 이르는 일련의 문자들의 집합을 의미한다.

문자열 조작 함수들은 〈string.h〉라는 헤더 파일로 라이브러리에 저장되어 있으므로, 사용자가 문자열 조작 함수를 사용하기 위해서는 #include 〈string.h〉로 미리 선언해 주어야 한다.

(1) 문자열의 길이 계산(strlen)

strlen( )(string length) 함수는 문자열의 길이 즉, 문자열 중에서 NULL 문자(₩0)를 제외한 길이를 계산하여 그 수치 데이터 값을 unsigned형으로 반환하는 것을 말한다. 형식은 다음과 같다.

형식
```
size_t strlen(const char*);
```

size_t형은 sizeof 연산자를 사용하여 얻어지는 자료형으로 다음과 같고, 〈stdio.h〉 헤더 파일에 선언되어 있다.

```
typedef unsigned size_t;
```

unsigned int형을 size_t형으로 형을 변환하여 사용하고 있다. strlen( ) 함수의 문자열 상수 값은 기억 장소의 총 바이트 수를 구하는 sizeof연산자 보다 NULL(₩0)를 제외한 1byte가 더 적은 byte 수를 반환한다.

[strlen.c]와 같이 strlen( ) 함수를 사용할 때에는 전체 문자열의 수를 나타내지만, sizeof( ) 연산자를 사용할 때에는 NULL 문자를 포함한 전체의 문자열의 수를 나타내므로 1바이트 더 큰 수가 출력되었다.

"Computer Science"를 strlen( ) 함수 사용할 때는 실제 데이터의 길이인 16을 반환하고 sizeof( ) 함수를 사용할 때는 NULL('₩0') 문자를 포함하여 17을 반환한다.

↘ [strlen.c] strlen( ) 함수 예제 프로그램

```
#include <stdio.h>
#include <string.h>
main( )
{
    char string[ ] = "Computer Science";
    printf("strlen 함수 사용 문자열 길이 = %d byte\n", strlen(string));
```

```
    printf("sizeof 함수 사용 문자열 길이 = %d byte\n", sizeof(string));
}
```

→ 실행 결과

```
strlen 함수 사용 문자열 길이 = 16 byte
sizeof 함수 사용 문자열 길이 = 17 byte /* NULL 문자 포함된 byte 수 */
계속하려면 아무 키나 누르십시요...
```

(2) 문자열 복사 함수(strcpy)

strcpy( )(string copy) 함수는 문자열을 복사하는 함수이며, 함수의 인수로 두 개의 문자열 포인터를 사용하여 하나의 문자열을 다른 문자열 포인터로 복사하는 함수이다. 형식은 다음과 같다.

형식

```
char *strcpy(char *destination,  const char *source);
```

위의 형식은 두 번째 인수인 source의 문자열이 첫 번째 인수인 문자열 포인터 destination에 복사된다. 이때 주의할 점은 첫 번째 인수의 기억 장소는 두 번째 인수의 문자열을 복사할 수 있을 정도의 충분한 기억 장소를 확보하고 있어야 한다. 그렇지 않으면 복사할 문자열이 잘려서 원하는 결과 값을 얻을 수 없다. 만약, 첫 번째 인수가 두 번째 인수의 길이보다 길면 복사된 후 나머지 기억 장소는 그대로 공백으로 남는다.

포인터 변수에 문자열을 대입할 경우, 실제로 기억장치의 다른 부분에 문자열을 기억시키는 것이 아니라 동일한 기억 장소의 주소 값을 기억시킨다. 그러므로 포인터에 의한 참조 방식으로 기억 장소의 값을 변경하거나, 문자열 변수를 이용해 내용을 변경하면 같은 결과를 얻게 된다.

↘ [strcpy1.c] strcpy( ) 함수 예제 프로그램 1

```
#include <stdio.h>
#include <string.h>
main( )
{
    char *string = "Computer Science";
    char str1[17], *spt;
    spt = strcpy(str1, string);
    printf("string ==> %s \n", string);
    printf("str1 ==> %s \n", str1);
    printf("spt ==> %s \n", spt);
}
```

→ 실행 결과

```
 string ==> Computer Science
 str1 ==> Computer Science
 spt ==> Computer Science
계속하려면 아무 키나 누르십시오...
```

[strcpy1.c]는 포인터 string에 저장된 Computer Science를 문자 배열 str1에 복사하고, str1의 주소를 spt에 대입한다. 그러므로 위의 실행 결과와 같이 string, str1, spt는 모두 동일한 문자열을 출력한다. 첫 번째 문자열 포인터는 두 번째 문자열 포인터로부터 모든 문자가 하나씩 복사되기 때문에 반드시 문자열 배열로 정의된 포인터여야 한다. strcpy( )의 반환값은 첫 번째 인수로 사용되는 배열에 최초로 복사가 시작되는 곳의 주소이다.

↘ [strcpy2.c] strcpy( ) 함수 예제 프로그램 2

```
#include <stdio.h>
#include <string.h>
main( )
{
```

```
    char *string = "Computer Science";
    char str[30], *pt;
    pt = strcpy(str, string);        /* ① strcpy( )   */
    printf("str l_value => %p, r_value => %s \n", &str, str);
    pt = strcpy(str + 3, string);    /* ② strcpy( )  */
    printf("str[3] l_value => %p, pt l_value => %p \n",&str[3], &pt);
    printf("str r_value => %s, pt r_value => %s \n", str, pt);
}
```

→ 실행 결과

```
str l_value => 0012FF5C, r_value => Computer Science
str[3] l_value => 0012FF5F, pt l_value => 0012FF58
str r_value => ComComputer Science, pt r_value => Computer Science
계속하려면 아무 키나 누르십시요...
```

[strcpy2.c]의 실행 결과를 보면 알 수 있듯이 str, str[3], pt의 l_value가 각각 다른 번지이므로 ①번의 strcpy( ) 함수와 ②번의 strcpy( ) 함수의 첫 번째 str의 인수 값이 각각 다르게 출력됨을 알 수 있다. ②번의 경우는 배열 str[3]의 주소에 복사하므로 이전 3자리는 clear 되지 않고 "Com"이 그대로 기억되어 있어, str의 결과는 "ComComputer Science"가 출력되고, 포인터 변수 pt의 결과는 Computer Science가 출력된다. strcpy( ) 함수는 두 번째 인수의 문자열이 첫 번째 인수로 일괄적으로 복사되므로, 일부분을 제한하여 원하는 크기만큼만 복사할 수 없으므로, 이러한 문제점을 해결하기 위해서 strncpy( ) 함수를 사용하여 문제점을 해결할 수 있다.

strncpy( ) 함수의 형식은 다음과 같으며 복사될 문자열의 수를 지정하여 source로부터 destination으로 지정된 세 번째 인수의 크기(size) 만큼 문자열을 복사하는 함수이다.

형식

```
char *strncpy(char *destination,  const char *source, size_t size);
```

↘ [strncpy.c] strncpy( ) 함수 예제 프로그램

```
#include <stdio.h>
#include <string.h>
main( )
{
    char *string = "Computer Science";
    char str[17], *spt;
    spt = strncpy(str, string, 6);
    printf("string ==> %s \n", string);
    printf("str ==> %s \n", str);
}
```

→ 실행 결과

```
string ==> Computer Science
str ==> Comput儆儆儆儆儆儆儆儆儆儆儆0k?    ←── ①
계속하려면 아무 키나 누르십시오 . . .
```

[strncpy.c]의 실행 결과에서 보는 바와 같이 strncpy( ) 함수를 사용하면, 세 번째 인수에 해당하는 크기만큼 6바이트만을 복사하여 str에 저장해 주지만 문자열의 끝을 나타내는 NULL 문자를 저장하지 않기 때문에 출력시 ①과 같이 Comput 이후에 알 수 없는 데이터를 출력한다.

(3) 문자열 결합 함수(strcat)

strcat( ) (string concatenation) 문자열의 결합이란 두 개의 문자열을 하나의 문자열로 연결하는 것을 의미한다. 그러므로 두 개의 문자열을 합한 길이는 새로 결합될 문자열을 저장할 변수의 선언 길이보다 작아야 한다. 그 이유는 destination의 크기가 충분히 크지 않으면 인접한 기억 장소에 연속적으로 추가되므로, 인접한 기억 장소의 데이터를 파괴하는 문제점이 발생하기 때문이다. 형식은 다음과 같다.

형식

```
char *strcat(char *destination,  const char *source);
```

위의 형식은 첫 번째 인수의 문자열 destination의 마지막에 두 번째 인수의 문자열 source를 추가로 결합하여 문자열을 생성해 준다. 문자열의 크기는 "strlen(destination) + strlen(source) + 1"이 되며, 1의 크기는 문자열의 끝을 표시하는 NULL 문자를 추가하기 위해 사용한다.

↘ [strcat.c] strcat( ) 함수 예제 프로그램

```
#include <stdio.h>
#include <string.h>
main( )
{
    char str1[ ] = "Department of ", *pt;
    char str2[17] = "Computer Science";
    pt = strcat(str1, str2);
    puts(str1);
    printf("pt string length => %d \n", strlen(pt));
}
```

→ 실행 결과

```
Department of Computer Science ←—— ①
pt string length => 30          ←—— ②
계속하려면 아무 키나 누르십시요...
```

[strcat.c]는 실행 결과 ①과 같이 str1과 str2를 연결시킨 결과가 출력되고, ②와 같이 문자열의 길이는 NULL 문자를 제외한 30바이트를 차지하게 된다.

다음은 문자열의 일부분만 연결시키고 싶을 때, strncat( ) 함수를 사용하면 되고, 두 번째 인수의 값을 연결할 때, 세 번째 인수의 크기만큼만 잘라서 연결시켜 준다. 형식은 다음과 같다.

형식

```
char *strncat(char *destination,  const char *source, size_t size);
```

↘ [strncat.c] strncat( ) 함수 예제 프로그램

```
#include <stdio.h>
#include <string.h>
main( )
{
    char str1[ ] = "Department of ", *pt;
    char str2[17] = "Computer Science";
    pt = strncat(str1, str2, 13);
    puts(str1);
    printf("pt string length => %d \n", strlen(pt));
}
```

→ 실행 결과

```
Department of Computer Scie
pt string length => 27
Prees any key to continue
```

[strncat.c]의 실행 결과는 두 번째 문자열 str2[17] = "Computer Science" 중에서 13자리만 str1에 연결시키고, 작업을 종료한다.

(4) 문자열 대소 관계 비교 함수(strcmp)

strcmp( )(string compare) 함수는 데이터베이스의 데이터를 검색하거나, 특정 단어 찾기 등의 프로그램을 만들다 보면 문자열을 비교해야 할 때가 있다. strcmp( ) 함수를 이용하여 두 개의 문자열에 대하여 ASCII 코드 값의 대소 관계를 비교한다. 즉 문자열의 길이와 관계없이 인수로 사용되는 두 문자열의 위치에 저장된 ASCII 값에 따라 대소 관계를 비교한다.

strcmp( ) 함수는 두 문자열의 첫 문자부터 차례로 비교할 수 있으며, 대응하는 문자가 서로 다르거나 문자열이 종료되면 비교를 중단한다. 형식은 다음과 같다.

형식

```
int strcmp(const char *string1,  const char *string2);
int stricmp(const char *string1, const char *string2);
```

strcmp( ) 함수에 의해 두 개의 문자열을 비교하여 문자열이 같으면 0을 반환한다. 그리고 (비교할 문자열 변수1 〉 비교할 문자열 변수2)인 경우는 0보다 큰 값(양수)을 그렇지 않은 경우는 0보다 작은 값(음수)을 반환한다. 물론 이 함수는 대·소문자를 구분하여 비교한다. 만일 대·소문자 구분 없이 비교하기를 원한다면 stricmp( ) 함수를 이용한다.

↘ [strcmp.c] strcmp( ) 함수와 stricmp( ) 함수 예제 프로그램

```
#include <stdio.h>
#include <string.h>
main( )
{
    char str1[2] = "A", str2[2] = "B", str3[2] = "a";
    char str4[ ] = "LOVE is like oxygen";
    char str5[ ] = "LOVE IS LIKE OXYGEN";
    int result;
    printf("문자열 비교 => %d : str2가 크다. \n", strcmp(str1, str2));
    printf("문자열 비교 => %d : str3이 크다. \n", strcmp(str1, str3));
    printf("문자열 비교 => %d : str4가 크다. \n", strcmp(str4, str5));
    result = stricmp(str4, str5);
    printf("문자열 비교 => %d : 크기가 같다. \n", result);
}
```

→ 실행 결과

```
문자열 비교 => -1 : str2가 크다.     ←── ①
문자열 비교 => -1 : str3이 크다.     ←── ②
문자열 비교 => 1 : str4가 크다.      ←── ③
문자열 비교 => 0 : 크기가 같다.      ←── ④
계속하려면 아무 키나 누르십시요...
```

[strcmp.c]의 실행 결과 ①은 문자열 "A"의 ASCII 코드 값이 65이고, 문자열 "B"는 66이므로 65-66이 되어 str2가 str1보다 ASCII 코드 값이 더 크므로 -1이 출력되고, ②는 문자열 "A"의 ASCII 코드 값이 65이고, 문자열 "a"의 ASCII 코드 값이 97이므로 65-97이 되어 str3이 str1 보다 코드 값이 더 크므로 -1이 출력된다. ③은 문자열 "LOVE is ...."와 "LOVE IS ...."의

처음 문자부터 대소를 비교하여 "i"가 "I"이 보다 크므로 1이 출력된다. ④는 stricmp( ) 함수를 사용하였으므로 대소문자에 관계없이 코드 값을 비교하여, 똑 같은 문자열을 비교하는 경우가 되어 "0"이 출력된다.

다음은 문자열 중에서 일부분을 잘라 내어 비교하여 주는 strncmp( ) 함수에 대하여 알아보면 그 형식은 다음과 같다.

형식

```
int strncmp(const char *string1,  const char *string2, size_t size);
int strnicmp(const char *string1,  const char *string2, size_t size);
```

위의 형식은 세 번째 인수의 크기만큼만 문자열을 비교하는 함수이다. 만약, 문자열의 끝을 표시하는 NULL 문자를 만나거나, 문자열의 비교 수를 지정하고 있는 크기에 도달하면 비교를 끝마친다. strncmp( ) 함수는 대·소문자의 ASCII 코드 값에 의해 비교하고, strnicmp( ) 함수는 대·소문자의 크기를 무시하고, 문자만을 비교한다.

[[strncmp.c] strncmp( ) 함수와 strnicmp( ) 함수 예제 프로그램

```
#include <stdio.h>
#include <string.h>
main( )
{
    char str1[ ] = "LOVE is like oxygen";
    char str2[ ] = "LOVE IS LIKE OXYGEN";
    char str3[ ] = "LO";
    printf("string compare => %d \n", strncmp(str1,str2,4));
    printf("string compare => %d \n", strnicmp(str1,str2,9));
    printf("string compare => %d \n", strncmp(str1,str3,4));
}
```

→ 실행 결과

```
string compare => 0  ← ①
string compare => 0  ← ②
```

```
string compare => 86  ◀── ③
계속하려면 아무 키나 누르십시요...
```

[strncmp.c]의 실행 결과 ①은 str1과 str2를 각각 4자리씩 끊어서 비교하기 때문에 똑같은 문자열(LOVE)을 비교하므로 0이 출력되고, ②는 9자리를 끊어서 비교하지만, 대·소문자 구별 없이 비교하므로 결과 값이 0이 된다. ③은 str2의 4자리 "LOVE"와 str3의 "LO"와 비교하므로 처음 2자리 LO는 동일하나 str1의 V(ASCII code 값 86)와 str1의 NULL 문자(₩0)를 비교하여 86-0이 되어 결과 값은 86이 출력된다.

(5) 문자열 역순 출력 함수(strrev)

strrev( ) (string reverse) 함수는 문자열 조작 함수로 문자열의 순서를 반대로(역순) 변경한다. 형식은 다음과 같다.

형식

```
char *_strrev(char *string);
```

위의 형식에서 인수 string을 역순으로 변경한다.

↘ [strrev.c] strrev( ) 함수 예제 프로그램

```
#include <stdio.h>
#include <string.h>
main( )
{
  char *string = "Computer Science";
  char str[30];
  strcpy(str, string);                                  ◀── ①
  printf("string 출력 => %s \n", string);
  printf("str의 역순 출력 => %s \n", strrev(str));      ◀── ②
}
```

→ 실행 결과

```
string 출력 => Computer Science
str의 역순 출력 => ecneicS retupmoC
계속하려면 아무 키나 누르십시요...
```

[strrev.c]의 ①은 strcpy( ) 함수를 이용하여 string에 저장된 문자열을 str 배열에 복사해주고, ②는 str에 저장된 "Computer Science"이라는 문자열을 역순으로 출력해 준다.

13.2.2 문자열 검색 함수

(1) 문자열에서 문자 검색 함수(strchr)

strchr( ) (string in character)는 어떤 문자열 중에서 특정 문자를 포함하고 있는가를 검색하고자 할 때, 이 함수를 이용한다. 문자열을 검색하여 특정 문자를 발견한 경우, 함수는 그 문자가 위치한 포인터를 반환하고, 발견치 못한 경우는 NULL 문자의 포인터를 반환한다. 형식은 다음과 같다.

형식

```
char *strchr(const char *string, char ch);
```

↘ [strchr.c] strchr( ) 함수 예제 프로그램

```
#include <stdio.h>
#include <string.h>
main( )
{
  char string[30];
  char *ptr, c = 'K';
  strcpy(string, "Seoul Korea!");
  ptr = strchr(string, c);      /* Seoul Korea! 문자열에서 K 검색 */
  if(ptr)
    printf("문자 %c의 위치 : strting[%d] \n", c, ptr - string);
```

```
        else
          printf("문자를 찾지 못함 \n");
      }
```

→ 실행 결과

```
문자 K의 위치 : string[6]
계속하려면 아무 키나 누르십시요...
```

[strchr.c]은 전체 문자열 중에서 문자 "K"를 찾고, 존재하면 해당 위치의 포인터를 나타내 준다. 실행 결과의 string[6]은 배열이 string[0], string[1].....로 되므로 7번째의 위치를 나타내 준다.

(2) 문자열에서 문자열 검색 함수(strstr)

strstr( ) (string in string) 함수는 문자열 중에서 지정한 문자열이 있는지를 검색하는 함수이다. 형식은 다음과 같다.

형식

```
char *strstr(const char *string1, const char *string2);
```

위의 형식에서 string1의 문자열 내부에 string2의 문자열이 존재하는지 확인하는 함수이고, 만약 문자열이 발견되면 문자열이 시작되는 포인터를 함수의 반환 값으로 반환하고, 발견하지 못하면 NULL 포인터를 반환한다.

↘ [strstr.c] strstr( ) 함수 예제 프로그램

```
#include <stdio.h>
#include <string.h>
main( )
{
    char string[30] = "Seoul Korea!";
    char *pt, chk_str[ ] = "Kor";
```

```
    pt = strstr(string, chk_str);
    printf("찾는 문자열 pt => %s\n", pt);
}
```

→ 실행 결과

```
찾는 문자열 pt => Korea!
계속하려면 아무 키나 누르십시요...
```

[strstr.c]은 string에서 chk_str의 문자열("Kor")을 비교하여 해당 문자열이 존재하면, pt의 나머지 문자열을 반환하므로, 실행 결과는 Korea!가 출력된다.

(3) 문자열에서 문자 검색 함수(strpbrk)

strpbrk( )(string position break) 함수는 문자열 중에서 지정한 문자열 중 같은 문자가 한 개라도 존재하면 같은 문자가 나타난 최초의 위치를 반환하는 함수이다. 형식은 다음과 같다.

형식

```
char *strpbrk(const char *string1, const char *string2);
```

위의 형식에서 string1의 문자열 내부에 string2의 문자열의 각 문자들이 존재하는지를 검색하는 함수이고, 만약 해당 문자가 발견되면 해당 문자가 나타난 최초의 위치를 나타내는 char형 포인터를 반환하며, 발견하지 못하면 NULL 포인터를 반환한다.

↘ [strpbrk.c] strpbrk( ) 함수 예제 프로그램

```
#include <stdio.h>
#include <string.h>
main( )
{
    char *pst = "abcde";
    char *string = "Seoul Korea!";
    char *pt;
```

```
    pt = strpbrk(string, pst);
    printf("비교후 같은 문자는 \'%c\'이다. \n", *pt);
    printf("pt string => %s \n", pt);
}
```

→ 실행 결과

```
비교후 같은 문자는 'e'이다.
pt string => eoul Korea!
계속하려면 아무 키나 누르십시요...
```

[strpbrk.c]는 포인터 변수 pst의 문자열에 해당하는 각 문자를 포인터 변수 string 문자열 "Seoul Korea!"의 문자와 비교하여, 동일한 문자가 존재하는 경우에 그 이후의 문자열을 출력하는 예제이다.

(3) 문자열에서 문자열 검색 함수(strspn)

strspn( ) 함수는 문자열 조작 함수로 두 개의 문자열을 비교하여 문자가 일치하는 부분의 자릿수를 정수 값으로 출력한다.

형식

```
size_t strspn(const char *string, const char *strCharSet);
```

위의 형식에서 인수 string과 strCharSet를 비교하여 일치하지 않은 문자가 나오는 자릿수를 값으로 반환한다.

↘ [strspn.c] strspn( ) 함수 예제 프로그램

```
#include <stdio.h>
#include <string.h>
main( )
{
    char *str1 = "Computer Science";
    char *str2 = "post";
```

```
    char *str3 = "Computer Sc";
    int i, j;
    i = strspn(str1, str2);      ←——— ①
    j = strspn(str1, str3);      ←——— ②
    printf("문자열 비교 같은 자릿수 출력 1 => %d자리  \n", i);
    printf("문자열 비교 같은 자릿수 출력 2 => %d자리  \n", j);
}
```

→ 실행 결과

```
문자열 비교 같은 자릿수 출력 1 => 0자리
문자열 비교 같은 자릿수 출력 2 => 11자리
계속하려면 아무 키나 누르십시오...
```

[strspn.c]의 ①은 str1의 문자열과 str2의 문자열이 일치하지 않기 때문에 0값을 반환하고, ②는 str1의 문자열과 str3의 문자열이 11번째 문자까지 일치하므로 11값을 반환한다.

13.3 고수준 파일 입출력

C언어에서 파일을 사용하기 위해서는 먼저 사용하려는 파일을 개방해야 한다. 고수준 파일 입출력들은 설정된 입출력 버퍼(buffer)에서 데이터들을 읽어(read) 오거나 데이터를 기록(write)할 수 있도록 파일을 개방하여 사용하고, 파일을 완전하게 유지하기 위해서는 개방된 파일을 정상적으로 닫아야 한다. 그리고 난 후 버퍼에서 데이터를 read/write할 때, 입력 버퍼에 데이터가 비어 있으면 다른 데이터를 입력할 수 있고, 출력 버퍼에 데이터가 꽉 차 있으면 자동적으로 출력장치에 출력이 된다.

일반적으로 표준 입출력 파일은 시스템이 그 파일의 내용을 사용하기 위해서 자동으로 파일을 열어 주고, 파일 사용이 끝나면 파일을 다음 사용을 위해 닫아 주어야 하며, 입출력 버퍼를 설정하거나 또는 초기화하여 준다.

파일 (file)이란?

파일이란 컴퓨터의 디스크나 테이프와 같은 보조 기억 장치에 어떤 정보들의 모임을 저장하는 장소를 말하며, 그 장소명을 파일명이라 한다. 일반적으로, 파일은 일반파일, 디렉토리 파일, 특수 파일로 나눌 수 있으며 여기서 우리가 가장 많이 접하고 있는 파일로 일반 파일을 들 수 있다. 또한, 일반 파일은 보통 프로그래머가 정의한 그대로 ASCII문자들로 구성된 텍스트 파일(text file)과 원시 프로그램을 컴파일하여 만들어진 이진 파일(binary file)이 있다.

텍스트 파일은 인쇄가 가능한 문자들로 구성된 파일을 말하고, 예를 들면 원시 프로그램 등이 있다. 텍스트 파일의 레코드는 ₩n으로 구분되고 입출력할 때는 "₩n"까지의 1개 레코드를 읽기 또는 쓰기를 한다.

이진 파일은 인쇄가 불가능한 데이터들로 구성된 파일을 말하고, 텍스트 파일과 달리 레코드 개념이 없으며 파일의 처음부터 끝까지 데이터가 연결되어 있다.

13.3.1 fopen( ) 함수와 fclose( ) 함수

프로그램과 운영 체제는 디스크에 저장된 파일을 어떻게 접근하여, 어떤 작업을 수행할 것인가를 확립시키는 절차로, 파일을 개방하기 위해서 fopen( ) 함수를 사용하는데 형식은 다음과 같다.

형식

```
FILE *fopen(const char *file_name, const char *mode);
```

위의 형식에서 함수의 반환형은 FILE형 구조체이며 인수는 문자형 포인터로 file_name은 개방하고자 하는 파일명으로, 원하는 파일명의 문자열을 기술하면 된다. 만약, 파일이 현재의 디렉토리에 존재하지 않으면 해당 디렉토리에 접근하기 위한 경로 이름을 사용해야 한다.

포인터 mode는 파일을 개방할 때 개방된 파일을 어떻게 사용할 것인가를 결정하고, 파일의 입·출력 모드를 결정하여 파일의 읽기, 쓰기, 갱신 등의 다양한 입·출력 방법을 결정할 수 있다. 함수의 반환형은 정상적으로 파일을 개방하면, 구조체 포인터를 반환하게 되고, 파일을 개방할 수 없으면, NULL 포인터를 반환한다.

표준 입출력 파일의 경우는 프로그래머가 신경을 쓰지 않아도 자동적으로 파일을 열어 주고(open), 파일 사용이 끝나면 닫아 준다(close). fopen( ) 함수는 지정한 파일을 열어 읽기, 쓰기, 갱신을 위한 입·출력 버퍼를 파일에 할당하고 파일 포인터를 프로그램으로 되돌려 주는 기능을 가진 함수이다. fclose( ) 함수는 해당 파일을 다시 사용할 수 있도록, 개방된 파일을 닫고자 할 때 사용되는 함수이다. 이때, 한 번 개방된 함수는 다음에 사용하기 위해서는 반드시 닫아 주어야 한다. 실행 순서는 다음과 같다.

파일을 연다	←	파일을 지정하고 사용을 선언
↓		
읽기, 쓰기, 갱신을 실행	←	처리
↓		
파일을 닫는다	←	파일 사용 종료 선언

(1) fopen( ) 함수 사용

C언어에서 파일을 입출력하기 위해 다음과 같은 형태로 fopen( ) 함수를 사용하여 열어보자.

```
#include <stdio.h>
FILE *fp;                          ←—— 파일 구조체 변수 선언
fp = fopen("파일명", "모드");      ←—— 파일을 연다.
```

FILE은 이미 시스템에서 〈stdio.h〉 헤더 파일에 구조체로 정의되어 있으며, 파일과 입출력 버퍼에 대한 정보가 들어 있다. 따라서, 프로그램에서 fopen( ) 함수 사용시 프로그램 선두에 #include 〈stdio.h〉를 선언해야 할 것이다. 앞의 예에서 변수명 fp는 파일 포인터로서 파일을 입·출력할 때 사용되는 변수이다. 이때 파일명은 임의의 변수이고, 두 번째 인수는 사용하고자 하는 파일이 입·출력용인지를 판별하는데 사용되는 모드(mode)를 나타내며, [표 13-2]와 같은 모드들이 있고, "r", "w", "a"는 주로 순차 파일(sequential file)에서 사용되며

"r+", "w+", "a+"는 랜덤 파일(random file)에서 많이 사용한다. 예를 들어보자.

```
                    ┌──────→ 읽기(read) 전용
fp = fopen("SAMPLE", "r");
          └→ 파일명
```

위와 같이 정의하면 파일명 SAMPLE은 읽기만 하도록 파일이 열어지고 이 파일의 파일 포인터를 변수 fp에 할당한다. 이때, SAMPLE 파일이 존재하지 않으면 파일 open 에러가 발생하고, SAMPLE 파일이 존재하면 파일을 open시킨다.

```
                    ┌──────→ 쓰기(write) 전용
fp = fopen("SAMPLE", "w");
          └→ 파일명
```

위와 같이 정의하면 SAMPLE이라는 파일을 쓰기만 하도록 파일이 열어지고 파일 포인터를 변수 fp에 할당한다. 이때, SAMPLE 파일이 존재하지 않으면 새로 파일을 생성하고, 존재하

표 13-2 파일의 입출력 모드

분 류	모 드	기 능
읽 기	"r"	파일을 읽기 전용(read only)으로 열고, 파일이 없으면 에러가 발생한다.
쓰 기	"w"	파일을 쓰기 전용(write only)으로 연다. 이때 파일이 없으면 새로 만들어지고 기존 파일이 존재하면 기존 파일의 내용은 삭제된다.
추 가	"a"	파일을 쓰기 전용으로 열고 파일의 맨 끝 부분에 추가시키고 만약 기존 파일이 존재하지 않으면 에러이다.
갱 신	"r+"	파일을 갱신하기 위해서 연다. 파일의 선두에서 읽기와 쓰기를 함께 하고 만약, 기존 파일이 없으면 에러이다.
	"w+"	파일을 갱신하기 위해서 연다. 다만 기존 파일이 없으면 새로 파일을 생성하고, 기존 파일이 있으면 이를 삭제하고 새로운 파일을 생성한다.
	"a+"	파일을 갱신하기 위해서 연다. 기존의 파일이 존재하면 쓰기는 파일의 끝에 추가하고, 읽기는 rewind() 함수를 사용하여 파일의 선두에서 부터 읽을 수 있고, 기존의 파일이 존재하지 않으면 새로운 파일을 생성한다.
위의 + 다음에 사용되는 문자		① t … 텍스트모드로 파일을 연다 (예 : "rt") ② b … 이진모드로 파일을 연다 (예 : "wb")

면 기존 파일이 삭제되고 새로운 파일을 생성한다. 나중에 각종 입·출력 파일 함수(gets, fputs 등)에서 SAMPLE 파일을 참조할 때는 파일 포인터 변수인 fp를 이용한다. 위와 같이 파일이 하드디스크가 아닌 플로피 디스크에 존재하면 드라이브 명을 설정하면 된다.

(2) fclose( ) 함수 사용

fclose( ) 함수는 fopen( ) 함수에 의해 개방된 파일을 닫고 할당된 파일 포인터를 해제하며, 동시에 버퍼 안에 있는 데이터를 모두 비우는 기능을 가진 함수이다. fclose( ) 함수는 시스템 call exit에 의하여 자동적으로 수행된다.

fclose( ) 함수가 성공적으로 수행되면 함수 값은 "0"을 반환하고, 실패하면 "EOF(-1)"를 반환한다. 사용을 위해 열었던 파일은 사용 후에는 반드시 닫아 주어야 하나 만약, 닫아 주지 않으면 프로그램 실행이 끝날 때 자동적으로 닫아 준다. 그러나, 이때 잘못하면 데이터 일부 또는 전부가 깨질 위험이 있으므로 파일 사용 후 닫아 주는 습관이 필요하다.

↘ [fopen.c] fopen( ), fclose( ) 함수 예제 "test1.txt" 파일 생성

```
#include <stdio.h>
main( )
{
    int a;
    FILE *fp;                                /* 파일 구조체 변수 선언 */
    fp = fopen("test1.txt", "w");            /* test1.txt file open */
    printf("***   data input   *** \n");
    while((a = getchar( )) != EOF)
        putc(a , fp);
    fclose(fp);                              /* file close */
}
```

→ 실행 결과

```
***   data input   ***
File Creation start⏎        ←——— 키보드로 입력
```

```
C program is Good !↵
End of File↵
^Z
```

[fopen.c]는 test1.txt 파일을 키보드로 생성시켜 주는 프로그램이다. test1.txt 파일의 생성 경로는 "C:₩Visual_C₩Sample₩Sample"이다. 이 프로그램을 실행시켜 주면, test1.txt라는 파일이 존재하지 않으면 새로 생성하여 주고 만약, 존재한다면 기존에 있던 test1.txt 파일은 파괴(삭제)되고, 새로 키보드로 입력한 표준 입력 데이터를 test1.txt 파일로 저장해 준다. while문은 데이터의 끝을 표시하기 위해서 IBM-PC 호환기종에서는 ctrl-Z를 UNIX에서는 ctrl-D를 입력하여 EOF가 -1이 되도록 만들어 준다. test1.txt 파일은 ASCII 파일로 메모장이나 워드패드로 "C:₩Visual_C₩Sample₩Sample₩test1.txt" 파일의 내용을 확인할 수 있다. 메모장으로 확인한 결과는 다음과 같다.

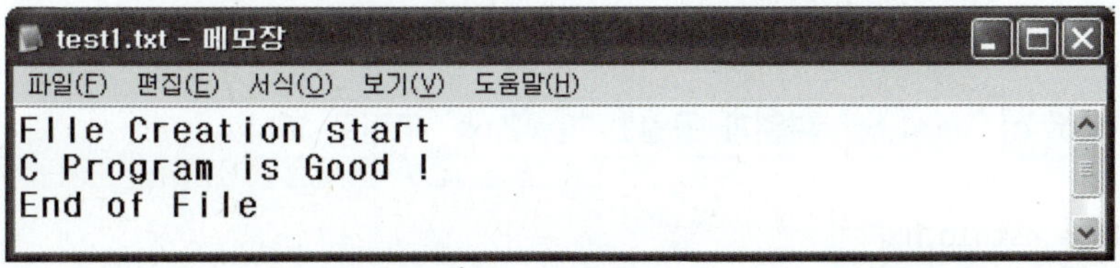

다음의 [stdout.c]는 이미 작성된 test1.txt 파일의 내용을 fopen( ) 함수를 사용하여 읽어 들인 후 이를 화면에 표준 출력하는 프로그램이며, C 드라이브에 이미 존재하는 test1.txt 파일을 읽기 전용으로 열어서 화면에 표준 출력시키는 프로그램이다. 만약, 읽고자 하는 파일이 a 드라이브 장치의 플로피 디스크에 존재한다면, 다음과 같이 프로그램을 수정하면 된다.

```
fp = fopen("a:\\test1.txt", "r");
```

↘ [stdout.c] "test1.txt" 파일을 읽어서 화면 출력 예제 프로그램

```
#include <stdio.h>
main( )
```

```
{
    int a;
    FILE *fp;
    fp = fopen("test1.txt", "r");       /* test1.txt를 읽기 전용으로 open */
    while((a = getc(fp)) != EOF)
        putc(a , stdout);               /* 데이터 표준 출력 */
    fclose(fp);
}
```

→ 실행 결과

```
File Creation start          ←── 화면에 출력
C program is Good !
End of File
계속하려면 아무 키나 누르십시오...
```

↘ [file_copy.c] "test1.txt" 파일과 동일한 "test2.txt" 파일로 복사

```
#include <stdio.h>
main( )
{
    int a;
    FILE *fp1, *fp2;
    if ((fp1 = fopen("test1.txt", "r")) != NULL) {
        fp2 = fopen("test2.txt", "w");
        while((a = getc(fp1)) != EOF) {
            putc(a, fp2);          /* 신규 파일 생성 */
            putc(a, stdout);       /* 화면에 출력 */
        }
        fclose(fp1);
        fclose(fp2);
    }
}
```

→ 실행 결과

```
File Creation start          ←—— 화면에 출력됨
C program is Good !
End of File
계속하려면 아무 키나 누르십시오...
```

[file_copy.c]은 test1.txt의 파일 내용을 읽어서 test2.txt라는 파일로 똑같은 데이터를 저장해 주고 화면에 text2.txt 내용을 출력하는 예제이다.

만약, test2.txt 파일이 기존에 있으면, 삭제 후 test1.txt 파일의 내용을 복사하여 새로이 생성시켜 주는 프로그램이다.

윈도우에서 워드패드나 메모장으로 test2.txt를 확인해 보자.

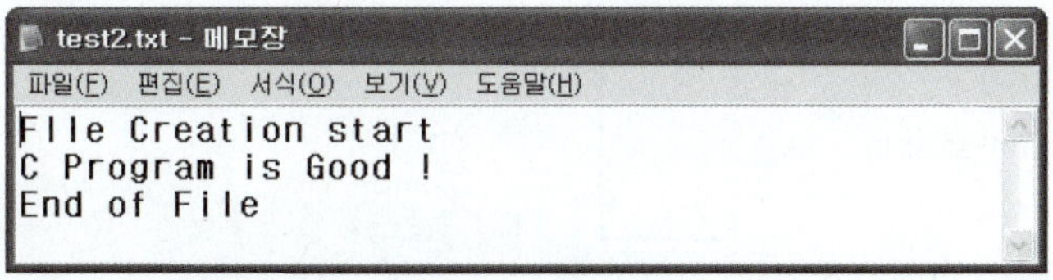

다음 [file_append.c]은 test1.txt의 파일 내용을 읽어서, test2.txt의 파일 내용 끝에 추가하여 두 개의 파일을 한 개의 파일로 통합(Merge)하는 프로그램으로 test2.txt 파일에 test1.txt의 파일을 읽어 들여 test2.txt 파일의 끝에 추가시켜 test2.txt + test1.txt => test2.txt 파일을 생성해 주는 예제이다.

↘ [file_append.c] "test1.txt" 파일을 읽어 "test2.txt" 파일 끝에 추가하는 예제

```
#include <stdio.h>
main( )
{
    int a;
    FILE *fp1, *fp2;
    if ((fp1 = fopen("test1.txt", "r")) != NULL) {
```

```
        fp2 = fopen("test2.txt", "a");
        while((a = getc(fp1)) != EOF)
            putc(a, fp2);           /* test2.txt 파일의 끝에 추가 */
        fclose(fp1);
        fclose(fp2);
    }
    fp2 = fopen("test2.txt", "r");  /* 변동 파일 read */
    while((a = getc(fp2)) != EOF)
        putc(a, stdout);            /* 변동 파일 화면 출력 */
    fclose(fp2);
}
```

→ 실행 결과

```
File Creation start
C program is Good !  ─┐ ①  ─┐
End of file          ─┘      │
File Creation start          │   ③
C program is Good !  ─┐ ②    │
End of file          ─┘     ─┘
계속하려면 아무 키나 누르십시요...
```

[file_append.c]는 test1.txt의 파일 내용을 읽어서, test2.txt의 파일 내용 끝에 추가하여 두 개의 파일을 한 개의 파일로 통합(Merge)하는 프로그램으로 test2.txt 파일에 test1.txt의 파일을 읽어 들여 test2.txt 파일의 끝에 추가시켜 test2+test1.txt=>test2.txt 파일을 생성해 주는 예제이다. 실행 결과의 ①은 변경전의 test2.txt 파일의 내용, ②는 test1.txt의 내용, ③은 실행 후 추가로 변경된 test2.txt 파일의 전체 내용이다.

다음은 윈도우에서 메모장을 이용하여 test2.txt의 내용을 확인한 결과의 화면이다.

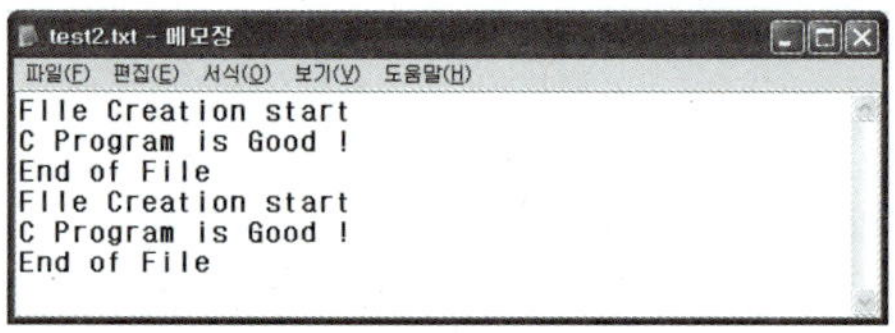

13.3.2 단일 문자 파일 입·출력 매크로 함수

C언어에서는 표준 입·출력 장치를 사용하여 문자를 입·출력하기 위해서 getchar( ), putchar( ) 매크로 함수를 사용했듯이, 단일 문자 파일 입·출력을 하기 위해서 getc( )와 putc( ) 매크로 함수를 제공한다.

getc( )와 putc( ) 매크로 함수는 〈stdio.h〉 헤더 파일에 정의되어 있기 때문에 헤더 파일을 반드시 선언해 주어야 한다. 이미 13.3.1의 예제에서 사용하였지만 간단히 살펴보기로 하자.

(1) getc( ) 함수

getchar( )는 표준 입력 데이터 즉, 키보드로부터 입력되는 한 문자를 읽어 들이지만 getc( )는 파일 포인터가 가리키고 있는 지정한 파일의 현재 문자 위치에서 한 문자를 읽어 들이고, 다음 문자를 읽어 들이기 위해 문자 위치를 1만큼 증가시키는 매크로 함수이다. 이때, getc( ) 함수가 읽어 들인 데이터는 int형이고, 문자의 위치가 파일의 끝이거나 에러가 발생하면 EOF(-1)를 함수의 값으로 되돌린다. getc( ) 함수의 형식은 다음과 같다.

형식

```
int getc(fp)
FILE *fp;    ← 파일포인터
```

동일

getc(stdin); ←――――→ getchar( );

(2) putc( ) 함수

putc( )는 현재 지정되어 개방된 파일의 현재의 문자 위치에 한 문자를 출력하고, 다음 문자 출력을 출력하기 위해 문자 포인터 위치를 1만큼 증가시키는 매크로 함수이다. 이때 출력된 문자는 char형이며, 만약 에러가 발생하면 "-1"을 함수 값으로 되돌린다. putc( ) 함수의 형식은 다음과 같다.

형식

```
int putc(c, fp)
char  c;     ← 출력하는 문자
FILE *fp;    ← 파일 포인터
```

동일

putc(stdout); ←——→ putchar( );

[stdin.c]는 표준 입력 장치인 키보드로 문자를 입력하고, 화면에 출력하는 간단한 예제이다. while문은 키보드로 입력한 표준 입력(stdin) 스트림 데이터를 읽어 들여서 파일의 끝 즉, EOF(-1)를 만날 때까지 화면에 출력(stdout)하는 프로그램으로 getc( )와 putc( ) 매크로 함수를 사용한 예이다.

[stdin.c] getc( ), putc( ) 함수 예제 프로그램 1

```c
#include <stdio.h>
main( )
{
    int a;
    while((a = getc(stdin)) != EOF)
    putc(a, stdout);
}
```

→ 실행 결과

```
C program is High Level Language !!  ←—— 키보드 입력 데이터
C program is High Level Language !!  ←—— 화면 출력 데이터
^Z                                   ←—— 파일의 끝 입력
```

C언어에서는 시스템에서 지정한 표준 입력 파일의 파일 포인터(stdin), 표준 출력 파일의 파일 포인터(stdout), 표준 에러 파일의 파일 포인터(stderr)가 정의되어 있다.

```
getc(stdin),   putc(c, stdout),   putc(c, stderr)
```

getc(stdin)는 키보드로 한 문자의 입력을 나타내고, putc(c, stdout)는 문자 c의 출력을 나타내며, putc(c, stderr)는 문자 c에 에러 값을 나타낸다. 따라서, getc( )와 putc( ) 함수가 읽고 쓰기를 할 수 있는 파일은 fopen으로 개방된 파일과 표준 입출력 파일(stdin, stdout, stderr)이다. 〈stdio.h〉 헤더 파일 내부에 다음과 같이 정의되어 있다.

```
#define getc(f) \
((--((f)->level) >= 0) ? (unsigned char)(++(f)->curp)[-1] : \
   _fgetc (f))
#define putc(c,f) \
((++((f)->level) < 0) ? (unsigned char)((++(f)->curp)[-1]=(c)) : \
   _fputc ((c),f))
#define getchar( ) getc(stdin)
#define putchar(c) putc(c, stdout)
```

[file_merge.c]를 실행하기 위하여 워드패드나 메모장을 이용하여 test3.txt와 test4.txt 파일을 생성해 보자.

** 실행 전의 test3.txt 텍스트 파일 내용 **

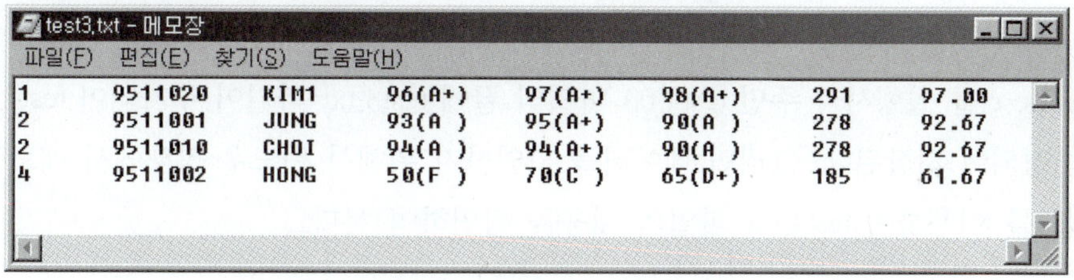

** 실행 전의 test4.txt 텍스트 파일 내용 **

[file_merge.c]는 fopen( ) 함수를 사용하여, 이미 작성된 test3.txt 파일과 test4.txt 파일을 test3.txt 파일은 읽기 모드로 열고, test4.txt는 추가 모드로 연후 test3.txt 파일을 getc( ) 매

크로 함수로 읽어서, putc( ) 매크로 함수를 이용하여 test4.txt 파일에 추가하는 프로그램이다.

↘ [file_merge.c] test4.txt는 추가 모드로 연후 test3.txt 파일을 뒤에 추가 예제

```
#include <stdio.h>
main( )
{
    int a;
    FILE *fp1, *fp2;
    if ((fp1 = fopen("test3.txt", "r")) != NULL) { /* 읽기모드 파일오픈*/
        fp2 = fopen("test4.txt", "a");              /* 추가모드 파일오픈*/
        while((a = getc(fp1)) != EOF)
            putc(a, fp2);
        fclose(fp1);
        fclose(fp2);
    }
}
```

[file_merge.c]를 실행시켜 주면 test4.txt 파일의 끝에 test3.txt 파일이 추가되어 test4.txt 파일이 변경되어 저장된다. 그러면 데이터를 확인하기 위해서 윈도우 상태에서 메모장이나 워드패드를 이용하여 test4.txt 파일의 내용을 확인하여 본다.

** 프로그램 13-19 실행 후의 test4.txt 텍스트 파일 내용 **

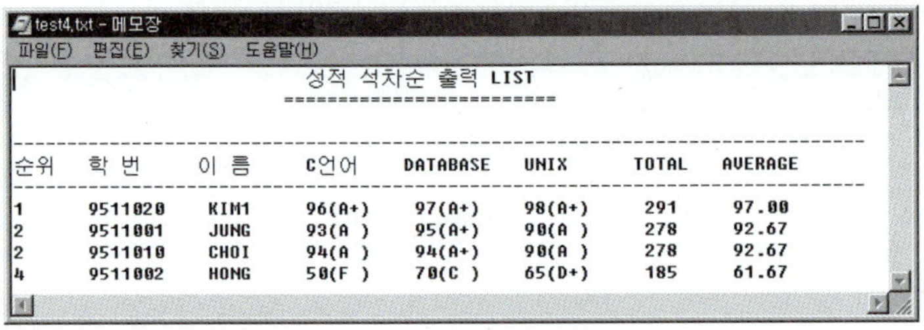

성적 석차순 출력 LIST

순위	학 번	이 름	C언어	DATABASE	UNIX	TOTAL	AVERAGE
1	9511020	KIM1	96(A+)	97(A+)	98(A+)	291	97.00
2	9511001	JUNG	93(A)	95(A+)	90(A)	278	92.67
2	9511010	CHOI	94(A)	94(A+)	90(A)	278	92.67
4	9511002	HONG	50(F)	70(C)	65(D+)	185	61.67

13.3.3 단일 문자 파일 입·출력 함수

파일에서 단일 문자를 입·출력하기 위해서 사용하는 파일 입·출력 함수는 입력 함수로 fgetc( ) 함수를 사용하며, 출력 함수로는 fputc( ) 함수를 사용한다. fgetc( ) 함수와 fputc( ) 함수는 이미 언급한 getc( )와 putc( ) 함수와 기능이 비슷하지만, getc( )와 putc( )는 매크로 함수이고, fgetc( )와 fputc( )는 순수 함수이다. fgetc( ), fputc( ) 함수는 〈stdio.h〉 헤더 파일에 선언되어 있으며, getc( ), putc( ) 함수에 비해 실행 속도가 떨어진다.

(1) fgetc( ) 함수

fgetc( )(file get character) 함수의 기능은 fopen( )에 의해 지정되어 개방되어 있는 파일 내의 현재 문자 위치에서 한 개의 문자를 함수의 값으로 읽어 들이고, 다음 문자를 읽기 위해 파일 포인터의 값을 1증가시킨다. 문자를 성공적으로 읽어 들이면 해당 문자의 ASCII 코드 값(0~255)인 int형 정수를 반환하고, 만약 문자 포인터가 파일 끝 또는 에러가 발생하면 EOF(-1)를 함수 값으로 반환한다. fgetc( ) 함수의 형식은 다음과 같다.

형식

```
int fgetc(FILE *fp);
```

fp는 문자를 읽을 파일 스트림 포인터이고, 정상적으로 문자를 읽어 들이면 반환 값을 저장할 변수로 int형과 char형을 사용할 수 있는데, char형을 사용할 경우는 fopen( ) 함수를 사용하여 파일을 열어 줄 때 파일 개방 모드는 반드시 읽기텍스트 모드("rt", "rt+")여야 하고, 그 이외의 경우는 int형을 사용해야 한다.

↘ [fgetc.c] fgetc( ) 함수 예제 프로그램

```
#include <stdio.h>
main( )
{
    int ch;
    FILE *fp;
    if ((fp = fopen("test4.txt", "rt")) != NULL) {
        while((ch = fgetc(fp)) != EOF)
```

```
                putchar(ch);
    } else {
        printf("File Reading Error ==> End of Job \n");
        exit(1);
    }
    printf("\n");
    fclose(fp);
}
```

→ 실행 결과

```
                      성적 석차순 출력 LIST
                      ======================
   ---------------------------------------------------------------
   순위  학 번    이 름   C언어    DATABASE  UNIX    TOTAL  AVERAGE
   ----------------------------------------------------------------
   1    9511020  KIM1   96(A+)   97(A+)   98(A+)   291    97.00
   2    9511001  JUNG   93(A )   95(A+)   90(A )   278    92.67
   2    9511010  CHOI   94(A )   94(A+)   90(A )   278    92.67
   4    9511002  HONG   50(F )   70(C )   65(D+)   185    61.67
계속하려면 아무 키나 누르십시요...
```

[fgetc.c]은 이미 디스크에 존재하고 있는 test4.txt 파일을 읽어 정상적으로 읽어 들인 경우는 위의 실행 결과와 같이 화면에 출력하고, 에러인 경우에는 "File Reading Error ==〉 End of Job"을 화면에 출력하고, 실행을 종료하는 프로그램이다.

(2) fputc( ) 함수 사용

fputc( ) (file put character) 함수는 파일에서 한 개의 문자를 출력하는 함수이다. 그 기능은 fopen( )에 의해 개방되어 있는 파일 내의 현재 문자 포인터 위치의 한 문자를 출력하고, 문자 포인터 값을 1증가시킨다. 만약, 출력 중 에러가 발생하면 EOF(-1)을, 정상적으로 실행이 끝나면 해당 문자의 ASCII 코드값(0~255)을 함수의 값으로 반환한다. fputc( ) 함수의 형식은 다음과 같다.

형식

```
int fputc(int ch, FILE *fp);
```

앞의 형식에서 보는 바와 같이, fputc( ) 함수는 두 개의 인수를 사용하는데 첫 번째 인수 ch는 파일에 출력할 문자이고, 두 번째 인수 fp는 문자를 읽을 파일 스트림 포인터이다.

[fputc.c]은 한 문자씩 키보드로 입력한 데이터를 fputc( ) 함수를 이용하여 test5.txt 파일로 저장해 주는 프로그램으로 입력을 종료하기 위해서는 Ctrl_Z를 입력하고, 만약 입력시 에러인 경우에는 "File Writing Error ==> End of Job"을 화면에 출력해 준다.

fopen( ) 함수를 사용하여 파일을 열어 줄 때 파일 개방 모드는 반드시 쓰기텍스트 모드("wt", "wt+")여야 하고, 그 이외의 경우는 int형을 사용해야 한다.

↘ [fputc.c] fputc( ) 함수 사용 "test5.txt" 파일 생성 예제

```
#include <stdio.h>
main( )
{
    int ch;
    FILE *fp;
    if ((fp = fopen("test5.txt", "wt")) != NULL) {
        printf("***  String data Input  *** \n");
        while((ch = getchar( )) != EOF)
             fputc(ch, fp);
    } else {
        printf("File Writing Error ==> End of Job \n");
        exit(1);
    }
    fclose(fp);
}
```

→ 실행 결과

```
***  String data Input  ***
C Program is very Easy↵      ←―― 키보드로 데이터 입력
^Z                           ←―― 정상적으로 작업 종료
계속하려면 아무 키나 누르십시요...
```

[fputc.c]의 실행 결과를 확인하기 위하여 워드패드나 메모장을 이용하여 test5.txt 파일을 확인하여 보자.

13.3.4 문자열 파일 입·출력 함수

문자열 파일 입·출력 함수는 표준 입력 장치를 이용한 gets( ) 함수와 표준 출력 장치를 이용한 puts( ) 함수가 기능 및 사용법이 비슷하지만, gets( ) 함수는 여백 문자를 포함하여 하나의 행을 키보드를 이용하여 입력하지만, fgets( ) 함수는 파일로부터 문자열을 행 단위로 읽기 위해서 사용한다. puts( ) 함수는 화면에 문자들을 출력하지만 fputs( ) 함수는 디스크의 파일에 문자열을 출력하는 함수이다. fgets( ), fputs( ) 함수는 〈stdio.h〉 헤더 파일에 선언되어 있다.

(1) fgets( ) 함수

fgets( ) (file get string) 함수는 파일로부터 행 단위로 문자열을 읽어 문자열 배열에 저장하는 함수로 현재 파일 포인터가 가리키는 위치에서 종료 조건(파일의 끝이나, 첫 번째 개행문자)을 만날 때까지 한 문자씩 연속적으로 문자를 읽어 들인다.

즉, fgets( ) 함수는 읽어 들일 문자의 전체 길이 n-1에 도착하기 전에 개행 문자(₩n)를 만나면, 개행 문자까지 문자열 배열(string)에 저장하고, 문자열의 끝(“₩xla”)에 도착하게 되면 현재 파일 포인터가 있는 곳의 바로 직전까지의 문자열을 읽어 문자열 배열인 string에 저장하고, NULL 문자를 문자열 끝에 추가한다.

만약, 이진 모드로 개방했을 때는 파일의 끝을 표시하는 문자인 Ctrl_Z도 하나의 문자로 간주하여 읽는다는 점을 제외하고는 텍스트 모드와 동일하게 작동한다. 문자열 포인터가 파일 끝 또는 에러가 발생하면 EOF(-1)를 함수 값으로 되돌린다. fgets( ) 함수의 형식은 다음과 같다.

형식

```
char *fgets(char *string, int n, fp);
FILE *fp;
```

위의 형식에서 fgets( ) 함수는 세 개의 인수를 사용하며 첫 번째 인수 string은 파일로부터 읽어 들인 문자열을 저장할 문자열 배열의 시작주소이고, 함수의 반환 값은 string의 시작 주소 값이다. 두 번째 인수 n은 문자열 배열의 크기를 나타내며, 문자열의 최대 길이를 나타내는 정수이다. 세 번째 인수 fp는 문자열을 읽을 파일 스트림 포인터이다.

↘ [fgets.c] fgets( ) 함수 예제 프로그램

```
#include <stdio.h>
#define LENGTH 10
main( )
{
    int i;
    char string[LENGTH];
    for(i = 1; i < 4; i++) {              /* 3회 반복 실행 */
        printf("문자열 입력 => ");
        fgets(string, LENGTH, stdin);    /* 키보드로 문자열 입력 */
        printf("출력 결과 => %s \n", string);   /* 화면 출력 */
        fflush(stdin);                    /* 읽고 남은 문자열을 제거 */
    }
}
```

→ 실행 결과

```
문자열 입력 => 1234567890123456↵      ← 키보드로 데이터 입력
출력 결과 => 123456789                 ← 화면에 데이터 출력
문자열 입력 => C Program is FUN !!↵
```

```
출력 결과 => C Program
문자열 입력 => Jung_Jin_Yong↵
출력 결과 => Jung_Jin_
계속하려면 아무 키나 누르십시요...
```

[fgets.c]는 입력 버퍼 string의 size를 10바이트로 정의하였으므로 string에 9개의 문자와 NULL 문자를 저장해 준다. 입력 버퍼에 남아 있는 문자열은 다음 번 문자열의 입력에 영향을 주지 않도록 fflush( ) 함수를 사용하여 버퍼에 남아 있는 문자열을 제거해 준다. 실행 결과와 같이 3회에 걸쳐서 데이터를 입력해 주고 작업을 완료한다.

(2) fputs( ) 함수

fputs( ) (file put string) 함수는 문자열 출력 함수로서 문자열 배열에 저장된 문자열을 파일 스트림 포인터가 가리키는 파일에 출력한다. 반환 값으로는 파일에 출력된 문자열의 마지막 문자에 대한 ASCII 코드 값을 반환하고, 출력 중 에러가 발생하면 "EOF(-1)"를, 정상적으로 실행이 끝나면 ASCII 코드값 "0"을 함수의 값으로 반환한다. fputs( ) 함수의 형식은 다음과 같다.

형식

```
int fputs(const char *string, FILE *fp);
fputs("문자열", 출력 파일 포인터);
```

위의 형식에서 첫 번째 인수 string은 파일로 저장될 문자열이 존재하는 문자열 배열이고, 두 번째 인수 fp는 문자열을 저장할 파일 스트림 포인터이다. [fputs.c]은 printf("C언어는 모든 언어의 기초가 된다. ₩n")와 동일하게 화면에 "C언어는 모든 언어의 기초가 된다."라는 문자열을 출력하게 된다.

↘ [fputs.c] fputs( ) 함수 예제 프로그램

```
#include <stdio.h>
main( )
```

```
{
    fputs("C언어는 모든 언어의 기초가 된다. \n", stdout);
}
```

→ 실행 결과

```
C언어는 모든 언어의 기초가 된다.
계속하려면 아무 키나 누르십시요...
```

[fgets_fputs.c]는 test5.txt 파일을 fgets( ) 함수로 읽어 들여, fputs( ) 함수로 test6.txt 파일을 새로 생성하는 예제이다.

↘ [fgets_fputs.c] "test5.txt" 파일을 읽어 "test6.txt"로 복사 예제

```
#include <stdio.h>
main( )
{
    char str[132];
    FILE *fp1, *fp2;
    fp1 = fopen("test5.txt", "r");
    fp2 = fopen("test6.txt", "w");
    while(fgets(str, 132, fp1))      /* ① 기존 파일 읽음 */
        fputs(str, fp2);             /* ② 신규 파일 생성 */
    fclose(fp1);
    fclose(fp2);
}
```

[fgets_fputs.c]는 fgets( )와 fputs( )를 사용하여 이미 존재하고 있는 파일 test5.txt의 내용을 새로 생성할 파일 test6.txt로 복사하는 프로그램이다. ①에서 파일 포인터 fp1(test5.txt 파일의 내용)에서 NULL 문자를 제외한 문자열 131바이트를 읽어서 배열명 str에 할당하고, ②는 파일 포인터 fp2가 가리키는 파일(test6.txt)에 str를 할당하여 문자열을 출력한다. test6.txt 파일을 확인해 보자.

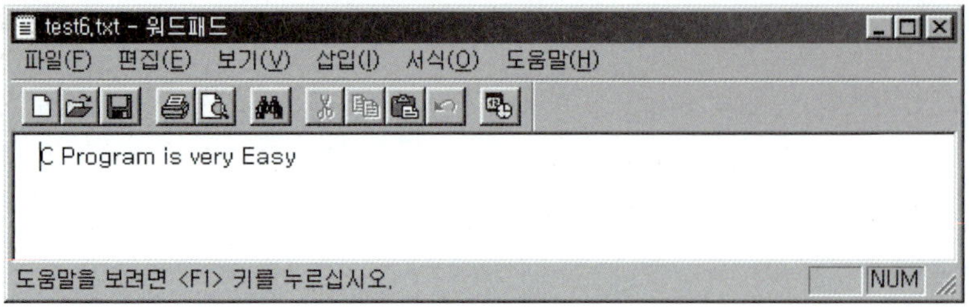

13.3.5 서식화 파일 입·출력 함수

이미 서식화 입·출력 함수인 scanf( ), printf( ) 함수에 대하여 살펴보았다. C언어에서는 서식화 입·출력 함수뿐만 아니라 서식화 파일 입·출력 방법도 제공하고 있다.

서식화 파일 입력 함수로 fscanf( ) 함수를 사용하며, 출력 함수로 fprintf( ) 함수를 사용한다. 이 두 가지 함수는 scanf( ), printf( ) 함수와 아주 유사하나 차이점이 있다면, 인수로 파일 스트림 포인터를 하나 더 사용한다는 점이다. 서식화 입·출력 함수는 〈stdio.h〉 헤더 파일에 선언되어 있다.

(1) fscanf( ) 함수

fscanf( )와 scanf( ) 함수의 기능은 동일하나 scanf( )는 키보드로부터 데이터를 읽어 들이고, fscanf( ) 함수는 파일 포인터로 지정된 파일로부터 데이터를 읽어서 표준 출력 장치인 화면에 출력하는 것을 보여 준다. 다음은 fscanf( ) 함수의 형식이다.

형식

```
int fscanf(FILE *fp, const char *format [,address, ...])
```

위의 형식에서 첫 번째 인수 fp는 데이터가 입력될 파일을 가리키는 스트림 포인터이고, 두 번째 인수 format은 입력 서식으로 문자열과 입력 지정자로 구성되고, 세 번째 인수 address는 파일로부터 데이터를 읽어서 저장할 변수의 주소 리스트이고 입력 데이터가 없을 때는 생략이 가능하다.

함수의 반환형은 정상적으로 읽어 들인 데이터 항목의 수를 반환한다. 만약 입력 데이터에 오류가 있거나 정상적으로 데이터를 읽어 들이지 못하고, 파일의 끝에 도착하게 되면

EOF(-1)를 반환한다.

예를 들어 분석해 보면

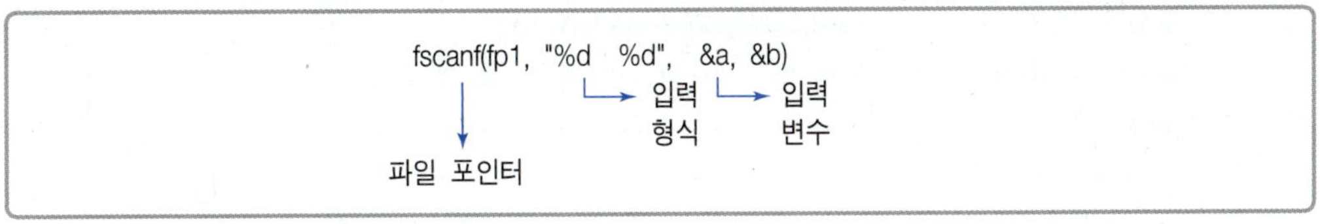

위의 예는 첫 번째 인수는 fopen( )에 의해 개방된 파일 포인터를 나타내고, 두 번째 인수는 입력 형식을 10진 정수 형태로 한다는 의미이고, 세 번째 인수는 입력하고자 하는 변수들에 대한 포인터를 나타낸다.

[fscanf.c]의 예는 fscanf( ) 함수를 이용하여 fopen( )에 의해 읽기 전용으로 개방된 test7.txt 파일의 다섯 가지 데이터(사번, 성명, 본봉, 수당, 상여금)들을 10진 정수 형태(%d)로 읽어서 이들의 합을 구한 후 화면에 출력하는 프로그램이다.

워드패드나 메모장을 이용하여 test7.txt 파일을 입력해 보자.

*** test7.txt 파일 내용 ***

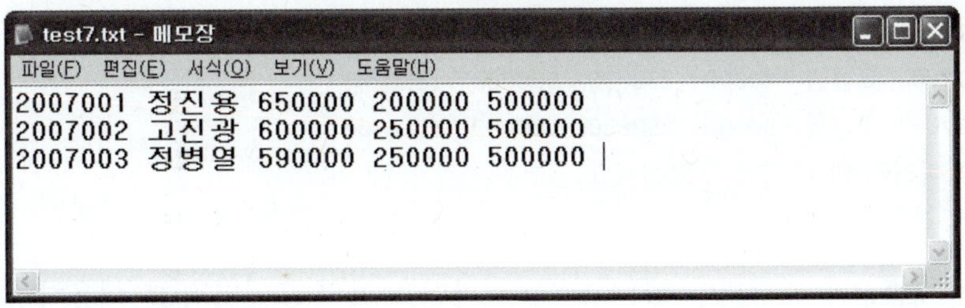

↘ [fscanf.c] fscanf( ) 함수 예제 프로그램 1

```
#include <stdio.h>
main( )
{
    char a[8], b[7];
```

```
    int i, j, k, tot;
    FILE *fp;
    printf("            회 사 원 급 여 \n");
    printf("          ==================\n\n");
    printf("사 번   이 름  본 봉   수 당   상여금  총 액\n");
    printf("---------------------------------------------\n");
    fp = fopen("test7.txt", "r");
    while((fscanf(fp, "%7s %6s %d %d %d", &a, &b, &i, &j, &k)) != EOF) {
        tot = i + j + k;
        printf("%7s %6s", a, b);
        printf(" %d  %d  %d  %d \n", i, j, k, tot);
    }
    fclose(fp);
}
```

→ 실행 결과

```
                회 사 원 급 여
            ==================
사 번   이 름   본 봉   수 당   상여금   총 액
---------------------------------------------
2017001 정진용 650000  200000  500000  1350000
2017002 고진광 600000  250000  500000  1350000
2017003 정병열 590000  250000  500000  1340000
계속하려면 아무 키나 누르십시요...
```

[fscanf.c]는 디스크에 저장되어 있는 test7.txt 파일을 파일 포인터 fp를 이용하여 데이터를 읽어 들여 개인별 급여 총액을 구하는 프로그램이다. fscanf( ) 함수에서 학번과 이름은 문자열로 a, b값을 본봉, 수당, 상여금은 int형으로 i, j, k를 "test7.txt" 파일로부터 데이터 값을 읽어 들여 해당되는 값을 tot에 합산하여 printf( ) 함수를 이용하여 출력하는 프로그램이다.

fscanf( ) 함수를 이용하여 scanf( ) 함수처럼 키보드에서 데이터를 입력할 수도 있다. 다음과 같이 파일 포인터를 stdin으로 지정하면 된다.

```
fscanf(stdin, "%d %d", &a, &b);
   └──→ 표준 입력
```

[fscanf.c]의 예제는 이미 존재하는 test7.txt 파일을 읽어들여 출력하는 프로그램이지만, [fscanf_stdin.c]는 scanf( ) 함수처럼 fscanf( ) 함수를 이용하여 키보드에서 직접 데이터를 입력하는 프로그램으로 바꾸어 주었다.

↘ [fscanf_stdin.c] fscanf( ) 함수 예제 프로그램 2

```
#include <stdio.h>
main( )
{
    char a[8], b[7];
    int i, j, k, tot;
    printf("데이터 입력 => 사번[7byte], 이름[6byte], ");
    printf("본봉, 수당, 상여금 \n");
        while((fscanf(stdin, "%7s %6s %d %d %d", &a, &b, &i, &j, &k)) != EOF) {
            tot = i + j + k;
            printf("%s %s", a, b);
            printf(" %d %d %d %d \n", i, j, k, tot);
        }
    }
```

→ 실행 결과

```
데이터 입력 => 사번[7byte], 이름[6byte], 본봉, 수당, 상여금
2017001 정진용 650000 200000 500000↵               ←—— ①
2017001 정진용 650000 200000 500000 1350000 ←—— ②
2017002 고진광 600000 250000 500000↵               ←—— ③
2017002 고진광 600000 250000 500000 1350000 ←—— ④
2017003 정병열 590000 250000 500000↵               ←—— ⑤
2017003 정병열 590000 250000 500000 1340000 ←—— ⑥
^Z                                                  ←—— ⑦
계속하려면 아무 키나 누르십시요...
```

[fscanf_stdin.c]은 fscanf( ) 함수를 scanf( ) 함수와 같은 형식으로 사용한 예제이다. 실행 결과의 ①③⑤는 키보드로 입력한 데이터이고, ②④⑥은 while문 내부의 printf( ) 함수의 결과 값이다. ⑦은 while문을 끝내기 위하여 Ctrl_Z를 사용하였다.

(2) fprintf( ) 함수

fprintf( ) 함수는 출력 결과를 표준 출력이 아닌 파일 포인터(fp)로 지정한 파일로 저장하는 함수이다. fprintf( )와 printf( )의 기능의 차이점은 단지, printf( ) 함수는 화면에 표준 출력하는 함수이고, fprintf( ) 함수는 화면이 아니라 디스크에 파일로 저장하고, 출력 대상이 되는 파일을 가리키는 스트림 포인터를 인수로 사용하면 된다. fprintf( ) 함수의 형식은 다음과 같다.

형식

```
int fprintf(FILE *fp, count char *format[, arguments]);
```

위의 형식에서 첫 번째 인수 fp는 데이터를 출력할 파일을 가리키는 스트림 포인터이고, 두 번째 인수 출력 서식(format)은 문자열과 출력 지정자로 구성되며, 세 번째 인수는 출력 서식에 출력 지정자가 있는 경우에는 이에 대응하는 인수가 필요하고, 인수가 없는 경우에는 생략이 가능하다.

첫 번째 인수의 파일 스트림 포인터가 가리키는 파일에 두 번째 인수로 사용되는 출력 지정자와 출력 서식에 따라, 세 번째 인수로 사용되는 수식의 데이터 값을 저장한다.

앞의 형식에 해당하는 간단한 예를 들어서 fprintf( ) 함수의 사용 방법을 알아보기로 하자.

```
fprintf(fp, "%8s %7s %d %d %d",sabun, name, bonbong, sudang, saengye);
```

파일 포인터 / 출력 서식 지정 / 출력 변수들(인수)

위의 예를 분석하여 보면 먼저, 첫 번째 인수(fp)는 fopen( )에 의해 개방된 파일 포인터를 나타내고, 두 번째 인수는 파일에 출력 형식을 나타내는 것으로 문자열(%s)과 int형 정수(%d)형태로 출력하고, 마지막 세 번째 인수는 출력하고자 하는 변수들을 나타낸다.

따라서, 위 예의 총괄적 의미는 파일 포인터 fp가 가리키고 있는 파일에 사번(sabun)에 값을 길이가 7인 문자열 형태로 출력하고, 이름(name)을 길이가 6인 문자열 형태로 출력하고, 나머지 본봉(bonbong), 수당(sudang), 상여금(saengye)은 출력 변수에 각각 정수 값을 출력하여 저장하라는 의미이다.

다음의 [fprintf.c]은 test7.txt 파일을 fscanf( ) 함수를 이용하여 읽어 들여 test8.txt라는 새로운 파일을 fprintf( ) 함수를 사용하여 생성하여 주는 프로그램이다.

↘ [fprintf.c] test7.txt를 fscanf( )로 읽어 fprintf( ) 함수 사용하여 test8.txt 파일 생성

```
#include <stdio.h>
main( )
{
    char a[8], b[7];
    int i, j, k, tot;
    FILE *fp1, *fp2;
    if((fp1 = fopen("test7.txt", "r")) != NULL) {
        fp2 = fopen("test8.txt", "w");
        fprintf(fp2, "               회 사 원 급 여 \n");
        fprintf(fp2, "              ================= \n\n");
        fprintf(fp2, " 사번    이름   본봉    수당    상여금    총액\n");
        fprintf(fp2, "------------------------------------------------\n");
            while((fscanf(fp1, "%7s %6s %d %d %d",
                    &a, &b, &i, &j, &k)) != EOF) {
                tot = i + j + k;
                fprintf(fp2, "%s %s", a, b);
                fprintf(fp2, " %d  %d  %d  %d \n", i, j, k, tot);
         }
        fprintf(fp2, "------------------------------------------------\n");
    } else {
        printf("test7.txt 파일이 존재하기 않음. \n");
        exit(0);
    }
```

```
    fclose(fp1);
    fclose(fp2);
}
```

[fprintf.c]은 test7.txt 텍스트 파일을 파일 스트림 포인터 fp1에 fscanf( ) 함수를 이용하여 읽어 들이고, 새로운 형식의 test8.txt 텍스트 파일을 생성한다. 생성 방법은 fprintf( ) 함수의 파일 스트림 fp2를 이용하여 test7.txt의 내용에 제목("회 사 원 급 여")과 항목명("사번 이름... 총액")을 추가하여 신규 파일 test8.txt 파일을 생성해 주는 프로그램이다. test8.txt 파일을 확인하기 위해서 메모장을 이용하여 확인하여보자.

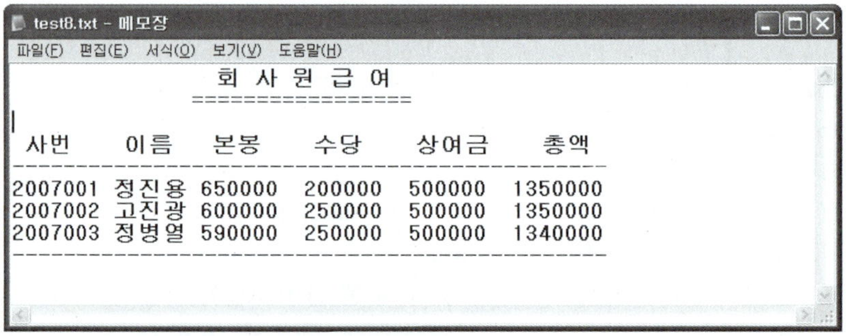

[fprintf.c]의 출력 결과를 파일로 생성하지 않고, 화면에 출력하려면, fprintf( )를 다음과 같이 파일 포인터(fp2)를 출력 스트림 stdout로 지정하면 된다.

```
fprintf(stdout, "%s %s", a, b);
fprintf(stdout, " %d  %d  %d  %d ₩n", i, j, k, tot);
```

↓ 읽어 들인 데이터를 파일로 저장하지 않고, 화면으로 출력할 때 사용

13.3.6 블록 파일 입·출력 함수

fscanf( )와 fprintf( ) 함수는 일정한 형식을 갖춘 데이터를 디스크에서 읽거나 생성시키기

위한 가장 쉬운 방법이기도 하지만 항상 효율적인 것은 아니다. 이런 파일 입·출력 함수는 여러 개의 원소로 구성된 배열이나, 여러 가지 자료형 멤버로 구성된 구조체는 묶음으로 구성된 하나의 블록이기 때문에 fscanf( )와 fprintf( ) 함수로 입·출력하기에는 부적당하다.

블록 입·출력 fread( )와 fwrite( ) 함수는 문자나 문자열을 입·출력하는 텍스트 모드 입·출력 함수가 아니라 이진 모드 입·출력 함수로서 산술형 단순 변수, 구조체 변수, 배열 등을 파일 단위 입·출력을 수행할 때 사용된다. 따라서, 수치 데이터의 입·출력이나 속도 및 파일의 크기가 문제가 되는 경우에는 이진 파일의 데이터를 다루는 fread( )와 fwrite( ) 함수를 사용하는 것이 좋다.

대부분의 운영 체제에서는 텍스트 모드와 이진 모드를 사용할 수 있으므로, 텍스트 파일을 이진 모드로 개방할 수 있으며, 역으로 이진모드의 파일을 텍스트 모드의 파일로 개방할 수도 있다. 그러나 이진 모드로 개방된 파일에 텍스트 모드 입·출력 함수인 fscanf( ) 함수와 fprintf( ) 함수를 사용하게 되면 예측할 수 없는 입·출력 오류가 발생하게 된다. 따라서 텍스트 모드로 개방된 파일에는 텍스트 모드 입·출력 함수를 사용하고, 이진 모드로 개방된 파일에는 이진 모드 입·출력 함수를 사용하는 것이 바람직하다. 블록 파일 입·출력 함수는 〈stdio.h〉 헤더 파일에 선언되어 있다.

(1) fread( ) 함수

fread( ) (file read) 함수는 보통 이진 모드로 개방된 파일로부터 일정한 크기의 바이트 블록을 지정된 수만큼 한꺼번에 읽을 수 있는 함수이다. 형식은 다음과 같다.

형식

```
size_t fread(void *pt, size_t size, size_t n, FILE *fp);
```

위의 형식에서 보는 바와 같이 fread( ) 함수는 네 개의 인수와 반환형은 size_t형을 사용하고 있는데, 첫 번째 인수 pt는 파일로부터 읽은 데이터를 저장할 void형 포인터로 다양한 자료형의 데이터를 저장할 수 있고, 두 번째 인수 size는 블록의 크기를 바이트 수로 나타내고, 세 번째 인수 n은 파일로부터 읽을 블록 수를 나타내고, 네 번째 인수 fp는 데이터를 읽을 파일을 가리키는 스트림 포인터이다.

반환 값 size_t는 정상적으로 읽어 들인 블록의 수를 반환하고 만약, 입력 오류가 발생하거나 파일의 끝에 도착하면 읽기를 중단하고, 작업을 종료하기 때문에 반환 값은 읽기를 중단할 때까지 정상적으로 읽어 들인 블록의 수를 반환한다.

간단한 예를 들어 분석해 보자.

```
FILE *fp;
char buf[36];
fp = fopen("test9.txt", "rb");   /* 파일을 이진 읽기 모드로 개방 */
           :
fread(buf, 36, 1, fp);
```

- fp → 파일 포인터
- 1 → 블록(레코드)수
- 36 → 데이터 크기
- buf → 반환 포인터

위의 예는 파일 포인터 fp가 가리키고 있는 파일(test9.txt)의 현재 문자 포인터 위치에서 36바이트로 구성된 한 개의 블록(레코드)을 읽어서, 이를 buf가 가리키는 기억 장소 위치 이후에 저장하라는 의미이다.

워드패드나 메모장을 이용하여 test9.txt 파일을 생성해 보자. test9.txt 파일은 총 108바이트로 구성된 파일이다.

*** test9.txt 파일 내용 ***

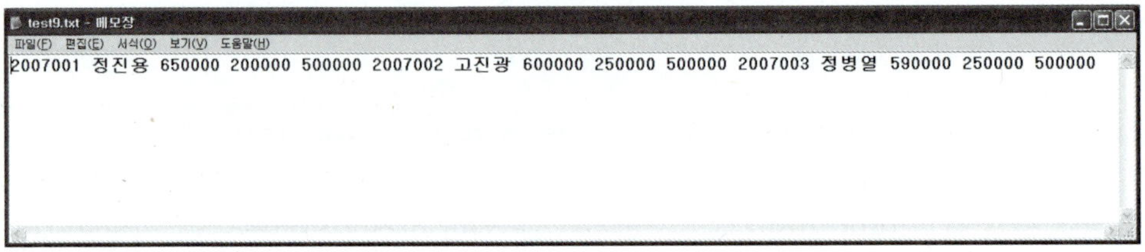

[fread.c]은 test9.txt 파일의 내용이 위와 같을 때, 이 파일을 처음부터 36바이트를 1블록으로 구성한 후, 1블록씩 읽어 그 블록의 끝에 "₩0"(NULL 문자)을 추가하여, test10.txt 파일로 1블록씩 저장하는 프로그램이다.

↘[fread.c] test9.txt를 fread( )로 읽어 test10.txt 파일 생성

```
#include <stdio.h>
#define SIZE 36
main( )
{
    FILE *fp1, *fp2;
    char buf[SIZE * 1 + 1];
    if((fp1 = fopen("test9.txt", "r")) != NULL) {
        fp2 = fopen("test10.txt", "w");
        fprintf(fp2, "            회 사 원 급 여 \n");
        fprintf(fp2, "          ================= \n\n");
        fprintf(fp2, "사번    이름   본봉   수당   상여금\n");
        fprintf(fp2, "------------------------------------\n");
        while((fread(buf, SIZE, 1, fp1)) != NULL) {
            buf[SIZE] = '\0';          /* ① buf[36]에 NULL값 추가 */
            fprintf(fp2, "%s \n", buf);
        }
    } else {
            printf("test9.txt가 존재하지 않음. \n");
            exit(0);
    }
    fclose(fp1);
    fclose(fp2);
}
```

[fread.c]은 36바이트가 1블록이고, 파일 전체는 3블록으로 총 108바이트로 구성된 test9.txt 파일을 1블록씩 끊어 읽어서 test10.txt 파일을 구성하는 프로그램이다. 생성될 블록의 크기는 다음과 같이 정의하고 있다.

```
char buf[SIZE * 1 + 1];
```

buf의 크기는 "SIZE(36바이트) * 1(읽는 블록수) + 1(₩0)"이므로 총 37바이트를 확보하고 블록의 끝에 NULL("₩0") 문자를 추가하기 위하여 1바이트를 더하여 주었다. ①의 buf[36]

= '₩0'는 하나의 레코드 단위인 문자열의 끝을 정의하기 위하여 NULL값을 추가해 주었다.

```
while((fread(buf, SIZE, 1, fp1)) != NULL)
```

위의 의미는 fp1이 가리키고 있는 파일 test9.txt를 SIZE(36)바이트를 1블록으로 읽어 들여 배열 buf에 저장한다.

```
fprintf(fp2, "%s \n", buf);
```

파일 포인터 fp2로 지정한 파일(test10.txt)로 buf의 값을 문자열로 저장한다. 파일을 확인하기 위해서 워드패드나 메모장을 이용하여 test10.txt 파일을 확인해 보자.

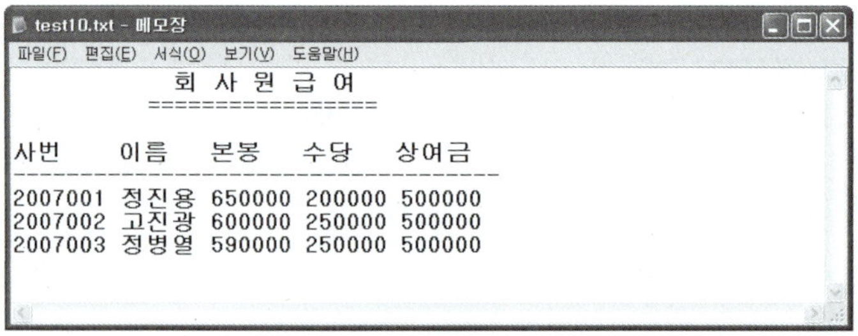

(2) fwrite( ) 함수

fwrite( )[file write] 함수는 이진 데이터 블록(레코드) 단위를 파일에 출력하기 위해 fread( ) 함수와 짝을 이루어 사용하고, 다음의 형식을 가진다.

형식

```
size_t fwrite(void *pt, size_t size, size_t n, FILE *fp);
```

위의 형식에서 첫 번째 인수 pt는 파일에 출력할 데이터를 저장하고 있는 void형 포인터이고, 두 번째 인수 size는 블록의 크기를 바이트 수로 나타내고, 세 번째 인수 n은 파일로 출력될 블록의 수이고, 네 번째 인수 fp는 데이터가 출력될 파일에 대한 스트림 포인터이다.

반환 값이 지정한 블록 수보다 작은 값이 반환되면 에러로 간주하고, 정상일 때에는 출력한 블록의 수를 반환한다. fwrite( ) 함수는 fread( ) 함수와 거의 유사하나 차이점은 데이터를 파일로 저장한다는 점이 다를 뿐이다. 간단한 예를 나타내 보자.

```
FILE *fp;
char buf[252];
fp = fopen("test11.txt", "wb");    /* 파일을 이진 출력 모드로 개방 */
                    :
fwrite(buf, 36, 7, fp);
```

- fp → 파일 포인터
- 7 → 쓰기 블록(레코드)수
- 36 → 데이터 크기
- buf → 반환 포인터

위의 예는 파일 포인터 fp가 가리키는 파일(test11.txt)로 버퍼 “buf”에 저장되어 있는 7개 블록(1블록은 36바이트)의 데이터를 쓰기(write)한다.

[fwrite.c]의 예는 fread( )와 fwrite( ) 함수를 사용하여 이미 존재하는 test10.txt 파일의 내용을 test11.txt 파일로 복사하는 프로그램이다.

↘ [fwrite.c] test10.txt 파일의 내용을 test11.txt 파일로 복사 예제 프로그램

```
#include <stdio.h>
main( )
{
    FILE *fp1, *fp2;
    char buf[252];            /* ① 버퍼의 크기 36바이트 X 7블록 = 252바이트 */
    int i;
    if((fp1 = fopen("test10.txt", "rb")) != NULL) { /* ② 읽기 모드 open */
        fp2 = fopen("test11.txt", "wb");            /* ③ 쓰기 모드 open */
        while((fread(buf, 36, 7, fp1)) != NULL) {   /* ④ 파일 읽기 */
            fwrite(buf, 36, 7, fp2);                /* ⑤ 파일 저장 */
        }
    } else {
        printf("test10.txt 파일이 존재하지 않음. \n");
        exit(0);
    }
    fclose(fp1);
    fclose(fp2);
}
```

[fwrite.c]는 test10.txt 파일을 이진 읽기 모드(rb)로 읽어 들여, test11.txt 파일을 이진 쓰기 모드(wb)로 저장해 주는 프로그램이다. ①번의 의미는

```
char buf[252];
```

버퍼 크기를 252로 한 이유는 버퍼의 크기가 "데이터 크기(size) * 읽기 또는 쓰기 블록 수" 만큼 확보하는 것이 바람직하므로 "36 * 7 = 252"으로 지정했다. ②번의 의미는

```
if((fp1 = fopen("test10.txt", "rb")) != NULL)
```

test10.txt 파일을 2진 읽기 모드(rb)로 열고, 해당 파일(test10.txt)이 존재하지 않으면 "test10.txt 파일이 존재하지 않음."을 화면에 출력하고 작업을 종료한다. 만약, 파일이 존재하면 이 파일에 대한 파일 포인터를 fp1로 할당한다. ③번의 의미 역시 파일을 2진 쓰기 모드(wb)로 연 후, 이 파일에 대한 파일 포인터를 fp2로 할당한다. ④번의 의미는

```
while((fread(buf, 36, 7, fp1)) != NULL)
```

파일 포인터 fp1이 가리키고 있는 파일(여기서는 test10.txt)의 현재 문자 포인터 위치에서 36바이트로 구성된 블록을 7블록(레코드)을 읽어서 이를 buf가 가리키는 기억 장소 위치 이후에 저장하고, 전체 파일을 읽어 들인 후에는 while문을 빠져나간다. ⑤번의 의미를 살펴보자.

```
fwrite(buf, 36, 7, fp2);
```

파일 포인터 fp2로 지정한 파일(여기서는 test11.txt)로 버퍼 buf에 저장되어 있는 7개의 블록 값을 문자열로 출력한다. test11.txt 파일을 확인하기 위해서 메모장으로 test11.txt를 확인해 보면 다음과 같다.

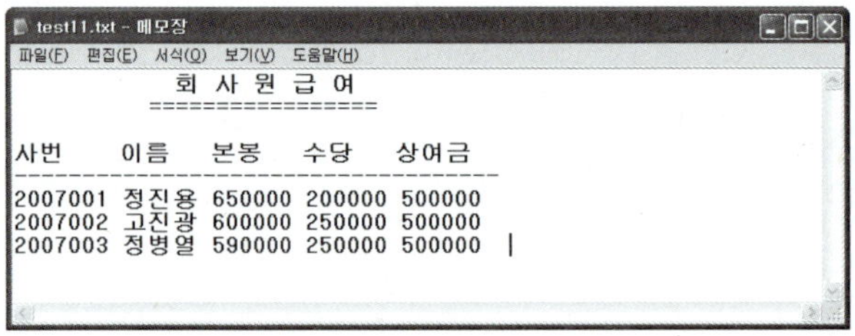

13.3.7 임의 접근(RANDOM) 파일 함수

지금까지 다루어 온 파일들은 순차 파일(sequential file)을 다루고 있었다. 순차 파일을 접근할 때에는 파일의 선두에서 순서적으로 접근해 가기 때문에 현재의 입·출력 위치를 나타내는 파일 포인터는 파일의 선두에서 순서적으로 이동해 나가면서 전체 파일을 접근하는 반면, 임의 접근 파일은 파일 포인터가 순서적으로 이동할 수도 있고, 필요하다면 특정 위치를 곧바로 이동할 수도 있다.

데이터를 일정한 크기에 맞추어 저장한 다음 블록(레코드)단위로 출력할 수 있다. 이것은 파일 내의 어떤 임의의 데이터를 수정하고자 하면 원하는 블록만 읽어 들여서 수정하고, 다시 그 자리에 써넣을 수 있는 파일로서 장점은 데이터를 읽기와 쓰기를 마음대로 할 수 있으며, 블록(레코드)의 내용 변경이 용이하고, 단점으로는 한 파일의 레코드 길이를 예상되는 레코드의 길이 중 최대의 바이트 수만큼 모든 레코드의 길이를 설정해 주어야 함으로 기억 장소의 낭비가 많다.

다음은 C언어에서 제공되는 임의 접근 함수는 〈stdio.h〉 헤더 파일에 선언되어 있고, 임의 접근 함수들은 다음과 같다.

(1) fseek( ) 함수

fseek( ) 함수는 파일의 특정 위치로 파일 포인터를 이동시키는 함수로 임의 접근 수행 함수 중에서 가장 많이 사용한다. 파일 포인터는 지정된 파일 내에서 다음에 read/write할 데이터의 위치 포인터로 이동시켜 주는 함수이다. 형식은 다음과 같다.

형식

```
int fseek(FILE *fp, long offset, int mode);
```

fseek( ) 함수의 첫 번째 인수 fp는 파일을 가리키는 파일 스트림 포인터이고, 두 번째 인수 offset는 기준 점으로부터 일정한 거리만큼 이동할 값(바이트 수)을 나타내고, 세 번째 인수 mode는 파일의 이동 위치 모드이다. 이때의 offset은 long int형이며 양수의 값을 가지면 순방향으로 이동하고, 음수의 값이면 역방향으로 위치가 이동된다. mode는 기준 주소를 나타내며 매크로 기호 상수는 〈stdio.h〉 헤더 파일에 #define문을 사용하여 정의되어 있으며, 다음과 같이 세 개의 mode를 사용할 수가 있다.

표 13-3 MODE로 사용되는 매크로 상수명

매크로상수명	mode	기준점의 위치	사용되는 offset의 범위
SEEK_SET	0L	파일의 선두	양수
SEEK_CUR	1L	현재의 파일 포인터 위치	양수 또는 음수
SEEK_END	2L	물리적인 파일의 끝 다음의 위치(PEOF + 1의 위치)	음수

세 번째 인수인 mode는 기준점 위치에서 어느 방향(순방향, 역방향)으로 얼마만큼 떨어진 위치로 이동할 것인가를 나타내는 long형 데이터가 사용된다. 따라서 mode가 SEEK_SET인 경우 파일 선두가 기준점이므로 offset의 값은 항상 "0" 이상의 정수를 사용해야 하며, mode가 SEEK_CUR인 경우에는 임의의 위치에 파일 포인터가 위치하고 있으므로 파일의 끝 방향으로 이동하고자 하고 양수 값을 파일의 선두 방향으로 이동하고자 한다면 음수 값을 사용하면 되고, mode가 SEEK_END인 경우에는 기준 점이 파일의 끝이므로 항상 음수 값을 사용해야 한다. 이를 그림으로 표현하면 다음과 같다.

① mode가 SEEK_SET(0)인 경우

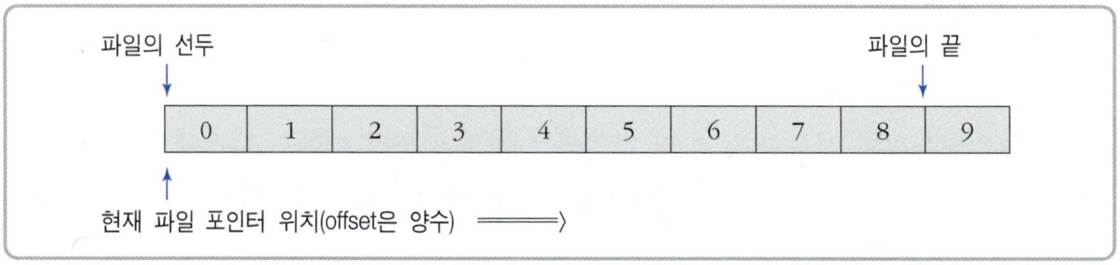

② mode가 SEEK_CUR(1)인 경우

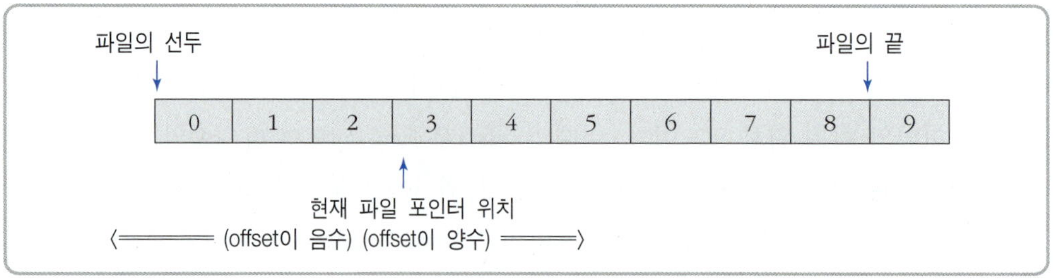

③ mode가 SEEK_END(2)인 경우

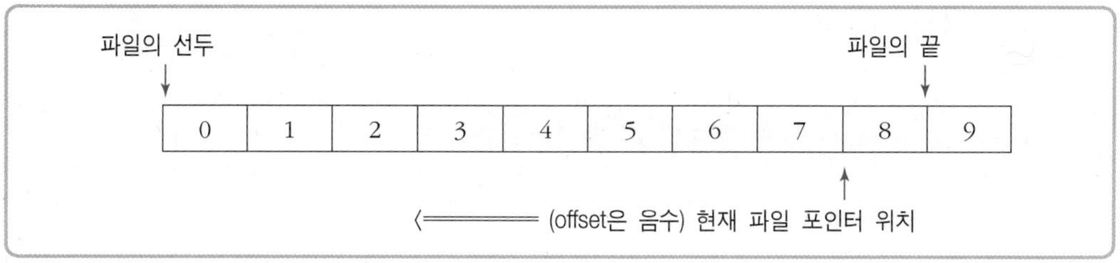

fseek( ) 함수의 간단한 예를 들어 분석하여 보자.

```
                              동일
fseek(fp, 5L, 0);            〈===〉   fseek(fp, 5L, SEEK_SET);
  |    |   └──────────► mode
  |    └──────────────► offset
  └───────────────────► 파일 포인터
```

위의 예는 파일 포인터 fp는 파일의 선두 위치(mode가 0이므로)에서 5바이트(offset이 5L이므로) 파일의 끝 방향으로 이동하라는 의미이다.

```
                              동일
fseek(fp, 100L, 1);          〈===〉   fseek(fp, 100L, SEEK_CUR);
```

위의 예는 파일 포인터 fp가 가리키는 파일 현재 위치에서 파일의 끝 방향으로 100바이트 이동하라는 의미이다.

```
                              동일
fseek(fp, -100L, 1);         〈===〉   fseek(fp, -100L, SEEK_CUR);
```

위의 예는 파일 포인터 fp가 가리키는 파일 현재 위치에서 파일의 선두 방향으로 100바이트 이동하라는 의미이다.

```
                              동일
fseek(fp, -10L, 2);          〈===〉   fseek(fp, -10L, SEEK_END);
```

위의 예는 파일 포인터 fp가 가리키는 파일의 끝에서 역방향(파일의 선두 방향)으로 10바이트 이동하라는 의미이다.

↘ [fseek1.c] fseek( ) 함수 예제 프로그램 1

```
#include <stdio.h>
main( )
{
    FILE *fp;
    char name[7];
    fp = fopen("test9.txt", "rb");  /* 이진 모드로 open */
    fseek(fp, 8L, SEEK_SET);       /* 파일 선두에서 8byte 이동 */
    fgets(name, 7, fp);            /* 7byte를 name에 저장 */
    printf("%s \n", name);
    fclose(fp);
}
```

→ 실행 결과

```
정진용
계속하려면 아무 키나 누르십시요...
```

[fseek1.c]은 파일 test9.txt를 이진 읽기 모드로 개방하고, fseek( )를 이용하여 이 파일의 시작점에서 8바이트를 이동한 후, 그 위치에 있는 파일의 내용 7바이트(이름)를 읽어 name에 저장한 후 화면에 출력하는 예제이다.

[fseek2.c]에서 필요한 "test12.txt" 파일을 메모장을 이용하여 생성해 보자.

***   test12.txt 파일 내용   ***

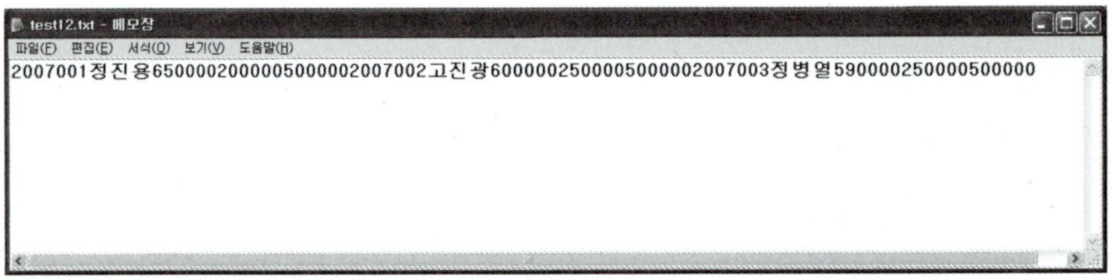
test12.txt - 메모장
파일(F) 편집(E) 서식(O) 보기(V) 도움말(H)
2007001정진용65000020000050000002007002고진광60000025000050000002007003정병열590000250000500000

[fseek2.c]은 test12.txt 파일의 1레코드를 31바이트(각 field에 "₩0"문자 1바이트 포함 => 26byte + 5byte)로 지정한 후, 레코드 번호를 주어 임의의 레코드 내용을 화면에 출력하는 프로그램이다. [fseek2.c]은 순차파일을 fseek( ) 함수를 이용하여 구조체 변수 배열 pay에 저장시킨 후 원하는 레코드 번호를 키보드로 입력받아서 레코드 단위로 화면에 출력시켜 주는 프로그램이다.

①번은 파일이 존재하면 test12.txt 파일을 읽기 전용으로 읽어 들이고, 해당 파일이 존재하지 않으면 "test12.txt 파일이 존재하지 않음."을 화면에 출력한다. ②번은 파일을 레코드 단위로 구조체 변수 pay에 저장하기 위해서 for문을 3회 반복하였고, ③번은 다음과 같이 동일하게 표현이 가능하다.

```
                              동일
fseek(fp, i * REC_LEN, SEEK_SET);  ⇔  fseek(fp, i * REC_LEN, 0);
```

↘ [fseek2.c] fseek( ) 함수 예제 프로그램 2

```
#include <stdio.h>
#define REC_LEN 31
main( )
{
    int i;
    struct naeyong {            /* 구조체 선언 */
        char sabun[8];
        char name[7];
        char bon[7];
        char su[7];
        char sa[7];
    };
        struct naeyong pay[3];   /* 구조체 변수 pay를 배열로 정의 */
        FILE *fp;
        if((fp = fopen("test12.txt", "r")) != NULL) {        ←── ①
        for(i = 0; i < 3; i++) {                              ←── ②
```

```
        fseek(fp, i * REC_LEN, SEEK_SET);                    ← ③
        fgets(pay[i].sabun, 8, fp);                          ← ④
            fgets(pay[i].name, 7, fp);
            fgets(pay[i].bon, 7, fp);
            fgets(pay[i].su, 7, fp);
            fgets(pay[i].sa, 7, fp);
        }
    } else {
            printf("test12.txt 파일이 존재하지 않음. \n");
            exit(0);
    }
    fputs("레코드번호 입력 => ", stdout);                     ← ⑤
    scanf("%d", &i);                  /* Record 번호 지정 */
    printf("사번[%s], 이름[%s]\n", pay[i].sabun, pay[i].name);
    printf("본봉[%s] 수당[%s] 상여금[%s] \n",
              pay[i].bon, pay[i].su, pay[i].sa);
    fclose(fp);
}
```

→ 실행 결과

```
레코드번호 입력 => 2
사번[2003003], 이름[정병열]
본봉[590000] 수당[250000] 상여금[500000]
계속하려면 아무 키나 누르십시요...
```

③번을 그림으로 표현하면 다음과 같다.

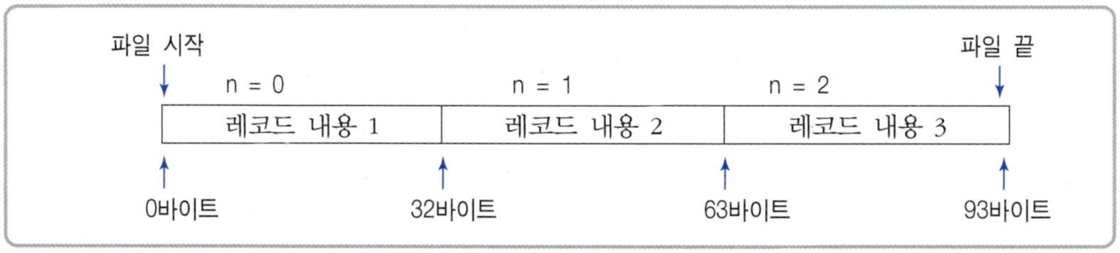

③번을 기술하여 test12.txt 파일의 시작 위치로 이동하여 REC_LEN(31바이트)를 하나의 레

코드로 지정함을 나타내고 있다.

④번은

```
fgets(pay[i].sabun, 8, fp);
```

파일 스트림 포인터 fp를 이용하여 이동된 레코드 위치(파일의 시작 위치)에서 데이터를 8Byte(문자열 7Byte + NULL '₩0' 1Byte)읽어 들임을 의미하고, ⑤번은 "레코드번호 입력 =>"을 표준 출력 장치인 화면에 원하는 레코드 번호를 입력받아 세 명중 레코드 번호가 0인 경우는 "정진용", 레코드 번호가 1인 경우는 "고진광", 레코드 번호가 2인 경우는 "정병열" 데이터를 해당 레코드별로 출력하는 프로그램이다.

(2) ftell( ) 함수

ftell( ) 함수는 파일의 선두에서 현재 파일 포인터가 위치한 곳까지의 거리를 바이트 수로 알려주는 함수이다. 형식은 다음과 같다.

형식

```
long ftell(FILE *fp);
```

ftell( ) 함수는 인수로 파일 스트림 포인터를 사용하며 반환 값은 파일 포인터의 현재 위치를 long형 정수로 반환하고, 에러 시에는 -1L 값을 반환한다. 이 함수는 단독으로는 사용하지 않고 fseek( ) 함수의 보조 함수로 주로 사용한다.

[fseek1.c]은 test12.txt 파일의 내용을 fseek( )를 이용하여 이 파일 시작점에서 7바이트를 이동한 후, 그 위치에 있는 파일의 내용 "정진용"이라는 데이터를 읽어서 화면에 출력하고 다시 fseek( )를 이용하여 그 파일 끝으로 이동시킨 후, 다시 ftell( ) 함수를 이용하여 현재 위치를 파악한 프로그램으로 이것은 파일 크기를 구한 것과 같은 결과이다.

↘ [ftell.c] ftell( ) 함수 예제 프로그램

```
#include <stdio.h>
main( )
```

```
{
    FILE *fp;
    char name[7];
    fp = fopen("test12.txt", "r");          ← ①
    fseek(fp, 7L, 0);                       ← ②
    fgets(name, 7, fp);                     ← ③
    printf("이름 : %s \n", name);
    fseek(fp, 0L, SEEK_END);                ← ④
    printf("test12.txt 파일의 크기 => %d bytes \n", ftell(fp));   ← ⑤
    fclose(fp);
}
```

→ 실행 결과

```
이름 : 정진용
test12.txt 파일의 크기 => 93 bytes
계속하려면 아무 키나 누르십시요...
```

[ftell.c]는 번에 fopen( ) 함수로 test12.txt를 텍스트 모드로 개방하여, 파일 스트림 포인터 fp에 저장하고, ②번에 의해서 포인터를 파일의 선두에서 7바이트 이후의 위치로 이동한 후 ③번에 fgets( ) 함수로 name에 7바이트 저장한 후 printf( ) 함수를 이용하여 화면에 출력하고, ④번과 같이 포인터를 파일의 마지막으로 이동하였다. ⑤번의 ftell( ) 함수를 이용하여 파일의 선두까지의 거리를 구하여 정수 값을 반환하므로 test12.txt 파일의 전체 바이트 수(3명 X 31byte = 93byte)를 구할 수 있어 화면에 출력해 준다.

(3) rewind( ) 함수

rewind( ) 함수는 파일의 위치를 그 파일의 선두로 되돌리는 함수이며 형식은 다음과 같다.

형식

```
int rewind(FILE *fp);
```

rewind( ) 함수는 파일 스트림 포인터 fp가 가리키는 파일의 선두 위치로 되돌리며 이것은 다음의 fseek( ) 함수와 같은 결과이다.

```
                  동일                        동일
rewind(fp)       <===>    fseek(fp, 0L, 0)   <===>    fseek(fp, 0L, SEEK_SET);
```

fseek( ), rewind( ) 함수는 파일의 데이터를 read/write할 때 갱신 모드에서 입력에서 출력으로, 출력에서 입력으로 작업 방향을 전환하여 파일 포인터의 위치를 이동시키는데 사용된다. 즉, 변경 모드에서 입·출력 작업을 전환하기 직전에 입·출력을 시작할 위치로 파일 포인터를 이동하는데 사용되는 함수이다.

rewind( ) 함수와 fseek( ) 함수는 약간 차이점이 있는데, fseek( ) 함수는 일단 호출되면 파일 끝 지시자 비트를 0으로 설정하고, rewind( ) 함수는 오류 지시자 비트와 파일 끝 지시자 비트 모두를 0으로 설정한다.

↘ [rewind.c] rewind( ) 함수 예제 프로그램

```
#include <stdio.h>
main( )
{
    int hap = 0, i, j;
    while((fputs("정수 데이터 입력 : ",stdout)), (i = fscanf(stdin, "%d", &j))
         != EOF) {                                                   ← ①
        if (i == 1)                                                  ← ②
            hap += j;
        else {
            printf("입력 데이터 오류!! (정수형이 아님) \n");
            rewind(stdin);      /* 오류 데이터 제거 작업 */          ← ③
        }
        printf("hap => %d \n", hap);
    }
}
```

→ 실행 결과

```
정수 데이터 입력 : 10          ← ④
```

```
hap => 10                                  ←── ⑤
정수 데이터 입력 : m                        ←── ⑥
입력 데이터 오류!! (정수형이 아님)           ←── ⑦
hap => 10
정수 데이터 입력 : 30
hap => 40
정수 데이터 입력 : ^Z                       ←── ⑧
계속하려면 아무 키나 누르십시요...
```

fseek( ) 함수는 주로 이진 파일에서 파일 포인터를 특정 위치로 이동시킬 때 사용하며, rewind( ) 함수는 텍스트 파일의 파일 포인터를 파일의 선두 위치로 이동시키는 함수로 주로 사용한다.

[rewind.c]의 예는 rewind( ) 함수를 사용하여 잘못 입력한 데이터를 제거하는 프로그램이다. ①번에서 while문 내부에 fputs( ) 함수를 사용하여 "정수 데이터 입력 : "을 화면에 출력하고,

```
(i = fscanf(stdin, "%d", &j)) != EOF
```

의 fscanf( ) 함수를 이용하여 키보드로 데이터를 입력받는데 입력 데이터가 정수인 경우에는 반환 값이 정상이므로 i에 1이 할당되고, 입력 데이터가 정수가 아닌 경우에는 i에 0이 할당된다. 입력데이터가 EOF(^Z)이면 작업이 끝나고, EOF가 아니면 계속 반복 실행된다.

②번의 경우는 i값이 1인 경우(정수 값이 입력되면)에는 hap = hap + j;가 실행되고, i값이 0인 경우에는 "입력 데이터 오류!! (정수형이 아님)"를 화면에 출력하고 ③번의 rewind (stdin) 함수로 입력 데이터를 제거해 준다. 즉, ④번과 같이 정상적인 정수형 데이터 값을 입력하면 ⑤번과 같이 합산한 결과 값을 출력하고, 다음 데이터 값을 입력받기 위해 "정수 데이터 입력 : "를 출력한다.

⑥번과 같이 정수형이 아닌 문자를 입력하면 ⑦번과 같이 에러 메시지를 화면에 출력하고 에러 플래그가 설정되어 ③번의 rewind( ) 함수로 그 에러 데이터를 제거하여 준다. 작업을 끝내기 위해서 ⑦번과 같이 Ctrl_Z를 입력하면 된다.

13.3.8 ferror( ) 함수와 feof( ) 함수

파일의 입·출력을 수행할 때 입·출력 오류가 발생하거나 파일의 끝에 도착하여 더 이상 입·출력을 수행할 수 없는 경우가 발생될 수 있다. 따라서 C언어에서는 입·출력 오류와 파일의 끝을 확인할 수 있도록 함수를 제공하고 있으며, 이 함수들은 〈stdio.h〉 헤더 파일에 매크로 함수로 선언되어 있다.

(1) ferror( ) 함수

ferror( ) 함수는 파일 스트림 포인터 fp가 가리키고 있는 파일이 read/write시에 에러가 발생하는지를 검사하여 판정하는 매크로 정의 함수이다. 형식은 다음과 같다.

형식

```
int ferror(FILE *fp);
```

ferror( ) (file error) 함수는 오류가 발생하면, 파일 상태 플래그의 4번째 비트인 "오류 지시자 비트"의 값이 1로 설정되어 입·출력 오류가 발생했다는 것을 인식할 수 있게 된다.

반환 값은 int형 정수 값을 사용하는데 만약, 입·출력 오류가 발생하지 않으면 0(false)이 반환되고, 오류가 발생하면 0이 아닌 정수 값(true)을 반환하게 된다.

↘ [ferror.c] ferror( ) 함수 예제 프로그램

```
#include <stdio.h>
main( )
{
    int a;
    FILE *fp1, *fp2;
    fp1 = fopen("test11.txt", "r");
    fp2 = fopen("test13.txt", "w");
    while((a = fgetc(fp1)) != EOF)    ←—— ①
        fputc(a, fp2);                ←—— ②
    if((a = ferror(fp1)) != 0)
        printf("test11.txt 파일이 존재하지 않음. \n");
```

```
    fclose(fp1);
    fclose(fp2);
}
```

[ferror.c]는 이미 존재하고 있는 test11.txt 파일의 내용을 읽어서 test13.txt 파일로 복사하여 생성시켜 주는 프로그램으로 이때, ferror( )를 사용하여 파일을 읽어 들일 때 에러가 발생하면, 에러 메시지를 화면에 출력하는 프로그램이다.

[ferror.c]는 test11.txt 파일을 읽기 모드로 개방하여, test13.txt 파일을 쓰기 모드로 복사하는 프로그램으로 만약, test11.txt 파일이 존재하지 않는다면 화면에

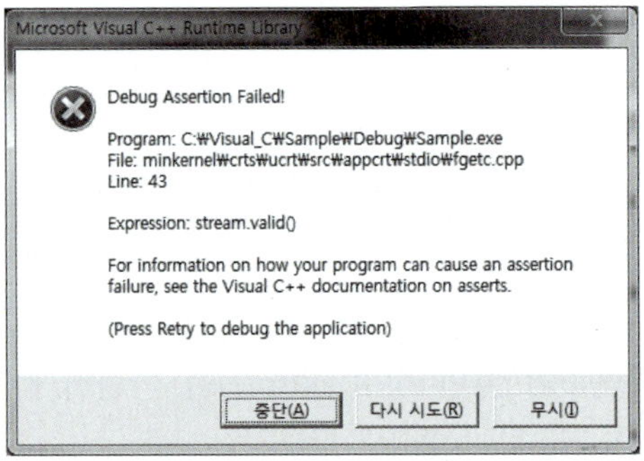

를 출력하고, test11.txt 파일이 존재하면 test13.txt 파일을 에러 없이 생성시켜 줄 것이다. ①번의 while문은 test11.txt 파일을 파일이 끝날 때까지 읽어 들여 ②번의 명령문으로 test13.txt 파일에 쓰기를 해주고, 만약, test11.txt 파일이 존재하지 않으면, 에러 화면을 출력하고, test13.txt 파일은 생성시키지 않는다. 현재 test11.txt 파일이 존재하므로 test13.txt 파일이 생성된다. test13.txt 파일을 확인하기 위해서 메모장으로 test13.txt를 확인하여 보자.

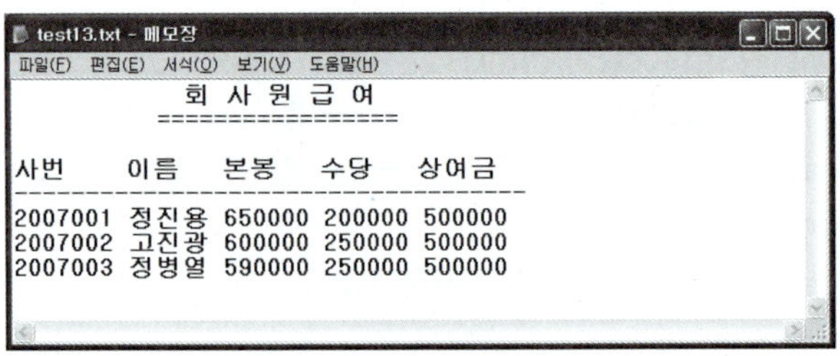

(2) feof( ) 함수

feof( )(file end of file) 함수는 파일 상태 플래그의 5번째 비트인 "파일 끝 지시자" 비트의 값에 따라 파일 끝에 도착했는지 조사하는 함수로 파일 끝(EOF)에 도착하면, 비트의 값이 0이 아닌 정수(true)값이 반환되고, 파일의 끝에 도착하지 않으면 0(false)을 반환하게 되는 매크로 함수이다. 형식은 다음과 같다.

형식

```
int feof(FILE *fp);
```

feof( ) 함수는 파일 스트림 포인터를 인수로 사용하고, 주로 텍스트 읽기 모드로 파일을 개방했을 때, 파일의 끝을 확인하기 위해 사용하는 함수이다. 파일 입·출력 함수의 반환값이 EOF라 할 때 파일의 끝에 도착하여 EOF를 반환하게 될 것인지, 아니면 입·출력 오류에 의해서 EOF를 반환한 것인지를 정확하게 조사할 필요가 있을 때 주로 사용한다.

↘ [feof.c] feof( ) 함수 예제 프로그램

```
#include <stdio.h>
main( )
{
    FILE *fp;
    fp = fopen("test11.txt", "r");
    while(!feof(fp))                    ←── ①
        fputchar(getc(fp));             ←── ②
    printf("\n");
    fclose(fp);
}
```

→ 실행 결과

```
        회 사 원 급 여
      =================
사번    이름   본봉   수당   상여금
-----------------------------------
2017001 정진용 650000 200000 500000
```

```
    2017002 고진광 600000 250000 500000
    2017003 정병열 590000 250000 500000
계속하려면 아무 키나 누르십시요...
```

[feof.c]는 test11.txt 파일이 디스크에 저장되어 있을 때, feof( ) 함수를 사용하여 이 파일의 끝까지 내용을 읽어서 화면에 출력하는 예제이다. ①의 while문은 파일의 끝이 아니면 반복 수행하고 끝이면 작업을 종료한다. test11.txt 파일을 읽기 모드로 개방하여 파일의 끝에 도달할 때까지 ②번에 fputchar(getc(fp))의해 화면에 출력하는 프로그램이다.

13.3.9 입·출력 버퍼 비우기와 버퍼 할당 함수

(1) fflush( ) 함수

C언어에서는 현재 사용 중인 버퍼를 강제로 비우도록 fflush( ) 함수를 사용하고, 이 함수는 〈stdio.h〉 헤더 파일에 선언되어 있다. 형식은 다음과 같다.

형식

```
int fflush(FILE *fp);
```

fflush( ) 함수가 호출되면 버퍼에 남아 있는 모든 데이터를 파일 스트림 포인터 fp가 가리키는 파일에 강제로 출력하고, 버퍼에 있는 데이터는 비우게 된다. 만약, fp가 가리키고 있는 파일이 읽기 모드로 개방된 파일이면, 버퍼에 있는 모든 데이터를 제거하지만, 쓰기 모드로 개방된 파일이라면 버퍼에 있는 모든 데이터를 파일에 출력하게 된다. fflush( ) 함수의 예제는 [fgets.c]에서 보여 주고 있으니 참고하기 바란다.

(2) setvbuf( ) 함수

버퍼할당 함수인 setvbuf( ) 함수는 파일을 개방할 때 자동으로 할당하는 입·출력 버퍼를 사용하는 것이 아니라, 프로그램에서 임의로 버퍼를 할당하여 사용하도록 하는 함수이다. 이 함수는 〈stdio.h〉 헤더 파일에 선언되어 있고 형식은 다음과 같다.

형식

```
int setvbuf(FILE *fp, char *buffer, int mode, size_t size);
```

setvbuf( ) 함수는 네 개의 인수로 구성되며, 첫 번째 인수 fp는 입·출력을 수행할 파일을 가리키는 스트림 포인터이고, 두 번째 인수 buffer는 입·출력에 사용될 버퍼를 나타내고, 세 번째 인수 mode는 버퍼의 사용 모드이고, 네 번째 인수 size는 버퍼의 크기를 나타내는데 그 크기는 1~21억의 바이트 수를 가질 수 있다.

함수의 반환 값은 버퍼가 정상적으로 할당되면 0을 반환하고, 버퍼의 모드나 버퍼의 크기의 값으로 적절치 않은 값이 전달되거나 버퍼를 할당할 공간이 없는 경우에는 오류이므로 0이외의 값이 반환된다. 버퍼 모드는 버퍼를 비우는 시점에 따라 다음의 세 가지 형태가 있다.

표 13-4 setvbuf( ) 함수의 버퍼 모드

버퍼 모드	기 능
_IOFBF	입력시 버퍼가 완전히 채워지면 프로그램으로 데이터를 전송하고, 출력시 버퍼가 완전히 채워지면 데이터를 파일로 전송하여 파일 입·출력을 파일 버퍼화로 수행한다.
_IOLBF	입력시 버퍼가 완전히 채워지면 프로그램으로 데이터를 전송하고, 출력시 개행문자(₩n)가 들어오면 버퍼의 내용을 파일에 출력하고, 파일 입·출력을 행(Line) 버퍼화로 수행한다.
_IONBF	비버퍼화 입·출력을 수행하고 buffer와 size의 인수는 무시되고, 파일로 부터 직접 입·출력을 하게 된다.

메모장을 이용하여 test14.txt 파일을 다음과 같이 입력해 보자.

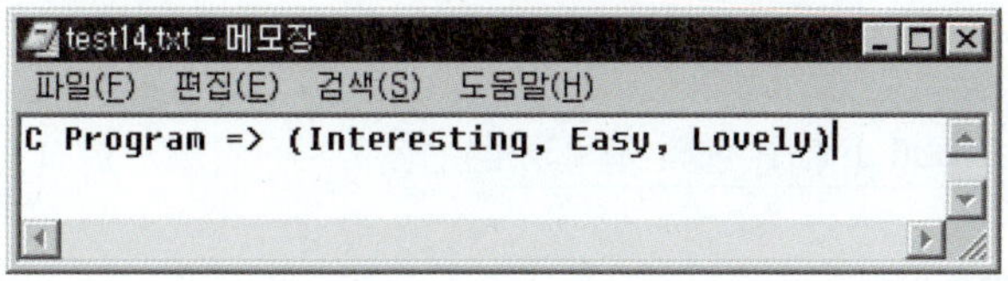

[getc_putc.c]은 setvbuf( ) 함수를 사용하지 않고 MAX(20Byte) 크기만큼 반복 처리하여 문자를 출력하는 프로그램이므로 20자리까지만 출력된다.

↘ [getc_putc.c] setvbuf( ) 함수를 사용하지 않은 예제 프로그램

```
#include <stdio.h>
#define MAX 20
main( )
{
    FILE *fp;
    char buf[MAX];
    int  a, i;
    printf("***  MAX값 20byte 만큼 출력  *** \n");
    fp = fopen("test14.txt", "r");
    for (i = 0; i < MAX; i++) {
        a = getc(fp);
        putc(a, stdout);
    }
    printf("\n");
    fclose(fp);
}
```

→ 실행 결과

```
***  MAX값 20byte 만큼 출력  ***
C Program => (Intere
계속하려면 아무 키나 누르십시오...
```

↘ [setvbuf.c] setvbuf( ) 함수 예제 프로그램

```
#include <stdio.h>
main( )
{
    FILE *fp1, *fp2;
    char buf[100];
    int a;
    fp1 = fopen("test14.txt", "r");
```

```
    while((a = getc(fp1)) != EOF)
        putc(a, stdout);
    if( (fp2 = fopen( "data1.txt", "w" )) != NULL)) {      ←—— ①
      if( setvbuf(fp2, buf, _IOFBF, sizeof(buf) ) != 0 )   ←—— ②
          printf( "fp2에 대한 잘못된 형식이나 크기 지정 \n" );
      else
          printf( "fp2에 100 bytes 크기 지정 \n" );
    }
    _fcloseall();                                          ←—— ③
}
```

→ 실행 결과

```
C Program => (Interesting, Easy, Lovely)
fp2에 100 bytes 크기 지정
계속하려면 아무 키나 누르십시요...
```

[setvbuf.c]은 test14.txt 파일을 while( )문을 이용하여 화면 출력하였고, setvbuf( ) 함수의 파일 버퍼화 입·출력 모드 _IOFBF를 사용하여 파일 포인터의 크기를 자유로이 변경할 수 있도록 해 준 예제 프로그램이다. ①은 현재 실행 중인 폴더 안에 "data1" 파일이 존재하지 않으면 ②와 같이 setvbuf( ) 함수를 사용하여 버퍼의 크기(100byte) 만큼의 파일포인터 fp2를 지정하여 100byte 크기의 "data1" 파일을 생성해 준다. ③의 경우는 2개의 파일포인터(*fp1, *fp2)를 모두 닫아 주기 위하여 _fcloseall( ) 함수를 사용하였다.

13.3.10 sscanf( ), sprintf( ) 함수를 사용한 문자열 입·출력 함수

sscanf( )와 sprintf( ) 함수는 표준 입력 또는 출력 장치를 사용하여 문자열을 입·출력하는 것이 아니라, 문자열 배열을 사용하여 문자열을 입·출력하는 함수이다. 이 함수들은 서식 지정자의 형식에 따라서 문자열 배열로부터 데이터를 읽거나 그 내용을 출력하는 함수이다. 이 함수들은 〈stdio.h〉 헤더 파일에 선언되어 있다.

(1) sscanf( ) 함수

sscanf( ) 함수는 문자열 배열에 저장된 문자열을 변수에 할당하는 함수로 형식은 다음과 같다.

형식
```
int sscanf(const char *buffer , const char *format, void *address
```

위의 형식에서 첫 번째 인수 buffer는 문자열이 저장되어 있는 포인터이고, 두 번째 인수 format은 문자와 입력 서식 지정자로 구성된 문자열을 나타내고, 세 번째 인수 address는 문자열로부터 데이터가 입력될 각 변수의 주소를 나타낸다. sscanf( ) 함수는 scanf( ) 함수와 거의 동일한 기능을 가지고 있으나, 차이점은 키보드로 입력을 받아들이는 것이 아니라 문자열 포인터로부터 데이터를 입력받는다는 점이 다르다.

sscanf( ) 함수의 반환 값은 int형으로 아무것도 입력되지 않으면 0을 반환하고, 파일의 끝을 만나면 EOF(-1)를 반환한다.

scanf( ) 함수도 scanf( ) 함수와 마찬가지로 입력 데이터간의 구분을 공백 문자를 이용하기 때문에 하나 이상의 데이터를 문자열로 입력받고자 한다면, 입력 문자열은 데이터 단위로 공백 문자(' ')를 두어 데이터를 서로 분리해야 한다. 예를 들면 [sscanf.c]과 같다.

↘ [sscanf.c] sscanf( ) 함수 예제 프로그램

```
#include <stdio.h>
main( )
{
    char buf[ ] = "케이윌 니가하면로멘스 Rank_chart==> 1";
    int i;
        char array1[7];
        char array2[15];
        char array3[14];
    sscanf(buf, "%s %s %s %d", array1, array2, array3, &i);
    printf("2015년 대한민국가요 %s  %d위  :  %s, 노래 ==> %s \n", array3, i,
          array1, array2);
}
```

→ 실행 결과

```
2015년 대한민국가요 Rank_chart==> 1위 : 케이윌, 노래 ==> 니가하면로멘스
계속하려면 아무 키나 누르십시오 . . .
```

[sscanf.c]에서 문자열 buf[ ]의 다음과 같은 내용을

```
char buf[ ] = "케이윌 니가하면로멘스 Rank_chart==> 1";
```

sscanf( ) 함수를 이용하여 문자 배열 array1에는 "케이윌₩0"이 저장되고, array2에는 "니가하면로멘스", array3에는 "Rank_chart==>₩0"이 저장되고, i에는 1이 저장된다.

(2) sprintf( ) 함수

sprintf( ) 함수는 변수에 저장되어 있는 데이터를 표준 출력 장치인 화면에 출력하는 것이 아니라, 그 결과를 문자열 배열에 출력한다. 이 함수도 printf( ) 함수와 거의 동일하나 차이점은 출력 대상으로 문자열 배열을 사용한다는 것이다. 형식은 다음과 같다.

형식
```
int sprintf(char *buffer, const char *format, argument);
```

위의 형식에서 첫 번째 인수 buffer는 문자열이 저장될 문자열 배열을 나타내고, 두 번째 인수 format은 문자와 입력 서식 지정자로 구성된 문자열이고, 세 번째 인수 argument는 buffer에 데이터를 저장할 변수 리스트이다.

반환 값은 sprintf( ) 함수가 정상적으로 종료하면 buffer에 기록한 문자 수(NULL 문자를 제외)를 반환하며, 입력 오류가 발생하면 EOF(-1)를 반환한다. sprintf( ) 함수 사용시 주의할 점은 문자열의 크기를 충분히 고려하여 배열의 크기를 지정해야 인접한 기억 공간의 데이터를 파괴하지 않는다.

↘ [sprintf.c] sprintf( ) 함수 예제 프로그램

```
#include <stdio.h>
#define MAX 100
main( )
{
    char buf[MAX];
    int i = 1;
    char array1[20] = "2015년 대한민국가요";
    char array2[14] = "Rank_chart==>";
    char array3[20] = " :  케이윌";
    char array4[20] = "니가하면 로멘스";
    sprintf(buf, "%s  %s  %d위 %s , 노래 ==> %s", array1, array2, i, array3,
            array4);
    puts(buf);
}
```

→ 실행 결과

```
2015년 대한민국가요  Rank_chart==>  1위  :  케이윌 , 노래 ==> 니가하면 로멘스
계속하려면 아무 키나 누르십시오 . . .
```

[sprintf.c]는 sprintf( ) 함수를 이용하여 버퍼(buf)에 array1의 문자 배열 내용(2015년 대한민국가요을 저장하고, 그 뒤에 array2의 문자 배열의 내용(Rank_chart==〉)을 저장하고, 정수 i의 내용(1)을 저장한 후, array3의 문자 배열의 내용(: 케이윌)을 저장하고, array4의 문자 배열의 내용(니가하면 로멘스)을 저장하고, 문자열의 끝을 나타내는 NULL 문자를 문자열의 마지막에 추가하여 저장한다. 버퍼에 저장된 내용을 확인하기 위해서 화면에 문자열을 출력하는 함수인 puts( ) 함수를 사용해 주었다.

[표 13-5]는 지금까지 설명한 고수준 파일 입·출력 함수에 대한 요약이다.

표 13-5 고수준 파일 입·출력 함수 요약

함 수 명	포함된 파일명	기 능
getc()	stdio.h	지정한 파일에 한 문자를 읽는다.
putc()	stdio.h	지정한 파일에서 한 문자를 출력한다.
fgetc()	stdio.h	지정한 파일에 한 문자를 읽는다.
fputc()	stdio.h	지정한 파일에 한 문자를 출력한다.
gets()	stdio.h	지정한 파일에 한 문자열(string)을 읽는다.
puts()	stdio.h	지정한 파일에 한 문자를 출력한다.
fgets()	stdio.h	지정한 파일에서 문자열을 읽는다.
fputs()	stdio.h	지정한 파일에 문자열을 출력한다.
fopen()	stdio.h	지정한 파일을 사용하기 위해 연다(open).
fclose()	stdio.h	지정한 파일을 닫는다(close).
scanf()	stdio.h	키보드에서 데이터를 입력한다.
printf()	stdio.h	화면에 결과를 출력한다.
fscanf()	stdio.h	지정한 파일에서 형식대로 데이터를 입력한다.
fprintf()	stdio.h	형식대로 지정한 파일에 출력한다.
fread()	stdio.h	지정한 파일에서 데이터를 읽는다.
fwrite()	stdio.h	지정한 파일에 데이터를 출력한다.
fseek()	stdio.h	지정한 파일의 문자포인터 위치를 바꾼다.
ftell()	stdio.h	지정한 파일의 문자포인터 위치를 식별한다.
rewind()	stdio.h	지정한 파일의 문자포인터를 파일의 시작점으로 보낸다.
fflush()	stdio.h	현재 사용중인 버퍼를 강제로 비우도록 한다.
setvbuf()	stdio.h	자유롭게 버퍼의 크기를 조정하여 사용한다.
feof()	stdio.h	파일의 끝을 식별한다.
ferror()	stdio.h	지정한 파일의 에러 유무를 식별한다.
sscanf()	stdio.h	지정한 형식대로 데이터를 입력한다.
sprintf()	stdio.h	지정한 형식대로 버퍼에 데이터를 출력한다.
exit	stdio.h	프로그램을 종료시킨다.

13.4 저수준 파일 입출력

앞 절에서 설명한 고수준 파일 입·출력 함수들은 운영체제(operating system)에 의존하지 않고 사용할 수 있다. 그러나 C언어에서는 이러한 고수준 입·출력 함수로 모든 기능을 전부 구현할 수 없는 부분들도 있다. 따라서, 고수준의 파일 입·출력 함수와 달리 파일 입·출력을 위해 버퍼, 카운터 또는 포인터를 직접 사용자가 지정해 주어야 하는 함수들이 있다.

이러한, 함수 기능이 보다 운영체제에 가까운 부분은 저수준의 입·출력 함수가 많은 융통성이 있고, 실행 속도의 증가를 가져오기도 한다. 그러나 ANSI의 표준 라이브러리에는 저수준 파일 입·출력 함수가 포함되어 있지 않고, UNIX와 같은 대부분의 운영체제에서는 저수준 파일 입·출력 함수가 포함되어 있다. Windows와 같은 운영체제들은 저수준 파일 입·출력 함수를 제공하지 않고 있으나, 라이브러리로 해당 함수들을 제공해 준다.

C언어가 발전되어 감에 따라 저수준 파일 함수보다는 고수준 파일 함수가 훨씬 편리하기 때문에 고수준 파일 함수를 더 많이 사용하고, ANSI 표준 라이브러리에는 고수준 함수들만 있으며, 저수준 함수들은 없어져 가는 추세이다. 그러나 저수준 함수를 이용한 코드들이 많으므로, 이런 것들이 어떻게 실행되는지를 알아두는 것도 좋을 것이다.

고수준의 입·출력 함수들을 버퍼형 함수라고 부르는데 반하여, 저수준의 입·출력 함수들은 비버퍼형 함수라고도 부른다. 여기서는 많이 사용되는 몇 가지 저수준 입·출력 함수의 종류 및 기능에 대해서 간략하게 설명하겠다.

13.4.1 저수준 파일의 open( ), close( ) 함수

(1) open( ) 함수

open( ) 함수는 파일을 읽기 또는 쓰기를 할 수 있도록 파일을 열어 주는 함수이며, fopen( ) 함수와 기능면에서는 같다. 저급 수준의 입출력 파일은 고급 수준의 입출력 파일처럼 FILE

형의 파일 포인터를 사용하지 않고, 파일 핸들(파일 설명자)이라는 int형 파일설명자를 사용한다. 파일설명자란 운영체제가 어떤 파일을 참조하는데 필요한 정수 값이다. 이 파일설명자를 이용하여 고수준 파일 입·출력의 FILE 포인터처럼 프로그램과 운영체제간의 정보를 교환할 수 있다.

여기서, 파일 핸들은 정수형(int)으로 5부터 연속되게 차례로 번호를 붙이는데 0에서 4까지는 표준 입출력으로서 [표 13-6]과 같이 이미 시스템에 할당되어 있기 때문에 5번이 첫 파일 핸들 번호가 된다. 이들 표준 입·출력 파일 핸들에 대해서는 C프로그램에서는 파일을 열고(open), 닫기(close)를 자동적으로 하기 때문에 지정할 필요가 없다.

표 13-6 시스템에 할당된 파일 핸들 번호와 의미

파일 핸들	의 미
0	표준 입력(stdin)
1	표준 출력(stdout)
2	표준 출력 에러(stderr)
3	표준 범용 통신 입출력(stdaux)
4	표준 프린터 출력(stdprn)

다음은 open( ) 함수의 형식을 나타내고 있다.

형식

```
int open(char *filename, int mode [, int access]);
```

앞의 형식에서 첫 번째 인수 filename은 열어야 할 파일에 경로명을 필요시 함께 지정할 수 있는 파일명을 가리키는 포인터이고, 두 번째 인수 mode는 파일의 실행 변수로 filename이 지정하는 파일에 대해서 실행할 기능을 나타내고, [표 13-7]에서 하나를 선택하면 된다. 만약, 한 파일에 대해서 좀 더 복잡한 기능을 지정하려면, 각 mode(접근 허가를 위한 파일 열기 모드)를 OR 기호로 연결하면 된다.

표 13-7 fcntl.h(파일 관리 헤더 파일) 내의 모드

mode	의 미
O_RDONLY	읽기 전용(READ ONLY)으로 파일을 연다.
O_WRONLY	쓰기 전용(WRITE ONLY)으로 파일을 연다.
O_RDWR	읽기와 쓰기(READ AND WRITE)전용으로 파일을 연다.
O_CREAT	신규 파일을 만들고 파일을 연다.
O_TRUNC	이미 존재하는 파일을 열고 그 파일의 내용을 없앤다.
O_EXCL	이미 파일이 존재하면 신규 파일을 만들지 않는다.
O_APPEND	존재하는 파일 내용 끝에 추가하기 위해 파일을 연다.
O_BINARY	존재하는 파일을 2진 모드로 연다.
O_TEXT	존재하는 파일을 텍스트 모드로 연다.

앞의 [표 13-7]의 모드들은 〈fcnt1.h〉 헤더 파일에 존재하므로, 위의 모드를 지정할 때는 미리 #include문에서 〈fcntl.h〉 헤더 파일을 선언해 두어야 한다. 형식에서 "access"는 파일을 열 때 가지게 되는 속성으로 UNIX환경에 관련되는 것으로 호환성을 위해 정의할 수도 있다. 저급 수준의 파일을 열기 위한 open( ) 함수의 간단한 몇 가지 예를 들어보자.

```
int fd;
fd = open("test14.txt", O_RDONLY);
```

O_RDONLY → 읽기 전용으로 파일을 연다.

"test14.txt" → 열어야 할 파일명

앞 예의 의미는 test14.txt 파일을 읽기 전용으로 파일을 연다.

```
int fd;
if(fd = open("test14.txt", O_APPEND)) == -1) {
    printf("can not open test14.txt \n");
}
```

위 예제의 의미는 이미 존재하는 test14.txt 파일을 열어서 그 파일의 끝에 추가하고자 한다. 이때 해당 파일이 없을 경우 저수준 입·출력 함수인 open( )은 실행이 되지 않고, 반환값은 -1이 된다. 따라서, 이때는 can not open test14.txt 라는 메시지를 출력하고 프로그램

실행을 종료한다.

```
int fd;
fd = open("test14.txt" , "O_TEXT | O_RDWR");
```

위의 예제는 기존의 test14.txt 텍스트 파일을 읽고 쓸 수 있도록 열라는 의미이고, 모드를 두 가지 동시에 지정할 때는 이중 인용 부호(" ")로 묶는다. 여기서 "O_TEXT | O_RDWR"의 의미는 기존의 텍스트 파일을 읽기뿐만 아니라 쓰기도 가능하게 열기를 하라는 뜻이다. 이때의 두 모드 사이의 "|" 표시는 논리합 연산자 표시이다.

open( ) 함수를 호출하였을 때 해당 파일이 존재하지 않아 에러가 발생하게 되면, open( ) 함수의 반환 값은 항상 -1이 된다.

(2) close 함수

close( ) 함수는 고수준 파일 입·출력에서 fclose( )가 했던 것과 같이 파일 버퍼 안에 있던 모든 데이터를 디스크에 저장한 후 닫혔음을 표시하고, 파일설명자를 해제한다. open( )함수로 열어 사용한 파일(fd)을 다음 파일에서 다시 사용하기 위해 종료하는 기능을 가지며 정상적으로 파일이 종료하면 "0"을, 그 파일이 종료하지 않으면 "-1"의 값을 반환하고, 데이터가 파괴될 수도 있다. 다음은 close( ) 함수의 형식이다.

형식

```
int close(int fd);
```

예를 들면 다음과 같다.

```
close(fd);
```

위의 예는 파일 fd를 닫는다.

13.4.2 craet( ), read( ), write( ) 함수

creat( ), read( ), write( ) 함수들을 사용할 때는 선행 처리기 #include 〈io.h〉 헤더 파일을 미리 선언해야 한다.

(1) creat( ) 함수

creat( ) 함수는 새로운 파일을 만들거나 이미 파일이 존재할 경우에는 이 파일에 데이터를 겹쳐(overwrite)쓴다. 쓰기 모드로 지정했을 때는 그 파일의 속성은 그대로 두고 파일 내용만 삭제된다. 그러나 읽기 모드로 지정되었다면 에러가 발생한다. 형식은 다음과 같다.

형식

```
int creat(char *filename, int access);
```

위의 첫 번째 인수 filename은 새로 생성할 파일의 문자열 포인터이고, 두 번째 인수 access는 [표 13-8]과 같은 접근 허가 모드를 나타낸다. 간단한 예를 들어보자.

```
fd = _creat("test15.txt", _S_IREAD);
```

위의 예는 test15.txt라는 파일을 생성시키고, 이 파일을 읽기 가능하도록 한다. 이때의 S_IREAD는 MS-DOS상에서 실행되는 Turbo-C 또는 MS-C에서는 읽기를 허가하는 모드이고, UNIX시스템에서는 따로 이러한 모드가 있다. 만약, UNIX 시스템을 사용하여 C를 실행하고자 한다면 UNIX 명령어인 chmod 사용시 세 종류의 모드(owner, user group, other) 부분을 참조하길 바란다. UNIX 명령어인 1s -1을 실행시 CRT 화면에 다음과 같이 출력된다면 이는 같은 의미가 될 것이다.

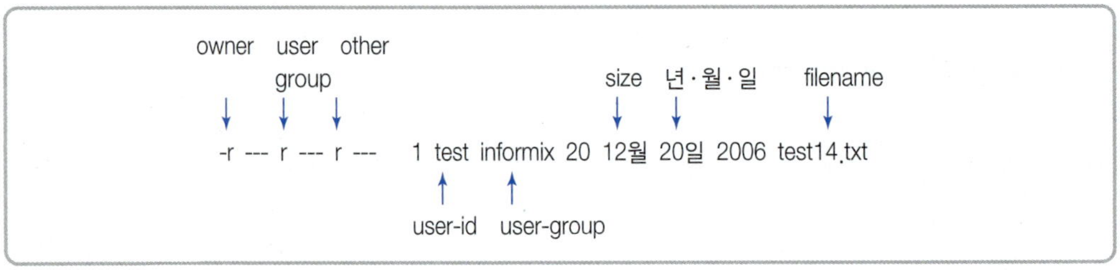

앞의 UNIX 명령(1s -1) 실행 결과 나타난 메시지 의미에서 첫 필드의 의미는 test14.txt라는 파일이 자신과 그룹 및 기타 모든 사용자에게 읽기만이 허용되어 있음을 UNIX 시스템 사용자는 쉽게 알 수 있을 것이다. [표 13-8]은 접근 허가 모드(access)의 종류와 기능을 나타낸다.

표 13-8 접근 허가 모드의 종류와 기능

UNIX시스템	Turbo C,　MS C
UNIX시스템은 파일보호모드 지정	_S_IREAD (읽기 허가) _S_IWRITE (쓰기 허가) _S_IREAD ㅣ _S_IWRITE (읽기와 쓰기 허가)

다음의 예를 들어보자.

```
fd = _creat("test15.txt", "_S_IREAD | _S_IWRITE");
```

이 예의 의미는 test15.txt라는 파일을 새롭게 생성하여 읽기와 쓰기가 가능하도록 허가하는 의미를 가진다.

(2) read( ) 함수

read( ) 함수는 지정한 파일(fd)에 있는 데이터를 지정한 바이트 수(n)만큼 버퍼(buf)로 읽어 들이는 기능을 가지며, 이때 파일은 open( ), creat( ) 함수에서 열려 있어야 반환하고, 에러가 발생하면 "-1"의 값을 반환한다. 형식은 다음과 같다.

형식
```
int read(int fd, char *buf, int n byte);
```

위의 형식 첫 번째 인수 fd는 파일 핸들이고, 두 번째 인수 buf는 저장될 버퍼를 나타내고, 세 번째 인수 n은 한 번에 반환되는 바이트 수를 나타내고 있다.

read( ) 함수의 예를 들어보자.

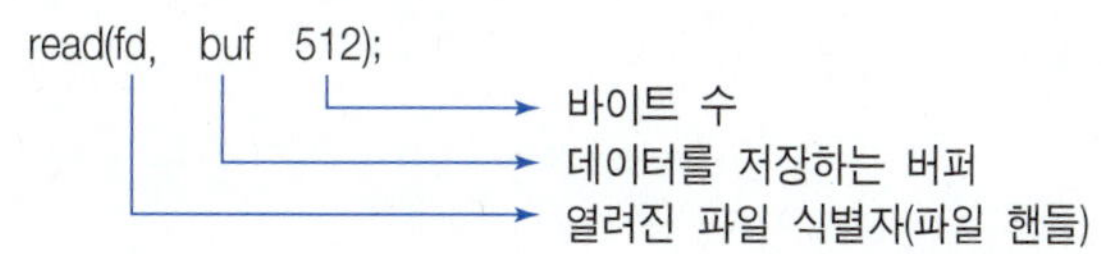

이 예는 fd로 지정된 파일에서 데이터를 한 번에 512바이트씩 읽어서 buf에 저장한다.

(3) write( ) 함수

write( ) 함수는 버퍼에 저장되어 있는 데이터를 지정된 바이트 수만큼 fd로 지정한 파일로 쓰기를 한다. write( )로 파일에 문자를 쓸 경우 버퍼의 끝을 NULL로 구분하지 않으므로, write( ) 함수를 연속하여 실행시키면 데이터는 순차적으로 저장된다. write( ) 함수가 정상적으로 실행이 종료되면 실제로 쓰기를 한 바이트 수를 반환하게 되며 에러 발생시에는 "-1"값을 반환한다. 형식은 다음과 같다.

형식
```
int write(int fd, char *buf, unsigned int n byte);
```

위의 형식은 첫 번째 인수 fd는 파일 핸들이고, 두 번째 인수 buf는 저장될 버퍼를 나타내고, 세 번째 인수 n은 한 번에 반환되는 바이트 수를 나타낸다.

write( ) 함수의 예를 들어보자.

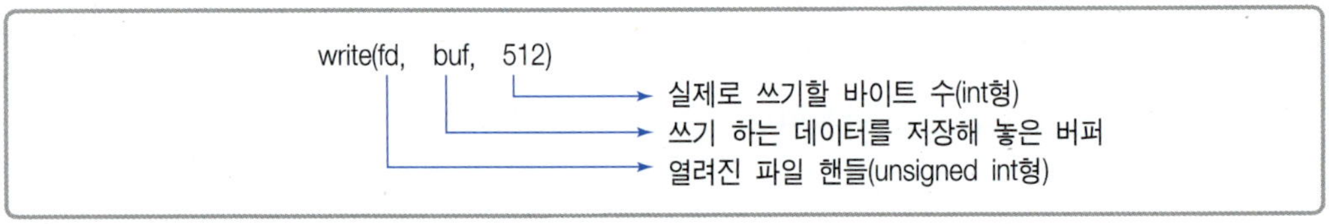

이 예의 의미는 버퍼 "buf"의 512바이트 데이터를 지정된 파일(fd)로 쓰기를 수행한다.

[open.c]은 test14.txt 파일을 읽어서 전체 바이트 수를 구하는 프로그램이다. ①은 읽기 모드로 test14.txt를 개방하고, ②는 test14.txt 파일이 존재하지 않으면 "test14.txt 파일을 열 수가 없습니다."란, 에러 메시지를 출력하고 작업을 끝낸다. ③은 fd의 데이터 내용(test14.txt 내용)을 읽어서 해당 바이트 수만큼을 j에 반환하고 만약, 음수 값이 나오면 에러 메시지를 출력한다.

↘ [open.c] open( ), close( ), read( ) 함수 예제 프로그램

```
#include <fcntl.h>
#include <io.h>
#include <stdlib.h>
#include <stdio.h>
char buffer[100];
void main( void )
{
    int fd, i = 100, j;
    if( (fd = _open("test14.txt", _O_RDONLY )) == -1 )          ← ①
    {
       perror( "test14.txt 파일을 열 수가 없습니다." );          ← ②
       exit( 1 );
    }
    if( (j = _read(fd, buffer, i) ) <= 0 )                      ← ③
       perror( "test14.txt 파일을 읽을 수가 없습니다. " );
   else
       printf( "test14.txt 파일의 바이트 수 : %d bytes \n", j);
  _close( fd );
}
```

→ 실행 결과

```
test14.txt 파일의 바이트 수 : 41 bytes
```

13.4.3 저수준 파일 직접 액세스

고수준 입·출력 함수인 fseek( ), ftell( ) 함수와 저수준 입·출력 함수인 lseek( ), tell( ) 함수는 동일한 역할을 한다. 이 함수들은 데이터 중에서 특정 부분을 읽어 오는데 직접 액세스(random access) 방식을 사용한다.

(1) lseek( ) 함수

lseek( ) 함수는 지정한 파일을 임의의 위치로 이동하고자 할 때 사용되는 함수로, 그 기능은 파일의 현재 위치 모드(mode)의 지정한 위치에서부터 offset에 해당하는 바이트 수만큼 이동하는 함수이다. offset이 음수이면 파일의 역방향으로, 양수이면 파일의 순방향으로 이동된다. lseek( ) 함수가 정상적으로 종료 시에는 실제 이동 바이트 수만큼의 값을 변환하여 에러 시에는 -1L값을 반환한다.

형식
```
long lseek(int fd, long offset, int mode);
```

위의 형식에서 첫 번째 인수 fd는 개방된 파일 핸들을 나타내고, 두 번째 인수 offset은 이동할 바이트 수이고, 세 번째 mode는 파일의 이동 시작 위치를 나타낸다.

예를 들어보자.

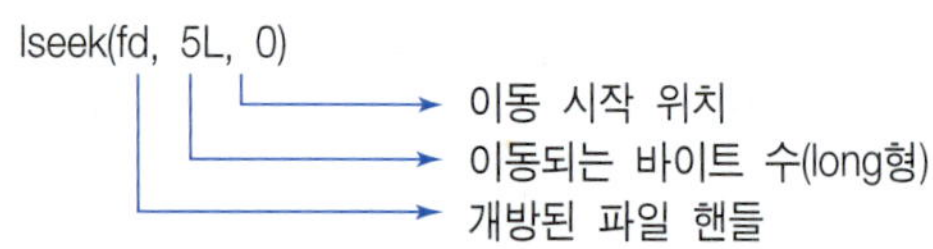

이 예의 의미는 fd가 가리키는 파일의 선두 위치(0)부터 5바이트만큼 뒤에 파일 위치를 이동한다. mode는 기준 주소를 나타내며 [표 13-9]와 같이 세 개의 mode를 사용할 수가 있다.

표 13-9 lseek( ) 함수의 이동 시작 위치 모드

매크로상수명	mode	기준 점의 위치	사용되는 offset의 범위
SEEK_SET	0	파일의 처음부터	양수
SEEK_CUR	1	파일의 현재 위치	양수 또는 음수
SEEK_END	2	파일의 끝부터	음수

세 번째 인수인 mode는 기준점 위치에서 어느 방향(순방향, 역방향)으로 얼마만큼 떨어진 위치로 이동할 것인가를 나타내는 long형 데이터가 사용된다. 따라서 mode가 SEEK_SET인

경우 파일 선두가 기준점이므로 offset의 값은 0 이상의 정수를 사용해야 하며, mode가 SEEK_CUR인 경우에는 임의의 위치에 파일 핸들이 있으므로 파일의 끝 방향으로 이동하고자 한다면 양수 값을 사용하고, 파일의 선두 방향으로 이동하고자 한다면 음수 값을 사용하면 된다. mode가 SEEK_END인 경우에는 기준 점이 파일의 끝이므로 음수 값을 사용해야 한다. 이를 그림으로 표현하면 다음과 같다.

① mode가 SEEK_SET(0)인 경우

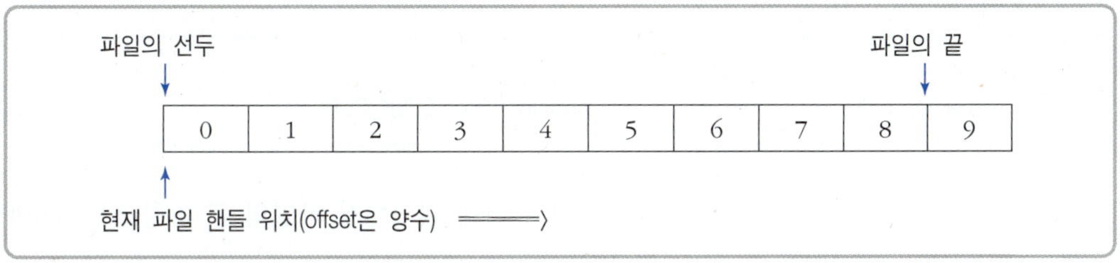

② mode가 SEEK_CUR(1)인 경우

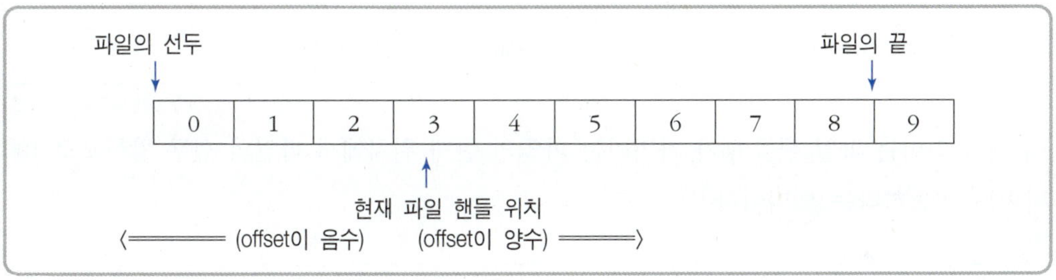

③ mode가 SEEK_END(2)인 경우

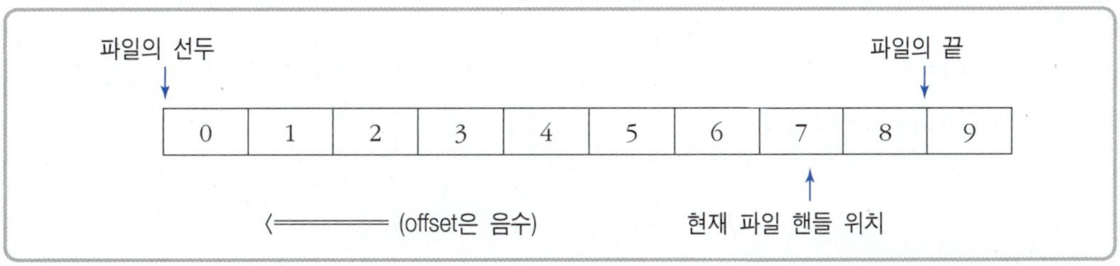

lseek( ) 함수의 간단한 예를 들어 분석하여 보자.

```
                          동일
lseek(fp, 5L, 0);         <===>     lseek(fp, 5L, SEEK_SET);
```

이 예의 의미는 파일 핸들 fp는 파일의 선두 위치(mode가 0이므로)에서 5바이트(offset이 5L이므로) 파일의 끝 방향으로 이동하라는 의미이다.

```
                          동일
lseek(fp, 100L, 1);       <===>     lseek(fp, 100L, SEEK_CUR);
```

이 예의 의미는 파일 핸들 fp가 가리키는 파일의 현재 위치에서 파일의 끝 방향으로 100바이트 이동하라는 의미이다.

```
                          동일
lseek(fp, -100L, 1);      <===>     lseek(fp, -100L, SEEK_CUR);
```

이 예의 의미는 파일 핸들 fp가 가리키는 파일의 현재 위치에서 파일의 선두 방향으로 100바이트 이동하라는 의미이다.

```
                          동일
lseek(fp, -5L, 2);        <===>     lseek(fp, -5L, SEEK_END);
```

이 예의 의미는 파일 핸들 fp가 가리키는 파일의 끝에서 역방향(파일의 선두 방향)으로 5바이트 이동하라는 의미이다.

↘ [lseek.c] open( ), close( ), read( ), lseek( ) 함수 예제 프로그램

```
#include "io.h"
#include "fcntl.h"
#include <stdio.h>
#define MAX 50
main( )
{
    char buf[MAX + 1];
    int fd;
    long lseek( );
    if((fd = open("test14.txt", O_RDONLY)) < 0)     ←—— ①
    exit(0);
    lseek(fd, 5, SEEK_SET);                          ←—— ②
    read(fd, buf, MAX);                              ←—— ③
    buf[MAX] = '\0';                                 ←—— ④
    printf("%s \n", buf);
    close(fd);
}
```

→ 실행 결과

```
gram => ( Interesting, Easy, lovely )
계속하려면 아무 키나 누르십시요...
```

[lseek.c]은 test14.txt 파일을 open( ) 함수를 이용하여 읽기 전용으로 개방한 후 lseek( ) 함수를 이용해, 그 파일의 선두에서 5바이트를 이동한 후의 위치에서 버퍼의 크기 MAX(50 바이트)만큼 read( ) 함수로 읽어서 이를 출력하는 경우의 프로그램이다. ①은 test14.txt 파일을 읽기 전용으로 개방하고, ②는 파일 핸들의 위치를 파일의 선두 위치에서 5바이트 만큼 이동시키라는 의미이고, ③은 6번째 위치부터 파일의 끝 방향으로 버퍼에 저장하라는 의미이며, ④는 버퍼의 맨 마지막에 NULL(₩0) 문자를 추가하여 문자열의 끝을 나타낸다. 그러므로 test14.txt 파일의 내용 중 "C Pro"이 삭제되어 나머지 부분만 화면에 출력하게 된다.

표 13-10 저수준 입·출력 함수 요약

함 수 명	포함된 파일명	기 능
open()	io.h(fcnt1.h)	지정한 파일을 연다(open).
close()	io.h(fcntl.h)	지정한 파일을 닫는다(close).
creat()	io.h(fcntl.h)	새로운 파일을 만든다.
read()	io.h(fcntl.h)	지정한 파일의 데이터를 읽는다.
write()	io.h(fcntl.h)	지정한 파일에 데이터 쓰기를 한다.
lseek()	io.h(fcntl.h)	파일의 문자 포인터 위치를 이동한다.

13.5 파일 입출력 응용 프로그램 예제

다음의 [application.c]는 "app.txt" 파일이 존재한다면 아래와 같이 줄단위로 Line 수를 출력하고 전체 Line 수를 출력해 주는 프로그램이다.

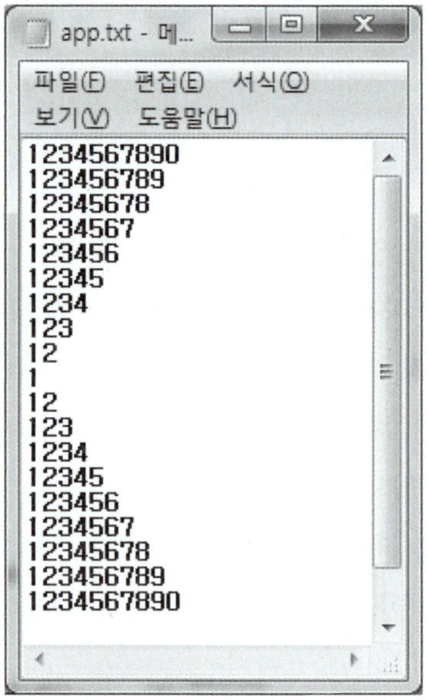

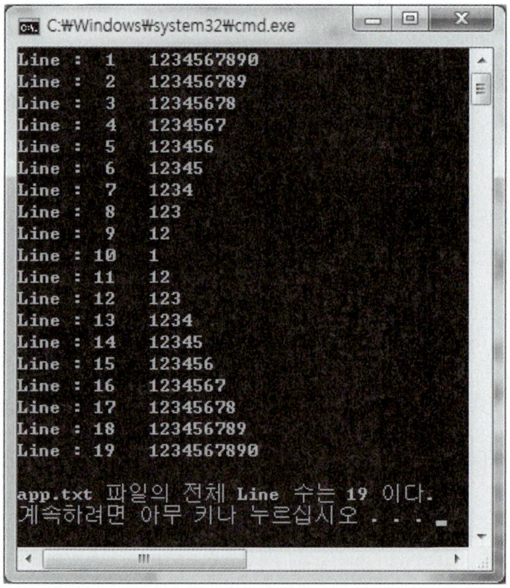

↘ [application.c] Line수 출력 예제 프로그램

```
#include <stdio.h>
#include <stdlib.h>
int main( )
{
    char FILE_NAME[ ]="app.txt";          ← ①
    int  count=0;
    char str[100], *ch_pt;
    FILE *in_file;
    in_file = fopen(FILE_NAME, "r");      ← ②
    if (in_file == NULL){                 ← ③
        printf("File Open Error %s\n", FILE_NAME);
        exit(1);
    }
    while(1){
        ch_pt = fgets(str, 100, in_file);  ← ④
            if(ch_pt == NULL) break;       ← ⑤
              ++count;                     ← ⑥
        printf("Line : %2d   %s", count, ch_pt);
    }
    printf("\n\n%s 파일의 전체 Line 수는 %d 이다. \n", FILE_NAME, count);
    fclose(in_file);
}
```

[application.c]은 ①에서 문자열 FILE_NAME에 "app.txt" 파일을 저장하고, ②에서 fopen( ) 함수를 이용하여 읽기 전용으로 개방한 후 파일포인터 in_file에 파일의 시작 주소 값을 저장해 주었다. ③에서 파일포인터가 NULL이면 에러 메시지를 출력한 후 실행 종료하고, NULL이 아니면 ④를 수행하여 입력 파일(app.txt)을 한 줄씩 읽어 배열 str[100]에 저장하고 str 배열의 시작 주소 값을 포인터 ch_pt에 저장한다. ⑤는 ch_pt가 NULL이면 while(1) 문을 빠져나오고 NULL이 아니면 ⑥을 실행하여 Line수를 1씩 증가시킨 후 출력한다.

11장 연습문제 6번은 프로그램 내에 서울상회의 물품 판매내용을 포함하고 있다. 다음에

제 [product.c]는 보조기억장치인 하드디스크에 “seoul.txt” 파일을 생성해 주고, “seoul.txt”을 회사에서 필요한 매출이익금과 매출이익률을 계산하여 아래의 실행 결과와 같이 “C:₩Visual_C₩Sample₩Sample₩sales.txt” 파일을 출력하는 프로그램이다.

[seoul.txt 입력 양식]

상품코드	상품명	수량	구입가	판매가
char(10)	char(30)	int	int	int

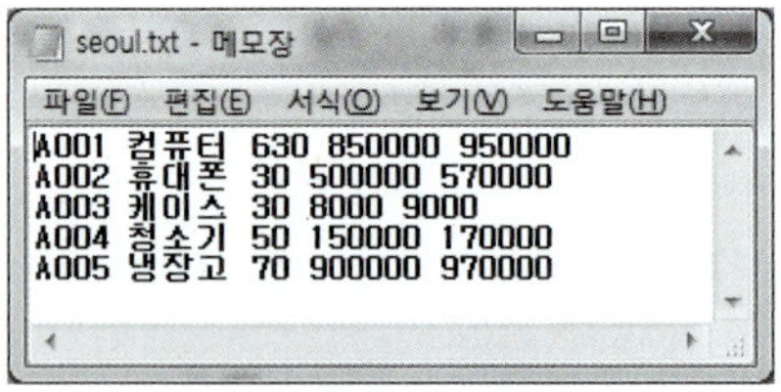

seoul.txt - 메모장

파일(F) 편집(E) 서식(O) 보기(V) 도움말(H)

```
A001 컴퓨터 630 850000 950000
A002 휴대폰 30 500000 570000
A003 케이스 30 8000 9000
A004 청소기 50 150000 170000
A005 냉장고 70 900000 970000
```

[sales.txt 출력파일]

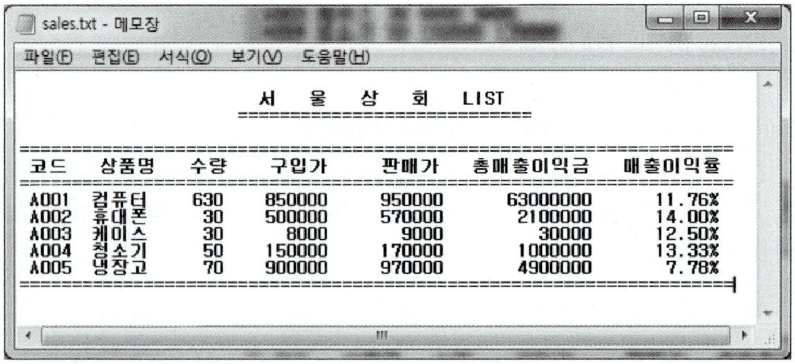

sales.txt - 메모장

파일(F) 편집(E) 서식(O) 보기(V) 도움말(H)

```
                    서  울  상  회  LIST
                    ============================

=====================================================================
 코드   상품명   수량    구입가     판매가    총매출이익금    매출이익률
=====================================================================
 A001   컴퓨터    630    850000     950000      63000000       11.76%
 A002   휴대폰     30    500000     570000       2100000       14.00%
 A003   케이스     30      8000       9000         30000       12.50%
 A004   청소기     50    150000     170000       1000000       13.33%
 A005   냉장고     70    900000     970000       4900000        7.78%
=====================================================================
```

↘ [product.c] 서울상회 물품 판매 매출이익금 출력 예제 프로그램

```
#include <stdio.h>
#define LINE "==========================================================\n"
main( )
{
    char  code[10];    // 코드
    char  name[30];   // 상품명
```

```
    int   count;       // 수량
    int   buy;        // 구입가
    int   sell;        // 판매가
    char buf[132];
    int i, buy_sum = 0, sell_sum = 0, profit = 0;
    float benefit = 0.0;  // 매출이익율 = (판매가 * 수량 - 구입가 * 수량) / (구입가
                            * 수량) * 100
    FILE *fp1, *fp2;
    if((fp1 = fopen("seoul.txt", "r")) != NULL) {
       fp2 = fopen("sales.txt", "w");
       fprintf(fp2, "\n%16s     서  울  상  회  LIST\n"," ");  ←── ①
       fprintf(fp2, "%14s      ============================\n\n"," ");
       fprintf(fp2, "%s", LINE);
       fprintf(fp2, " 코드 상품명 수량  구입가  판매가 총매출이익금   매출이익률 \n");
       fprintf(fp2, "%s", LINE);
       while(fgets(buf, 132, fp1)) {      ←── ②
          sscanf(buf, "%s %s %d %d %d", code, name, &count, &buy, &sell); ←── ③
          buy_sum = buy * count;        // 구입 총액
          sell_sum = sell * count;        // 판매 총액
          profit = sell_sum - buy_sum;   // 총매출이익금
          benefit = (sell_sum - buy_sum) * 1.0 / buy_sum * 100;  // 매출이익률
          fprintf(fp2, "%5s %7s  %5d  %8d   %8d    %10d     %6.2f%% \n", code,
             name, count, buy, sell, profit, benefit);  ←── ④
          }
          fprintf(fp2, "%s", LINE);
       } else {
         printf("seoul.txt 파일이 존재하기 않음. \n");
         exit(0);
    }
    printf("sales.txt 파일이 생성되었습니다... \n");
    fclose(fp1);
    fclose(fp2);
}
```

→ 실행 결과

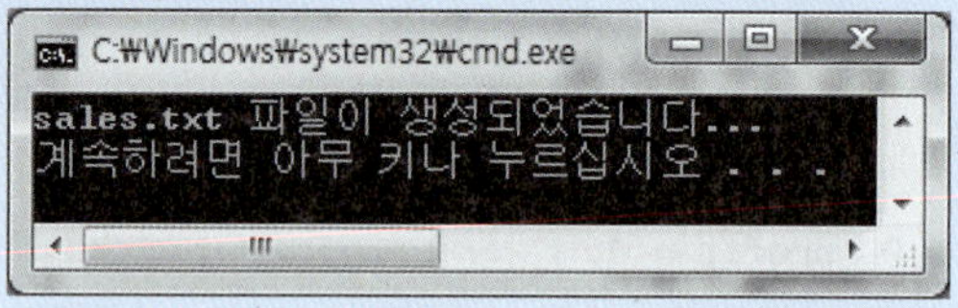

[product.c]는 "seoul.txt" 파일을 읽어서 "sales.txt" 파일을 생성해 주는 프로그램으로 ①의 fprintf( ) 함수는 16컬럼을 띄고 "서울상회LIST"를 레코드 생성한다. ②는 "seoul.txt" 파일을 한행(132byte)씩 읽어 배열 buf에 저장하고, ③의 sscanf( ) 함수는 배열 buf에 저장된 문자열을 형식에 맞추어 변수에 내용을 저장해 준다. ④는 ③에서 저장된 변수의 내용과 매출이익금과 매출이익률을 레코드로 생성한다.

연습문제

1. 배열 str[20]에 strcpy( )함수를 사용하여 "Korea Standard"를 저장하고, 저장된 내용을 아래와 같이 1컬럼씩 이동하여 출력하는 프로그램을 작성하시오.

2. 배열 nationality[10]에 strcpy( )함수를 사용하여 "USA"를 저장하고, 다음과 같이 출력하도록 프로그램을 작성하시오. (단, 문자열 역순 출력은 strrev( )함수를 사용)

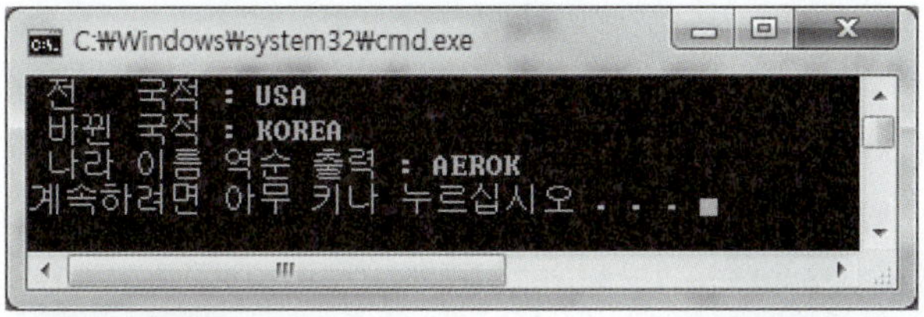

3. app.txt 파일을 읽어 그 파일에 포함된 전체 문자수를 다음과 같이 출력하시오.

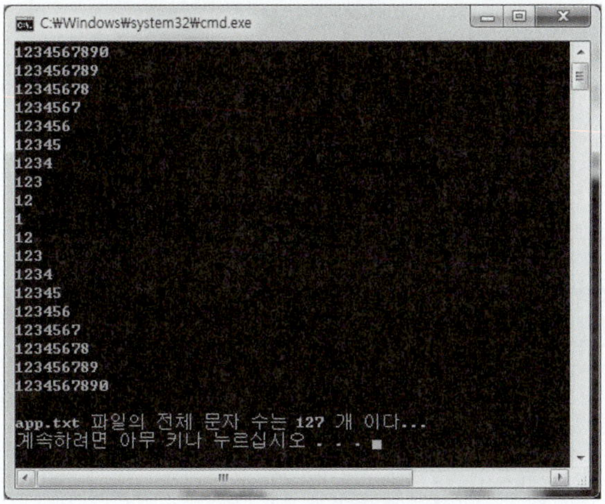

4. 파일 이름을 입력("app.txt")받아 파일에 포함된 LINE수를 출력하는 프로그램을 작성하시오.

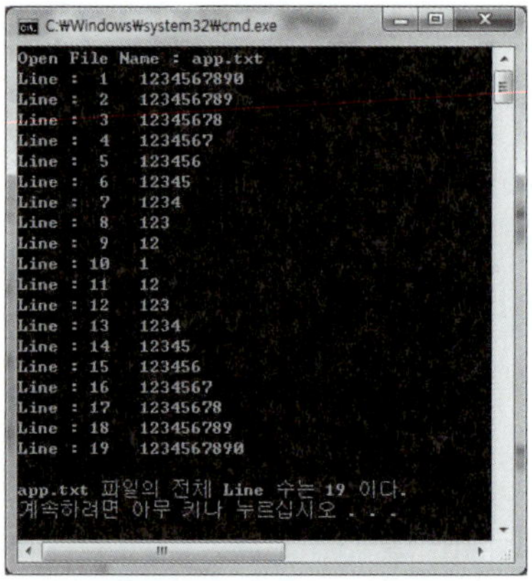

5. 다음과 같이 "app.txt" 파일을 "copy.txt" 파일로 복사하는 프로그램을 작성하시오. (단, 저수준 입출력 함수 사용)

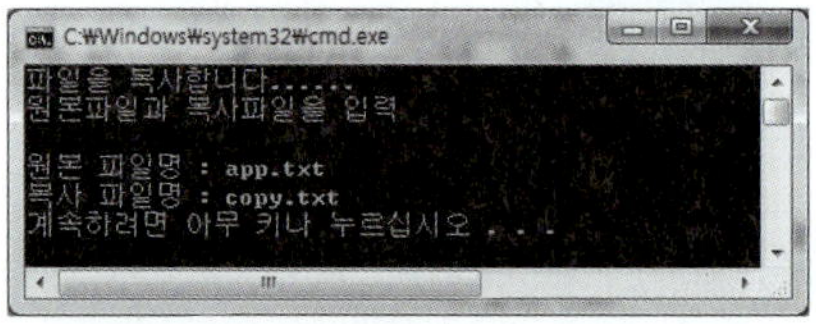

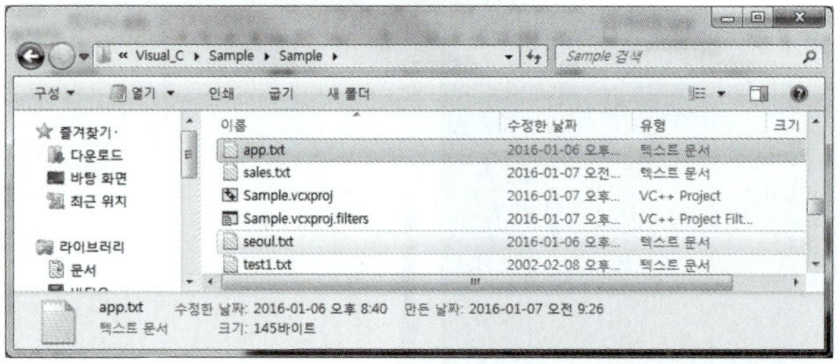

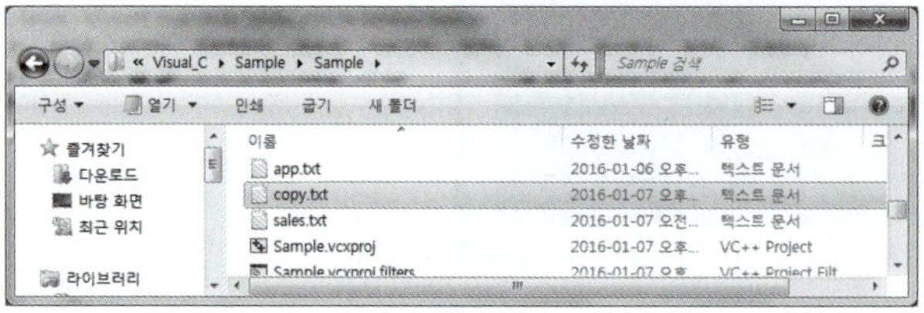

제 14 장

기타 함수들

창의적 사고를 위한
C 프로그래밍

1. 수학 함수
2. 기타 함수

14.1 수학 함수

C언어에는 삼각 함수, 쌍곡선 함수, 지수 함수, 대수 함수, 절대값 함수, 최대/최소 함수, 난수 함수, 올림/버림, 반올림 함수 등 수치 연산을 행할 수 있는 함수가 있으며, 이 함수는 〈math.h〉 또는 〈stdlib.h〉 헤더 파일에 선언되어 있으며, 반드시 #include 문과 같이 사용해야 한다. 그리고 언급이 없는 한 함수의 반환 값은 double형이다.

14.1.1 삼각 함수

sin( ), cos( ), tan( ) 함수는 인수의 값이 호도(radian) 단위이다. asin은 수학 기호로 arcsin 또는 sin-1 또는 sin의 역함수이고, acos은 수학 기호로 arccos 또는 cos-1 또는 cos의 역함수이고, 인수의 허용 범위는 "-1 ~ 1"이다. atan는 tan의 역함수이고 인수의 허용 범위는 제한이 없다.

↘ [radian.c] sin( ), cos( ), tan( ) 함수 예제 프로그램

```
#include <stdio.h>
#include <math.h>
#define  PI  3.1415925435
main( )
{
    int i;
    double ran, s, c, t;
    for (i = 0; i <= 90; i += 15) {
        ran = i / 180.0 * PI;        ←—— ①
        s = sin(ran);
        c = cos(ran);
        t = tan(ran);
        printf("degree[%2d] rad[%6.3f] sin[%6.3f] cos[%6.3f] tan[%6.3f] \n",
                i, ran, s, c, t);
```

```
    }
}
```

→ 실행 결과

```
degree[ 0] rad[ 0.000] sin[ 0.000] cos[ 1.000] tan[ 0.000]
degree[15] rad[ 0.262] sin[ 0.259] cos[ 0.966] tan[ 0.268]
degree[30] rad[ 0.524] sin[ 0.500] cos[ 0.866] tan[ 0.577]
degree[45] rad[ 0.785] sin[ 0.707] cos[ 0.707] tan[ 1.000]
degree[60] rad[ 1.047] sin[ 0.866] cos[ 0.500] tan[ 1.732]
degree[75] rad[ 1.309] sin[ 0.966] cos[ 0.259] tan[ 3.732]
degree[90] rad[ 1.571] sin[ 1.000] cos[ 0.000] tan[18166988.402]
계속하려면 아무 키나 누르십시오...
```

[radian.c] for문의 i는 각도를 나타내고, ①은 호도(radian)를 구하기 위한 수식이다. 삼각 함수는 호도의 값을 직접 대입하여 값을 구한다.

14.1.2 절대값 함수

abs( ) 함수는 주어진 인수의 절대값을 계산하며, 인수는 int형이어야 하고, 결과 값 역시 int형이 된다. abs(x)는 x의 절대값을 계산하며, 수학적 기호로는 | x |이다. labs( ) 함수는 abs( ) 함수와 같지만 인수가 long형이고, 결과 값도 long형이다. fabs( ) 함수는 abs( ) 함수와 같지만, 인수가 double형(float형도 포함)이고, 결과 값도 double형이다.

[absolute.c]에서 사용된 함수는 절대값을 구하는 함수이다.

↘ [absolute.c] abs( ), labs( ), fabs( ) 함수 예제 프로그램 램

```
#include <stdio.h>
#include <math.h>
main( )
{
    int i = -1000;
```

```
    long j = -123456;
    double k = -12345.123;
    printf("i abs[%d], j labs[%ld], k fabs[%f] \n", abs(i), labs(j), fabs(k));
}
```

→ 실행 결과

```
i abs[1000], j labs[123456], k fabs[12345.123000]
계속하려면 아무 키나 누르십시요...
```

14.1.3 지수 함수와 대수 함수

exp( ) 함수는 지정한 인수의 지수 값을 계산하며, 이때 인수형과 결과 값은 double형이다.

log( ) 함수는 자연 대수(natual logarithm)를 계산하며, 수학적 기호는 ln이다. 이 함수는 지정한 인수의 로그값(logx)을 계산하며, 이때 인수형은 double형과 결과 값은 역시 double형이다.

log10( ) 함수는 상용 대수(common logarithm)를 계산하며 수학적 기호는 log10 또는 아래 첨자 10을 생략한 log이다.

↘ [exponent.c] exp( ), log( ), log10( ) 함수 예제 프로그램

```
#include <stdio.h>
#include <math.h>
main( )
{
    double i = 1.0;
    double j = 2.0;
    double k = 100.0;
    printf("exp[%f], log[%f], log10[%f] \n", exp(i), log(j), log10(k));
}
```

→ 실행 결과

```
exp[2.718282], log[0.693147], log10[2.000000]
계속하려면 아무 키나 누르십시요...
```

14.1.4 제곱근 함수와 거듭제곱 함수

sqrt( ) 함수는 지정한 인수의 제곱근을 계산하며 이때의 인수형은 double형이고, 결과 역시 double형이다. sqrt(x)는 "$+\sqrt{x}$"를 계산한다.

pow(x, y) 함수는 x^y를 계산하고, 단 x는 0보다 큰 실수이어야 하고, y가 0.5이면 sqrt( ) 함수와 동일한 결과 값이 된다.

↘ [sqrt.c] sqrt( ), pow( ) 함수 예제 프로그램

```
#include <stdio.h>
#include <math.h>
main( )
{
    double i = 4.0;
    double x = 2.0,  y = 3.0;
    printf("sqrt[%f],  pow[%f] \n", sqrt(i), pow(x, y));
}
```

→ 실행 결과

```
sqrt[2.000000],  pow[8.000000]
계속하려면 아무 키나 누르십시요...
```

14.1.5 최대 · 최소 함수

max(x, y)는 x, y 중에서 큰 수를 구하고, min(x, y)는 x, y 중에서 작은 수를 구하는 함수이다. 이 함수들은 〈stdlib.h〉 헤더 파일에 정의되어 있고, 매크로 함수이다.

↘ [max_min.c] max( ), min( ) 함수 예제 프로그램

```
#include <stdio.h>
#include <stdlib.h>
main( )
{
    int x = 10,  y = 20;
    printf("x, y => 최대값 : %d, 최소값 : %d \n", max(x, y), min(x, y));
}
```

→ 실행 결과

```
x, y => 최대값 : 20, 최소값 : 10
계속하려면 아무 키나 누르십시요...
```

최대·최소 함수는 모든 산술형 데이터에 대해서 수행이 가능하다. 단, 두 인수 x, y의 데이터 형이 서로 일치해야 대소 비교가 가능하므로 주의하기 바란다. 반환 값도 인수의 데이터 형과 동일하다.

14.1.6 난수 함수

rand( ) 함수는 난수(random number)를 발생시키는 함수로서 난수는 0부터 정수의 최대값(32767)까지 나타낸다. 실제로 난수를 발생시키는 함수는 random 함수이다. 그러나 random 함수를 사용하려면, C언어에서는 그 이전에 srand( ) 함수를 호출하여 난수 발생기를 초기화해야 하고, 이유는 random 함수가 반환하는 값은 이상적인 값이 아닌 의사난수(pseudo random number)이기 때문이다. randomize( ) 함수는 〈stdlib.h〉에 선언되어 있다.

↘ [random.c] rand( ) 함수 예제 프로그램

```
#include <stdio.h>
#include <stdlib.h>
main( )
```

```
{
    int i;
    srand( (unsigned)time(NULL) );                          ← ①
    for(i = 0; i < 5; ++i) {
        printf("난수 번호(%d) => %d \n", i, rand( )%300);   ← ②
    }
}
```

→ 실행 결과

```
난수 번호(0) => 41
난수 번호(1) => 167
난수 번호(2) => 34
난수 번호(3) => 100
난수 번호(4) => 269
계속하려면 아무 키나 누르십시요...
```

[random.c]에서 ①의 srand( ) 함수는 난수의 발생 시작점을 매번 바꾸어 준다. ②의 rand()%300은 나머지가 0~299인 수만을 난수로 발생하므로 이때 발생된 난수 0부터 299 사이의 값이 된다.

14.1.7 올림·버림 함수

C언어에는 올림(round up)에는 ceil( ) 함수, 버림(round down)에는 floor( ) 함수가 있고, 이 두 함수를 이용하여 반올림(round-Off)을 담당하는 함수를 새롭게 생성할 수 있다.

ceil(x) 함수는 x를 넘는 가장 작은 double형 정수 값을 반환하고, floor(x) 함수는 x를 넘지 않은 가장 큰 double형 정수 값을 반환한다.

[round.c] ①은 올림 함수를 사용하여 1.3이 2.0이 되었고, ②는 내림 함수를 사용하여 1.3이 1.0이 되었다. 올림(ceil)과 내림(floor) 이 두 함수를 이용하여 반올림을 시켜 주기 위해서 사용자 정의 함수인 round( ) 함수를 부(sub) 함수로 만들어 사용한 예제이다. round( ) 함수 내의 ⑤은 x가 양수일 때 0.5를 더하여 버림(floor)을 사용하고 x가 음수인 경우에는 0.5

를 감산하여 무조건 올림(ceil)을 한다. ③에서 "1.3 + 0.5"의 결과는 "1.8"이 되어 소수 이하 자리를 버리므로 "1.0"이 되고, ④에서는 "1.6 + 0.5"의 결과는 "2.1"이 되어 소수 이하 자리를 버리므로 "2.0"이 된다.

↘ [round.c] ceil( ), floor( ) 함수 예제 프로그램

```
#include <stdio.h>
#include <math.h>
main( )
{
    double round( );
    double d = 1.3, e = 1.6;
    printf("1.3 ceil( ) 함수 사용 후 => %3.1f \n", ceil(d));      ← ①
    printf("1.3 floor( ) 함수 사용 후 => %3.1f \n", floor(d));    ← ②
    printf("1.3 round( ) 함수 사용 후 => %3.1f \n", round(d));    ← ③
    printf("1.6 round( ) 함수 사용 후 => %3.1f \n", round(e));    ← ④
}
double round(double x)
{
    return((x > 0) ? floor(x + 0.5) : ceil(x - 0.5));           ← ⑤
}
```

→ 실행 결과

```
1.3 ceil( ) 함수 사용 후 => 2.0
1.3 floor( ) 함수 사용 후 => 1.0
1.3 round( ) 함수 사용 후 => 1.0
1.6 round( ) 함수 사용 후 => 2.0
계속하려면 아무 키나 누르십시요...
```

14.2 기타 함수

지금까지 정의해 준 함수 외에 빈번히 사용되고 있는 함수를 소개하고자 한다.

14.2.1 memccpy( ) 함수

형식 `void *_memccpy( void *dest, const void *src, int c, unsigned int count )`

memccpy( ) 함수는 문자열에서 지정한 문자까지의 문자열을 복사해 주는 함수이다.

↘ [memccpy.c] memccpy( ) 함수 예제 프로그램

```
#include <stdio.h>
#include <string.h>
#include <memory.h>
main( )
{
    char array1[ ] = "Hello Mr Monkey", array2[20];
    char *ccpy;
    int len = strlen(array1);
    ccpy = memccpy(array2, array1, 'k', len);     ←—— ①
    *ccpy = '\0';
    printf("array2의 내용 => %s \n", array2);
    printf("array2의 길이 => %d \n", strlen(array2));
}
```

→ 실행 결과

```
array2의 내용 => Hello Mr Monk
array2의 길이 => 13
계속하려면 아무 키나 누르십시오...
```

[memccpy.c]의 ①은 array1의 문자열에서 문자 'k'를 찾아 'k' 이전까지의 문자열을 array2에 복사해 주는 함수이다.

14.2.2 memchr( ) 함수

형식

```
void *memchr( const void *buf, int c, size_t count )
```

memchr( ) 함수는 문자열에서 문자를 찾아 해당되는 위치를 정수 값으로 반환하는 함수이다.

↘ [memchr.c] memchr( ) 함수 예제 프로그램

```
#include <stdio.h>
#include <memory.h>
main( )
{
    char array[ ] = "Hello Mr Monkey";
    char *ccpy;
    int len = strlen(array);
    ccpy = memchr(array, 'M', len);                                    ← ①
    printf("ccpy값 : %s, M의 위치 : %d번째 자리 \n", ccpy, ccpy-array); ← ②
    }
```

→ 실행 결과

```
ccpy값 : Mr Monkey, M의 위치 : 6번째 자리
계속하려면 아무 키나 누르십시요...
```

[memchr.c]의 ①은 array의 문자열에서 문자 'M'을 찾아 'M'의 위치 array[6]을 저장하고, ccpy에는 "Mr Monkey"가 저장된다. ②에서는 ccpy에 저장된 값과 'M'에 해당하는 위치를 출력해 준다.

14.2.3 memset( ) 함수

형식 `void *memset( void *dest, int c, size_t count )`

memset( ) 함수는 문자열의 변수를 초기화시켜 준다.

↘ [memset.c] memset( ) 함수 예제 프로그램

```
#include <memory.h>
#include <stdio.h>
main( )
{
    char str[ ] = "memset 함수";
    printf("memset 이전 => %s\n", str);
    memset(str, '@', 4 );              ← ①
    printf("memset 이후 => %s\n", str);
}
```

→ 실행 결과

```
memset 이전 => memset 함수
memset 이후 => @@@@et 함수
계속하려면 아무 키나 누르십시요...
```

[memset.c]의 ①은 str의 문자열에 처음부터 4자리를 '@'로 초기화시켜 주는 함수이다.

14.2.4 memmove( ) 함수

형식 `void *memmove( void *dest, const void *src, size_t count )`

memmove( ) 함수는 문자열을 복사해 주는 함수이다.

[memmove.c]의 ①은 str의 문자열에 처음부터 18자리만큼 확보하여 "Hello Mr Monkey"를 복사해 주고, ②는 str+4 위치에 "Love is Like Oxygen"을 복사해 주는 함수이다.

① str

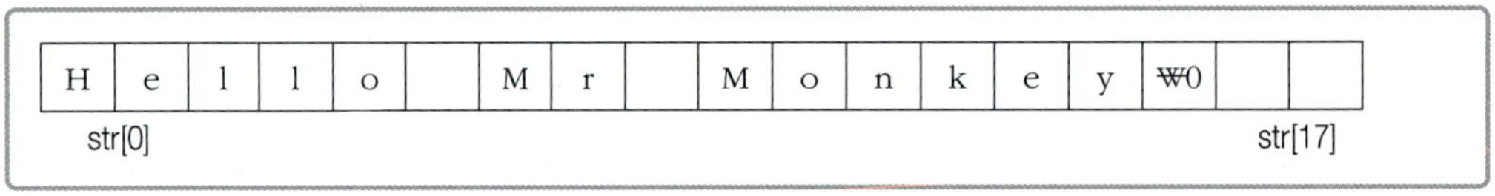

② str + 4

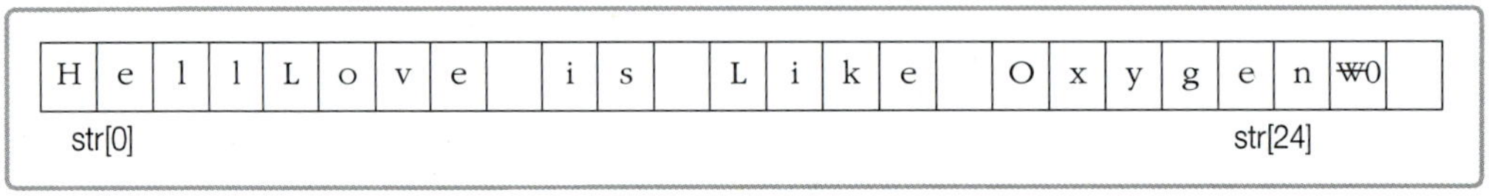

↘ [memmove.c] memmove( ) 함수 예제 프로그램

```
#include <memory.h>
#include <string.h>
#include <stdio.h>
main( )
{
    char str[ ] = "Memmove Function string";
    printf("memmove 이전 0 => %s\n", str);
    memmove(str, "Hello Mr Monkey", 18);          ←── ①
    printf("memmove 이후 1 => %s\n", str);
    memmove(str+4, "Love is Like Oxygen", 25);    ←── ②
    printf("memmove 이후 2 => %s\n", str);
}
```

→ 실행 결과

```
memmove 이전 0 => Memmove Function string
memmove 이후 1 => Hello Mr Monkey
memmove 이후 2 => HellLove is Like Oxygen
계속하려면 아무 키나 누르십시오...
```

14.2.5 calloc( ) 함수

calloc( ) 함수의 기능은 malloc( ) 함수처럼 동적 기억 장소인 힙(heap)으로부터 임의의 크기인 바이트 블록을 동적으로 할당하고, 블록의 크기와 블록의 바이트 수를 지정할 수 있으며, 그 영역을 모두 0으로 초기화한다. 〈alloc.h〉 헤더 파일에 선언되어 있고, 형식은 다음과 같다.

형식

```
void *calloc(size_t n_block, size_t size);
```

위의 형식에서 인수는 동적으로 할당된 블록의 수(n_block)와 블록의 크기(size)를 지정할 수 있도록 하고, 할당되는 기억 장소의 크기는 "블록의 수 * 바이트 수"가 된다. 만약, calloc( ) 함수가 정상적으로 종료하지 않았을 때는 NULL값을 반환한다. 그리고 동적 기억 장소에 확보된 블록은 자동으로 모두 "0"으로 초기화된다.

↘ [calloc.c] calloc( ) 함수 예제 프로그램

```
#include <stdio.h>
#include <malloc.h>
main( )
{
    char *str;
    str = calloc(10, sizeof(char));        ←—— ①
    strcpy(str, "Computer");
    printf("내 %s는 아주 좋은 기계이다. \n", str);
    free(str);
}
```

→ 실행 결과

```
내 Computer는 아주 좋은 기계이다.
계속하려면 아무 키나 누르십시요...
```

[calloc.c]의 ①은 sizeof( ) 연산자를 이용하여 char형의 바이트 수(1byte)를 구할 수 있으므로, calloc( ) 함수는 (10블록 * 1바이트)가 되어 기억 장소(heap)에 문자형 데이터 10바이트를 할당한 후, 그 기억 장소를 "0"으로 초기화하고, 포인터를 str로 지정하라는 의미이다.

14.2.6 realloc( ) 함수

realloc( ) 함수도 malloc( ) 함수와 마찬가지로 동적 기억 장소인 힙으로부터 임의의 크기인 바이트 블록을 동적으로 할당하기 위해서 사용한다. 그리고, realloc( ) 함수는 malloc( ), calloc( ), realloc( ) 함수를 사용하여 이미 동적인 기억 공간에 할당된 기억 장소의 크기를 새롭게 변경하고 싶을 때 사용한다. 〈alloc.h〉 헤더 파일에 선언되어 있고, 형식은 다음과 같다.

형식

```
void *realloc(void *block, size_t size);
```

위의 형식에서 첫 번째 인수는 이미 사용된 블록을 의미하고, 이 블록을 두 번째 인수인 size 크기의 바이트 수로 변경한다. 이때 새롭게 변경된 기억 장소가 할당되면, 그 이전에 저장된 데이터는 새로운 기억 장소에 복사된다. 만약, 첫 번째 인수의 포인터 블록의 값을 NULL로 사용하면 malloc( ) 함수와 동일하게 기억 장소를 할당한다.

↘ [realloc.c] realloc( ) 함수 예제 프로그램

```
#include <stdio.h>
#include <malloc.h>
main( )
{
    char *str;
    str = calloc(20, sizeof(char));                  ← ①
    strcpy(str, "Computer is Good");                 ← ②
    printf("첫번째 ==> My %s Machine \n", str);
    str = realloc(str, 12);                          ← ③
    str[11] = '\0';                                  ← ④
    printf("두번째 ==> My %s Good Machine \n", str); ← ⑤
```

```
    free(str);
}
```

→ 실행 결과

```
첫번째 ==> My Computer is Good Machine
두번째 ==> My Computer is Good Machine
계속하려면 아무 키나 누르십시요...
```

[realloc.c]의 ①은 calloc( ) 함수를 이용하여 str를 20바이트 할당해 주고, ②는 str에 "Computer is Good"이라는 문자열을 복사해 주고, ③은 realloc( ) 함수를 사용하여 ①에서 할당된 기억 장소를 11바이트로 변경하였다. ④는 문자열의 끝을 만들어 주기 위하여 NULL 문자('₩0')를 추가해 주었다. 단, 기억 장소의 크기가 변경되더라도 해당 기억 장소 내의 데이터 값은 변동 없이 저장되어 있는 것을 ⑤에서 확인할 수 있다.

14.2.7 system( ) 함수

MS-DOS창의 명령문을 실행할 수 있다.

↘ [system.c] system( ) 함수 예제 프로그램

```
#include <process.h>
void main( void )
{
    system( "dir c:\*.*/w" );
}
```

실행 파일은 다음과 같다.

```
C:₩Windows₩system32₩cmd.exe
 C 드라이브의 볼륨에는 이름이 없습니다.
 볼륨 일련 번호: E4DA-0215

 C:₩Visual_C₩Sample₩Sample 디렉터리


 C:₩Visual_C₩Sample₩Sample 디렉터리

[.]                     [..]                    app.txt
copy.txt                [Debug]                 [ex10]
[ex11]                  [ex12]                  [ex13]
[ex5]                   [ex7]                   [ex8]
[ex9]                   [p0]                    [p1]
[P10]                   [P11]                   [P12]
[P13]                   [P14]                   [p2]
[p3]                    [p4]                    [p5]
[p6]                    [p7]                    [p8]
sales.txt               Sample.vcxproj          Sample.vcxproj.filters
seoul.txt               test1.txt               test10.txt
test11.txt              test12.txt              test13.txt
test14.txt              test2.txt               test3.txt
test4.txt               test5.txt               test6.txt
test7.txt               test8.txt               test9.txt
[.]                     [..]                    app.txt
copy.txt                [Debug]                 [ex10]
[ex11]                  [ex12]                  [ex13]
[ex5]                   [ex7]                   [ex8]
[ex9]                   [p0]                    [p1]
[P10]                   [P11]                   [P12]
[P13]                   [P14]                   [p2]
[p3]                    [p4]                    [p5]
[p6]                    [p7]                    [p8]
sales.txt               Sample.vcxproj          Sample.vcxproj.filters
seoul.txt               test1.txt               test10.txt
test11.txt              test12.txt              test13.txt
test14.txt              test2.txt               test3.txt
test4.txt               test5.txt               test6.txt
test7.txt               test8.txt               test9.txt
              40개 파일              23,418 바이트
              50개 디렉터리  211,864,268,800 바이트 남음
계속하려면 아무 키나 누르십시오 . . .
```

연습문제

1. 1부터 200 사이의 임의의 난수 10개를 만들어 배열(aar)에 저장하고 출력하는 프로그램을 작성하시오.

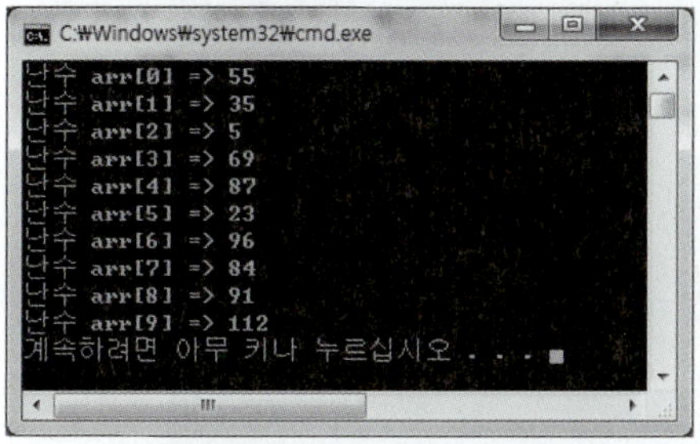

2. 키보드로부터 음수 10개를 받아 들여 절대값의 합과 평균을 구하는 프로그램을 작성하시오.

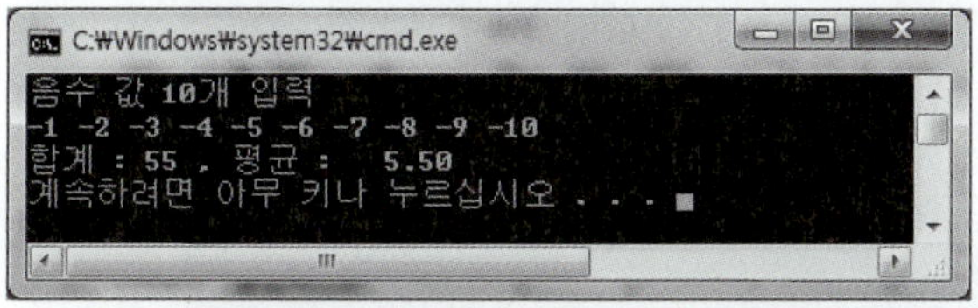

3. 키보드로 스택 값을 입력(Push)하고, 입력된 스택 값을 제거(Pop), 스택 내용을 출력(Diplay), 스택 지우기(Clear)하는 Linked List로 스택을 구현하는 프로그램을 작성하시오.

[입력화면]

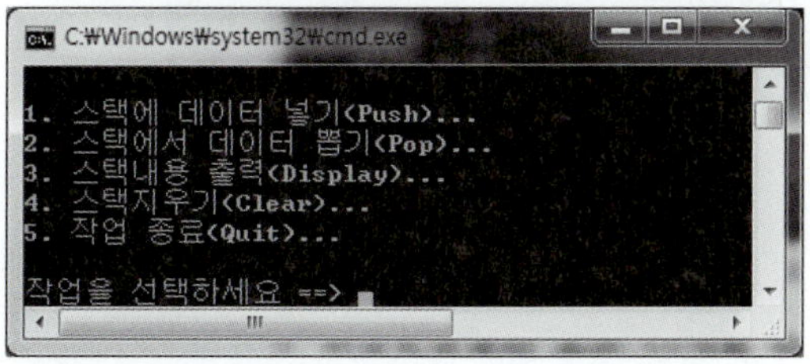

[출력결과]

```
C:\Windows\system32\cmd.exe

1. 스택에 데이터 넣기(Push)...
2. 스택에서 데이터 뽑기(Pop)...
3. 스택내용 출력(Display)...
4. 스택지우기(Clear)...
5. 작업 종료(Quit)...

작업을 선택하세요 ==> 1
스택에 push : 숫자입력, 입력작업 종료(-1) ==> 100
스택에 push : 숫자입력, 입력작업 종료(-1) ==> 200
스택에 push : 숫자입력, 입력작업 종료(-1) ==> 300
스택에 push : 숫자입력, 입력작업 종료(-1) ==> -1

1. 스택에 데이터 넣기(Push)...
2. 스택에서 데이터 뽑기(Pop)...
3. 스택내용 출력(Display)...
4. 스택지우기(Clear)...
5. 작업 종료(Quit)...

작업을 선택하세요 ==> 3

스택 출력 LIST
스택 ==>   300
스택 ==>   200
스택 ==>   100

1. 스택에 데이터 넣기(Push)...
2. 스택에서 데이터 뽑기(Pop)...
3. 스택내용 출력(Display)...
4. 스택지우기(Clear)...
5. 작업 종료(Quit)...

작업을 선택하세요 ==> 2
스택에서 뽑아낼 숫자 ==> 300

1. 스택에 데이터 넣기(Push)...
2. 스택에서 데이터 뽑기(Pop)...
3. 스택내용 출력(Display)...
4. 스택지우기(Clear)...
5. 작업 종료(Quit)...

작업을 선택하세요 ==> 3

스택 출력 LIST
스택 ==>   200
스택 ==>   100

1. 스택에 데이터 넣기(Push)...
2. 스택에서 데이터 뽑기(Pop)...
3. 스택내용 출력(Display)...
4. 스택지우기(Clear)...
5. 작업 종료(Quit)...

작업을 선택하세요 ==> 5
작업 종료(Quit)...
계속하려면 아무 키나 누르십시오 . . .
```

부록

창의적 사고를 위한
C 프로그래밍

부록-A
VISUAL Studio의 메뉴

실습에 필요한 파일(F)···도움말(H) 메뉴와 아이콘에 대하여 알아보자. 파일(F) 메뉴를 클릭해보면 메뉴의 좌측에 아이콘이 붙어있는데 이 아이콘은 Visual Studio 상단에 보면 단축아이콘을 모아 놓은 것을 알 수 있다. 그러므로 단축아이콘을 사용하거나 단축키를 사용하거나 메뉴를 통하여 동일하게 실행이 가능하다.

● 부록-A-1 File(F) 메뉴

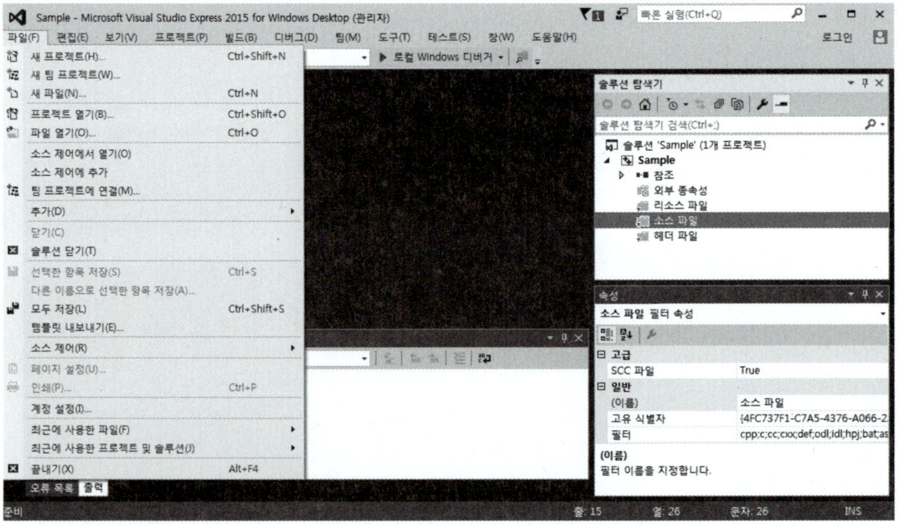

1. 새 프로젝트(H) (Ctrl+Shift+N) : 새로운 프로젝트 생성
2. 새 팀 프로젝트(W) : 팀 프로젝트 컬렉션을 볼 Team Foundation 서버 선택
3. 새 파일(N) (Ctrl+N) : 새로운 파일 생성
4. 프로젝트 열기 (Ctrl+Shift+N) : 저장된 프로젝트를 연다.
5. 파일 열기(O) Open(Ctrl+O) : 저장된 파일을 연다.

6. 소스 제어에서 열기(O) : 팀 탐색기 연결

7. 소스 제어에 추가 : 소스제어 시스템 선택

8. 팀 프로젝트에 연결(M) : Team Foundation 서버 선택

9. 닫기(C) : 솔루션 탐색기 닫는다.

10. 솔루션 닫기(T) : 솔루션 변경 내용 저장 후 닫기

11. 저장(S) (Ctrl+S) : 솔루션 저장

12. 다른 이름으로 솔루션 저장(A) : 현재 작업 중인 솔루션을 다른 이름으로 저장한다.

13. 모두 저장(L) (Ctrl+Shift+S) : 모든 파일과 솔루션 저장

14. 템플릿 내보내기(E) : 템플릿 형식 선택(프로젝트 템플릿, 항목템플릿)

15. 소스 제어(R) : 소스 제어에 솔루션 추가

16. 페이지 설정(U)

17. 인쇄(P) (Ctrl+P)

18. 계정 설정(I) : 계정 로그인

19. 최근에 사용한 파일(F) : 최근에 사용한 파일 10개 출력

20. 최근에 사용한 프로젝트 및 솔루션(J) : 최근에 사용한 프로젝트 출력

● 부록-A-2 편집(E) 메뉴

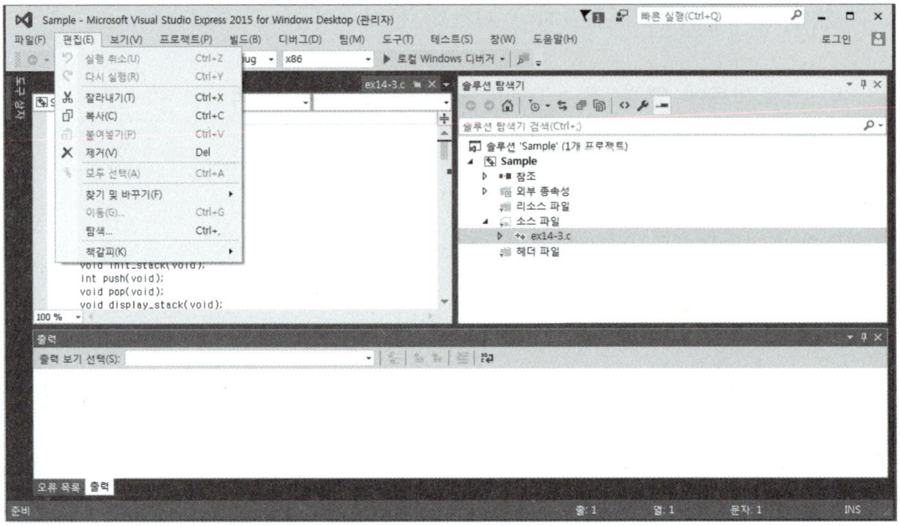

1. 실행 취소(U) (Ctrl+Z) : 진행 중이던 작업을 이전 상태로 되돌린다.

2. 다시 시도(R) (Ctrl+Y) : Undo의 반대 기능이다.

3. 잘라 내기(T) (Ctrl+X) : 블록으로 지정된 것을 메모리에 복사하고 내용을 지운다.

4. 복사(C) (Ctrl+C) : 블록으로 지정된 것을 메모리에 복사해 놓고 그 내용을 지우지 않는다.

5. 붙여넣기(P) (Ctrl+V) : Cut, Copy를 수행하여 메모리에 있는 내용을 화면에 붙인다.

6. 제거(V) (Del) : 블록으로 지정한 내용이나 현재의 내용을 삭제한다.

7. 모두 선택(A) (Ctrl+A) : 현재 활성화되어 있는 파일의 내용을 모두 블록으로 설정한다.

8. 찾기 및 바꾸기(F) : 빠른 찾기, 빠른 바꾸기 등을 실행

9. 이동(G) : 줄번호로 이동하고자 하는 위치를 지정하여 바로 이동

10. 탐색 : 해당되는 함수의 헤더 파일을 탐색한다.

11. 텍스트로 파일 삽입 : 원하는 파일을 찾아 문장 사이에 삽입가능하다.

12. 고급(V) : 문서서식, 선택영역서식, 자동 줄바꿈, 선택영역 주석처리 등

13. 책갈피(K) : 책갈피 설정 및 해제

14. 개요 : 블록 축소 및 확장

● 부록-A-3 보기(V) 메뉴

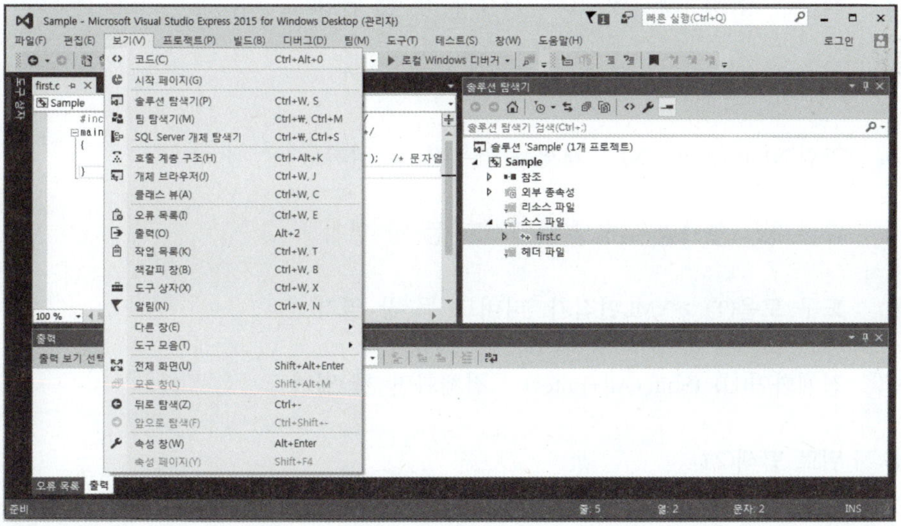

1. 코드(C) (Ctrl+Alt+O) : 편집창

2. 시작페이지(G) : 시작 페이지 초기 화면 열림

3. 솔루션 탐색기(P) (Ctrl+W) : 솔루션 탐색기 창이 열림

4. 팀 탐색기(M) (Ctrl+M): 팀 탐색기 창 열기

5. SQL Server 개체 탐색기 (Ctrl+S) : SQL Server 개체 탐색기 창 열기

6. 호출 계층 구조 (Ctrl+Alt+K) : 호출 계층 구조 창 열기

7. 개체 브라우저(J) (Ctrl+W, J) : 개체 브라우저 창 열기

8. 클래스 뷰(A) (Ctrl+W, C) : 클래스 뷰 창 열기

9. 오류목록(I) (Ctrl+W, E) : 오류목록 창 열기

10. 출력(O) (Alt+2) : 출력 창 열기

11. 작업 목록(K) (Ctrl+W, T) : 작업 목록 창 열기

12. 책갈피 창(B) (Ctrl+W, B) : 책갈피 창 창 열기

13. 도구상자(X) (Ctrl+W, X) : 도구상자 창 열기

14. 알림(N) (Ctrl+W, N) : 개체 브라우저 창 열기

15. 다른 창 : 웹브라우저, 부하테스트 등 창 열기

16. 도구 모음(T) : XML편집기, 디버그 등 창 열기

17. 전체화면(U) (Shift+Alt+Enter) : 전체화면 창 열기

18. 뒤로 탐색(Z)

19. 앞으로 탐색(F)

20. 속성 창(W) (Alt+Enter) : 속성 창 열기

21. 속성 페이지(Y) (Shift+F4) : 속성 창 열기

● 부록-A-4 프로젝트(P) 메뉴

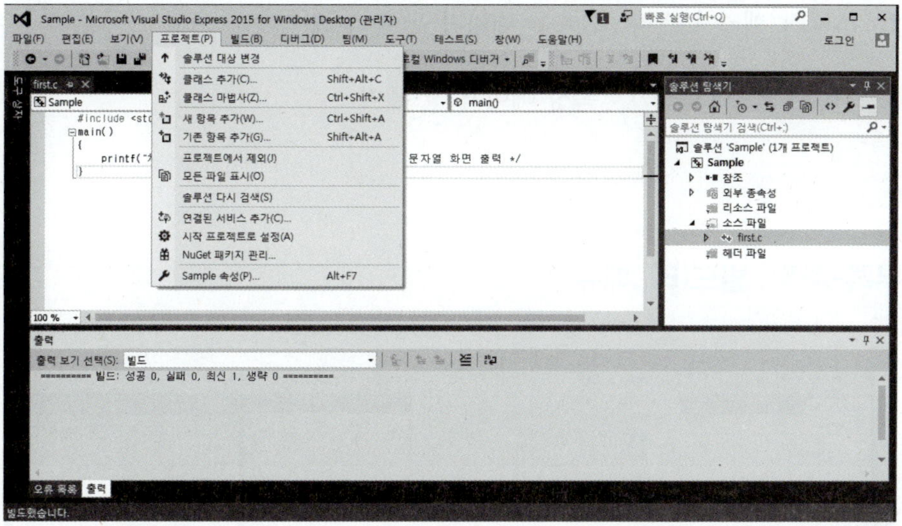

1. 솔루션 대상 변경

2. 클래스 추가(C) (Shift+Alt+C) : 클래스 추가 창 열기

3. 클래스 마법사(Z) (Ctrl+Shift+X) : 클래스 마법사 창 열기

4. 새 항목 추가(W) (Ctrl+Shift+X) : 새로운 파일 생성 창 열기

5. 기존 항목 추가(G) (Shift+Alt+A) : 기존 파일 열기

6. 프로젝트에서 제외(J) : 현재 프로젝트에 열려 있는 파일을 제거

7. 모든 파일 표시(O) : 솔루션탐색기 창에 현재 프로젝트에 있는 모든 폴더 및 파일 열기

8. 솔루션 다시 검색(S)

9. 연결된 서비스 추가(C) : 연결된 서비스 추가 창 열기

10. 시작 프로젝트로 설정(A)

11. NuGet 패키지 관리 : NuGet 패키지 관리 창 열기

12. 속성 창(P) (Alt+F7) : 속성 페이지 창 열기

● 부록-A-5 빌드(B) 메뉴

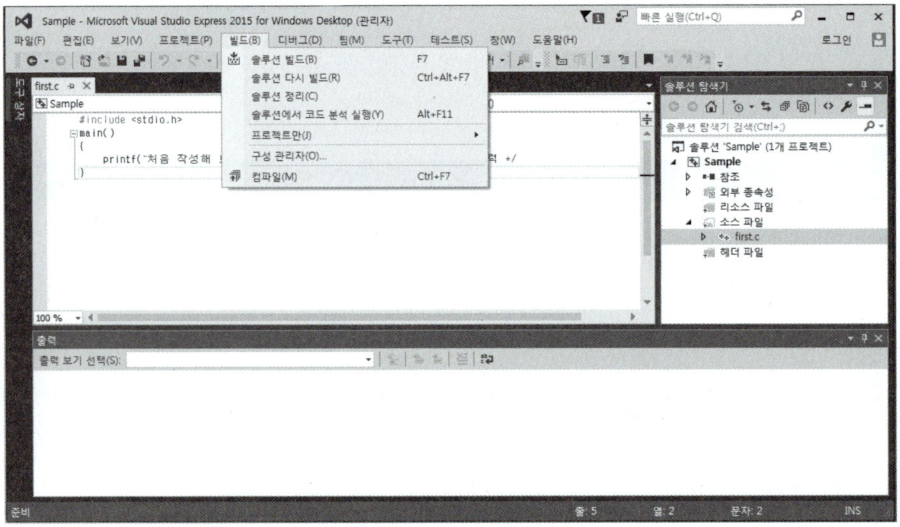

1. 솔루션 빌드(B) (F7) : 작업 중인 프로젝트의 실행 파일 .exe 파일을 만든다.

2. 솔루션 다시 빌드(R) (Ctrl+Alt+F7) : 프로젝트가 저장된 후 소스코드 및 프로젝트가 변경되었을 때 작업 중인 모든 프로젝트 파일을 재 컴파일한다.

3. 솔루션 정리(C) : 솔루션 정리

4. 솔루션에서 코드 분석 실행(Y) : 에러가 발생하였을 때 에러를 수정하기 위하여 에러를 추적한다.

5. 프로젝트만(J) : 빌드 및 재 빌드 실행

6. 구성관리자(O) : 구성관리자 창 열기

7. 컴파일(M) (Ctrl+F7) : 작업 중인 파일을 컴파일하여 .obj 파일로 만든다.

● 부록-A-6 디버그(D) 메뉴

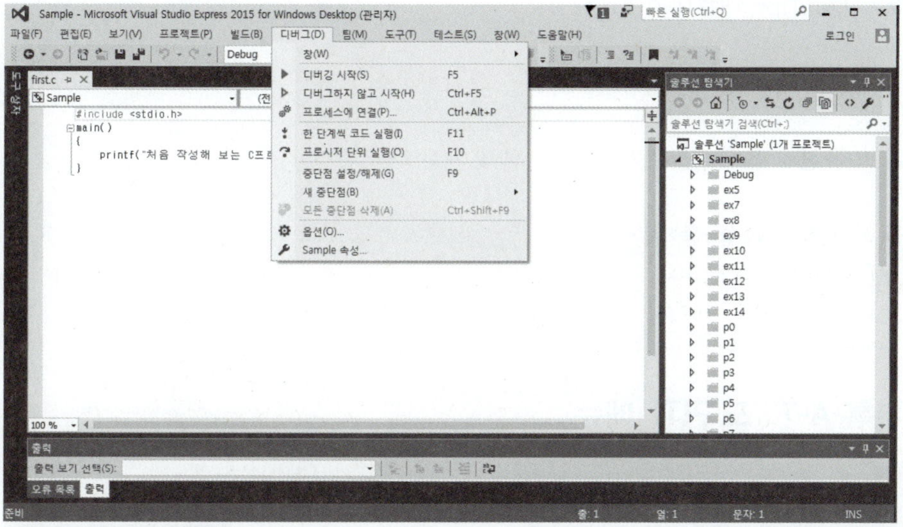

1. 창(W) : 중단점, 예외 설정, 출력 등 실행

2. 디버깅 시작(H) (F5) : 디버깅 시작

3. 디버깅 하지 않고 시작(S) (Ctrl+F5) : 디버깅하지 않고 실행

4. 프로세스에 연결(P) (Ctrl+Alt+P) : 프로세스에 연결 창 열기

5. 기존 항목 추가(G) (Shift+Alt+A) : 기존 파일 열기

6. 한 단계씩 코드 실행(I) (F11) : 디버깅을 한 줄씩 실행

7. 프로세스 단위 실행(O) (F10) : 디버깅을 프로세스 단위로 실행

8. 중단점 설정/해제(G) (F9) : 중단점 설정/해제

9. 새 중단점 (B) : 함수 중단점, 데이터 중단점 창 열기

10. 모든 중단점 삭제(A) (Ctrl+Shift+F9) : 모든 중단점 삭제

11. 모든 DataTips 지우기(A)

12. DataTips 내보내기(X)

13. DataTips 가져오기(I)

14. 옵션 : 옵션 창 열기

15. 속성 : 속성 창 열기

● 부록-A-7 도구(T) 메뉴

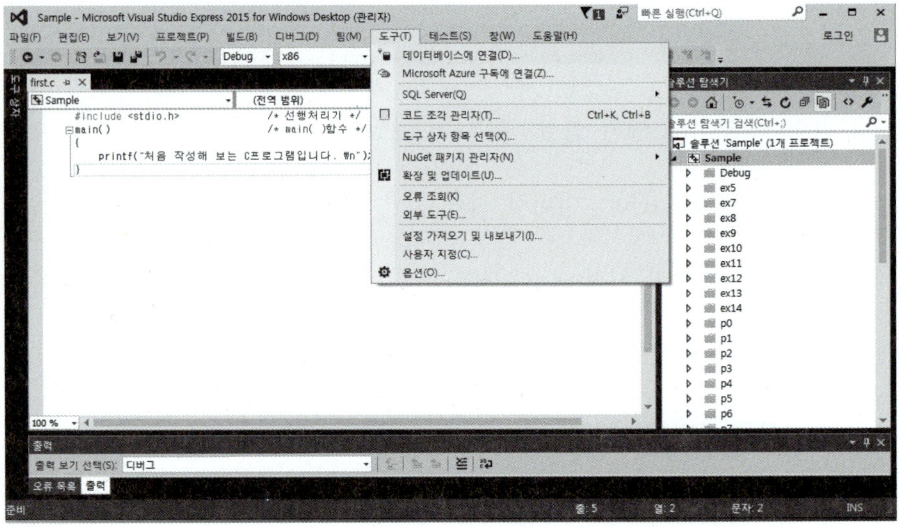

1. 데이터베이스에 연결(D) : 데이터베이스 탐색기 창 열기

2. MicroSoft Azure 구독에 연결(Z) : Visual Studio 계정 연결

3. SQL Server(Q) : 새 쿼리 창 열기, 새 데이터 비교 창 열기

4. 코드 조각 관리자(T) (Ctrl+K, Ctrl+B) : 코드 조각 관리자 창 열기

5. 도구상자 항목 선택(X) : 도구상자 항목 선택 창 열기

6. NuGet 패키지 관리자(N) : 패키지 관리자 콘솔, 패키지 관리자 설정

7. 확장 및 업데이트(U) (F10) : 확장 및 업데이트 창 열기

8. 오류 조회(K) : 오류 조회 창 열기

9. 외부 도구(E) : 외부 도구 창 열기

10. 설정 가져오기 및 내보내기(I) : 설정 가져오기 및 내보내기 마법사 창 열기

11. 사용자 지정(C) : 사용자 지정 창 열기

12. 옵션 : 옵션 창 열기

● 부록-A-8 테스트(S) 메뉴

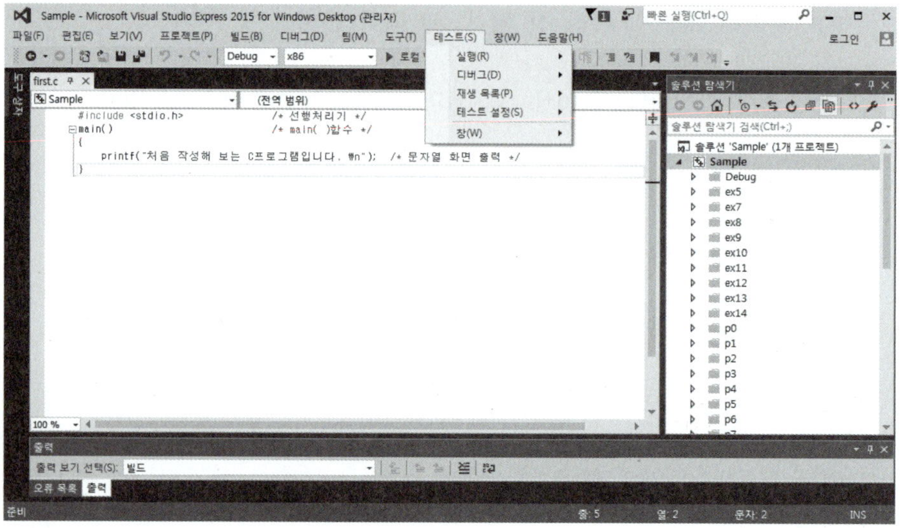

1. 실행(R) : 선택한 테스트, 모든 테스트 등

2. 디버그(D) : 모든 테스트 디버그

3. 재생 목록(P) : 재생 목록 파일 열기

4. 테스트 설정(S) : 테스트 설정 파일 선택

5. 창(W) : 테스트 탐색기

● 부록-A-9 창(W) 메뉴

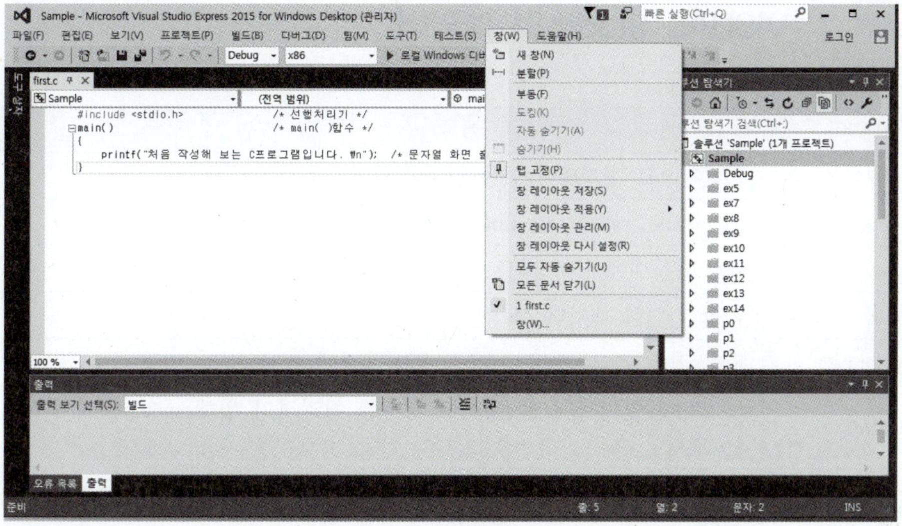

1. 새 창(N) : 현재 활성화된 창의 복사본을 만든다.

2. 분할(P) : 현재 활성화된 창을 2개로 분할하여 만든다.

3. 부동(F) : 현재 활성화되어 있는 창 따로 오픈

4. 탭 고정(P) : 탭 고정 설정과 해제를 반복 수행

5. 창 레이아웃 저장(S) : 창 레이아웃 저장 창 열고 레이아웃 이름 설정

6. 창 레이아웃 적용(Y) : 레이아웃 적용

7. 창 레이아웃 관리(M) : 레이아웃 관리 창 열기

8. 창 레이아웃 다시 설정(R) : 개발 환경의 레이아웃 창을 복원

9. 모든 문서 닫기(L)

부록-B

VISUAL Studio의 예약어

예약어	설 명
auto	기본적으로 설정되어 있는 변수의 저장형태
break	for, while, switch, do-while문을 무조건 중지시키는 명령
case	switch문 내에서 사용되는 명령
char	가장 간단한 데이터 형
continue	for, while, do-while문을 다음 반복 동작에 재설정하는 명령
default	case문에 일치하지 않는 어떤 경우를 처리하기 위해 switch문에서 사용되는 명령
do	while문과 결합되어 사용되는 순환 명령으로 이 문장은 최소한 한 번 이상 실행된다.
double	배정도 부동 소수형 값을 저장할 수 있는 데이터 형
else	if문이 false로 평가될 때 실행되는 명령
enum	변수가 특정 값만을 받아들이도록 하는 데이터 형
extern	변수가 프로그램의 외부에서 선언됨을 알려주는 데이터 지정자
float	부동 소수점 숫자값을 저장하기 위해 사용되는 데이터 형
for	초기화, 증가, 조건 부분을 가지는 순환 명령
goto	정의되어 있는 레이블로 이동시키는 명령
if	특정 조건을 만족하는지를 평가하여 그 결과에 따라 프로그램의 제어를 변경하는데 사용되는 명령
int	정수형 값을 저장하는데 사용되는 데이터 형
long	int형보다 더 큰 정수형 값을 저장하는데 사용되는 데이터 형
register	가능하다면 변수가 레지스터에 저장되도록 지정하는 저장형태 지정자
return	현재 함수의 수행을 마치고 호출한 함수 프로그램으로 제어를 되돌리는 명령. 이 명령은 또한 하나의 값을 돌려주기 위해 사용될 수 있다.
sizeof	항목의 크기를 바이트 단위로 알려주는 연산자
short	정수형 값을 저장하는데 사용하는 데이터 형으로서 int형과 동일한 크기를 갖는다.

예약어	설 명
static	컴파일러가 변수의 값을 보존해야 함을 지정하는데 사용하는 지정자
struct	C 프로그램에서 어떤 데이터 형의 변수를 집단으로 결합시키는데 사용되는 명령
switch	case문과 결합하여 여러 가지 조건을 통해 프로그램의 흐름을 변경시키는데 사용되는 명령
typedef	이미 존재하는 변수와 함수의 형태를 새로운 이름으로 변경하는데 사용하는 지정자
union	여러 개의 변수가 동일한 메모리 영역을 공유하도록 하는 명령
nsigned	변수가 양수값 만을 저장하도록 지정하는데 사용되는 지정자
void	함수가 어떤 값을 돌려주지 않거나, 또는 사용되는 포인터가 범용 포인터이거나, 모든 데이터 형을 지정할 수 있다는 사실을 지정하는 명령
while	지정된 조건을 만족하는 한 계속해서 포함된 문장을 실행하는 순환문

부록-C
VISUAL Studio의 표준 함수

● 부록-C-1 표준 입출력 함수

함 수 명	기 능
clearerr	에러 표시를 다시 지정한다.
fclose	스트림을 클로즈한다.
fcloseall	오픈된 모든 스트림을 클로즈한다.
fdopen	스트림을 파일 핸들러와 관련시킨다.
feof	스트림에서 파일의 끝을 발견한다.
ferrer	스트림에서 에러를 발견한다.
fflush	스트림을 flush한다.
fgetc	스트림에서 1문자를 읽는다.
fgetchar	키보드에서 1문자를 읽어들인다.
fgetpos	파일 포인터의 위치를 정한다.
fgets	스트림에서 문자열을 읽어들인다.
fileno	파일 핸들러의 번호를 조사한다.
flushall	모든 스트림을 flush 한다.
fopen	스트림을 오픈한다.
fprintf	파일로 포맷에 의한 출력을 한다.
fputc	스트림으로 1문자씩 출력한다.
fputchar	stdot(화면)에 1문자씩 출력한다.
fputs	스트림에 문자열을 출력한다.
fread	스트림에서 데이터를 입력한다.
freopen	스트림을 다른 스트림으로 교환한다.
fscanf	스트림에서 포맷에 의한 입력을 행한다.
fseek	스트림에서 파일 포인터 위치를 정한다.
fsetpot	스트림의 파일 포인터 위치를 정한다.

함 수 명	기 능
ftell	현재 파일 포인터를 리턴한다.
fwrite	스트림으로 출력한다.
getc	스트림에서 1문자를 입력한다.
getchar	stdin에서 문자를 입력한다.
gets	stdin에서 문자열을 입력한다.
getw	스트림에서 정수를 얻는다.
printf	stdot format에 의한 출력을 행한다.
putc	스트림에 1문자를 출력한다.
putch	화면에 1문자를 출력한다.
putchar	stdoud에 1문자를 출력한다.
puts	stdoud에 문자열을 출력한다.
putw	스트림에 정수를 출력한다.
remove	파일을 삭제한다.
rename	파일명을 변경한다.
rewind	파일 포인터를 스트림의 시작 부분으로 이동시킨다.
scanf	포맷에 의한 입력을 행한다.
setbuf	스트림에 버퍼를 할당한다.
setvbuf	지정하는 길이의 새로운 버퍼를 파일에 할당한다.
tmpfile	이진모드로 임시 파일을 오픈한다.
ungetc	입력 스트림에서 문자를 되밀어 보낸다.

● 부록-C-2 문자, 디바이스 검사 함수

함 수 명	기 능
isalnum	지정된 문자가 영문자인지 숫자인지를 검사한다.
isalpha	지정된 문자가 알파벳인지를 검사한다.
isascii	지정된 문자가 ASCII 문자인지를 검사한다.
isatty	디바이스 타입을 검사한다.
iscntrl	지정된 문자가 컨트롤 문자인지를 검사한다.

● 부록-C-3 각종 변환 함수

함 수 명	기 능
asctime	날짜와 시간을 ASCII로 변환한다.
atof	문자열을 부동 소수점 숫자로 변환한다.
atoi	문자열을 int형으로 변환한다.
atol	문자열을 long형으로 변환한다.
dostounix	날짜와 시간을 UNIX시간 형태를 변환한다.
ecvt	부동 소수점 숫자를 문자열로 변환한다.
fcvt	부동 소수점 숫자를 문자열로 변환한다.
gcvt	부동 소수점 숫자를 문자열로 변환한다.
itoa	int형의 수치를 문자열로 변환한다.
ltoa	long형의 수치를 문자열로 변환한다.
sscanf	문자열을 입력하고 형식에 의한 변환을 행한다.
toascii	문자를 ASCII형식으로 변환한다.
_tolower	문자를 소문자로 변환한다.
tolwer	문자를 소문자로 변환한다.
_toupper	문자를 대문자로 변환한다.
toupper	문자를 대문자로 변환한다.
ultor	unsigned long형의 수치를 문자열로 변환한다.
unixtodos	날짜와 시간을 DOS 형식으로 변환한다.
vsscanf	스트림에서 문자열을 입력하고 포맷에 의한 변환을 행한다.
islower	지정한 문자가 소문자(a-z)인지를 검사한다.
isprint	지정한 문자가 프린팅 문자인가를 조사한다.
ispunct	지정한 문자가 구두점(.) 문자인지를 조사한다.
isxdigit	지정한 문자가 16진수(O-9, A-F, a-f)를 표현한 문자인지를 검사한다.

● 부록-C-4 디렉토리 조작 함수

함 수 명	기 능
chdir	현재 디렉토리를 변경한다.
findfirst	디스크의 디렉토리를 검색한다.
findnext	findfirst로 찾는 것을 계속한다.
searchpath	파일에 대한 DOS경로를 찾는다.

● 부록-C-5 기타 입출력 함수

함 수 명	기 능
absread	특정한 디스크 섹터를 읽는다.
abswrite	특정한 디스크 섹터를 작성한다.
access	지정한 파일의 상태를 조사한다.
_chmod	파일 엑세스 모드를 변경한다.
chmod	파일 엑세스 모드를 변경한다.
chsize	파일 크기를 변경한다.
_close	파일을 클로즈 한다.
close	파일을 클로즈 한다.
_creat	새로운 파일을 작성하거나 이미 존재하는 파일을 다시 작성한다.
creat	새로운 파일을 작성하거나 이미 존재하는 파일을 다시 작성한다.
dup	파일 핸들러를 복사한다.
dup2	파일 핸들러(olhandle)를 이미 존재하는 파일에 복사한다.
eof	파일의 끝인가를 조사한다.
filelength	파일의 길이를 조사한다.
fstat	오픈된 파일의 정보를 얻는다.
lock	파일에 록(lock)을 지정한다.
lseek	파일 포인터를 이동 시킨다.
mktemp	유일한 파일 이름을 만든다.

함 수 명	기 능
_open	입력이나 출력을 위해 파일을 오픈한다.
open	입력이나 출력을 위해 파일을 오픈한다.
rand_max	난수의 최대값을 반환한다.
_read	파일에서 지정한 바이트를 읽는다.
read	파일에서 지정한 바이트를 읽는다.
settime	파일의 시간과 날짜를 지정한다.
setmode	오픈 파일의 모드를 지정한다.
sopen	파일을 쉐어(shared)모드로 오픈한다.
stat	오픈 파일에 관한 정보를 얻는다.
tell	파일 포인터의 현재 위치를 얻는다.
tmpnam	유일한 파일 이름을 작성한다.
unlink	파일을 삭제한다.
unlock	파일 공유(file-sharing)록을 해제한다.
vfprintf	인자 리스트를 사용하여 스트림에 포맷된 출력을 행한다.
vfscanf	인자 리스트를 사용하여 스트림에서 포맷에 의한 입출력을 행한다.
vprintf	stdout으로 포맷에 의한 입출력을 행한다.
vscanf	stdin에서 포맷에 의한 입력을 행한다.
vsprintf	문자열을 포맷에 의한 기입을 행한다.
vsscanf	트림에서 문자열을 입력하고 포맷에 의한 변환을 행한다.
_write	파일로 기입을 행한다.
write	파일로 기입을 행한다.

부록-C-6 콘솔 입출력 함수

함수명	기능
cgets	콘솔로부터 문자열을 읽어 들인다.
cprintf	화면에 포맷에 의한 출력을 행한다.
cputs	화면에 문자열을 출력한다.
cscanf	콘솔로부터 포맷에 의한 입력을 수행한다.
getch	화면 에코없이 키보드로부터 1문자를 입력한다.
getche	화면 에코하면서 키보드로부터 1문자를 입력한다.
getpassword	패스워드를 읽는다.
kbhit	키가 눌러졌는지 검사한다.

부록-C-7 문자열 조작 함수

함수명	기능
atof	문자열을 부동 소수점 숫자로 변환한다.
atoi	문자열을 int형으로 변환한다.
atol	문자열을 long형으로 변환한다.
memicmp	대문자 소문자를 구별하지 않고 2개의 문자 배열의 바이트를 비교한다.
sscanf	문자열을 입력하고 포맷에 의한 변환을 행한다.
stpcpy	하나의 문자열을 다른 문자열로 복사한다.
strcat	하나의 문자열에 다른 것을 추가한다.
strchr	주어진 문자가 첫 번째 발견되는 곳의 포인터를 리턴한다.
strcmp	2개의 문자열을 비교한다.
strcmpi	대문자, 소문자를 구별하지 않고 2개의 문자열을 비교한다.
strcpy	하나의 문자열을 다른 문자열로 복사한다.
strcspn	주어진 문자에서 어떤 문자열을 포함하지 않는 처음 세그먼트를 찾기 위해서 문자열을 조사한다.
strdup	문자열을 새롭게 선택된 장소에 복사한다.
stricmp	대문자, 소문자를 구별하지 않고 2개의 문자열을 비교한다.

함 수 명	기 능
strlen	문자열의 길이를 구한다.
strlwr	문자열에서 대문자를 소문자로 변환한다.
strncat	문자열의 어느 부분에 다른 문자열을 추구한다.
strncmp	2개의 문자열을 비교하는데 특정 길이 만큼만 비교한다.
strncmpi	대문자, 소문자를 구별하지 않고 문자열의 어느 부분과 다른 문자열의 특정 부분을 비교한다.
strncpy	하나의 문자열에서 다른 문자열로 주어진 길이 만큼 복사한다.
strnicmp	대문자, 소문자를 구별하지 않고 문자열의 특정 부분과 다른 문자열의 특정 부분을 비교한다.
strnset	주어진 문자를 문자의 갯수만큼 문자열에 입력한다.
strpbrk	문자열 속에서 주어진 문자가 처음 나타나는 곳의 포인터를 리턴한다.
strrchr	지정한 문자가 마지막으로 나타나는 곳의 포인터를 리턴한다.
strrev	문자열을 역순으로 변환한다.
serset	문자열의 모든 문자를 주어진 문자로 대치한다.
strspn	주어진 문자열에서 어떤 문자들의 집합이 발견되는 첫 번째 세그먼트의 문자열을 조사한다.
strstr	문자열에서 지정하는 문자열이 발견되는지를 조사한다.
strtod	문자열을 double값을 갖는 부동 소수점 숫자로 변환한다.
strtok	토큰(두 번째 문자열에서 정의된 한계에 의해 분리되는)에 대한 하나의 문자열을 찾는다.
strtol	문자열을 long형으로 변환한다.
strtoul	문자열을 unsigned long형으로 변환한다.
strupr	문자열에서 소문자를 대문자로 변환한다.
tmpnam	유일한 파일 이름을 작성한다.
vsscanp	스트림에서 문자열을 입력하고 포맷에 의한 변환을 행한다.

● 부록-C-8 수학 함수

함 수 명	기 능
abs	정수의 절대값을 구한다.
acos	아크 코사인을 구한다.
asin	아크 사인을 구한다.
atan	아크 탄젠트를 구한다.
atan2	y/x의 아크 탄젠트를 구한다.
cabs	소수의 절대값을 구한다.
ceil	부동 소수점 숫자의 소수점 이하를 올림한다.
cos	코사인 값을 계산한다.
cosh	하이퍼브릭 코사인값을 계산한다.
div	정수를 나눗셈하여 몫과 나머지를 구한다.
exp	지수함수(ex)의 값을 구한다.
fabs	부동 소수점 숫자의 절대값을 구한다.
floor	소수점 이하를 떼어 버린다.
fmod	x/y의 나머지를 계산한다.
hypot	직각 삼각형의 빗변을 구한다.
labs	long형의 절대값을 구한다.
ldiv	long형의 나눗셈을 행하고 몫과 나머지를 구한다.
log	x의 자연 로그를 구한다.
log10	x의 상용 로그를 구한다.
max	2개의 수를 비교하여 큰수를 리턴한다.
min	2개의 수를 비교하여 작은수를 리턴한다.
poly	인수로부터 다항식을 만든다.
pow	x의 y승(xy)을 계산한다.
pow10	10의 p승(10p)을 행한다.
sin	사인값을 구한다.
sinh	하이퍼블릭 사인 값을 구한다.
sqrt	입력된 값의 양의 제곱근을 구한다.
tan	탄제트 값을 구한다.
tanh	하이퍼브릭 탄제트 값을 구한다.

● 부록-C-9 그 밖의 수학 관련 함수

함 수 명	기 능
ecvt	부동 소수점 숫자를 문자열로 변환한다..
fcvt	부동 소수점 숫자를 문자열로 변환한다.
frexp	주어진 숫자를 가수부와 지수부로 분리한다.
gcvt	부동 소수점 숫자를 문자열로 변환한다.
_lrotl	부호없는 장정수의 값을 왼쪽으로 회전(rotate)시킨다.
_lrotr	부호없는 장정수의 값을 오른쪽으로 회전(rotate)시킨다.
matherr	수학 함수에서 발생된 에러를 사용자가 수정한다.
modf	수치를 정수부와 소수부로 분리한다.
rand	난수를 발생시킨다.
random	난수를 발생시킨다.
srand	난수 발생 함수를 지정하는 수치로 초기화한다.

● 부록-C-10 메모리 조작 함수

함 수 명	기 능
allocmem	메모리 세그멘트를 확보한다.
calloc	메인 메모리를 확보한다.
free	확보된 블록을 해제한다.
freememory	이전에 확보한 DOS 메모리 블록을 해제한다.
malloc	메인 메모리를 확보한다.
memcopy	n바이트의 블록을 복사한다.
memchr	문자 c를 위해 바이트를 검색한다.
memcmp	정확히 n바이트의 길이에 대해 2개의 블록을 비교한다.
memcpyn	바이트의 블록을 복사한다.
memmoven	바이트의 블록을 복사한다.
memset	바이트 c로 메모리 블록의 n바이트를 지정한다.
movedata	바이트를 복사한다.
realloc	메인 메모리를 다시 확보한다.

● 부록-C-11 시간 날짜 함수

함 수 명	기 능
asctime	날짜와 시간을 ASCII로 변환한다.
ftime	현재 시간을 timebuffer 구조체에 저장한다.
getdate	시스템의 날짜를 얻는다.
gettime	시스템의 시간을 얻는다.
gmtime	날짜와 시간을 그리니치 표준시(GTM)로 변환한다.
localtime	날짜와 시간을 구조체로 변환한다.
setdate	DOS의 날짜를 지정한다.
settime	시스템의 시간을 지정한다.
stime	시스템의 날짜와 시간을 지정한다.
time	시간을(time) 얻는다.
tzset	글로벌 변수 daylight, timezone tzname의 값을 지정한다.
clock	처리 시간을 결정한다.
difftime	2개의 시간차를 계산한다.
gefttime	파일의 날짜와 시간을 얻는다.
sleep	지정한 초(second)동안 실행을 중지한다.

● 부록-C-12 텍스트 비디오 함수

함 수 명	기 능
gettext	텍스트 모드 화면에서 메모리로 텍스트를 복사한다.
textbackground	새로운 텍스트 백그라운드 컬러를 선택한다.
textcolor	텍스트 모드에서 새로운 문자의 컬러를 선택한다.
textmode	텍스트 화면의 모드를 지정한다.

● 부록-C-13 그래픽스 함수

함 수 명	기 능
arc	원호를 그린다.
gallery.3d.bar	3차원바를 그린다.
drawpolygon	다각형을 그린다.
ellipse	타원의 원호를 그린다.
fillpolygon	내부가 빈틈없이 칠해진 타원을 그린다.
floodfill	영역 내부를 빈틈없이 칠한다.
getaspectratio	현재 그래픽스 모드에 애스펙트비를 리턴한다.
getbkcolor	현재 백그라운드 컬러를 리턴한다.
getcolor	현재 드로잉 컬러를 리턴한다.
getdrivename	현재 그래픽스 드라이버의 이름을 포함하는 문자열의 포인터를 리턴한다.
getgraphmode	현재의 그래픽스 모드를 리턴한다.
getimage	그래픽스 화면에서 지정한 비트 이미지를 메모리에 저장한다
getpalette	현재 팔레트에 관한 정보를 얻는다.
getpalettesize	컬러 팔레트 테이블의 크기를 리턴한다.
getpixel	지정한 픽셀의 컬러를 얻는다.
getx	그래픽스 화면에서 현재 위치의 X좌표를 리턴한다.
gety	그래픽스 화면에서 현재 위치의 Y좌표를 리턴한다.
imagesize	비트 이미지를 저장하는데 필요한 바이트의 수를 리턴한다
line	지정한 두 점 사이에 직선을 긋는다.
lineto	현재 커서의 위치에서 (X, Y)로 직선을 긋는다.(절대지정)
moveto	현재 커서의 위치를 (X, Y)로 이동시킨다.
rectangle	사각형을 그린다.
setbkcolor	팔레트를 사용하여 현재 백그라운드의 컬러를 지정한다.
setcolor	팔레트를 사용하여 현재 드로잉 컬러를 지정한다.
setgraphmode	화면을 깨끗이 하고 그래픽스 모드를 시스템에 지정한다.
setlinesize	현재 라인 폭을 지정한다.
setpalette	하나의 팔레트 컬러를 바꾼다.
settextjustifcation	그래픽 함수에서 텍스트를 출력할 때 위치 맞춤 정보지정
setviewport	그래픽스 출력에 대한 현재 뷰 포트를 지정한다.
textwidth	픽셀에서 문자열의 폭을 리턴한다.

● 부록-C-14 프로세스 제어 함수

함 수 명	기 능
exec...계열	다른 프로그램을 로드하고 실행한다.
system	DOS 명령을 실행한다.
abort	프로그램 실행을 종료시킨다.
assert	조건이 거짓이면 메시지를 출력하고 종료한다.
atexit	종료시에 호출하는 함수를 지정한다.
_exit	프로그램을 종료시킨다.
exit	프로그램을 종료시킨다.
longjmp	롱점프를 행한다.
matherr	수학 함수에서 발생된 에러를 사용자가 수정한다.
setjmp	롱점프의 복귀 지점을 지정한다.
sleep	지정한 초(second)동안 실행을 중지한다.

부록-D
ASCII 코드

10진	8진	16진	문자	10진	8진	16진	문자
000	000	00H	NUL	031	037	1FH	US
001	001	01H	SOH	032	040	20H	SP
002	002	02H	STX	033	041	21H	!
003	003	03H	ETX	034	042	22H	"
004	004	04H	EOT	035	043	23H	#
005	005	05H	ENQ	036	044	24H	$
006	006	06H	ACK	037	045	25H	%
007	007	07H	BEL	038	046	26H	&
008	010	08H	BS	039	047	27H	'
009	011	09H	HT	040	050	28H	(
010	012	0AH	LF	041	051	29H	)
011	013	0BH	VT	042	052	2AH	*
012	014	0CH	FF	043	053	2BH	+
013	015	0DH	CR	044	054	2CH	,
014	016	0EH	SO	045	055	2DH	-
015	017	0FH	SI	046	056	2EH	.
016	020	10H	DLE	047	057	3FH	/
017	021	11H	DC1	048	060	30H	0
018	022	12H	DC2	049	061	31H	1
019	023	13H	DC3	050	062	32H	2
020	024	14H	DC4	051	063	33H	3
021	025	15H	NAK	052	064	34H	4
022	026	16H	SYN	053	065	35H	5
023	027	17H	ETB	054	066	36H	6
024	030	18H	CAN	055	067	37H	7
025	031	19H	EM	056	070	38H	8
026	032	1AH	SUB	057	071	39H	9
027	033	1BH	ESC	058	072	3AH	:
028	034	1CH	FS	059	073	3BH	;
029	035	1DH	GS	060	074	3CH	〈
030	036	1EH	RS	061	075	3DH	=

10진	8진	16진	문자	10진	8진	16진	문자
062	076	3EH	〉	095	137	5FH	-
063	077	3FH	?	096	140	60H	,
064	100	40H	@	097	141	61H	a
065	101	41H	A	098	142	62H	b
066	102	42H	B	099	143	63H	c
067	103	43H	C	100	144	64H	d
068	104	44H	D	101	145	65H	e
069	105	45H	E	102	146	66H	f
070	106	46H	F	103	147	67H	g
071	107	47H	G	104	150	68H	h
072	110	48H	H	105	151	69H	i
073	111	49H	I	106	152	6AH	j
074	112	4AH	J	107	153	6BH	k
075	113	4BH	K	108	154	6CH	l
076	114	4CH	L	109	155	6DH	m
077	115	4DH	M	110	156	6EH	n
078	116	4EH	N	111	157	6FH	o
079	117	4FH	O	112	160	70H	p
080	120	50H	P	113	161	71H	q
081	121	51H	Q	114	162	72H	r
082	122	52H	R	115	163	73H	s
083	123	53H	S	116	164	74H	t
084	124	54H	T	117	165	75H	u
085	125	55H	U	118	166	76H	v
086	126	56H	V	119	167	77H	w
087	127	57H	W	120	170	78H	x
088	130	58H	X	121	171	79H	y
089	131	59H	Y	122	172	7AH	z
090	132	5AH	Z	123	173	7BH	{
091	133	5BH	[	124	174	7CH	|
092	134	5CH	₩	125	175	7DH	}
093	135	5DH	]	126	176	7EH	~
094	136	5EH	^	127	177	7FH	DEL

※ FL : 라인 피드, FF : 폼 피드, CR : 캐리지 리턴, DEL : 삭제

| 저자소개 |

고진광 現) 순천대학교 컴퓨터공학과 교수
- 홍익대학교 전자계산학과 학사·석사·박사 학위 취득
- 미국 오리건주립대학, GIT, 일본 류큐대학 방문교수
- 한국정보과학회, 한국정보처리학회 부회장

곽호영 現) 제주대학교 컴퓨터공학과 교수
- 홍익대학교 전자계산학과 학사·석사·박사 학위 취득
- 제주대학교 전산정보원장, 세계청소년네트워크 기술위원
- 한국컴퓨터정보학회 부회장

박경욱 現) 전남대학교 문화콘텐츠학부 시간강사
- 전남대학교 전산학과 박사학위 취득
- 주요 관심 분야 IT-융합, 계산이론, 네트워크, 임베디드 시스템

양현호 現) 군산대학교 컴퓨터정보통신공학부 교수
- 광운대학교 학·석사. 광주과학기술원 박사학위 취득
- 삼성 SDS, 포스코ICT 근무
- 한국정보과학회, 한국스마트미디어학회 이사

정진용 現) 청암대학교 컴퓨터정보과 교수
- 조선대학교 전산통계학과 박사학위 취득
- 광주대학교 전자계산소 연구주임
- 한국정보과학회, 한국정보처리학회, 한국스마트미디어학회 이사

정가 24,000원

창의적 코딩을 위한 C프로그래밍

2016년 3월 1일 초판 인쇄
2018년 2월 9일 수정판 발행
저 자 : 고진광·곽호영·박경욱·양현호·정진용
발행자 : 우명찬·송 준
발행처 : 홍릉과학출판사
주 소 : 서울시 강북구 인수봉로 50길 10
01093
등 록 : 1976년 10월 21일 제5-66호
전 화 : (02) 999-2274~5, 903-7037
팩 스 : (02) 905-6729
e-mail: hongpub@hongpub.co.kr
http://www.hongpub.co.kr
ISBN: 979-11-5600-432-5

저자와의
협의하에
인지생략